圖解式
統計學與EXCEL

趙元和 著

五南圖書出版公司 印行

自　序

　　統計學包括敘述統計與推論統計。敘述統計乃就事實資料或現象加以蒐集、彙整、摘要與分析，政府機關均設有統計部門就人口、家庭、健康、教育與研究、就業、所得與支出、住宅與環境、公共安全、文化與休閒運輸通信、社會安全及社會參與、農林漁牧業、進出口貿易等各公共領域提供統計資訊供各界使用。各行各業也就其攸關本身利益、經營策略進行敘述性統計分析。推論統計則屬推論母體參數不確定性的區間估計與假設檢定。例如，政府部門也會提供台灣地區一個人在每一個年齡在他的下一個生日時生存的機率、人們在不同的年齡的預期壽命、原有出生的一群人仍然活著的比例的地區生命表，這些不確定性高的生命表也是壽險業推算保費的重要依據。工廠生產品質管制、企業投資決策的不確定性也有賴於推論統計的協助解決。凡此，可見統計學不僅是商學的重要課程，更是工程、經濟、醫學等各行所必備知識。

　　統計學是築基於機率理論的一門學問，復由機率理論衍生出許多機率分配及機率分配表。學習統計除了推論統計原理的學習與掌握外，大半時間花在機率分配表的查詢與內插計算。近代各型電腦的統計或通用軟體均附有各種機率分配的函數，解決了統計演算及查詢機率分配表的困擾，使能更專注於資料推論與應用。

　　本書乃是整合統計學與微軟公司普及率極高的 Excel 試算表軟體各種統計功能而編撰的一種統計學入門參考書，並隨附統計輔助軟體，紓解繁雜的統計演算及查表的困擾，為適合學習與使用統計技術的重要工具書。全書分統計學概論，敘述統計，機率概論，離散機率分配，連續機率分配，抽樣與抽樣分配，統計估計，假設檢定，變異數分析，卡方檢定共十一章。

　　隨附的統計輔助軟體功能包括敘述統計，貝氏定理，連續機率分配，離散機率分配，抽樣分配，區間估計，假設檢定、變異數分析及卡方檢定等。另就各種機率分配表的查詢彙整於「機率分配表查詢.xls」（適用於 Excel 2007 版本以前的試算表）及「機率分配表查詢.xlsm」（適用於 Excel 2007 版本及以後的試算表），提供常態分配，標準常態分配，指數分配，二項機率分配，卜瓦松機率分配，超級幾何分配，t 分配臨界值，卡方分配臨界值及 F 分配臨界值的立即查詢。

　　本書之編寫及軟體測試已力求完整，惟作者才疏學淺，疏漏之處在所難免，尚祈專家不吝賜教，以期再版時修改。

趙元和 謹識

於台北 VBA 工作室

本書目錄

自 序

第 7 章　　抽樣與抽樣分配

第 8 章　　統計估計

第 9 章　假設檢定

第 10 章　變異數分析

第 ⑪章　卡方檢定

附錄 A

第 **1** 章

統計學概論

●●●●●●●●●●●●●●●●●●●●●●●●●●●●●●● 章節體系架構 ▼

Unit 1-1
統計學的意義

　　人類為改善生存環境而從事許多的經濟與社會活動，自然界也因大環境的平衡而產生各種自然現象；這些經濟或社會活動使人與人或人群與人群之間產生利害競合關係；人類除享受自然界的豐富資源，也受自然現象（如水災、旱災、地震等）危害，或為擴展存活空間而與海爭地等也都與自然界產生競合關係。人類本身就有如性別、年齡、婚姻狀態、身高、體重、學歷等許多屬性（或特性），人類的經濟與社會活動會產生如各種農作物產量、工業產能產量、商業組織、教育機構等等許多事實資料；自然現象也有溫度、溼度、雨水量、水位、地震記錄等資料。

　　這些經濟、社會活動或自然現象的資料都是人類重要資產，統計學（Statistics）是一種統合計量的工具或科學，透過蒐集、整理、分析這些資料，再以科學的方法有效地陳示、解釋而獲得一些有用的資訊。例如，透過蒐集人類基本屬性資料可以分析男女結構、平均年齡、平均身高、年齡分布情形等以為社會福利政策之參考；各種農作物的產量、工業產品的種類與產能、物價指數、國民生產毛額等的統計量也可提供各級政府、工商團體、學術機構及個人參考使用；透過自然現象資料的搜集可以統計各地降雨量、平均溫度、100 年或 200 年或其他頻率的洪水位、地震強度與週期以為各項建設的參考。人類可參考這些有用的資訊作為各項活動與建設的決策依據，冀望人群之間或人類與大自然間產生和諧的競合關係。

　　統計學依其發展的前後而有狹義統計學與廣義統計學兩種。狹義統計學乃就經濟社會活動或自然現象的事實資料加以蒐集、整理、分析並以圖表加以顯示的技術與方法，一般通稱為敘述統計學（Descriptive Statistics）。例如某地區六家百貨公司某月份的營業額如右表，則可據以計算總營業額，平均營業額，最高（低）營業額及各百貨公司營業額與平均營業額的比較如右表；更進一步以直條圖顯示如右圖。

　　另設某汽車收費站某月份各時段平均每天通過車輛數如右表；右表除計算每天通車總數外，並計算各時段通車數占全天通車總數的百分比；最後並以餅形圖顯示各時段通車百分比由右圖。

　　敘述統計學僅就各項活動或現象蒐集事實資料，並據以計算諸如平均值、變異數、標準差、中位數、眾數、峰度、偏度等統計量，以統計表或統計圖顯示整體事實資料的集中趨勢及散布情形等。前述百貨公司的營業額或收費站平均每天各時段通車量等資料均屬全部的事實資料，因此，計算所得的平均數或總數與百分比均屬完全確定的事實，而不存在不確定性。

　　在現實社會或自然現象中有些事實資料是沒有辦法全部蒐集的。如欲統計某燈泡工廠所生產燈泡的平均壽命，因屬破壞性試驗而無法一一試驗而加以平均；如欲統計全國人民平均身高，則因人口數太多而不易一一調查。要統計了解這些因某種理由而無從全面調查的事項的集中趨勢或散布情形，就需依賴次一單元所介紹的推

論統計學（Inferential Statistics）了。

某地區某月六家百貨公司營業額比較表

百貨公司	營業額（億元）	比平均營業額
A	120.58	55.69
B	82.75	17.86
C	75.44	10.55
D	51.35	−13.54
E	30.57	−34.32
F	28.65	−36.24
平均營業額	64.89	
最高營業額	120.58	
最低營業額	28.65	

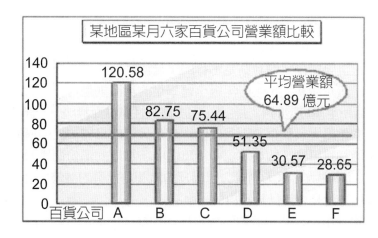

某收費站全天不同時段平均通車數						
時段	0～4	4～8	8～12	12～16	16～20	20～24	總車數
車數	452	752	678	852	1,052	861	4,647
百分比	9.73%	16.18%	14.59%	18.33%	22.64%	18.53%	

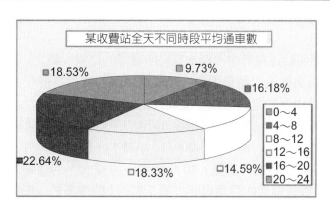

Unit 1-2
推論統計學的意義

1. 母體與樣本

　　當人們想要探討某一經濟、社會或自然現象或問題時，必然要對產生這些現象或問題的對象進行調查研究，這些受探討的全體對象就是所謂的母體（Population）；換言之，母體是由具有某種特質的個體所組成的群體，也是研究人員所要研究觀察的對象的全體集合。母體的大小視研究的題目而定；例如，研究某校五年一班學生的平均身高，則該校五年一班的全體學生就是母體；若研究某校五年級學生的平均身高，則該校五年級全體學生就是母體；若研究新北市五年級學生的平均身高，則新北市全體五年級學生就是母體。母體的一些特性或特質（如身高）稱為母體參數（Population Parameters）。除非母體的個體個數有限且進行全面調查，否則母體參數是未知的，僅能推測之。

　　量測某一班級全體學生的身高是可行的；量測某校某一年級全體學生的身高或許也是可行的；但量測新北市某一年級全體學生的身高則是可行性低的選擇。又如統計某燈泡工廠所生產燈泡的平均壽命，因屬破壞性試驗而無法一一試驗加以平均。這種因為數量非常龐大或觀察、調查個體會產生破壞的母體，人們僅能從全體母體中抽取部份個體加以量測、觀察，這些從母體中所抽取的部份個體的集合稱為樣本（Samples）。樣本的大小是人們能力所能及的範圍內挑選的個體集合，因此其特性或特質等樣本統計量是可以計算獲得的。

　　從母體的集合中抽取部份個體的行為稱為抽樣（Sampling），統計學上有各種抽樣的方法。右圖表示從燈泡母體中抽取三組樣本。

2. 推論統計學

　　前述因為母體集合中個體數量太大或其他原因而無法調查母體的每一個個體，以抽取部份個體加以調查、觀察、量測。由母體抽樣時，可以抽得不同的樣本，這些樣本經過敘述統計學可以計得不同的統計量。右圖從燈泡工廠抽取三組樣本，計得各組樣本的平均壽命分別為 2,976 小時、3,015 小時及 2,984 小時而莫衷一是，難以研判其可靠性。

　　推論統計學是將敘述統計中由樣本資料所獲得的結果，將之一般化推論至母體，或由樣本的統計量來推論母體參數的方法；基本上，推論統計學是在討論母體與樣本間的關係，也是由已知推論未知，從局部推論全體的方法。推論統計的結果不是絕對的，而具有不確定性。例如，右圖的燈泡的平均壽命經推論統計推得「在 95% 的信賴水準下，燈泡的平均壽命為 3,000±30 小時」，換言之，有 95% 的信心，燈泡的平均壽命為 3,000 小時加（或減）30 小時內。這種 95% 的信賴水準就是一種不確定性，或有 5% 的機會燈泡的壽命可能少於 2,970 小時或多於 3,030 小時。

　　由已知推論未知，由局部推論整體的方法稱為估計，推論統計的另一項功能就

是檢定，如檢定某廠牌出品燈泡標示平均壽命為 3,000±40 小時的正確性。

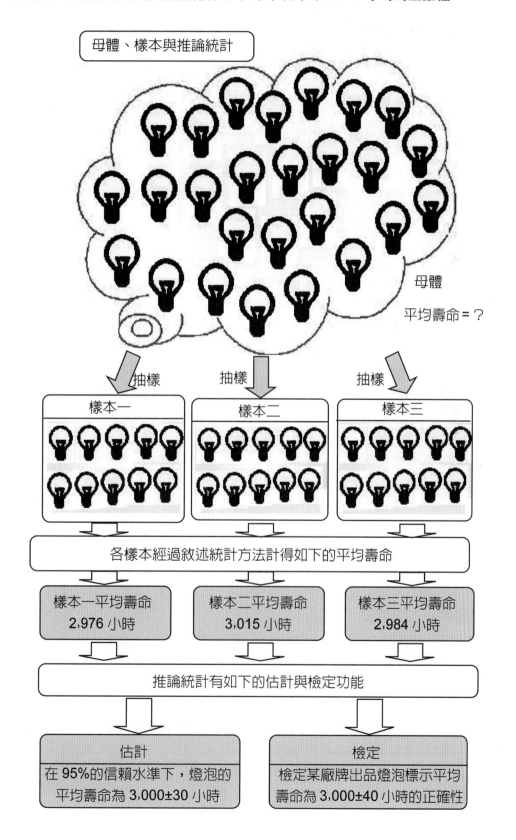

母體、樣本與推論統計

母體

平均壽命＝？

抽樣　　　抽樣　　　抽樣

樣本一　　　　樣本二　　　　樣本三

各樣本經過敘述統計方法計得如下的平均壽命

| 樣本一平均壽命 | 樣本二平均壽命 | 樣本三平均壽命 |
| 2,976 小時 | 3,015 小時 | 2,984 小時 |

推論統計有如下的估計與檢定功能

估計
在 95%的信賴水準下，燈泡的平均壽命為 3,000±30 小時

檢定
檢定某廠牌出品燈泡標示平均壽命為 3,000±40 小時的正確性

Unit 1-3

資料種類與搜集

統計學與 Excel

006

資料是在一定時空內，人類政治、經濟、社會等的各項活動或大自然現象中有關人、事、物，依其個體的特性來觀測、描述或記載的記錄。資料是統計的基礎，也是統計學所要討論與處理的對象；因此研究如何搜集資料，並將搜集調查所得資料，運用統計方法將資料以統計圖表的方式表現出資料的特性，並計算一些描述資料特性的統計量。資料（Data）只是描述個體事實的零散數據，而經過統計方法計算、分析與表達群體性的有用統計量即為資訊（Information）。

1. 定性資料與定量資料

凡是不以數值來表示，而以類別區分的資料稱為定性資料（Qualitative Data）；例如性別、教育程度、技能、職業、居住地區等均不是以數值計數或量測表示的資料。凡是可以數值計數或量測的資料稱為定量資料（Quantitative Data）；如身高、體重、薪資所得、消費支出、氣溫、降雨量、人口數、經濟成長率、國民生產毛額等是。

2. 橫斷面資料與時間系列資料

發生於同一期間或時點的資料稱為橫斷面資料（Cross-section Data）；反之，發生於不同期間或時點的資料稱為時間系列資料（Time-series Data）。如某日股票市場各股股價是橫斷面資料，但是連續多個營業日的各股股價就是時間系列資料。

3. 普查資料與抽樣資料

針對整個母體的每一個個體進行全面性調查、觀測、記錄所得到的資料稱為普查資料（Census Data）。普查資料就是母體資料，其取得需要龐大的人力、物力與財力且耗時費事，但其代表性與可靠性高，如全國工商普查，全國人口普查。普查資料都是由政府統籌辦理。若僅針對母體中抽樣選出部份個體進行調查、觀測、記錄所得到的資料稱為抽樣資料（Sampling Data）。抽樣資料由於抽樣的誤差，其代表性與可靠性當然不及普查資料。

4. 原始資料與次級資料

直接依據研究目的決定訪查對象後進行調查、觀測、記錄所得到的資料稱為原始資料（Primary Data）；使用他人所搜集、整理與分析所得的統計資料稱為次級資料（Secondary Data）。

5. 原始資料的搜集

如果無法找到合適的次級資料或次級資料無法滿足研究目的，則只有自行搜集原始資料了。搜集資料的方法有：

(1)調查：依據母體大小，採取問卷的方式以通訊方式、個別訪問、電話查訪或請受查人自行填報方式進行普查或抽樣方式調查資料。

(2)實驗：有些資料不是調查可以獲得的，而必須控制某些因素進行實驗觀察取得；如試驗一種新藥的藥效，另製作一種與新藥外觀、重量相同的安慰劑各給無法辨別新藥或安慰劑的受測者服用，再觀察其效果的實驗，也可以獲得原始資料。

(3)觀察：有些資料無法以調查或實驗的方法獲得資料，而僅能從旁觀察母體中受查的個體來獲得資料；例如，研究某些人的生活作息習慣、學習態度、工作態度甚或動、植物的成長等資料的搜集。觀察所得資料的品質易受觀察員的主觀因素與觀察能力的影響。

6. 上網路找尋資料

全球資訊網（World Wide Web）風行的今日，中央政府、地方政府、公民營企業甚至個人都設有網站提供資料的瀏覽與下載。政府機關更有主計或統計部門或以出版品或在網站上提供各式各樣資訊供各界下載使用。

我國主計處、各部會都有其網址可以進入其網站搜尋資料，但全球資訊網也提供各種搜索引擎，可以在不知網址的情況下，進行資料的搜尋。如在微軟公司的網頁瀏覽軟體（Internet Explorer）畫面的右上方輸入「中華民國人口統計」（如下圖）

後以滑鼠單擊右側放大鏡按鈕即可找到所有與「中華民國人口統計」有關的網址（如下圖）

再以滑鼠單擊（Single Click）其中某一個網址，如第一個網址為中華民國統計資訊網（專業人士）即可進入中華民國統計入口網站，再依網站的指引查得中華民國人口統計資料。例如，可以查得民國 101 年 4 月的土地面積有 36,192.8155 平方公里，有 368 個鄉鎮市區，有 7,835 個村里，有 8,091,437 戶，有 23,245,018 人，其中男性 11,649,610 人，女性 11,595,408 人。

Unit 1-4

資料的度量尺度

統計學與 Excel

1. 個體、變數與資料

個體是研究對象的母體或樣本中的每一個份子。例如研究某地區電話用戶的使用習慣,則該地區的每一個電話號碼都是一個個體。每一個個體都有其基本屬性;如每一個電話有電話號碼、啓用日期、市話費用、國內長途話費、國際長途話費、是否營業使用?是否登錄電話簿?等基本屬性。每一個屬性就是一個變數,資料則是度量變數的數值或標記、符號。個體、變數與資料的關係如下表:

008

變數

電話號碼	啓用日期	市話費用	國內長途話費	國際長途話費	營業使用?	登錄電話簿?
251245	881015	2,354	3,145	7,154	是	是
254587	670507	1,105	345	0	否	否
256587	901215	1,754	4,125	3,150	是	否
256478	770417	2,758	5,147	6,157	是	是
253487	810326	785	450	185	否	是
256487	700830	1,715	2,754	3,154	是	否

個體

資料

2. 觀測研究與實驗

觀測研究是指觀察一些個體,並度量感興趣的變數,但並不試圖影響回應,抽樣調查是一種重要的觀測研究。觀測研究之目的是描述、推論一個群體的特性。實驗則是刻意地將一些個體做某種處理(treatment),以觀察他們的反應;實驗的目的是要研究是否該處理會使回應有改變。

例如研究「服用阿斯匹靈是不是能防止心臟病發作?」的實驗,尋覓兩千位男性醫師參與實驗。以隨機方法將這兩千位醫師分成兩個群體(醫師本人並不知道屬於那個群體);一個群體的醫師每隔一天服用一顆阿斯匹靈,另一個群體的醫師服用外型、顏色、重量均與阿斯匹靈相同的安慰劑。服用幾年後,比較各群體曾有心臟病發作的人數即可研判服用阿斯匹靈是不是能防止心臟病發作?

觀察研究與實驗的主要區別在於實驗時對個體施以某些處理(如給服用阿斯匹靈與安慰劑),以觀後效;觀察研究則順其自然的計數或量度感興趣的變數而不試

圖影響回應，但是兩者均需要對個體的屬性搜集資料。

3. 資料的度量尺度

變數的性質或屬性常以數值或標記表示之，度量個體變數性質的工具稱爲度量尺度（Measurement Scale）；依其所提供的資訊量，由弱而強逐一說明如下：

名目尺度（Nominal Scale）：名目尺度的量度僅是將個體類別分類而已。在衡量或處理定性資料時，必須數值化才能計算分析比較，通常將各類別以數字 0、1、2 等表示之。例如，用 0 表示男性，用 1 表示女性；或用 0 表示女性，用 1 表示男性均無不可，但要一致；這個變數的值（0 或 1）僅是將一個人的性別歸類而已。將這些標籤來做計算並無意義，例如，我們計算某一參與意見調查的 500 位受訪者的平均性別，就毫無意義。其他如顏色別、職業別、地區別、學系別、醫科別等均屬名目尺度量測的屬性。

順序尺度（Ordinal Scale）：量度有大小、多少、重要、強弱、好壞、高低程度等級順序之資料稱爲順序尺度。如果將 15 個學生的學期成績由高而低排列之；成績最高的給予 15，成績最低的給予 1；可以肯定的是 14 的成績一定比 7 的成績好，也比 2 的成績好；但是不可研判 14 的成績比 7 的成績有兩倍好，或 14 的成績比 2 的成績有七倍好。10 與 8 的成績差距未必等於 6 與 4 的成績差距相同。這種順序尺度僅有比較的意義，雖可計算但均無意義。

區間尺度（Interval Scale）：度量無眞正原點資料的尺度。例如，溫度是一種區間尺度，因爲攝氏 0 度僅表示使水結冰的溫度，其 0 並不表示「沒有」溫度，這種尺度有固定或相同的間隔單位，具有大小的意義，數值的差數也有其意義，但數值的比例則不具任何意義。0 度與 15 度相差 15 度，15 度與 30 度相差 15 度；30 雖然是 15 的兩倍值，但 30 度時可不是 15 度時的兩倍熱。另外時間、股價、智商、成績分數等均因無原點而屬區間尺度。

比例尺度（Ratio Scale）：度量有固定原點的資料的尺度。所謂有原點是指當資料值爲 0 時，表示「沒有」之意；如 0 公分表示沒有長度，0 公斤表示沒有重量，0 元表示沒有價值等。比例尺度衡量的測量值是可以比較大小，其加、減、除等算術也都有其意義。如用電度數、加油量、降雨量等。資料的各種度量尺度彙整如下表：

度量尺度	意義	實例
名目尺度	對定性類別資料賦予數字的標誌。該數字除了標識或區別以外，尚無比較或算術的意義。	0 代表男性；1 代表女性 0 代表未婚；1 代表已婚；2 代表離婚
順序尺度	標識大小、強弱、高低、輕重、感覺程度等級順序之資料稱爲順序尺度。	−1 代表不滿意；0 代表滿意；1 代表很滿意；2 代表非常滿意
區間尺度	度量無眞正原點資料的尺度。數值有比較及差值的意義。	考試分數 10 分、20 分、30 分等 2011 年、2012 年、2013 年等
比例尺度	度量有固定原點的資料的尺度。有比較及算術的意義。	降雨量 876 公厘、加油量 20.5 公升、塔高 105 公尺

Unit 1-5
統計學輔助工具(一)

1. 試算表統計函數

統計學需要許多的複雜計算與查表工作，微軟公司的 Excel 試算表軟體提供了許多統計函數及分析工具箱以利統計分析。本書論述的各種統計方法均輔以試算表相關函數的使用說明，或再輔以程式補充函數不足的功能。本單元就如何使用函數加以說明。

	A	B	C	D	E	F	G	H
1	數學測驗成績							
2	53	90	57	96	92	84	82	77
3	67	68	91	77	68	79	88	81
4	72	62	57	87	89	82	95	55
5	64	73	51	78	87	76	84	72
6	55	85	93	81	68	74	57	64
7	平均值	75.275	最低分	51	最高分		96	標準差	12.938
8	=AVERAGE(A2:H6)		=MIN(A2:H6)		=MAX(A2:H6)			=STDEV(A2:H6)

上圖（請參閱試算表檔第一章統計學概論.XLS 的「數學成績」試算表）中 40 位數學測驗成績的平均值 75.275 置於儲存格 B7，該儲存格的公式（或函數）內容如儲存格 A8，=AVERAGE(A2:H6)；40 位學生數學成績最低分與最高分分別儲存於儲存格 D7、F7，其函數內容分別如儲存格 C8、E8 的=MIN(A2:H6)、=MAX(A2:H6)；儲存格 H7 的標準差函數如儲存格 G8 的=STDEV(A2:H6)。

由以上觀察可知，函數的基本格式是一個等號，後跟一個函數名稱，然後有一對小括弧，括弧內有零個、一個參數或一個以上參數並以逗點隔開之。每一個函數所需要的參數個數因函數功能而異，NOW()、DATE()及 RAND()等函數就不需要任何參數。函數=AVERAGE(A2:H6)的括弧內並無逗點，所以 A2:H6 代表一個參數，A2:H6 代表儲存格 A2 到 H6 的 40 個儲存格的內容或 40 位數學測驗的成績；由函數名稱可顧名思義的猜到是求 40 個成績的平均值。同理，函數=MIN(A2:H6)、=MAX(A2:H6)、=STDEV(A2:H6)當然是推算 40 位學生的最低分、最高分與標準差。

微軟 Excel 試算表截至 Excel 2010 版本提供的函數共有 356 個，分為財務、日期與時間、數學與三角函數、統計、檢視與參照、資料庫、文字、邏輯、資訊、工程、CUBE 等類別。

使用微軟 Excel 試算表函數時，僅需知悉有那些函數可供使用，至於其函數參數的個數、順序則無須強記，可透過「插入函數」的對話方塊來完成函數的輸入。微軟公司在 Excel 2007 版（含）以後翻新使用者操作介面，因此如何透過「插入函數」的對話方塊來完成函數的輸入也有所不同。分述如下：

2. Excel 2007 以前版本的插入函數

插入函數時，可從試算表的功能表選擇 ☞ 插入/函數 ☜ 或直接以滑鼠單擊工具

列上的 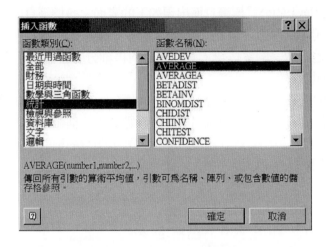 圖示，即可出現下圖。圖中左側的「函數類別」列示方塊中有如財務、日期與時間、數學與三角函數、統計及其他各類函數；圖中以滑鼠選擇了統計類函數，則右測的「函數名稱」列示方塊即出現與統計有關的各種函數，並按函數英文名稱由小而大排列之。如果在「函數類別」列示方塊中選擇「全部」，則「函數名稱」列示方塊顯示所有函數名稱；通常也常在「函數類別」列示方塊中選用「最近用過函數」，則「函數名稱」列示方塊顯示最近用過的函數，以方便尋找適用函數。

　　欲於儲存格 B7 輸入函數以計算平均值的步驟如下：
1. 以滑鼠選擇儲存格 B7，單擊工具列上的 𝑓ₓ 圖示使出現插入函數對話方塊。
2. 選擇統計類的 AVERAGE 函數後，單擊插入函數對話方塊的「確定」鈕出現。

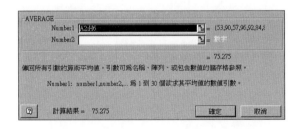

　　上面對話方塊的左上方出現 AVERAGE 表示是求算平均值的函數設定對話方塊，圖中也簡略說明本函數的功能是求最多指定 30 個參數的平均值，將滑鼠置於 Number1 的方格內，然後再以滑鼠從試算表的儲存格 A2 拖曳到儲存格 H6，放鬆滑鼠左鍵，即可將 A2：H6 的儲存格位址置入 Number1 的方格內，在上圖的框格下方已經顯示平均值為 75.275。
3. 最後單擊「確定」鈕或按「Enter」鍵即完成函數的輸入工作，且在儲存格 B7 顯示平均值 75.275。儲存格 D7、F7、H7 的最低分、最高分、標準差亦可仿效插入=MIN(A2:H6)、=MAX(A2:H6)、=STDEV(A2:H6)等相關函數。
　　有些函數傳回的值不只一個而是一個以上，如 FREQUENCY 函數即傳回一個以上的值，此種情況不可僅單擊函數設定對話方塊的「確定」鈕來輸入函數，而必須同時按 Ctrl+Shift+Enter 等三鍵來完成函數設定輸入工作。

統計學輔助工具(二)

統計學與 Excel

3. Excel 2007（含）以後版本的插入函數

　　點選試算表畫面上的公式標籤頁而出現如下的畫面。該標籤頁內含有插入函數、自動加總、最近用過的函數、財務、邏輯、文字、日期及時間、查閱與參照、數學與三角函數、其他函數等圖案按鈕。其他函數內再細分有統計、工程、Cube、資訊及相容性等四類函數。

　　除了最左側的「插入函數」圖案按鈕外，單擊（single click）其餘各圖案按鈕下方的向下箭頭就列示該類函數的函數名稱（按函數英文名稱順序排列）。下圖中單擊其他函數下的統計類，就出現統計類函數名稱，列示函數名稱的最下面有一個「插入函數」的選項，單擊之也可以進入插入函數的畫面。

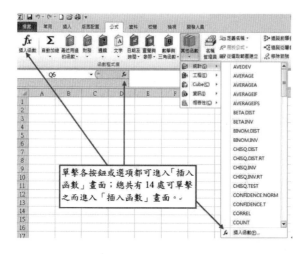

　　上圖為 Excel 2007 版以後的插入函數畫面。畫面最上方的搜尋函數可用以協助搜尋適用的函數，如輸入 car payment 後單擊「開始」按鈕，則 Excel 軟體會建議使用分期付款PMT函數。在下面有一個「或選取類別」的下拉式選單，單擊右側的向

下箭頭按鈕即出現 Excel 試算表所能提供的各類函數。當滑鼠游標移至任何一類函數，則於其左側出現該類函數的數個函數名稱，如上圖。再單擊一次，則表示選定統計類函數。

選定統計函數後出現如下的畫面。在下面的選取函數列示方塊顯示統計類的所有函數，可用滑鼠挪移列示方塊右側的按鈕來改變列示方塊內的函數名稱以供找尋所要的函數。

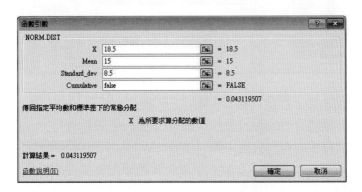

當滑鼠移至列示方塊中的 NORM.DIST 時，列示方塊下面有 NORM.DIST 函數的所需參數及該函數的簡要說明。如果該說明尚有不足，則可單擊畫面最左下方的「函數說明」，即可出現更詳細的說明畫面。單擊「確定」鈕則出現如下求算常態分配（Normal Distribution）機率的畫面供輸入所需參數。

NORMDIST()函數有 4 個參數，依序輸入常態變數 X(18.5)，常態分配的平均數Mean(15)，標準差 Standard_dev(8.5)及 Cumulative(false)。當滑鼠游標位於任一參數輸入框格內，都會出現該參數的意義說明，當所有參數輸入完畢後，如果這些參數是合理的，則顯示該整個函數的函數值。如本例相當輸入 NORM.DIST(18.5,15, 8.5, FALSE)而獲得 0.043119507 的函數值，單擊「確定」鈕即將該函數值及函數內容置入儲存格。所有標準差均必須是正值，如果輸入 0 或負值均無法獲得函數值，此時，若再單擊「確定」鈕，則儲存格將會出現錯誤訊息。

Unit 1-7

統計輔助軟體安裝

本書所附的統計輔助軟體為適用於微軟公司 Microsoft Excel 2000 版本以上的試算表軟體,其安裝步驟如下:

1. 將本書所附「統計輔助軟體」光碟片置入與主機連線的光碟機。

2. 執行統計輔助軟體的自我解壓縮程式「統計輔助軟體 3.exe」或「統計輔助軟體 7. exe」。

進入檔案總管,找尋「統計輔助軟體」光碟上的執行檔「統計輔助軟體 3.exe」 (適用 Excel 2003 以前版本)或「統計輔助軟體 7.exe」(適用 Excel 2007 以後版本),以滑鼠雙擊(Double-Click)所選執行檔,出現如下的畫面。

3. 選擇「統計輔助軟體」存放位置。

如上圖統計輔助軟體存放的預設資料夾為「C:\統計學與Excel」,可以不修改或直接修改軟體所欲存放的資料夾或單擊「瀏覽(W)...」鈕以選擇軟體所欲存放的資料夾。資料夾選定後,單擊「安裝」鈕以將軟體解壓縮並存放於指定的資料夾。

微軟公司任何一個試算表檔案(如統計.xls)於檔案開啟時,均可自動執行所含的巨集指令,因此造成一些程式病毒的寄所溫床。微軟公司 Excel 2003 版(含)以前的試算表軟體對於含有巨集指令的試算表檔案處理方式有三種。

高層級安全性:只有來自被信任來源的簽名巨集允許被執行,未簽名的巨集都會被自動關閉。

中層級安全性:你可以選擇是否要執行具有潛在危險性的巨集。

低層級安全性:對任何試算表檔案均不設防。

這三種安全性設定程序如下：
1. 開啓微軟公司 Excel 2003 版本（含）以前以前試算表軟體。
2. 從功能表選單中選擇 ☞ 工具（T）/巨集（M）/安全性（S）☜，出現下圖的安全性對話方塊。點選「安全性層級（S）」標籤的畫面以選用高、中或低的安全性層級。如果點選高安全性層級，則須再點選「信任的來源（T）」標籤的畫面以設定可以信任的來源。

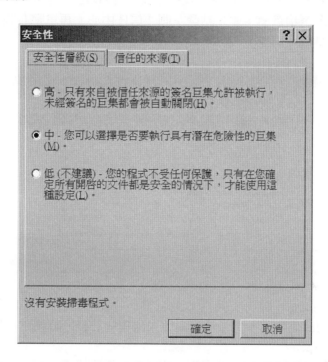

3. 統計輔助軟體完全運用試算表的巨集指令所設計完成的，且未採用數位簽證，因此如果選用「高」層級安全性，則無法執行本程式。執行本程式應先將試算表軟體的安全性層級設定為中或低層級安全性。設定「中」層級安全性，載入含有巨集的試算表時則會出現如下圖的畫面，供使用者選擇是否開啓巨集。如果單擊「關閉巨集（D）」按鈕，則因為巨集未被開啓，功能表上未能出現功能選項「統計」。如果單擊「開啓巨集（E）」按鈕，則因巨集的開啓，方使功能表上出現功能選項「統計」，表示統計輔助軟體已順利載入而即可執行。

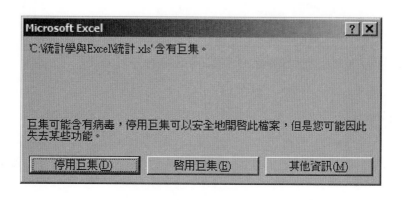

Unit **1-8**

軟體使用環境的設定

1. 開啓微軟公司 Excel 2007（含）版本以上的試算表軟體，選擇 ☞ 檔案/選項 ☜ 出現如下的 Excel 選項畫面。並先點選左側「信任中心」再單擊右側的「信任中心設定（T）...」鈕。

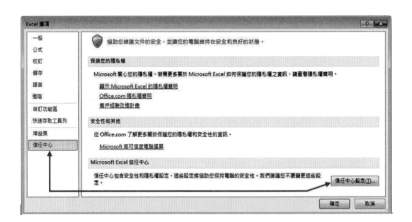

2. 單擊「信任中心設定（T）...」鈕後，出現如下「信任中心」畫面，點選左側的信任位置後，畫面改為如下：信任位置中並未出現統計輔助軟體所在的資料夾。

3. 單擊上一畫面的「新增位置」鈕而出現如下畫面。路徑所指的是「C:\管理數學」

（或其他），可將之改為「C:\統計學與 Excel」或單擊「瀏覽」鈕找尋並選擇統計輔助軟體所在資料夾（如 C:\統計學與 Excel）。

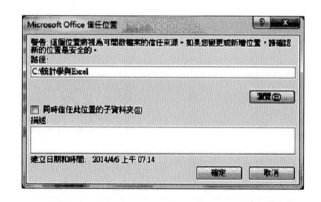

4. 輸入或瀏覽選定存放統計輔助軟體所在的資料夾「如 C:\統計學與 Excel」後，單擊「確定」鈕產生如下畫面。

5. 再單擊上一畫面的「確定」鈕得如下畫面，資料夾「C:\統計學與Excel」已經出現在信任位置如下圖，再單擊「確定」鈕完成信任中心的設定。

Unit 1-9

統計輔助軟體的執行

統計輔助軟體安裝及執行環境設定後，在 Excel 2003 版（含）以前的試算表即可選擇 ☞ 檔案（F）/開啟舊檔（O）☞ 或類等功能開啟「統計.xls」試算表而產生如下的畫面。功能表上出現了「統計」的功能選項（如游標所指處）。

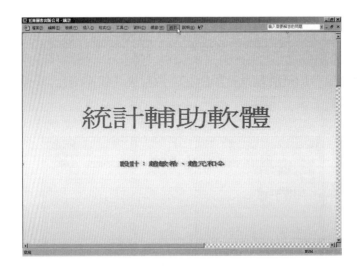

單擊功能表上的「統計」功能就出下如下的統計功能下拉選單。

在 Excel 2007 版本（含）以後，程式載入後出現下圖箭頭所指的新增「增益集」。

單擊「增益集」出現如下畫面，並含有統計功能的選單。

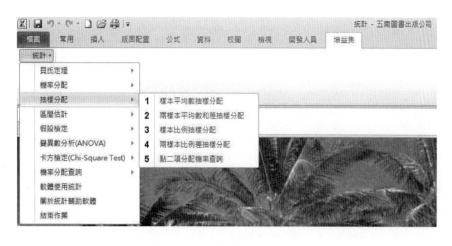

統計輔助軟體程式的結束有下列三種方式：(1)由主功能表選擇檔案（F）/關閉檔案（C）；(2)由主功能表選擇 ☞ 統計/結束作業 ☜；(3)單擊視窗右上方的試算表關閉鈕。

在統計輔助軟體畫面的功能表上，選擇 ☞ 統計/關於統計輔助軟體 ☜ 後或程式開啟時偶而隨機（四分之一的機會）出現如下圖的畫面，簡述本軟體的主要功能及版權事項。

在統計輔助軟體畫面的功能表上，選擇 ☞ 統計/軟體使用統計 ☜ 後出現如下圖的畫面，提供本軟體使用次數，首次使用日期，首次使用時間，上次使用日期，上次使用時間及軟體安裝編號等資訊。

第 ❷ 章
敘述統計—統計表與統計圖

●●●●●●●●●●●●●●●●●●●●●●●●●●●●●章節體系架構▼

Unit 2-1

次數分配

　　為統計而搜集的各種事實資料，在進一步做推論統計以前，應對這些略顯紊亂的事實資料先做一些敘述統計以清楚地描述資料的大致分布，然後據以推算一些統計量以為推論統計的基礎。

　　統計表與統計圖是整理紊亂資料的有效工具。右表是某餐廳近兩週以來，就 400 位用餐客人的年齡、餐點評鑑、職業及資訊來源等四項變數的事實資料（僅列出 25 位資料，其餘請參考試算表檔第二章敘述統計.XLS 中「餐點評鑑」試算表）。

1. 次數分配表

　　右表中的顧客編號、餐點評鑑、職業及資訊來源屬於定性資料；而年齡則屬於定量資料。如果能將顧客對餐點的評鑑整理成下表，則可讀得 400 位顧客中有 72 位對餐點的評鑑是「很滿意」的；評鑑「好」的最多有 124 位；評鑑「可改進」的也有 28 位之多。

餐點評鑑次數分配表			
餐點評鑑	次數	相對次數	百分比次數
很滿意	72	0.18	18.00%
滿意	96	0.24	24.00%
好	124	0.31	31.00%
普通	80	0.20	20.00%
可改進	28	0.07	7.00%
合計	400	1	100.00%

　　次數分配（Frequency Distribution）是資料集合的一種表格化的彙總方式，可顯示不相重疊的各個資料組別中的各自的觀察次數。上表中資料組「普通」的觀察次數有 80 次，資料組「滿意」的觀察次數有 96 次，餘類推之。餐飲業者由上表可知，雖有 168 位顧客認為「滿意」與「很滿意」，但也有 108 位顧客認為「普通」，甚至「可改進」，因此尚有很大的努力空間。

　　一個資料組的相對次數是該資料組的觀察次數除以全體資料集合中所有資料組觀察次數的總和；相對次數以百分比表示之，即為百分比次數。資料集合中所有相對次數的和數等於 1，百分比次數的和數等於 100.00%。上表中資料組「滿意」有 96 次的觀察，除以所有資料組的觀察總次數 400 次，得相對次數 0.24，百分比次數為 24.00%。

2. 次數分配圖形表示

　　資料集的次數、相對次數、百分比次數均可以直條圖（或直方圖）或餅形圖（或

圓形圖）表示之，請參考試算表檔第二章敘述統計.XLS 中「餐點評鑑餅形圖」及「餐點評鑑直方圖」試算表。餅形圖如下圖。

顧客	餐點評鑑	職業	資訊來源	年齡
1	很滿意	教師	報紙廣告	65
2	普通	上班族	網路廣告	52
3	好	自由業	網路廣告	47
4	可改進	其他	網路廣告	20
5	普通	上班族	電視廣告	41
6	普通	教師	報紙廣告	78
7	可改進	自由業	朋友介紹	67
8	滿意	學生	網路廣告	20
9	可改進	上班族	電視廣告	67
10	滿意	學生	雜誌廣告	29
11	好	學生	網路廣告	56
12	好	上班族	網路廣告	59
13	滿意	學生	朋友介紹	23
14	滿意	學生	網路廣告	69
15	普通	上班族	雜誌廣告	18
16	滿意	上班族	朋友介紹	65
17	好	上班族	電視廣告	24
18	很滿意	上班族	網路廣告	46
19	滿意	其他	朋友介紹	71
20	好	教師	雜誌廣告	36
21	普通	上班族	網路廣告	24
22	滿意	上班族	網路廣告	59
23	滿意	其他	雜誌廣告	36
24	滿意	其他	電視廣告	67
25	可改進	教師	電視廣告	60

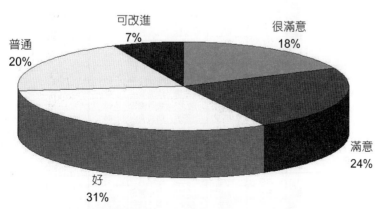

餐點評鑑百分比次數餅形圖（圓形圖）

Unit **2-2**
定性資料次數分配的編輯(一)

　　定性資料次數分配表對於定性事實資料可以提供有效的分配資訊，但是從 400 位顧客的餐點評鑑中計數「很滿意」的次數是一項吃力的工作，同時也須計數「滿意」、「好」、「普通」、「可改進」等的出現次數。利用 Excel 試算表功能有三種方法減輕工作負荷。

1.資料排序法

　　將整個事實資料按餐點評鑑的內容排序，則可從試算表的列數計得各項評鑑的出現次數，排序步驟（請參閱 2003 資料排序法.doc 或 2007 資料排序法.docx）及結果如下：

(1)選取包含標題的全部事實資料（儲存格 A1:E401）。

(2)從功能表選擇：☞ 資料/排序 ☜ 或索引標籤「資料」內的排序出現如下畫面；選擇「餐點評鑑」欄，「由 A 到 Z」順序，單擊「確定」鈕。

	A	B	C	D	E
1	顧客	餐點評鑑	職業	資訊來源	年齡
2	4	可改進	其他	網路廣告	20
3	7	可改進	自由業	朋友介紹	67
4	9	可改進	上班族	電視廣告	67
28	349	可改進	自由業	網路廣告	68
29	353	可改進	上班族	電視廣告	55
30	3	好	自由業	網路廣告	47
31	11	好	學生	網路廣告	56
150	391	好	自由業	朋友介紹	34
151	392	好	教師	朋友介紹	76
152	397	好	教師	朋友介紹	60
153	400	好	自由業	網路廣告	48
154	1	很滿意	教師	報紙廣告	65
155	18	很滿意	上班族	網路廣告	46
224	389	很滿意	學生	雜誌廣告	69
225	395	很滿意	上班族	網路廣告	19
226	2	普通	上班族	網路廣告	52
227	5	普通	上班族	電視廣告	41
304	396	普通	上班族	雜誌廣告	23
305	399	普通	上班族	網路廣告	53
306	8	滿意	學生	網路廣告	20
307	10	滿意	學生	雜誌廣告	29
400	387	滿意	自由業	網路廣告	27
401	398	滿意	上班族	雜誌廣告	44

(3)點選餐點評鑑、遞增及有標題列後單擊「確定」鈕,則整個400位顧客的事實資料按餐點評鑑的內容排序。上圖為部份列隱藏的排序後試算表,請參考試算表檔第二章敘述統計.XLS 中「餐點評鑑（餐點評鑑序）」試算表。

　　上圖最左側的數字代表資料在試算表上的列數。經過排序後,整個400筆事實資料按照餐點評鑑的筆畫排成「可改進」、「好」、「很滿意」、「普通」、「滿意」的順序。第1列是標題,第2、3、4列分別是4、7、9號顧客,第5列至第27列隱藏未表,第29列為第353號顧客,仍然評為「可改進」;第30列為第3號顧客,開始評為「好」,因此評為「可改進」的顧客集中在第2列至第29列,故得評為「可改進」的顧客共有29－1＝28位。循此類推,可計得餐點評鑑的次數分配如下:

餐點評鑑	最首列	最末列	次數
可改進	2	29	29 － 2 + 1 = 28
好	30	153	153 － 30 + 1 = 124
很滿意	154	225	225 － 154 + 1 = 72
普通	226	305	305 － 226 + 1 = 80
滿意	306	401	401 － 306 + 1 = 96

2. FREQUENCY 函數法

　　語法:FREQUENCY（data_array,bins_array）

　　data_array:是一個要計算頻率的數值陣列或數值參照位址。如果 data_array 不含資料,則 FREQUENCY 傳回一個零的陣列。

　　bins_array:是一個陣列或一個區間的儲存格範圍參照位址,用來存放 data_array 裡的數值分組之條件。如果 bins_array 沒有數值,則 FREQUENCY 傳回 data_array 中元素的個數。

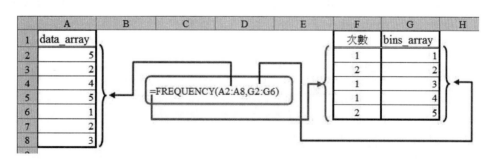

　　上圖中 data_array 指的是儲存格 A2:A8,bins_array 指的是儲存格 G2:G6,先選擇儲存格 F2:F6,然後輸入上列 FREQUENCY 函數,則函數將檢視儲存格 A2:A8 中每一格內容小於或等於儲存格 G2 的個數(本例只有1個)並儲存於儲存格 F2;接著檢視儲存格 A2:A8 中每一格內容小於或等於儲存格 G3 的個數(本例只有2個)儲存於儲存格 F3;逐次檢視小於或等於儲存格 G4、G5、G6 的個數儲存於儲存格 F4、F5、F6。因為執行函數時傳回的是一個陣列,因此公式輸入後要按 Ctrl+Shift+Enter 組合鍵。次數則出現在最初選擇的儲存格 F2:F6。

Unit 2-3
定性資料次數分配的編輯(二)

使用 FREQUENCY 函數的先決條件是 data_array 必須是數值資料,而 bins_array 也必須是數值資料。在前述餐點評鑑實例中,餐點評鑑是文字的定性資料,因此整個事實資料必須將之轉換為數值,例如很滿意賦予 1,滿意賦予 2 等等(如下圖)。Excel 的 VLOOKUP 或 HLOOKUP 函數可將定性資料轉換為代碼,說明如下:

VLOOKUP:在一陣列或表格的最左欄中尋找含有某特定值的欄位,再傳回同一陣列中某一指定儲存格中的值。如果用來比對的數值位於您所要尋找的資料之左邊直欄時,就必須使用到 VLOOKUP 函數,而非 HLOOKUP 函數。

語法:VLOOKUP(lookup_value,table_array,col_index_num,range_lookup)

Lookup_value:是打算在陣列的最左欄中搜尋的值。Lookup_value 可以是數值、參照位址或文字字串。

Table_array:是要在其中搜尋的資料表格。通常是儲存格範圍的參照位址或類似資料庫或清單的範圍名稱。

如果 range_lookup 為 TRUE,則 table_array 第一欄的值必須以遞增次序排列:...,−2,−1,0,1,2,...,A-Z,FALSE,TRUE;否則 VLOOKUP 無法給予正確的值。如果 range_lookup 為 FALSE,則 table_array 不須事先排序。

Table_array:第一欄裡的值,可以是文字、數字或邏輯值。字母的大小寫被視為是相同的。

Col_index_num:是個數值,代表所要傳回的值位於 table_array 中的第幾欄。如果 col_index_num 引數值為 1,傳回在 table_array 第一欄的值,如果 col_index_num 引數值為 2,傳回 table_array 第二欄的值,依此類推。

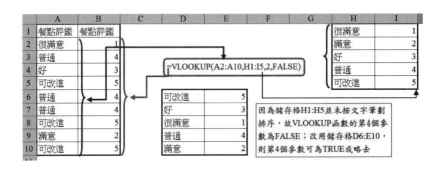

上圖中 VLOOLUP 函數垂直方向檢視儲存格 A2:A10 每一儲存格的值等於儲存格 H1:H5 的那一個儲存格的值,並取 I1:I5 相當的值。如儲存格 A2 的值是「很滿意」,與儲存格 H1:H5 比較得與儲存格 H1 的內容相等,故取 I1 的值 1 置入儲存格 B2。同理,儲存格 A4 的「好」與儲存格 H3 相同,故取 I3 的值 3 置入 B4。

參閱試算表檔第二章敘述統計.XLS中的「餐點評鑑」試算表的儲存格G1：J401是將儲存格 A1：D401 的餐點評鑑、職業、資訊來源文字代碼以 VLOOPUP 函數改為數字代碼。再套用 FREQUENCY 函數即可推得餐點評鑑次數分配如儲存格 M2：N7，進而推算相對次數及百分比次數如儲存格O2：P7。職業、資訊來源的次數分配表如儲存格 M10：P15、M18：P23。

3. 資料分析工具的直方圖法

在功能表上點選：☞ 工具/資料分析 ✎ 或索引標籤「資料」內的資料分析後出現下圖。

點選直方圖，單擊「確定」鈕，

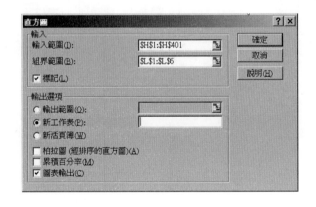

輸入餐點評鑑的輸入範圍儲存格 H1:H401（含標題），組界範圍儲存格 L1:L6，點選新工作表，勾選標記及圖表輸出後，單擊「確定」鈕，得下列次數分配表及條狀直方圖（如試算表檔第二章敘述統計.XLS中的「餐點評鑑直方圖」試算表）如下。

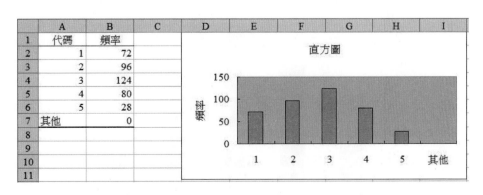

Unit 2-4

次數分配直條圖繪製

次數分配以直條圖表示最為恰當，相對次數或百分比次數因為其總和為 1 或 100%，故以餅形圖表示最為恰當。繪製餐點飲評鑑次數直條圖的步驟再摘述如下：

1. 開啟第二章敘述統計.XLS 檔案，選擇試算表「餐點評鑑」。
2. 選取含有餐點評鑑次數的儲存格範圍 M2：N6。
3. 以滑鼠單擊工具列上的圖表圖示 📊 而出現如下畫面。

4. 在圖表類型中選擇「直條圖」，在副圖表類型中選擇最左上方的圖例（群組直條圖）或從 2007 版本 Excel 的「插入」索引標籤中直選直線圖。
5. 單擊「完成」鈕，即可出現如下的長條圖初步輪廓。

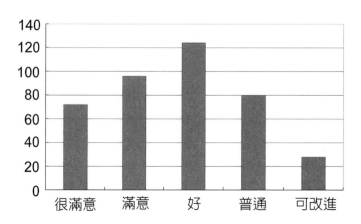

統計學與 Excel

6. 依此初步長條圖輪廓，可以再修飾成如下圖。

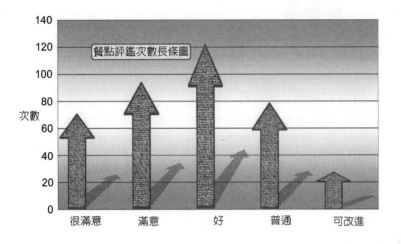

另依據顧客職業別(M10:N14)及資訊來源別(M18:N22)，可繪得並修飾成如下兩圖。

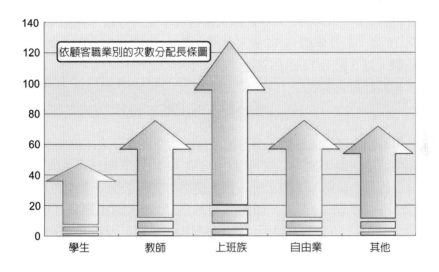

Unit　2-5

定量資料次數分配的編輯(一)

　　如前述定性資料的次數分配可將資料有效的呈現其分布的情況，定量資料亦可據以製作次數分配。在餐點評鑑實例中，最小年齡為 18 歲，最高年齡達 78 歲；如果統計每一年齡的人數，則恐因組數太多而不易掌握分布全貌，因此離散型資料如年齡、人數、不良品件數也必須加以分組（如 10～19 歲一組，20～29 歲一組等），連續型資料如身高、體重，因其資料連續而更必須加以分組以便統計次數。

　　定量資料分組的原則有三：1.組數不宜太多也不宜太少，一般以 5 組到 15 組為宜，端視資料使用者可以掌握資料分布的需要而定；2.要周延，要使每一筆資料均可歸屬於某一組；3.要互斥，不能讓某一筆資料可以同時歸屬於一組以上。資料分組的步驟如下：

1. 決定分組資料的全距（Range），亦即最大值與最小值的差數。餐點評鑑實例中的最小年齡為 18 歲，最高年齡為 78 歲，故得全距為 60 歲（78 歲-18 歲）。
2. 選擇資料組數，以 5 組至 15 組為宜。
3. 決定組距，組距計算公式為

$$組距 = \frac{最大值 - 最小值}{組數}$$

依據上式計得的組距僅屬大約數，應再配合實況及慣例修正之。例如 5 歲或 10 歲是年齡分組慣常的組距，故 60 歲的全距可分為 13 組或 7 組以含括最大值與最小值。又如身高的最小值為 153.20 公分，最大值為 172.50 公分，其全距為 19.3 公分（172.50 公分 − 153.20 公分），如選擇組數為 5 組，則組距為（172.50 公分 − 153.20 公分）/ 5＝3.86 公分。組距以修正為整數為原則，因此選擇組距=4 公分。

4. 決定各組的上限值與下限值。

決定組距時以能涵蓋最小值與最大值為原則，選擇第一組的下限值，然後依組距決定各組的上下限值。下表分組 1 以 152 公分為第 1 組的下限值，分組 2 以 150 公分為第 1 組的下限值，各以組距 4 公分可推得各組組距如下表。兩個分組均可涵蓋最小值與最大值，故均可適用。

組別	1	2	3	4	5	6
分組 1	152～156	156～160	160～164	164～168	168～172	172～176
分組 2	150～154	154～158	158～162	162～166	166～170	170～174

　　分組 1 的第 1 組上限值（156 公分）與第 2 組的下限值（156 公分）必須加以明確劃分，以小於或等於 156 公分歸屬第 1 組，大於 156 公分歸屬第 2 組為原則；當然也可以小於 156 公分歸屬第 1 組，大於或等於 156 公分歸屬第 2 組，以方便計數

且不會造成某一資料無法歸屬某一組或可同時歸屬於一個組以上即可。餐點評鑑的年齡分組可以組距 10 歲的分組如下表：

組別	1	2	3	4	5	6	7
歲	11～20	21～30	31～40	41～50	51～60	61～70	71～80

年齡是一種離散型資料，第 1 組的上限值為 20 歲，第 2 組的下限值為 21 歲，因為年齡資料不會有 20.4 歲或其他小數歲數，故其組間上限值與下限值必不重疊。

定量資料的分配次數也可利用 Excel 試算表功能來輔助計算，也有三種方法：

1. 資料排序法

將整個事實資料按年齡的內容排序，則可從試算表的列數可計得年齡分組的出現次數，排序結果且將部份列隱藏之如下：

	A	B	C	D	E
1	顧客	餐點評鑑	職業	資訊來源	年齡
2	15	普通	上班族	雜誌廣告	18
3	84	普通	學生	網路廣告	18
20	325	滿意	教師	網路廣告	20
21	371	普通	上班族	電視廣告	20
22	72	滿意	上班族	報紙廣告	21
88	249	很滿意	上班族	網路廣告	30
89	375	滿意	上班族	朋友介紹	30
90	28	可改進	上班族	雜誌廣告	31
91	50	好	學生	朋友介紹	31
184	348	滿意	教師	雜誌廣告	40
185	350	滿意	自由業	網路廣告	40
186	5	普通	上班族	電視廣告	41
276	351	很滿意	上班族	雜誌廣告	50
277	378	很滿意	自由業	雜誌廣告	50
278	100	普通	上班族	雜誌廣告	51
340	339	很滿意	教師	電視廣告	60
341	397	好	教師	朋友介紹	60
342	27	好	學生	報紙廣告	61
384	65	很滿意	教師	朋友介紹	70
385	239	好	上班族	網路廣告	70
386	19	滿意	其他	朋友介紹	71
401	357	很滿意	教師	雜誌廣告	78

上圖（部份列隱藏）最左側的數字代表資料在試算表上的列數。經過排序後，整個 400 筆事實資料按照年齡由小而大的順序排列之。第 1 列是標題；第 2、3 列分別是年齡 18 歲的 15、84 號顧客，第 4 列至第 19 列隱藏未表，第 21 列為 20 歲的第 371 號顧客，因此年齡在 11～20 歲間的顧客在第 2 列至第 21 列，共計有 20 位顧客；第 22 列為 21 歲的第 72 號顧客，第 88、89 列為年齡 30 歲第 249、375 號顧客，因此年齡在 21～30 歲間的顧客在第 22 列至第 89 列，共計有 68 位顧客。循此類推，可計得年齡的次數分配如下：

Unit **2-6**

定量資料次數分配的編輯(二)

年齡	最首列	最末列	次數
11～20	2	21	$21 - 2 + 1 = 20$
21～30	22	89	$89 - 22 + 1 = 68$
31～40	90	185	$185 - 90 + 1 = 96$
41～50	186	277	$277 - 186 + 1 = 92$
51～60	278	341	$341 - 278 + 1 = 64$
61～70	342	385	$385 - 342 + 1 = 44$
71～80	386	401	$401 - 386 + 1 = 16$

2. FREQUENCY 函數法

	D	E	F	G	H	I	J	K	L
1	資訊來源	年齡						年齡	
2	1	65					20	11～20	↑ ↑
3	4	52					30	21～30	¦
4	4	47			=FREQUENCY(E2:E401,J2:J8)		40	31～40	¦
5	4	20					50	41～50	¦
6	3	41					60	51～60	¦
7	1	78					70	61～70	¦
8	5	67					80	71～80	↓ ↓

　　以組距 10 歲的年齡分組如上圖（參閱試算表檔第二章敘述統計.XLS 中的「年齡次數」試算表）中儲存格 K2：K8，將各組的上限值置入儲存格 J2：J8，選取儲存格 L2：L8，然後輸入公式=FREQUENCY(E2:E401,J2:J8)，按 Ctrl+Shift+Enter 組合鍵得年齡次數在最初選擇的儲存格 L2：L8，其結果與上表相符。

	D	E	F	G	H	I	J	K	L
1	資訊來源	年齡						年齡	
2	1	65					20	11～20	↑ ↑ 20
3	4	52					30	21～30	¦ 68
4	4	47			=FREQUENCY(E2:E401,J2:J8)		40	31～40	¦ 96
5	4	20					50	41～50	¦ 92
6	3	41					60	51～60	¦ 64
7	1	78					70	61～70	¦ 44
8	5	67					80	71～80	↓ ↓ 16

　　FREQUENCY 函數執行時，依據儲存格 J2 的 20，會計數所有年齡小於或等於 20 的年齡，而計得有 20 位顧客，年齡在 11～20 歲間。依據儲存格 J2、J3 的 20、30，會計數所有年齡大於 20 歲且小於或等於 30 歲的顧客共有 68 位，等等。

3. 資料分析工具的直方圖法

　　在功能表上點選：工具→資料分析（或在 Excel 2007 版本以上從「資料」索引標籤的資料分析）；點選直方圖，單擊「確定」鈕，再輸入年齡的輸入範圍儲存格

E1:E401（含標題），組界範圍儲存格 J1:J8，點選新工作表，勾選標記及圖表輸出後，單擊「確定」鈕，得下列次數分配表及條狀直方圖（如試算表檔第二章敘述統計.XLS 中的「年齡次數直方圖」試算表）如下。

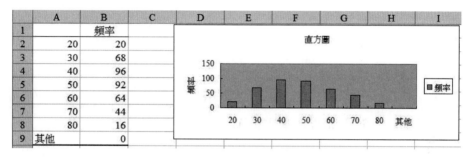

經修飾可得如下的年齡次數長條圖（如「年齡次數 10 歲長條圖」試算表），至於以 5 歲為組距的長條圖請參閱（「年齡次數 5 歲長條圖」試算表）。

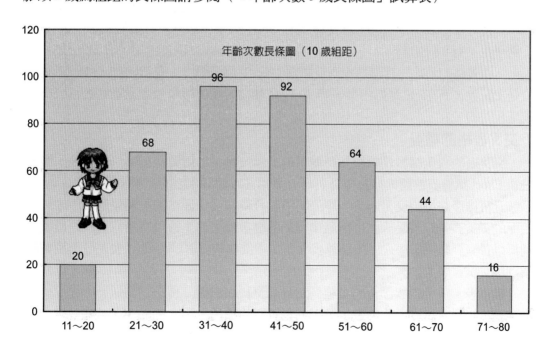

Unit 2-7
交叉表格

1. 交叉表格的意義

前述各種表格均以某一個變數（如職業別、餐點評鑑別、資訊來源別或年齡別）來統計人數，另一種以兩個或兩個以上變數來編製的交叉表（Cross Tabulation）更能彙總摘要資料。下表為職業別與餐點評鑑別兩個變數的交叉表格。

	很滿意	滿意	好	普通	可改進	總計
學生	7	16	14	10	1	48
教師	11	18	26	15	6	76
上班族	34	20	38	25	11	128
自由業	12	20	26	11	7	76
其他	8	22	20	19	3	72
總計	72	96	124	80	28	400

上表的最上面一列代表餐點評鑑別，有五個變數值；最左列為職業別，也有五個變數值。由該表第 2 列可以很容易讀得 48 位職業是學生的顧客，給予「很滿意」的評價有 7 位，給予「滿意」的評價有 16 位，給予「好」的評價有 14 位，給予「普通」的評價有 10 位，給予「可改進」的評價有 1 位。由表格的最後一列得知 400 位顧客中給予「很滿意」、「滿意」、「好」、「普通」、「可改進」的評價分別有 72 位、96 位、124 位、80 位、28 位，與單以餐點評鑑別的表格分析人數是相同的。

同理，由該表第 3 行可以很容易讀得 96 位給予「滿意」評鑑的顧客中，有 16 位是學生，有 18 位是教師，有 20 位是上班族，有 20 位是自由業，有 22 位是其他人士。由表格的最後一行得知 400 位顧客中有 48 位是學生，有 76 位是教師，有 128 位是上班族，有 76 位是自由業，有 72 位是其他人士，與單以職業別的表格分析人數是相同的。

2. 交叉表格的編製

交叉表的人工編製是相當費時費事的工作，除了可用資料排序法編製外，微軟公司 Excel 試算表軟體的樞紐表分析是一個相當方便與靈活的編製工具。

資料排序法編製交叉表時，應先將所有資料按交叉表中的兩個變數排序之。如上面的交叉表是以餐點評鑑別與職業別兩個變數編製之，故可將所有資料先以職業別再以餐點評鑑別排序之，如試算表檔第二章敘述統計.XLS 中的「餐點評鑑別與職業別序」試算表。

排序後，就上班族部份的各種餐點評鑑資料如右圖（部份列隱藏）。最左側的數字表示資料在試算表的列數，第 1 列是資料的標題，第 2 列的 353 號顧客是上班

族，給予「可改進」的評價，第 3 列至第 11 列都是隱藏且是給予「可改進」評價的上班族，第 12 列應是給予「可改進」評價的最後一位上班族；故上班族給予「可改進」評價的共有 12 − 2 + 1 = 11 位，與上表的統計結果是一致的。

第 13 列的 345 號顧客也是上班族，給予「好」的評價，第 14 列至第 49 列都是隱藏且是給予「好」評價的上班族，第 50 列應是給予「好」評價的最後一位上班族；故上班族給予「好」評價的共有 50 − 13 + 1 = 38 位。上班族給予「很滿意」評價的共有 84 − 51 + 1 = 34 位；給予「普通」評價的共有 109 − 85 + 1 = 25 位；給予「滿意」評價的共有 129 − 110 + 1 = 20 位，均與上表統計結果是一致的。

	A	B	C	D	E
1	顧客	餐點評鑑	職業	資訊來源	年齡
2	353	可改進	上班族	電視廣告	55
12	9	可改進	上班族	電視廣告	67
13	345	好	上班族	雜誌廣告	53
50	12	好	上班族	網路廣告	59
51	395	很滿意	上班族	網路廣告	19
84	18	很滿意	上班族	網路廣告	46
85	399	普通	上班族	網路廣告	53
109	2	普通	上班族	網路廣告	52
110	398	滿意	上班族	雜誌廣告	44
129	16	滿意	上班族	朋友介紹	65
130	349	可改進	自由業	網路廣告	68

如果將所有資料先以餐點評鑑別再以職業別排序之亦無不可，只不過因為資料是先將所有評價「很滿意」的排在一起，然後再細分其職業別；因此可計數評價「很滿意」的學生、教師、上班族、自由業、其他人士的人數；再計數評價「滿意」的學生、教師、上班族、自由業、其他人士的人數等等；整理得如前交叉表。

下圖則是根據交叉表格所繪製的長條圖。

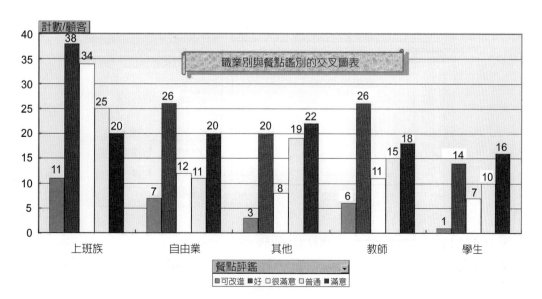

035

Unit **2-8**

雙變數交叉表編輯(一)

樞紐表分析是微軟公司 Excel 試算表軟體獨特超強功能之一，原來設計並非針對次數分配推算而來，但是其功能卻可用來計數單變數次數分配（如年齡次數分配、餐點評鑑次數分配等），更可用來計數多變數次數分配。本單元先就樞紐表分析做一簡單的使用說明，再就單變數及雙變數次數分配實例詳細解說。

1. 樞紐表分析的使用步驟（2007 以後版本）

(1)先將滑鼠游標置於「餐點評鑑」試算表儲存格 A1：E401 中的任意一個儲存格。

(2)從「插入」索引標籤中最左方點選「樞紐表分析」，出現

畫面上半部已經出現剛才點選的資料範圍，且下半部也點選樞紐分析表出現在新的工作表上。單擊「確定」鈕，出現如下畫面，畫面佈置與 2007 以前版本或有差異，但是功能是相同的。

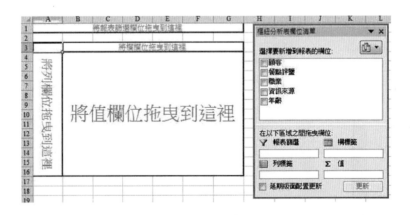

2. 樞紐表分析的使用步驟（2007 以前版本）

(1)先將滑鼠游標置於「餐點評鑑」試算表儲存格 A1：E401 中的任意一個儲存格。

(2)選擇功能表的 ☞ 資料→樞紐表分析及圖報表 ☜ 出現

統計學與 Excel

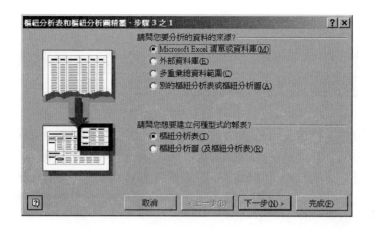

先選擇資料來源為 Microsoft Excel 清單或資料庫（上半部），再選擇樞紐分析表為想要建立何種形式的報表？（下半部）後，單擊「下一步」鈕，出現

此時樞紐分析表功能已經因為在進入樞紐分析表功能前，已將滑鼠游標置於 A1：E401 儲存格範圍內的任一儲存格，故樞紐分析表功能就可以從該游標處選擇週遭未含空白儲存格的範圍當作建立資料表的來源範圍$A$1：$E$401 如上圖。再單擊「下一步」鈕，選擇新工作表後，單擊「完成」鈕出現。

上圖中左側有「將分頁欄位拖曳到這裡」、「將欄欄位拖曳到這裡」、「將列欄位拖曳到這裡」、「將資料欄位拖曳到這裡」等四個區域；或簡稱為「頁面區域」、「欄區域」、「列區域」、「資料區域」。上圖的右側上面是樞紐分析表工具列，下面則是樞紐分析表欄位清單，包括有顧客、餐點評鑑、職業、資訊來源和年齡等五個欄位。

Unit 2-9 雙變數交叉表編輯(二)

資料欄位除了以拖曳方式移送到報表中的任何一個區域外，尚可先點選資料欄位（如餐點評價）然後在前圖右側下面的下拉式選單中挑選列區域、欄區域、頁面區域或資料區域，再單擊「新增至」鈕即可將資料欄位移送到所選區域內。如選擇餐點評鑑，再選欄區域，然後單擊「新增至」鈕的結果與將餐點評鑑欄位拖曳到欄區域的效果相同的。

如將「餐點評鑑」欄位拖曳（以滑鼠移到該欄位，按住滑鼠左鍵不放，移動滑鼠）到「欄區域」，則「餐點評鑑」欄位的五個值：很滿意、滿意、好、普通、可改進被當作樞紐分析表的欄位標題；如將「職業」欄位拖曳到「列區域」，則「職業」欄位的五個值：學生、教師、上班族、自由業、其他被當作樞紐分析表的列位標題。

再將「顧客」欄位拖曳到「資料區域」，則樞紐分析表中將顯示「顧客」欄位的總數。表中「很滿意」欄與「學生」列的交叉點顯示的是學生給予很滿意評價的顧客（學生）編號的總和；同理，「滿意」欄與「上班族」列的交叉點顯示的是上班族給予滿意評價的顧客（上班族）編號的總和，如下表。樞紐分析表類同單元 2-7 的交叉表，但表中的數值是顧客編號的總和而非計數顧客人數。

	A	B	C	D	E	F	G
3	加總 的顧客	餐點評鑑 ▼					
4	職業 ▼	很滿意	滿意	好	普通	可改進	總計
5	學生	1547	1733	1925	1729	287	7221
6	教師	2062	3658	6264	2629	1320	15933
7	上班族	7762	4338	7879	5311	2567	27857
8	自由業	2783	3633	4947	2179	1491	15033
9	其他	1779	3589	4295	4115	378	14156
10	總計	15933	16951	25310	15963	6043	80200

任何定性資料拖曳到「資料區域」將被計數出現次數；任何定量資料拖曳到「資料區域」將被加總出現加總數。樞紐分析表中顯示的計數、加總或其他方式是可以選擇的。上圖中的儲存格 A3 顯示加總的顧客，如欲改為計數的顧客，則將滑鼠游標移到儲存格 A3，單擊滑鼠右鍵並選擇欄位設定後，出現

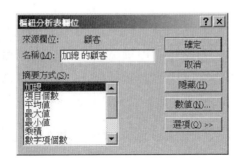

上圖的摘要方式（S）：欄位可提供加總、項目個數、平均值、最大值、最小值、乘積、數字項個數等選項，其他尚有標準差、母體標準差、變異數、母體變異數等總共有 11 種摘要方式。選擇第二項「項目個數」單擊「確定」鈕，則樞紐分析表中顯示的是顧客的計數而非顧客編號的加總，其結果（如下圖）與單元 2-7 的交叉表完全相同。下圖中儲存格 A3 的內容已由「加總的顧客」改爲「計數的顧客」，且樞紐分析表中的數值是顧客的計數而非顧客編號的加總。

	A	B	C	D	E	F	G
3	計數 的顧客	餐點評鑑 ▼					
4	職業 ▼	很滿意	滿意	好	普通	可改進	總計
5	學生	7	16	14	10	1	48
6	教師	11	18	26	15	6	76
7	上班族	34	20	38	25	11	128
8	自由業	12	20	26	11	7	76
9	其他	8	22	20	19	3	72
10	總計	72	96	124	80	28	400

若將滑鼠游標置入樞紐分析表中的任一儲存格，則樞紐分析表工具列即告出現，再以滑鼠左鍵單擊工具列上的 圖示，得如下的累積長條圖。

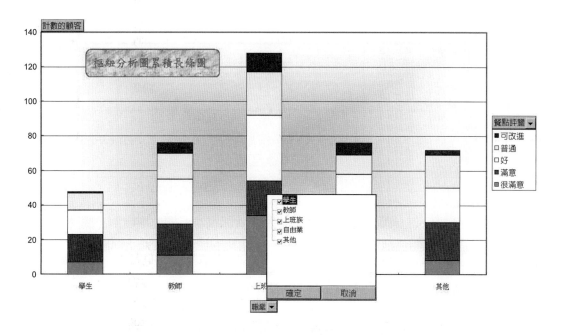

上圖下面有下拉式職業選單，其中學生、教師、上班族、自由業及其他選項均有打勾，表示橫軸上顯示的項目，如果以滑鼠在自由業點選之，則變成未打勾，意即橫軸上不出現自由業。同理，上圖右側也有下拉式餐點評鑑選單，如果以滑鼠使滿意選項未勾選，則縱軸上不出現滿意的項目。

至此，樞紐分析表功能可輕易地推算雙變數的次數分配表及相關圖表。如果將餐點評鑑資料欄位拖曳到列區域，將職業資料欄位拖曳到欄區域，則樞紐分析表的橫軸與縱軸的內容互換，此即樞紐分析表名稱之由來，因其縱橫軸是可以轉動的。

Unit **2-10**
單變數與多變數交叉表編輯

　　下圖為以樞紐分析表功能推算的部份三變數的交叉表，以餐點評鑑為欄資料，以職業及資訊來源為列資料（請參閱三變數樞紐分析 1 試算表）。學生的列資料內再細分報紙廣告、雜誌廣告、電視廣告、網路廣告及朋友介紹等五類的顧客計數。可以解讀如下：7 位從報紙廣告得知的學生中有 1 位給予很滿意的評價，有 4 位給予滿意的評價，有 2 位給予好的評價；亦可解讀為給予滿意評價的 16 位學生的資訊來源有 4 位來自報紙廣告，3 位來自雜誌廣告，1 位來自電視廣告，4 位來自網路廣告，4 位來自朋友介紹。

　　建立下列三變數樞紐分析表時，將「餐點評價」欄位拖曳到「欄區域」，「資訊來源」欄位拖曳到「列區域」，再將「職業」欄位拖曳到「列區域」，「顧客」欄位拖曳到「資料區域」並設定為項目個數，即可完成。

	A	B	C 很滿意	D 滿意	E 好	F 普通	G 可改進	H 總計
3	計數 的顧客		餐點評鑑					
4	職業	資訊來源	很滿意	滿意	好	普通	可改進	總計
5	學生	報紙廣告	1	4	2			7
6		雜誌廣告	1	3	2	3		9
7		電視廣告	2	1	1		1	5
8		網路廣告	3	4	7	6		20
9		朋友介紹		4	2	1		7
10	學生 合計		7	16	14	10	1	48
11	教師	報紙廣告	3		1	2		7
12		雜誌廣告	2	7	6		1	16
13		電視廣告	2	4	4	5	3	18
14		網路廣告	3	4	9	3		19
15		朋友介紹	1	2	6	5	2	16
16	教師 合計		11	18	26	15	6	76
17	上班族	報紙廣告	3	4	3	1		11

　　同理，建立下列三變數樞紐分析表時，將「資訊來源」欄位拖曳到「欄區域」，再將「餐點評價」欄位拖曳到「欄區域」，「職業」欄位拖曳到「列區域」，最後將「顧客」欄位拖曳到「資料區域」並設定為項目個數，即可完成如下的部份三變數交叉表（請參閱三變數樞紐分析 2 試算表）。

	A	B	C	D	E	F	G	H
3	計數 的顧客	餐點評鑑	資訊來源					
4		很滿意					很滿意 合計	滿意
5	職業	報紙廣告	雜誌廣告	電視廣告	網路廣告	朋友介紹		報紙廣告
6	學生	1	1	2	3		7	4
7	教師	3	2	2	3	1	11	1
8	上班族	3	7	4	11	9	34	4
9	自由業	2	2		5	3	12	3
10	其他	2	3	1	2		8	3
11	總計	11	15	9	24	13	72	15

　　可解讀為從報紙廣告得知且給予很滿意評價的 11 位顧客有學生 1 位，教師 3 位，上班族 3 位，自由業 2 位，其他人士 2 位。

樞紐分析表功能可以輕易地分析兩個變數或兩個以上變數的交叉表及圖表,而分析單變數的次數分配表更是容易。如果將「年齡」資料欄拖曳到「列區域」,將「顧客」資料欄拖曳到「資料區域」並設定為項目個數,即可得到如下的年齡次數分配。

	A	B
3	計數 的顧客	
4	年齡 ▼	合計
5	18	5
6	19	4
7	20	11
8	21	8
9	22	4
10	23	9
11	24	9
12	25	9
13	26	4
14	27	8
15	28	5
16	29	6
17	30	6
18	31	9
19	32	7

　　18 歲到 78 歲年齡中僅 77 歲的顧客沒有出現,因此分析表的高度達 63 列之高。次數分配中的定量資料通常均予分組計數之。樞紐分析表功能也提供分組的功能。因欲將年齡欄位分組,故將滑鼠游標移置分析表中的年齡欄位,單擊滑鼠右鍵,再選擇群組及顯示詳細資料→群組後出現下左圖,將開始點改為 11,結束點改為 80,間距值為 10,以涵蓋最小年齡 18 歲與最高齡 78 歲,如下右圖。

　　單擊「確定」鈕即已完成分組的設定,其結果如下圖,與次數分配表相同。請參閱「樞紐單變數群組次數」試算表。

	A	B
3	計數 的顧客	
4	年齡 ▼	合計
5	11-20	20
6	21-30	68
7	31-40	96
8	41-50	92
9	51-60	64
10	61-70	44
11	71-80	16
12	總計	400

第 ❸ 章
敘述統計──常用統計量

•••••••••••••••••••••••• 章節體系架構▼

Unit 3-1

常用統計量的意義

前一章的敘述統計——統計表與統計圖乃就描述個體或現象某一個特徵或特質的事實資料,以統計表或統計圖呈現其分配情形;而本章將就這些事實資料計算一些如平均數、中位數、眾數、四分位數、十分位數、百分位數、變異數、標準差等常用的統計量,來測量這些事實資料的中央趨勢及離散情形。

雨水是天賜的自然資源,但是過多或過少的雨量會釀成災害或帶來生活上的不便,人類除了關心雨量的多少,也關心雨量的分布情形,總不希望所有雨量集中在少數地區而釀成某些地區的災害,其他地區的乾旱。

反之,如果某種昂貴的營養食品,包裝標示的重量是 300±10 公克,意即因包裝設備的誤差,每包的重量可能介於 290 公克至 310 公克之間。如果有消費者保護團體就該食品的市售產品抽樣 100 包加以檢驗其實際重量,若這 100 包的實際重量愈集中在 300 公克左右 10 公克的範圍內,則表示這種營養食品的標示正確;若這 100 包的實際重量愈多落在 300 公克左右 10 公克的範圍之外,超過 310 公克的包裝固然讓消費者滿意,但是不足 290 公克的包裝則可能產生受騙的感覺而影響公司的信譽。因此,資料集中或離散的良窳端視資料背後的事實來加以論定。

統計量偏態值(Skewness)可以測量事實資料分布情形(曲線)是否對稱或向左(右)偏斜。偏態值為 0 表示分布情形(曲線)是左右對稱的;正的偏態值表示分布情形(曲線)是向右偏斜或中位數右側的尾端拉延較左端長;負的偏態值表示分布情形(曲線)是向左偏斜或中位數左側的尾端拉延較右端長,如下圖所示。

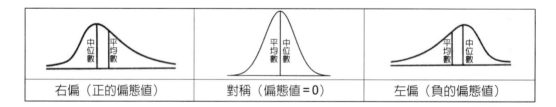

右偏(正的偏態值)	對稱(偏態值 = 0)	左偏(負的偏態值)

統計量峰態值(Kurtosis)測度分布情形(曲線)的上鋒尖銳程度。峰態值等於 3 的屬峰度中等的分配稱為常態峰分配;峰態值小於 3 的屬低峰度的分配稱為低峰態分配;峰態值大於 3 的屬高峰度的分配稱為尖峰態分配,如下圖所示。

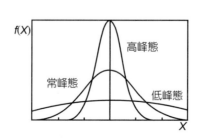

某些事實資料具有競爭的特性，如入學考試的個人總分、業務員的銷售成績、某種產品各公司的銷售量、縣市執政績效的綜效成績等。既有競爭，則優劣比較或排名順序則是參與個體所關切的事項；如果參與競爭的個體不多，則將這些事實資料攤開，優劣立判；如果參與競爭的個體甚多或資料保密，則不易事先研判自己的優劣定位。如某項入學考試的滿分是 500 分，如果某位學生的個人總成績是 423 分，該位學生實難研判其成績的定位。如果主辦單位能夠在放榜前公佈成績的百分位數如下表左邊兩個欄位：

成績 ≦	占百分數	成績 ≧	占百分數	人數
450	96	450	4	50
425	90	425	10	125
400	80	400	20	250
375	72	375	28	350
350	68	350	32	400
325	44	325	56	700
300	30	300	70	875
275	6	275	94	1175

　　根據百分位數的定義，成績低於或等於 450 分的占 96%，則成績高於或等於 450 分的占 4%（1－96%），相當有 1,250 人×4%＝50 人。類推之，成績高於 425 分的有 125 人；成績高於 400 分的有 250 人；這位得成績 423 分的學生可以知道他的成績比 125 人低，且位於前 250 名的前段。如果錄取人數是 350 名，則錄取的最低成績應是 375 分。

　　常用統計量的意義與用途彙整如下：

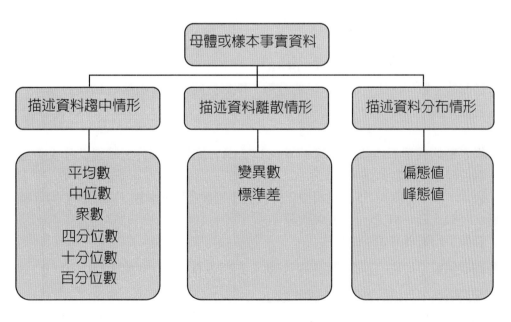

Unit **3-2**

平均數

統計學與 Excel

　　平均數是度量一群事實資料的趨中位置，可以簡化或代表該事實資料，亦可用以比較不同群事實資料。平均數有算術平均數（Arithmetic Mean）、幾何平均數（Geometric Mean）及調和平均數（Harmonic Mean）等三種，其中幾何平均數及調和平均數不適合統計推論與假設檢定，故一般稱平均數即指算術平均數。算術平均數為所有數值觀測值的總和除以數值觀測值的個數。

　　母體及樣本均有算術平均數，設母體的觀測值有 x_1、x_2、$x_3...x_N$ 等 N 個，則其母體算術平均數 μ（唸 nu）為

$$\mu = \frac{\sum\limits_{i=1}^{N} x_i}{N} = \frac{x_1 + x_2 + x_3 + \cdots + x_N}{N}$$

　　若樣本的觀測值有 x_1、x_2、$x_3...x_n$ 等 n 個，則其樣本算術平均數 $\overline{X}$ 為

$$\overline{X} = \frac{\sum\limits_{i=1}^{n} x_i}{n} = \frac{x_1 + x_2 + x_3 + \cdots + x_n}{n}$$

　　設甲班有 14 名學生、乙班有 16 名學生，某次測驗成績如下表：

甲班	69	87	95	82	79	90	88	69	87	77	84	96	72	80		
乙班	95	81	75	81	79	89	81	84	78	83	77	78	93	82	75	93

　　甲班分數的總和＝69＋87＋95＋82＋79＋90＋88＋69＋87＋77＋84＋96＋72＋80
　　　　　　　　＝1,155

　　得甲班的成績平均值＝1,155÷14＝82.5 分。此平均分數可代表甲班，因為比平均分數高的分數勻給比平均分數低的分數，則每位同學的分數都是 82.5 分。

　　乙班分數的總和＝95＋81＋75＋81＋79＋89＋81＋84＋78＋83＋77＋78＋93＋82＋75＋93
　　　　　　　　＝1,324

　　得乙班的成績平均值＝1,324÷16＝81.75 分。同理，高分成績與低分成績互勻後，每位同學的分數都是 81.75 分。

　　因此，82.5 分與 81.75 分均可簡化地代表甲班與乙班的成績，故甲班平均成績比乙班高（82.5 分－81.75 分＝）0.75 分。

　　算術平均數具有如下的特性：

1. 各觀測值與平均值的差的總和恆等於零，亦即 $\sum\limits_{i=1}^{n} (x_i - \overline{X}) = 0$ 或 $\sum\limits_{i=1}^{N} (x_i - \mu) = 0$

2. 各觀測值與平均值的差的平方總和最小

3. 所有觀測值均參與平均值的計算，但會受極端觀測值的影響。觀測值中特別大的

值會拉高平均數，同理，觀測值中特別小的值會拉低平均數。

　　觀測值中的極端值可依容後介紹的柴比雪夫定理或經驗法則剔除之。剔除極端值的平均數稱為修正平均數（Trimmed Mean）。

　　幾何平均數是 n 個觀測值的連乘積的 n 次方根，因此任一觀測值不得為負值或零，通常以 G 表示之，其公式為 $G = \sqrt[n]{\prod_{i=1}^{n} x_i}$。

　　例如，某五年的通貨膨脹率分別為 16.8%、8.3%、13.4%、17.5%、11.9%，則

$$G = \sqrt[5]{16.8 \times 8.3 \times 13.4 \times 17.5 \times 11.9} = \sqrt[5]{389,114.292} = 13.1225\%$$

　　調和平均數為各觀測值倒數之算術平均數的倒數，其公式為 $H = \dfrac{n}{\sum_{i=1}^{n} \dfrac{1}{x_i}}$。例如，某人以每小時 5 公里、10 公里、20 公里的速度各行走 1 公里，則該人的行走速度是多少？

$$平均速度 = 行走距離 \div 行走時間 = 3 \text{ 公里} \div \left(\frac{1}{5} + \frac{1}{10} + \frac{1}{20} \right) 小時，得$$

$$平均速度 = \frac{3 \text{ 公里}}{\left(\frac{1}{5} + \frac{1}{10} + \frac{1}{20} \right) 小時} = \frac{1}{\left(\frac{1}{5} + \frac{1}{10} + \frac{1}{20} \right)/3} 公里／小時 = 8.5714 公里／小時$$

得某人的行走速度是三種速度的調和平均數。

微軟 Excel 試算表軟體提供平均數的相關函數如下：

算術平均數函數：AVERAGE(number1,number2, ...)

幾何平均數函數：GEOMEAN(number1,number2, ...)

調和平均數函數：HARMEAN(number1,number2, ...)

　　number1,number2,... 是您要計算平均數之 1 到 30 個引數。引數可以是數值或試算表上儲存格的範圍。本章例題可開啟試算表檔第三章敘述統計.XLS 參閱。本單元各例如下或參閱試算表「單元 3-2」。

	A	B	C	D	E	F	G	H	I	J	K
1	甲班成績			甲班平均		乙班平均	乙班成績				
2	69	88	72	82.5			95	81	93		
3	87	69	80	=AVERAGE(A2:B7,C2:C3)			81	84	82		
4	95	87				82.75	75	78	75		
5	82	77			=AVERAGE(G2:H7,I2:I5)		81	83	93		
6	79	84					79	77			
7	90	96					89	78			
8				=HARMEAN(A9:C9)		=GEOMEAN(G9:K9)					
9	5	10	20	8.571429		13.12247	16.8	8.3	13.4	17.5	11.9
10				調和平均		幾何平均					

Unit 3-3

中位數、四分位數、百分位數(一)

1. 中位數（Median）

中位數是度量資料中央位置的統計量，若將資料由小而大順序排列，則資料中位數的左側資料個數與右側資料個數相同。中位數的求算方法是：

> 1. 將 n 個資料由小而大順序排列之
> 2. 若 n 為奇數，則第[$n/2$ 取整數＋1]個資料就是中位數
>   若 n 為偶數，則取第 $n/2$ 個與第 $n/2+1$ 個資料的平均值就是中位數

5 個資料 52、64、75、89、98，故 $n=5$。因 n 為奇數，取 $n/2=2.5$ 的整數再加 1 得 3，則第 3 個資料 75 就是這 5 個資料的中位數。中位數 75 的左側有 2 個資料 52、64，右側也有 2 個資料 89、98。如下圖，請參閱試算表「單元 3-3」。

6 個資料 52、64、70、75、89、98，故 $n=6$。因 n 為偶數，$n/2=3$，故取第 3 個資料（70）與第 4 個資料（75）的平均值得 72.5，則這 6 個資料的中位數就是 72.5。中位數 72.5 的左側有 3 個資料 52、64、70，右側也有 3 個資料 75、89、98。由此可知，中位數有二個特性：

(1)中位數未必是資料中的某個資料值，可能是某兩個值的平均數。

(2)中位數不受資料中的極端值大小的影響，僅與資料個數與排序有關。

中位數的試算表函數：MEDIAN(number1,number2, ...)，其中 number1, number2,...為所要找出中位數的一到三十個數字或儲存格範圍。

	A	B	C	D	E	F	G	H	I	J	K	L
1		5個資料的中位數						6個資料的中位數				
2	52	64	75	89	98		52	64	70	75	89	98
3	中位數=	75					中位數=	72.5				
4	中位數函數	=MEDIAN(A2:E2)					中位數函數	=MEDIAN(G2:L2)				

2. 四分位數（Quartiles）

一組有 n 個資料的四分位數有三個四分位數 Q_1、Q_2、Q_3，等於或少於第一個四分位數 Q_1 的資料個數是 n 的 25%個；等於或少於第二個四分位數 Q_2 的資料個數是 n 的 50%個；等於或少於第三個四分位數 Q_3 的資料個數是 n 的 75%個。四分位數的求算方法是：

> 1. 將 n 個資料由小而大順序排列之
> 2. 求算第 k 個四分位數時，先求 $K=(k \times n)/4$
> 3. 若 K 為整數，則取第 K 個資料與第 $K+1$ 個資料的平均值為第 k 個四分位數；若 K 不為整數，則取第[K 的整數值加 1]個資料為第 k 個四分位數。

設有 8 個資料 23、34、45、51、64、73、89、98，故 $n=8$。求第 1 個四分位數 Q_1 時，$k=1$，$K=(1\times8)/4=2$，故取第 2 個資料（34）與第 3 個資料（45）的平均值 39.5 即為該 8 個資料的第 1 個四分位數 $Q_1=39.5$。求第 2 個四分位數 Q_2 時，$k=2$，$K=(2\times8)/4=4$，故取第 4 個資料（51）與第 5 個資料（64）的平均值 57.5 即為該 8 個資料的第 2 個四分位數 $Q_2=57.5$；同理，可推得 $Q_3=(73+89)/2=81$。四分位數圖示如下：

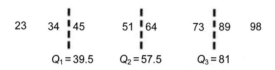

因上例的資料個數剛好可被 4 整除，故四分位數可將 8 個資料分成每組 2 個的由四分位數隔開，若資料個數不能為 4 的倍數，則每個四分位數間的資料個數未必相同。

四分位數的試算表函數：QUARTILE（array ,quart），其中 array 是要求得四分位數的一個數值陣列或儲存格範圍；quart 可以是 $0\sim4$，0 表示要推算 Q_0，1 表示要推算 Q_1，2 表示要推算 Q_2，3 表示要推算 Q_3，4 表示要推算 Q_4。Q_0 代表最小值，Q_4 代表最大值。利用四分位數函數所推得的四分位數 Q_1、Q_2、Q_3（如儲存格 E9：G9）與依前述公式推得的四分位數（如儲存格 E10：G10）並不相同，容後說明之。

	A	B	C	D	E	F	G	H
6	8個資料的四分位數手算與函數的比較							
7	23	34	45	51	64	73	89	98
8	四分位數			Q_0	Q_1	Q_2	Q_3	Q_4
9	以QUARTILE函數推算			23	42.25	57.5	77	98
10	依公式推算				39.5	57.5	81	

3. 百分位數（Percentiles）

n 個資料的 $p\%$ 百分位數是指至少有 $p\%$ 的資料值小於或等於 $p\%$ 百分位數，而至少有 $(1-p)\%$ 的資料值大於或等於 $p\%$ 百分位數。百分位數的求算方法是：

> 1. 將 n 個資料由小而大順序排列之
> 2. 求 $p\%$ 百分位數時，先計算 $P=n\times(p/100)$
> 3. 若 P 為整數，則取第 P 個資料與第 $P+1$ 個資料的平均數為 $p\%$ 百分位數；否則，第[P 的整數值加 1]個資料就是 $p\%$ 百分位數

設有 8 個資料 23、34、45、51、64、73、89、98，故 $n=8$。求第 50% 百分位數時，$p=50$，$P=(50\times8)/100=4$，因 P 為整數，故取第 4 個資料（51）與第 5 個資料（64）的平均值 57.5 即為該 50% 百分位數，相當於 Q_2 四分位數。求第 75% 百分位數時，$p=75$，$P=(75\times8)/100=6$，因 P 為整數，故取第 6 個資料（73）與第 7 個資料（89）的平均值 81 即為該 75% 百分位數，相當於 Q_3 四分位數。

Unit 3-4

中位數、四分位數、百分位數(二)

百分位數的試算表函數：PERCENTILE(array,k)，其中 array 是一個陣列或定義出相對位置的資料範圍；k 是在 0 到 1 的範圍之內的百分數值（包括 0 與 1），0 與 1 分別推得最小值與最大值。

	A	B	C	D	E	F	G	H	I	J	K
13	8個資料的四分位數與百分位數的比較										
14	23	34	45	51	64	73	89	98			
15	四分位數			Q_0	Q_1	Q_2	Q_3	Q_4	Q1=25%百分位數		
16	以QUARTILE函數推算			23	42.25	57.5	77	98	Q2=50%百分位數		
17	依公式推算四分位數				39.5	57.5	81		Q3=75%百分位數		
18	p百分比			0%	10%	25%	37%	50%	75%	85%	100%
19	以PERCENTILE函數推算			23	30.7	42.25	48.54	57.5	77	88.2	98
20	依公式推算百分位數				34	39.5	45	57.5	81	89	
21	儲存格E19的百分位數函數→			=PERCENTILE($A$7:$H$7,E18)					↑		
22	儲存格J19的百分位數函數→					=PERCENTILE($A$7:$H$7,J18)					

上圖（試算表「單元 3-3」）中第 16 列以QUARTILE 函數推算的四分位數 Q_1、Q_2、Q_3 與第 19 列以 PERCENTILE 函數推算的 25%、50%、75%百分位數均相符；第 17 列依公式推算的四分位數 Q_1、Q_2、Q_3 與第 20 列依公式推算的 25%、50%、75%百分位數均相符；但是第 19 列以PERCENTILE函數推算的四分位數 $Q_1(42.25)$、$Q_2(57.5)$、$Q_3(77)$ 與第 17 列依公式推算的四分位數 $Q_1(39.5)$、$Q_2(57.5)$、$Q_3(81)$卻不完全相符，其原因乃是 Excel 試算表函數與前述四分位數或百分位數的求算方法相異的結果。茲說明試算表函數推算百分位數的推算方法如下：

試算表計算百分位數時是以 n 個資料的間隔數 $n-1$ 來推算的。下圖的 8 個資料有 7 個間隔數。

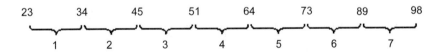

計算 p%百分位數的方法如下

> 1. 先將資料由小而大順序排列之
> 2. 以 p% 計算 $P = p \times (n-1)/100$
> 3. 若 P 為整數，則第 $P+1$ 個資料就是 p%百分位數；
>   若 P 不為整數，先將 P 值拆成整數部份 Q 與小數部份 q，則
> p%百分位數＝第 $Q+1$ 個資料＋$q \times$（第 $Q+2$ 個資料－第 $Q+1$ 個資料）

8 個資料 23、34、45、51、64、73、89、98，故 $n=8$。推求 50%百分位數時，先計算 $P=(n-1)\times p/100=(8-1)\times 50/100=3.5$。$P$ 不為整數，先將 P 值拆成整數部份 $Q(3)$ 與小數部份 $q(0.5)$，則

50%百分位數＝第 3＋1 個資料＋0.5×（第 3＋2 個資料－第 3＋1 個資料）

$$=51+0.5\times(64-51)=51+0.5\times 13=51+6.5=57.5$$

推求 25%百分位數時，先計算 $P=(n-1)\times p/100=(8-1)\times 25/100=1.75$。$P$ 不為整數，先將 P 值拆成整數部份 $Q(1)$ 與小數部份 $q(0.75)$，則

25%百分位數＝第 1＋1 個資料＋0.75×（第 1＋2 個資料－第 1＋1 個資料）

$$=34+0.75\times(45-34)=34+0.75\times 12=34+8.25=42.25$$

以百分位數的推算方法，可以 50%百分位數推算中位數；以 25%、50%、75% 的百分位數推算四分位數的 Q_1、Q_2、Q_3。另有所謂的十分位數即可以 10%、20%、30%、……、90%的百分位數推算第 1、2、3、……、9 個十分位數。

另外，以百分位數法尚可推算 0% 及 100%的百分位數，以 8 個資料為例，推求 0%百分位數時，先計算 $P=(n-1)\times p/100=(8-1)\times 0/100=0$。$P$ 為整數，第 $P+1$ 個資料，即第 1 個資料，23 就是 0%百分位數。推求 100%百分位數時，先計算 $P=(n-1)\times p/100=(8-1)\times 100/100=7$。$P$ 為整數，第 $P+1$ 個資料，即第 8 個資料，98 就是 100%百分位數。以公式推算四分位數時，即無法推算 Q_0 及 Q_4 的四分位數。

PERCENTRANK 是一個功能與 PERCENTILE 函數相反的函數，它傳回某數值在一個資料組中的百分比的等級。這個函數可以用來評估一個數值在資料組中的相對位置。例如，您可以使用來評估某一個人的性向測驗分數在團體中的排名。

PERCENTRANK 函數的格式為：PERCENTRANK（array,x,significance），其中 array 是一個陣列或儲存格範圍，亦即數值的資料範圍。x 是想要知道等級的數值，其值不可在資料組範圍之外。significance 指定傳回百分比的顯著位數。這是可省略的引數，如果省略時假定為 3 位小數（0.xxx）。

下圖（試算表「單元 3-4」）儲存格 G4 的 204 是資料組的 10%百分位數；儲存格 G10 的 10.000%是儲存格 G9 內數值 204 在資料組內的百分比等級，其餘類推之。

	A	B	C	D	E	F	G	H	I	J	K
1	PERCENTILE函數與PERCENTRANK函數的對照										
2	228	446	503	618	662	PERCENTILE函數					
3	159	129	613	245	594	百分數	10.000%	23.000%	30.000%	43.300%	50.000%
4	570	405	542	244	352	百分位數	204	266.14	329.6	389.494	417
5	519	417	692	283	276	百分數	60.000%	77.000%	84.100%	92.100%	98.500%
6	650	359	669	375	142	百分位數	467.2	577.32	614.242	645.478	692.57
7	400	472	623	336	695						
8	447	575	114	485	437	PERCENTRANK函數					
9	383	106	534	259	328	數值	204	266.14	329.6	389.494	417
10	329	254	239	633	188	百分數	10.000%	23.000%	30.000%	43.300%	50.000%
11	605	469	616	363	579	數值	467.2	577.32	614.242	645.478	692.57
12	414	458	251	332	466	百分數	60.000%	77.000%	84.100%	92.100%	98.500%

Unit 3-5

眾數（Mode）

　　眾數是指觀測值集合中出現次數最多的資料值。尋覓觀測值的眾數可以先將資料排序使資料值相同的出現在一起，然後計數各不同資料值出現的次數，出現次數最多的就是該群觀測值的眾數。例如，觀測值 89、75、51、75、63、44、75 等資料，經排序後為 44、51、63、75、75、75、89，以觀測值 75 出現 3 次最多，故該組觀察值的眾數是 75。眾數的特性如下：

1. 若觀測值中沒有重複的資料，就沒有眾數。

2. 觀測值中有可能出現一個以上的眾數，其出現次數相同，但觀測值不同。

3. 眾數不受觀測值中極端值的影響。

　　Excel 試算表的 MODE 函數可以尋覓一群數值觀測值的眾數，其格式為：

　　MODE(number1,number2, ...)，其中 number1, number2, ...為一到三十個您想要計算的引數或儲存格範圍。如果觀察值中不包含重複的資料值或全部均非數值資料，MODE 將傳回 #N/A 的錯誤值。

　　例如：MODE(A2：E11)表示尋覓從儲存格 A2 到儲存格 E11 的範圍內所有資料的眾數。

　　MODE 函數僅傳回眾數的值，至於該眾數在觀測值組中出現的次數則可使用 COUNTIF 函數來推算。COUNTIF 函數的格式為 COUNTIF(range,criteria)，其中 range 是您想計算符合準則（criteria）之儲存格個數的儲存格範圍。準則（criteria）是用以決定是否要列入計算的搜尋準則，可以是數字、表示式或文字。例如，準則可以是 32、「32」、「>32」或「蘋果」。

　　例如：COUNTIF(A2：E11,455)表示要計數儲存格 A2 到儲存格 E11 的範圍內，數值 455 出現的次數。

　　MODE 函數無法尋覓全部非數值資料的眾數，但可使用 COUNTIF 函數來計數每一個非數值觀測值的出現次數，再選出出現次數最多的眾數。使用 COUNTIF 函數時，這些非數值資料無需事先排序。

　　右圖是 MODE 函數與 COUNTIF 函數使用實例，請參閱第三章敘述統計.xls 中「單元 3-5」。儲存格 A2：E11 含有 50 個數值觀測值，其眾數為 455（儲存格 G2）及出現次數有 5（G3）次，函數式則如儲存格 F5 及 F6。函數＝COUNTIF（A2:E11,G2）計數儲存格 A2：E11 所有數值中含有儲存格 G2 的值（455）出現的次數。

　　儲存格 A13：D13 與儲存格 A14：D14 所存資料相同而順序不同。儲存格 A13：D13 的眾數為 501 如儲存格 G13；儲存格 A14：D14 的眾數為 502 如儲存格 G14，可見 MODE 函數傳回的眾數是觀測值中第一個出現的眾數。

　　儲存格 A15：D15 中的沒有重複（或相同）的數值，故函數 MODE 出現錯誤值。

　　儲存格 H2：L4 含有 15 個非數值資料，儲存格 I6 的 MODE 函數如儲存格 J6，

因為 MODE 函數無法尋覓非數值資料的眾數，故得錯誤值#N/A。15 個非數值資料中僅有 Apple、IBM 及 Acer 等三種如儲存格 J8、K8、L8，儲存格 J9 的函數式為＝COUNTIF（H2:L4,J8），表示計數儲存格 H2：L4 中內容等於儲存格 J8（Apple）的出現次數（4）。IBM 出現 4 次，Acer 出現 7 次（總共 15 次），故眾數是 Acer。

儲存格 H11：L13 含有 15 個非數值與數值混合的資料，儲存格 I14 的 MODE 函數如儲存格 J14，MODE 函數忽略非數值資料而就數值資料尋得眾數 501。

	A	B	C	D	E	F	G	H	I	J	K	L
1	50個數值觀測值					眾數及相關函數式		15個非數值觀測值				
2	512	575	455	557	525	眾數	455	Apple	IBM	IBM	IBM	Acer
3	421	111	103	390	867	眾數個數	5	IBM	Acer	Apple	Acer	Apple
4	520	850	427	384	713	函數式如下		Acer	Apple	Acer	Acer	Acer
5	691	455	300	862	295	=MODE(A2:E11)						
6	182	293	572	627	537	=COUNTIF(A2:E11,G2)		#N/A		=MODE(H2:L4)		
7	249	455	472	728	697							
8	307	437	455	511	227	15個非數值觀測值僅有3個不同值		Apple	IBM			Acer
9	803	582	250	878	237	用COUNTIF計數各出現次數			4	4		7
10	438	253	627	303	477	得眾數Acer		15個數值與非數值觀測值				
11	506	129	395	721	455			Apple	501	IBM	501	Acer
12								IBM	Acer	502	Acer	Apple
13	501	501	502	502	=MODE(A13:D13)		501	Acer	Apple	Acer	502	Acer
14	502	502	501	501	=MODE(A14:D14)		502	眾數=	501	=MODE(H11:L13)		
15	501	502	503	504	=MODE(A15:D15)		#N/A	僅就數值觀測值找眾數				

一般而言，觀測值的平均數、中位數、眾數趨於一致時，觀測值的分配曲線呈左右對稱型態；如果平均數大於中位數則呈右偏斜型態；如果平均數小於中位數則呈左偏斜型態，如下圖。

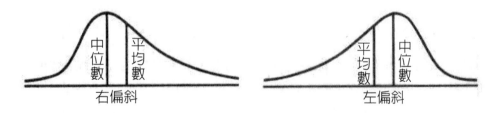

如果觀測值僅有一個眾數，則由經驗得知，中位數位於眾數與平均數之間，且有如下的近似關係：眾數＝中位數 −3×（平均數 − 中位數）

因此對單眾數的分配而言，可得下列關係：

平均值≒中位數≒眾數，則呈對稱分配

平均值>中位數>眾數，則呈右偏斜的不對稱分配

平均值<中位數<眾數，則呈左偏斜的不對稱分配

Unit 3-6

離散測度——百分位數距

　　觀測值資料的集中趨勢與離散情形是一體之兩面。不夠集中的觀測值就趨向離散的情況，因此部份描述趨中程度的統計量如百分位數也可用來測度觀測值離散情形，另也可由觀測值推算一些量度資料離散情形的統計量如變異數，標準差。

　　如果觀測資料的 50%百分位數為 P_{50}，則等於或小於 P_{50} 的資料個數占全部資料個數的一半（50%）；等於或大於 P_{50} 的資料個數也占全部資料個數的一半（50%）；則 P_{50} 就是這些觀測值的中位數。

　　如果觀測資料的 25%百分位數為 P_{25}，則等於或小於 P_{25} 的資料個數占全部資料個數的 25%；等於或大於 P_{25} 的資料個數則占全部資料個數的 75%；則 P_{25} 就是這些觀測值的第一個四分位數 Q_1。同理，觀測資料的 75%百分位數為 P_{75} 就是這些觀測值的第三個四分位數 Q_3。

　　觀測資料的 100%百分位數為 P_{100}，則等於小於 P_{100} 的資料個數占全部資料個數的 100%；亦即所有觀測值的最大值；同理，P_0 就是所有觀測值的最小值。百分位數與不同分位數的關係如下圖：

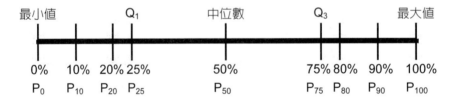

　　以百分位數觀察資料的離散情況的統計量說明如下：

1. 全距（Range）

　　全距就是觀測值中的最大值（即 100%的百分位數，P_{100}）減去最小值（即 0%的百分位數，P_0）的差數。較大全距的觀測值資料可能比較小全距的觀測值資料離散，但全距不是唯一評斷依據，因為全距僅憑所有觀測值的兩個觀測值計算而得，且易受極端觀測值的影響。

2. 中四分位數距（Interquartile Range, IQR）

　　中四分位數距是取四分位數的中間兩個（第 1 個 Q_1 及第三個 Q_3）四分位數的正差數。該差數考量全部觀測值且剔除兩端可能的極端值。因為 Q_1 與 Q_3 相當於 P_{25} 與 P_{75} 百分位數，故觀測值大於或等於 Q_1 且小於或等於 Q_3 的資料個數約占全部資料個數的一半（50%）；因此中四分位數距愈小，表示觀測資料愈集中，反之，則愈離散。

3. 10-90 百分位數距

　　10-90 百分位數距是取 90%與 10%百分位數的正差數，該差數考量全部觀測值且剔除兩端可能的極端值。觀測值大於或等於 P_{10} 且小於或等於 P_{90} 的資料個數約占全

部資料個數的 80%（＝90%－10%）；因此 10-90 百分位數距愈小，表示觀測資料愈集中，反之，則愈離散。同理，20-80 百分位數距的資料個數約占全部資料個數的60%（＝80%－20%）；因此 20-80 百分位數距愈小，表示觀測資料愈集中，反之，則愈離散。

下圖（試算表「單元 3-6」）為甲、乙兩組各含 30 個觀測值的資料，兩組觀測值的平均值（10.4）、最小值（5.85）、最大值（15.35）、全距（9.5）均相等，甲組的中四分位數距 3.875 大於乙組的 1.225；甲組的中 10-90 百分位數距 6.485 大於乙組的 3.475；甲組的中 20-80 百分位數距 4.78 大於乙組的 1.547；故可推得甲組觀測值比乙組離散。如以下兩圖。

	A	B	C	D	E	F	G	H	I	J
1	百分位數距離散程度研判									
2	甲組資料									
3	5.85	6.65	6.85	7.05	7.30	8.00	8.40	8.45	8.70	9.05
4	9.15	9.20	9.30	9.90	10.05	10.25	10.50	11.10	11.50	11.75
5	11.90	12.05	12.50	13.10	13.10	13.15	13.50	13.65	14.70	15.35
6										
7	最小值			Q_1	中位數	Q_3			最大值	
8	0.0%	10.0%	20.0%	25.0%	50.0%	75.0%	80.0%	90.0%	100.0%	平均值
9	5.85	7.03	8.32	8.5125	10.15	12.3875	13.1	13.515	15.35	
10		全距	9.5		中四分位數距=		=Q_3-Q_1=	3.875		10.40
11		10-90百分位數距		6.485		20-80百分位數距		4.78		
12										
13	乙組資料									
14	5.85	6.45	6.60	8.20	8.90	9.70	9.80	10.05	10.15	10.20
15	10.20	10.25	10.30	10.50	10.50	10.75	11.00	11.02	11.10	11.20
16	11.20	11.30	11.30	11.33	11.45	11.50	11.50	11.65	12.70	15.35
17										
18	最小值			Q_1	中位數	Q_3			最大值	
19	0.0%	10.0%	20.0%	25.0%	50.0%	75.0%	80.0%	90.0%	100.0%	平均值
20	5.85	8.04	9.78	10.075	10.625	11.3	11.354	11.515	15.35	
21		全距	9.5		中四分位數距=		=Q_3-Q_1=	1.225		10.40
22		10-90百分位數距		3.475		20-80百分位數距		1.574		

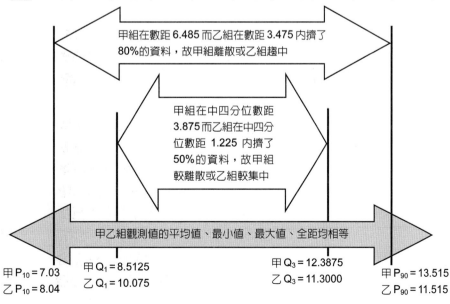

甲組在數距 6.485 而乙組在數距 3.475 內擠了 80%的資料，故甲組離散或乙組趨中

甲組在中四分位數距 3.875 而乙組在中四分位數距 1.225 內擠了 50%的資料，故甲組較離散或乙組較集中

甲乙組觀測值的平均值、最小值、最大值、全距均相等

甲 P_{10} = 7.03
乙 P_{10} = 8.04

甲 Q_1 = 8.5125
乙 Q_1 = 10.075

甲 Q_3 = 12.3875
乙 Q_3 = 11.3000

甲 P_{90} = 13.515
乙 P_{90} = 11.515

Unit **3-7**

離散測度──統計量

　　除了前述以百分位數距衡量觀測值的離散程度，另外以個別觀測值與整體平均數亦可推得衡量離散情形的如下各種相關統計量：

1. 平均絕對離差（Mean Absolute Deviation）

　　任一觀測值與整體觀測值平均數的差數，稱為該觀測值的離差（Deviation），離差反映出資料散布離平均數有多遠。比平均數大（小）的觀測值可以得到正（負）的離差，其絕對值愈大，表示其離散愈大。依據平均數的特性，全體觀測值的離差總和恆等於零，因此無法以離差的平均數來衡量整體觀測資料的離散程度。平均絕對離差是全體資料離差絕對值的平均數，則離散程度與平均絕對離差成正比。設 n 個觀測值 x_1、x_2、...、x_n 的平均數為 $\overline{X}$，則平均絕對離差（Mean Absolute Deviation）的計算公式為 $\text{MAD} = \dfrac{1}{n} \sum\limits_{i=1}^{n} |x_i - \overline{X}|$

2. 變異數（Variance）

　　負值的平方恆得正值，因此全體觀測值的離差平方的平均值亦可衡量離散程度。這個離差平方的平均值就稱為變異數（Variance）。設母體 N 個觀測值的平均數為 μ，變異數為 σ^2；樣本的 n 個觀測值的平均數為 $\overline{X}$，變異數為 s^2；則計算公式為

母體變異數　$\sigma^2 = \dfrac{1}{N} \sum\limits_{i=1}^{N} (x_i - \mu)^2 = \dfrac{1}{N} \left(\sum\limits_{i=1}^{N} x_i - N\mu^2 \right)$

樣本變異數　$s^2 = \dfrac{1}{n-1} \sum\limits_{i=1}^{n} (x_i - \overline{X})^2 = \dfrac{1}{n-1} \left(\sum\limits_{i=1}^{n} x_i - n\overline{X}^2 \right)$

變異數的特質如下：
(1)全體觀測值均參與變異數的計算。
(2)同群觀測值變換不同衡量單位（如 cm 改為 mm），計得的變異數亦異。
(3)全體觀測值均相等時，計得的變異數為 0，表示沒有變異或離散；觀測值的離散程度與變異數值成正向關係。
(4)適用於由樣本變異數推論母體變異數。
(5)變異數為觀測值衡量單位的平方（如 cm^2），不如平均數有直覺意義。

3. 標準差（Standard Deviation）

　　變異數是離差平方的平均值，所以變異數的度量單位就和原來觀測值的單位不同。如果我們用卡路里來當做度量能量消耗的單位，變異數的單位就是平方卡路里。計算變異數的平方根就可以回復原來度量單位。用標準差來度量觀測值對於平均值的離度，單位就和原來觀測值的單位一致了。設 σ、S 分別是母體、樣本的標準差，則計算公式為：

母體標準差　$\sigma = \sqrt{\sigma^2}$　　　　樣本標準差　$S = \sqrt{s^2}$

4. 變異係數（Coefficient of Variation）

　　平均數、變異數或標準差均是有衡量單位的數值，且其值因採用不同衡量單位而異，尚難用以比較不同衡量單位的兩組資料的離散程度。變異係數係以標準差除以平均數以獲得無單位的計量，便於不同觀測群組的離散程度比較。變異係數通常以百分數表之，其計算式如下：

$$變異係數 = \left(\frac{標準差}{平均數} \times 100 \right)\%$$

　　試算表函數 VAR 及 STDEV 分別計算抽樣樣本資料的變異數與標準差，其格式為 VAR(number1,number2,...)及 STDEV(number1,number2,...)，其引數可以是 1 個至 30 個數值或儲存格範圍。如果引數的資料為母體資料，則使用函數 VARP 及 STDEVP；準此，函數 VARPA 及 STDEVPA 可計算含數值、邏輯值及文字值的母體樣本變異數與標準差。

　　設有保齡球六局分數為 182、168、184、190、170、174，則平均絕對離差，變異數，標準差及變異係數如下（試算表「單元 3-7」）：

	A	B	C	D	E
1	x	$x - \overline{X}$	$\|x - \overline{X}\|$	$(x - \overline{X})^2$	
2	182	4	4	16	
3	168	-10	10	100	
4	184	6	6	36	
5	190	12	12	144	
6	170	-8	8	64	
7	174	-4	4	16	
8	合　計	0	44	376	
9	平均值	178	平均絕對離差	7.333333333	
10	變異數	75.2	標準差	8.671793355	變異係數
11	變異數函數	=VAR(A2:A7)	標準差函數	=STDEV(A2:A7)	4.872%

　　六局分數的平均值為 178 如儲存格 B9；各分數的離差如儲存格 B2：B7；離差的總和必等於 0 如儲存格 B8；離差絕對值如儲存格 C2：C7；離差絕對值的總和為 44 如儲存格 C8；平均絕對離差為 44/6＝7.3333 如儲存格 D9；離差的平方值如儲存格 D2：D7；離差的平方值總和 376 如儲存格 D8；變異數＝376/(6－1)＝75.2 如儲存格 B10；事實上，儲存格 B10 的變異數係由 VAR 函數（如儲存格 B11）計算而得，與依公式計得結果相符。儲存格 D10 的標準差依儲存格 D11 的函數計得。儲存格 E11 的變異係數計算如下：

$$變異係數 = \frac{標準差}{平均數} \times 100\% = \left(\frac{8.671793355}{178} \times 100 \right)\% = 4.872\%$$

Unit **3-8**

離群值的偵測

　　觀測值資料集合中可能有些觀測值特別大或特別小，這些值稱為極端值或離群值（Outlier）。離群值的確認是檢查資料有效性的工具之一。離群值的偵測有賴如下的柴比雪夫定理、經驗法則與盒形圖：

1. 柴比雪夫定理（Chebyshev's Theorem）

> 　　柴比雪夫定理：在任意分配型態的資料集合中，至少有$(1-1/k^2)$比例的項目與該集合平均數的差距在 k 倍標準差之內，此處 k 值為任何大於 1 之值。

　　k 值為 2 時，$(1-1/k^2) = 1-1/2^2$ 值為 0.75 或 75%，故知資料集合中有 0.75 或 75%的項目，其資料值與平均數的差距在 2 個標準差以內。換言之，有 75%的資料項目其值在平均數減 2 個標準差與平均數加 2 個標準差的範圍內。同理，$k=3$ 時，至少有$(1-1/k^2) = 1-1/3^2$ 或 89%的項目資料值在平均數減 3 個標準差與平均數加 3 個標準差的範圍內；$k=4$ 時，至少有$(1-1/k^2) = 1-1/4^2$ 或 93.75%的項目資料值在平均數減 4 個標準差與平均數加 4 個標準差的範圍內。

2. 經驗法則（Empirical Rule）

　　如果已知樣本資料的分配屬鐘形或常態分配，則可依常態分配得知在平均數左右某個標準差範圍內的百分比例，如下圖可得：

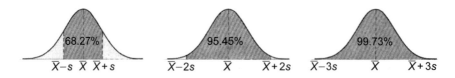

68.27%	95.45%	99.73%
$\overline{X}-s$　$\overline{X}$　$\overline{X}+s$	$\overline{X}-2s$　$\overline{X}$　$\overline{X}+2s$	$\overline{X}-3s$　$\overline{X}$　$\overline{X}+3s$

> 經驗法則
> 如果觀測資料呈鐘形或常態分配則：
> 約有 68.27%的項目與平均數的差距在 1 個標準差內；
> 約有 95.45%的項目與平均數的差距在 2 個標準差內；
> 約有 99.75%的項目與平均數的差距在 3 個標準差內。

3. 盒形圖（Box plot）

　　依據觀測資料集推算該群資料的中位數、四分位數（Q_1、Q_2、Q_3）及中四分位數距（IQR）；先在數軸上定位中位數及第 1、3 四分位數的位置，再以中四分位數距為邊長，Q_1、Q_3 為邊構成方形圖。由 Q_1 及 Q_3 邊向左及向右的 1.5 倍 IQR 處及 3.0

倍 IQR 處畫出內隔離線與外隔離線如下圖，則落於內、外隔離線之間的觀測值可視同輕微離群值；落於外隔離線之外的觀測值可視同極端離群值。

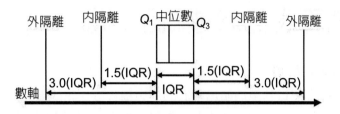

設有 24 家公司過去 12 個月的銷售成長比例如下表：

	A	B	C	D	E	F	G	H
1	24家公司銷售成長比例離群值偵測							
2	16.1	14.5	5.4	19.5	12.5	27.1	6.1	10.2
3	53.7	23.8	17.5	4.2	12.7	20.4	19.3	55.7
4	28.9	8.7	12.5	16.7	15.6	25.4	5.7	11.2
5	Q_0(最小值)	Q_1	中位數Q_2	Q_3	Q_4(最大值)	IQR	1.5(IQR)	3.0(IQR)
6	4.20	10.95	15.85	21.25	55.70	10.30	15.45	30.9
7	外隔離	內隔離	Q_1	Q_3	內隔離	外隔離		
8	-19.95	-4.50	10.95	21.25	36.70	52.15		
9	0					2		

中位數（相當第 2 四分位數 Q_2）為 15.85 如儲存格 C6；第 1（Q_1）及第 3（Q_3）四分位數分別是 10.95 及 21.25 如儲存格 B6 及 D6；中四分位數距（IQR）為 10.30 如儲存格 F6；IQR的 1.5 倍為 15.45 如儲存格 G6；IQR的 3.0 倍為 30.90 如儲存格 H6。

由第 1 四分位數 Q_1 分別減 1.5（IQR）及 3.0（IQR）得左側的內隔離線與外隔離線位置為 −4.50 及 −19.95 如儲存格 B8 及 A8；由第 3 四分位數 Q_3 分別加 1.5（IQR）及 3.0（IQR）得右側的內隔離線與外隔離線位置為 36.700 及 52.15 如儲存格 E8 及 F8。

任何觀測值介於內隔離線與外隔離線之間，被認定為輕微離群值；任何觀測值落於外隔離線之外，被認定為極端離群值。本例尚無觀測值小於左側內隔離線，但有 2 個觀測值大於右側內隔離線與外隔離線。實質上，有 2 家公司的銷售成長比例為 53.7 及 55.7 均超過右側外隔離線，而被認定為極端離群值。

試算表 TRIMMEAN（array, percent）函數可計算剔除部份極端值後的平均數，其中 array 是欲消除極端值後求平均數之陣列或儲存格範圍；percent 是資料點中欲消除極端值之百分比值。例如，資料點數為 26 時，percent＝0.2 表示刪除少於 26×0.2 的偶數（<5.2 的偶數即是 4）個資料點。4 個資料點從 26 個資料點中消除時，最大值和最小值的部份各二點。如果下圖（試算表「單元 3-8」）中最小的二個資料點是屬正確的而想保留，尚需加入 2 個比最小值還小的任意值備供刪除，如下圖加了兩個 0 值備刪。

	J	K	L	M	N	O	P	Q	R	S	T	U	V
2	消除極端離群值的平均值計算(TRIMMEAN函數)												
3	0	0	16.1	14.5	5.4	19.5	12.5	27.1	6	10.2	53.7	23.8	17.5
4	4.2	12.7	20.4	19.3	55.7	28.9	8.7	12.5	17	15.6	25.4	5.7	11.2
5	修正平均值		15.18181818				26家銷售成長比例總和				443.4		
6	'=TRIMMEAN(J3:V4,0.2)						扣除極端值的成長比例總和				334		
7	有效銷售成長比例的修正平均值										15.18181818		

Unit　**3-9**

試算表的敘述統計功能

統計學與 Excel

1. 偏態值（Skew）計算

　　偏態指出一個分配以其平均值爲中心的不對稱程度。正的偏態指出分配有一個不對稱的尾端向正值方向延伸。負的偏態指出分配有一個不對稱的尾端向負值方向延伸。試算表函數SKEW（number1,number2,...）可以傳回一群資料分布情形的偏態值，函數參數可以是 1 到 30 個數值或儲存格引數，如果資料點少於三個或是樣本標準差是零，則 SKEW 傳回錯誤值 #DIV/0！。

$$偏態值的計算式是：Skew = \frac{n}{(n-1)(n-2)} \sum_{1}^{n}\left(\frac{x_i - \bar{x}}{s}\right)^3$$

2. 峰態值（Kurtosis）計算

　　峰度值係顯示與常態分配相較時，一個資料組相對尖峰集中或平坦分布的程度。正峰度值顯示相對上分布較爲尖峰集中，而負峰度值顯示相對上分布較爲平坦。試算表函數 KURT（number1,number2, ...）傳回一個資料組的峰度值（Kurtosis）。如果資料點的數目少於四個或樣本標準差等於零，則 KURT 傳回錯誤值 #DIV/0！。

$$峰度值的計算式是：Kurt = \left\{ \frac{n(n+1)}{(n-1)(n-2)(n-3)} \sum_{1}^{n}\left(\frac{x_i - \bar{x}}{s}\right)^4 \right\} - \frac{3(n-1)^2}{(n-2)(n-3)}$$

3. 試算表敘述統計

　　試算表除了含有本章描述的各項中央趨勢、離散程度與分布外型的相關函數外，亦將這些函數整合爲一個資料分析工具，一次就一群資料計算本章介紹的各種敘述統計量。假設欲推求下圖儲存格 A2：A16 的 15 個資料的敘述統計，則

	A	B	C	D		E	F	G	H	I	J	K
1	資料		欄1			資料		欄1			欄2	
2	12					12	21					
3	10		平均數	16.4		10	14	平均數	12.8571429	平均數	19.5
4	15		標準誤	1.56387796		15	17	標準誤	1.29887445	標準誤	2.22806771
5	11		中間值	15		11	13	中間值	12	中間值	18.5
6	9		眾數	15		9	20	眾數	#N/A	眾數	#N/A
7	14		標準差	6.05687331		14	15	標準差	3.43649877	標準差	6.30192714
8	19		變異數	36.6857143		19	24	變異數	11.8095238	變異數	39.7142857
9	21		峰度	1.89175631			32	峰度	0.44605879	峰度	1.18196781
10	14		偏態	1.26657088				偏態	0.89339805	偏態	1.14159438
11	17		範圍	23				範圍	10	範圍	19
12	13		最小值	9				最小值	9	最小值	13
13	20		最大值	32				最大值	19	最大值	32
14	15		總和	246				總和	90	總和	156
15	24		個數	15				個數	7	個數	8
16	32		第 K 個最大值(2)	24				第 K 個最大值(2)	15	第 K 個最大值(2)	24
17			第 K 個最小值(1)	9				第 K 個最小值(1)	9	第 K 個最小值(1)	13

　　點選☞工具/資料分析☜就出現如下的資料分析畫面。再從中選擇「敘述統計」後單擊「確定」鈕後，出現如下畫面。將滑鼠置入輸入範圍內，點選儲存格 A2：A16，分組方式選擇「逐欄」，輸出範圍輸入C1，點選摘要統計，然後單擊「確定」

鈕，即產生如上的敘述統計資料於儲存格 C1：D17。

如將相同資料置入儲存格 F2：G9，以相同方式指定輸入範圍為儲存格 F2：G9，輸出範圍為 H1，資料分析工具卻將儲存格 F2：G9 視同兩個欄位，分別統計各欄的敘述統計如儲存格 H1：I17 與儲存格 J1：K17。其中兩個眾數均為#N/A，表示找不到儲存格 F1：F8 及儲存格 G1：G9 的眾數，因各組資料均無相同之數。

4. 敘述統計程式

資料分析工具中的敘述分析指定的資料必須位於同一個欄或同一個列，統計輔助程式中的敘述分析則不受此項限制。點選 ☞ 統計/敘述統計/敘述統計 ☜ 就出現如下畫面，將滑鼠置入輸入範圍內，再以滑鼠選擇資料所在儲存格試算表單元 3-9 的 F20：G27；同樣方式點選輸出範圍為試算表單元 3-9 的 H19。

單擊「確定」鈕即在儲存格 H19 開始的位置輸出敘述統計如下圖。

	F	G	H	I	J	K
16			第 K 個最大值(2)	15	第 K 個最大值(2)	24
17			第 K 個最小值(1)	9	第 K 個最小值(1)	13
18						
19		資料	敘述統計			
20	12	21	資料個數	15		
21	10	14	資料總和	246		
22	15	17	最大值	32		
23	11	13	最小值	9		
24	9	20	全距	23		
25	14	15	平均數	16.4		
26	19	24	中位值	15		
27		32	眾數	14		
28			變異數	36.6857143		
29			標準差	6.05687332		
30			標準誤	1.56387797		
31			偏態值	1.26657088		
32			峰態值	1.89175631		

第 4 章

機率概論

● 章節體系架構 ▼

Unit 4-1
計數法則

統計學與 Excel

064

　　許多的社會及自然現象具有不確定性，而增加人們應對的困難。公司新產品的社會接受程度，公司產品定價調整對整個銷售業績的影響，某項防水工程能否在雨季來臨前竣工，工程標案能否得標，心儀的球隊能否勝利，明天是否會下雨等等都是不能確定的事項。氣象預報明天台北下雨機會是 20%，表示不下雨的機會比下雨的機會大，但也不表示沒有下雨的機會；而影響人們出門的應對方式，或室外活動的舉辦與應對策略。

　　機率（Probability）是有效處理不確定性的一種最有用的方法，也是將某特定事件發生的可能性加以數值化的一種方法。降雨機率0%表示幾乎不可能下雨，其「幾乎」表示不確定性，亦即無法確定不會下雨；降雨機率 90%表示下雨的機會很大；降雨機率 50%僅能說下雨與不下雨的機會是一樣的。

　　機率值永遠介於 0（0%）與 1（100%）之間。某事件發生的機率接近 0 表示該事件非常不可能發生；若機率值接近 1 則表示幾乎確定會發生；0 與 1 之間的機率值表示事件發生可能性的程度大小。機率值的示意圖如下：

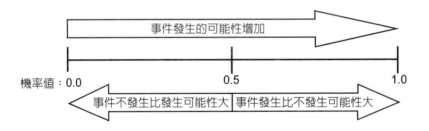

1.隨機實驗與樣本空間

　　隨機實驗（Random Experiment）是一種為獲得一個觀測值或結果的動作與過程，其觀測值或結果是隨機的方式產生，相同條件的實驗重複進行，並不一定會產生相同的結果。實驗以前已知所有可能出現的結果，而實驗時不能確定預知會發生何種結果。例如，投擲一枚勻質的銅板，可以確知其出現的結果僅有正面與反面兩種，但是投擲（實驗）時不能確知會出現正面或反面。實驗投擲銅板 3 次可能出現正面、反面、正面的結果，但再實驗投擲 3 次的結果未必得到相同的結果。

　　樣本空間（Sample Space）是一個實驗所有可能出現的結果的集合，通常以大寫字母 S 表示之，如投擲一枚勻質銅板的可能結果是正面與反面兩種，因此我們定義投擲銅板的樣本空間 S 為 S＝{正面，反面}。樣本空間內的某種結果稱為樣本點（Sample Point）。生活上容易體會的隨機實驗及其樣本空間列舉如下表：

隨機實驗	可能結果	樣本空間
擲一枚勻質銅板	正面，反面	{正面，反面}
擲一個勻質骰子	1, 2, 3, 4, 5, 6	{1, 2, 3, 4, 5, 6}
一場運動比賽	輸，贏，平手	{輸，贏，平手}
一次入學考試	錄取，備取，未錄取	{錄取，備取，未錄取}

2. 計數法則

投擲一枚勻質銅板的樣本空間有二個樣本點，投擲二枚勻質銅板的樣本空間有多少樣本點？計數法則是計數樣本空間樣本點的方法。各種計數法則如下：

(1) 乘法計數法則

如果一個實驗可分成 k 個步驟來描述，若第 1 個步驟有 n_1 個可能結果，第 2 個步驟有 n_2 個可能結果，其他步驟類推之，則整個實驗的可能結果數為各步驟結果數的乘積，亦即有 k 個步驟實驗的樣本空間共有 $(n_1)(n_2)\cdots(n_k)$ 個樣本點或實驗結果。

例如，投擲二枚勻質銅板的實驗結果有多少個樣本點？可將此實驗分成兩個步驟，第 1 步驟先擲第一枚銅板有 2 種可能結果，第 2 步驟再擲第二枚銅板也有 2 種可能結果，則投擲二枚勻質銅板的樣本點數＝2×2＝4 或由如下的樹狀圖驗證之。

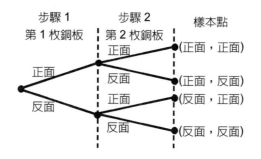

(2)組合的計數法則

n 個元素中一次取 r 個元素且不考慮這 r 個元素的排列順序時，則有 $_nC_r$ 個組合，

$$_nC_r = \frac{n!}{r!(n-r)!}，其中$$
$$n! = n(n-1)(n-2)\cdots(2)(1)$$
$$0! = 1$$

(3)排列的計數法則

n 個元素中一次取 r 個元素且考慮這 r 個元素的排列順序時，則有 $_nP_r$ 個排列，

$$_nP_r = \frac{n!}{(n-r)!}$$

設有紅、黃、綠三色同重同質球，則有 $_3C_2 = \frac{3!}{2!(3-2)!} = \frac{3\times2\times1}{2\times1\times1} = 3$ 種組合，如（紅、黃），（紅、綠），（黃、綠）；有 $_3P_2 = \frac{3!}{(3-2)!} = \frac{3\times2\times1}{1} = 6$ 種排列，如（紅、黃），（黃、紅），（紅、綠），（綠、紅），（黃、綠），（綠、黃）。

Unit 4-2

實驗結果的機率

機率是各種實驗結果的一種數值衡量，藉以反映各實驗結果發生的可能性。賦予各種實驗結果的機率值必須滿足下列兩個條件：

(1)機率值必須介於 0 與 1 之間。設 E_i 為第 i 個實驗的結果，而以 $P(E_i)$ 表示該事件發生的機率，則

$$0 \leq P(E_i) \leq 1 \quad \text{對於所有的 } i$$

(2)所有實驗結果出現機率的總和必須等於 1。如樣本空間含有 k 個實驗結果，則：

$$P(E_1) + P(E_2) + \cdots\cdots + P(E_k) = \sum_{i=1}^{k} P(E_i) = 1$$

任何機率指派方法只要符合上述兩個條件，且可以合理反映實驗結果發生的可能性，均可接受。實務上較常採用的方法有古典法、相對次數法及主觀法三種。

1. 古典法 (Classical Method)

古典法以假設各實驗結果（樣本點）出現的可能性均相等的前提，來指派各實驗結果的機率的方法。如果某一實驗可能出現的結果有 n 個，則依古典法指派各實驗結果發生的機率為 $1/n$。

例如，擲一枚勻質銅板，沒有理由認定其正面與反面出現的可能性不相等，因此只好設定正面、反面出現的機率各為 1/2。同理，投擲一個勻質的骰子，其樣本空間為 $S = \{1，2，3，4，5，6\}$ 且甚難有理由認定每一點出現的可能性不相等，因此依古典法，假設這 6 個樣本點出現的機率各為 1/6。

以上兩例亦均符合(1)機率值必須介於 0 與 1 之間，及(2)所有實驗結果出現機率的總和必須等於 1 的機率指派要件。

2. 相對次數法 (Relative Frequency Method)

當沒有任何理由假設實驗結果出現的可能性均相同時，則古典法並不適用。例如，投擲一個不勻質的銅板或骰子，很難相信每一種實驗結果出現的可能性皆相同，即無法適用古典法。相對次數法指在長期或重複的實驗中，各種實驗結果的發生機率 $P(E)$ 是其出現次數 $M(E)$ 對實驗總次數 n 的比值，亦即

$P(E) = \dfrac{M(E)}{n}$，其中 $M(E)$ 實驗結果 E 發生的次數，n 實驗總次數

如果骰子並非勻質，只能重複的投擲（實驗）並記錄各樣本點出現的次數，再以各樣本點出現的次數除以總實驗次數即得各樣本點的出現機率。下表為投擲這個不勻質骰子 1,000 次所記錄的各樣本點出現次數及據以指派的出現機率值。

樣本點	出現次數	機率值
1	170	0.17
2	150	0.15
3	230	0.23
4	140	0.14
5	150	0.15
6	160	0.16
合計	1,000	1.00

依據上表所記錄重複實驗的結果，1 點在 1,000 次實驗中出現 170 次，故其出現的機率值為 0.17；同理，推得 2、3、4、5、6 點出現的機率值各為 0.15、0.23、0.14、0.15、0.16 等。因為骰子不勻質，故各樣本點出現的機率僅能以多次實驗的相對出現次數指派之，其中以 3 點的出現機率最大。這樣的機率分配僅適用於這一個不勻質骰子，其他的不勻質骰子必須另行實驗始可獲得各樣本點出現機率。

實驗總次數 n 愈大愈佳，投擲不勻質骰子以觀察各樣本點出現的機率時，投擲骰子 1,000 次並不困難，但如果觀察某電器行變頻冷氣機 1,000 星期以指派每週銷售 0、1、2、3、4、5 台變頻冷氣機的機率值，則有緩不濟急的困難。

3. 主觀法（Subjective Method）

五位候選人爭取一席地方官的選舉中，因為各候選人各有不同學經歷、服務熱誠及人格特質，很難相信每位候選人的當選機率相同，更不可能讓五位候選人競選多次後以相對當選次數來指派各候選人當選機率，因此古典法及相對次數法也均無法適用。

以主觀法指派各實驗結果的發生機率時，僅能依據實驗事件的本質搜集的資訊再輔以個人的經驗與直覺加以設定。由於主觀機率是一種個人的相信程度，不同個人指派的機率值亦異。但是無論如何指派機率，仍需恪遵前述機率值介於 0 與 1 之間及各樣本點的機率值總和應等於 1 的基本要求。

4. 機率指派法之比較

機率指派時，應先檢視實驗結果的各樣本點出現的可能性是否相同，如果可以假設出現可能性相等，則以古典法指派機率值；否則，再檢視進行實驗的可能性，可以進行實驗時，則以相對次數法指派機率值，無法進行實驗時，再以主觀法指派機率值。主觀法指派機率值僅是個人的相信程度，因不夠客觀而易生爭議。主觀法是被接受的且不斷擴大使用範圍，實因許多事件是無法進行實驗的。

由於社會及自然現象的不確定性形塑現代的社會生態，設想一個沒有不確定性的社會，現代社會的政治、經濟、選舉、比賽、投資、保險、股市、賭博、生活哲學、人生觀、人際關係又會起何種的變化？

Unit 4-3
事件與事件機率

1. 事件 （Event）

一個事件是指某個樣本空間裡某些樣本點的集合。

例如，投擲兩枚勻質銅板的樣本空間為 S = {（正面，正面），（正面，反面），（反面，正面），（反面，反面）}，依據乘法計數法則共有樣本點 $2 \times 2 = 4$ 個。

由四個樣本點取出部份樣本點而集合成樣本空間 S_A = {（正面，正面），（正面，反面），（反面，正面）}，因為樣本空間 S_A 內的樣本點至少出現一個正面，故 S_A 就是投擲兩枚勻質銅板至少有一個正面的事件的樣本空間。若 S_B = {（反面，反面）}，則 S_B 就是投擲兩枚勻質銅板全部反面的事件的樣本空間。

同理，投擲兩個勻質骰子出現兩個骰子朝上面點數總和大於 8 的事件的樣本空間 S_{G8} = {(3，6)，(4，5)，(4，6)，(5，4)，(5，5)，(5，6)，(6，3)，(6，4)，(6，5)，(6，6)}，共有 10 個樣本點；出現兩個骰子朝上面點數總和等於 8 的事件的樣本空間 S_{E8} = {(2，6)，(3，5)，(4，4)，(5，3)，(6，2)}，共有 5 個樣本點；出現兩個骰子朝上面點數總和小於 8 的事件的樣本空間 S_{L8} = {(1，1)，(1，2)，(1，3)，(1，4)，(1，5)，(1，6)，(2，1)，(2，2)，(2，3)，(2，4)，(2，5)，(3，1)，(3，2)，(3，3)，(3，4)，(4，1)，(4，2)，(4，3)，(5，1)，(5，2)，(6，1)}，共有 21 個樣本點；出現兩個骰子朝上面點數總和大於 13 的事件的樣本空間 S_{G13} = {}，是個空集合內含 0 個樣本點，如下圖。

統計學與 Excel

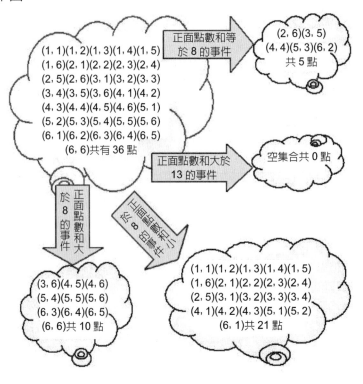

2. 事件機率（Event Probability）

任何一個事件的機率等於該事件各樣本點出現機率的總和。

前述投擲兩枚勻質骰子時，其樣本空間 $S = \{(i, j)i = 1, 6，j = 1, 6\}$ 共有 36 個樣本點；又因兩個骰子均屬勻質，故可假設每一個樣本點的出現可能性相等，或每一個樣本點的出現機率值是 1/36。準此，兩個骰子朝上面點數總和大於 8 點事件（共 10 個樣本點）的機率為 10/36 或 5/18（＝ 10×1/36）；兩個骰子朝上面點數總和等於 8 點事件（共 5 個樣本點）的機率為 5/36 [＝ 5×(1/36)]；兩個骰子朝上面點數總和小於 8 點事件（共 21 個樣本點）的機率為 21/36 或 7/12 [＝ 21×(1/36)]；兩個骰子朝上面點數總和大於 13 點或小於 1 點事件（共 0 個樣本點）的機率為 0。各事件發生機率的總和＝ 10/36＋5/36＋21/36 ＝ 1。

3. 餘事件機率（Probability of Complement Event）

一事件的餘事件是由樣本空間中不含 A 事件樣本點之所有樣本點所成的集合，事件 A 的餘集合或餘事件（Complement of Event A）以 A^C 表示之。下圖稱為范氏圖（Venn Diagram），示範餘集合的觀念，以矩形表示樣本空間，圓圈表示事件 A，矩形中圓圈以外的部份為事件 A 的餘集合或餘事件。

事件 A 及其餘事件 A^C 必然發生，故得 $P(A) + P(A^C) = 1$，前述投擲兩枚勻質骰子的兩個骰子朝上面點數總和等於 8 點事件的機率是 5/36，則其餘事件就是所有兩個骰子朝上面點數總和大於 8 點或小於 8 點的餘事件的機率＝ 1 － 5/36 ＝ 31/36。

設某筆記型電腦經銷商每週銷售電腦台數及其機率如下表：

銷售筆記型電腦台數	機率
0	0.05
1	0.15
2	0.35
3	0.25
4	0.10
5	0.10

若 A 事件代表一週銷售頂多 1 台，則該事件包括一週銷售 0 台及 1 台的樣本點，故機率值 $P(A) = 0.05 + 0.15 = 0.20$；B 事件代表一週銷售至少 3 台，則該事件包括一週銷售 3 台、4 台及 5 台的樣本點，故機率值 $P(B) = 0.25 + 0.10 + 0.10 = 0.45$。一週銷售 3 台的 C 事件的機率值是 0.25，C 事件的餘事件 C^C 則代表一週銷售不是 3 台的事件，其機率值 $P(C^C) = 1 - 0.25 = 0.75$。

Unit 4-4

多個事件的機率計算(一)

一個樣本空間 S 內只定義一個事件時,則僅有該事件與其相當的餘事件的發生機率問題。一個樣本空間 S 內如果定義二個事件,則有如下的各種關係。

1. 兩事件的聯集(Union of Events)

事件 A 與事件 B 的聯集表示所有屬於事件 A 或事件 B 或兩者皆屬的樣本點所構成的集合,以符號 $A \cup B$ 表示之,其發生的機率以 $P(A \cup B)$ 表示之。下圖為兩事件聯集的范氏圖,是由代表事件 A 與事件 B 的兩個圓圈樣本點所構成,兩個圓圈重疊部份的樣本點同屬事件 A 與事件 B。

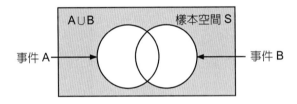

2. 兩事件的交集(Intersection of Events)

事件 A 與事件 B 的交集表示在事件 A 和事件 B 中共同出現的樣本點所構成的集合,以符號 $A \cap B$ 表示之,其發生的機率以 $P(A \cap B)$ 表示之。下圖為兩事件交集的范氏圖,是由代表事件 A 與事件 B 的兩個圓圈重疊部份的樣本點所構成。

二個或二個以上事件同時發生的機率稱為聯合機率(Joint probability),因此,$P(A \cap B)$ 表示事件 A 與事件 B 同時發生的機率。

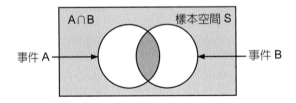

3. 互斥事件

事件 A 與事件 B 並沒有共同的樣本點時,則稱該兩事件為互斥事件,因沒有交集,故 $P(A \cap B) = 0$。下圖為兩個互斥事件的范氏圖。

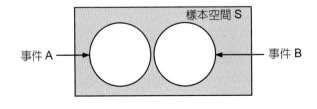

4. 事件機率計算

下圖是事件 A 與事件 B 在樣本空間 S 的樣本點示意圖，據以說明相關機率的計算。樣本空間 S 共有 S 個樣本點，其中有 $m+k$ 個樣本點屬於事件 A，有 $n+k$ 個樣本點屬於事件 B，有 k 個樣本點同屬事件 A 與事件 B。若每個樣本點出現的可能性均相同，則事件 A、事件 B、交集 $A \cap B$、聯集 $A \cup B$ 發生的機率如下：

$$P(A) = \frac{m+k}{S} 、 P(B) = \frac{n+k}{S}$$

$$P(A \cap B) = P(A \text{ and } B) = \frac{k}{S},$$

$$P(A \cup B) = P(A \text{ or } B) = \frac{m+k+n}{S} = \frac{(m+k)+(n+k)-k}{S} = P(A) + P(B) - P(A \cap B)$$

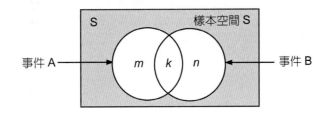

得機率的加法原則為 $P(A \cup B) = P(A) + P(B) - P(A \cap B)$

事件 A 與事件 B 若為互斥事件，則因 $P(A \cap B) = 0$，得

$$P(A \cup B) = P(A) + P(B)$$

茲設一例以說明加法原則。針對 250 位經理人的調查顯示，有 155 位擁有百萬名車，145 位有高爾夫球證，110 位兩者皆有如下圖。

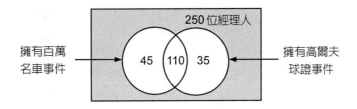

令 M 代表擁有百萬名車事件，G 代表擁有高爾夫球證事件

則　$P(M) = \frac{45+110}{250} = 0.62$

$P(G) = \frac{35+110}{250} = 0.58$

$P(M \cap G) = \frac{110}{250} = 0.44$

依據加法法則得 $P(M \cup G) = P(M) + P(G) - P(M \cap G) = 0.62 + 0.58 - 0.44 = 0.76$

表示 250 位經理有 76% 擁有百萬名車或高爾夫球證。$(M \cup G)$ 的餘事件表示暨無百萬名車也無高爾夫球證的經理的機率為 $1 - 0.76 = 0.24$。

由上圖推算暨無百萬名車也無高爾夫球證的經理人共有

$250 - (155 + 145 - 110) = 250 - 190 = 60$，其機率 $= 60/250 = 0.24$

Unit 4-5
多個事件的機率計算(二)

5. 條件機率（Conditional probability）

某一樣本空間中定義的事件 A 與事件 B，當事件 B 發生之後再發生事件 A 的機率稱為事件 A 的條件機率，記作 $P(A|B)$。根據下圖推演 $P(A|B)$ 計算公式如下：

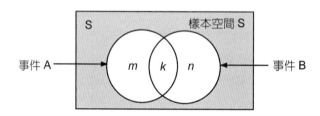

$P(A|B) = \dfrac{k}{n+k} = \dfrac{k/S}{(n+k)/S} = \dfrac{P(A \cap B)}{P(B)}$；同理，事件 A 發生之後再發生事件 B 的機率

$P(B|A) = \dfrac{k}{m+k} = \dfrac{k/S}{(m+k)/S} = \dfrac{P(A \cap B)}{P(A)}$。

依前述經理人擁有百萬汽車與高爾夫球證的調查例中，$P(M) = 0.62$，$P(G) = 0.58$，$P(M \cap G) = 0.44$，各得

$P(M|G) = P(M \cap G)/P(G) = 0.44/0.58 = 0.7586$ 或 $P(M|G) = 110/145 = 0.7586$

$P(G|M) = P(M \cap G)/P(M) = 0.44/0.62 = 0.7097$ 或 $P(G|M) = 110/155 = 0.7097$

事件 A 與事件 B 有交集才有條件機率；條件機率的分子部份均為該兩事件的交集機率；事件 B 發生後再發生事件 A 的條件機率 $P(A|B)$ 的分母為事件 B 的發生機率；事件 A 發生後再發生事件 B 的條件機率 $P(B|A)$ 的分母為事件 A 的發生機率。

事件 A 與事件 B 無交集的互斥事件，因 $P(A \cap B) = 0$，其條件機率均為 0。

茲舉一例說明條件機率。某公司對其各級管理幹部的學歷調查如下表：

	碩士以下（M）	博士（D）	總計
40 歲以下（Y）	77	14	91
超過 40 歲（G）	28	21	49
總計	105	35	140

設 Y 代表年齡 40 歲以下的事件；G 代表年齡超過 40 歲的事件

M 代表學歷為碩士以下的事件；D 代表學歷為博士的事件

依據上表可以獲得如下的聯合機率：

$P(Y \cap M) = 77/140 = 0.55 =$ 年齡 40 歲以下，學歷為碩士以下的機率

$P(Y \cap D) = 14/140 = 0.10 =$ 年齡 40 歲以下，學歷為博士的機率

$P(G \cap M) = 28/140 = 0.20 =$ 年齡超過 40 歲，學歷爲碩士以下的機率

$P(G \cap D) = 21/140 = 0.15 =$ 年齡超過 40 歲，學歷爲博士的機率

依據上表編得聯合機率表如下：

	碩士以下（M）	博士（D）	邊際機率
40 歲以下（Y）	0.55	0.10	0.65
超過 40 歲（G）	0.20	0.15	0.35
邊際機率	0.75	0.25	1.00

上表的最後一行或最右一列是各列或各行的聯合機率的加總，稱爲邊際機率。該公司各級管理幹部有 $P(M) = 75\%$ 的學歷是碩士以下，$P(D) = 25\%$ 的學歷是博士；或 $P(Y) = 65\%$ 是年齡 40 歲以下，$P(G) = 35\%$ 年齡超過 40 歲均屬邊際機率。

年齡 40 歲以下（Y），學歷是碩士以下（M）的條件機率爲

$P(M|Y) = P(M \cap Y)/P(Y) = 0.55/0.65 = 0.8462$ 或 $P(M|Y) = 77/91 = 0.8462$

年齡 40 歲以下（Y），學歷是博士（D）的條件機率爲

$P(D|Y) = P(D \cap Y)/P(Y) = 0.10/0.65 = 0.1538$ 或 $P(D|Y) = 14/91 = 0.1538$

學歷是碩士以下（M），年齡超過 40 歲（G）的條件機率爲

$P(G|M) = P(M \cap G)/P(M) = 0.20/0.75 = 0.2667$ 或 $P(G|M) = 28/105 = 0.2667$

學歷博士（D），年齡超過 40 歲（G）的條件機率爲

$P(G|D) = P(G \cap D)/P(D) = 0.15/0.25 = 0.60$ 或 $P(G|D) = 21/35 = 0.60$

6. 乘法法則（Multiplication Law）

前述加法法則可計算兩事件的聯集機率，即 $P(A \cup B) = P(A) + P(B) - P(A \cap B)$。

依據條件機率可推得如下的乘法法則以計算兩事件的交集機率，即

$P(A \cap B) = P(B)P(A|B)$ 或 $P(A \cap B) = P(A)P(B|A)$

若 A 與 B 是兩個獨立事件，則 $P(A \cap B) = P(A)P(B)$

例如一個箱子內含 3 個紅球，7 個白球；某人從中抽取一個球（事件 A），放回箱子再抽取一個球（事件 B），則事件 A 與事件 B 爲獨立事件。因爲事件 A 抽到紅球的機率爲 0.3；事件 B 抽到紅球的機率也是 0.3；故兩次都抽到紅球的機率爲

$P(A \cap B) = P(A)P(B) = 0.3 \times 0.3 = 0.09$

Unit 4-6
事件的性質

1. 獨立事件（Independent Events）

事件 A 與事件 B 如果 $P(A|B)=P(A)$ 表示事件 A 單獨發生的機率 $P(A)$ 與當事件 B 發生後再發生事件 A 的機率 $P(A|B)$ 相等，也表示事件 A 的發生與事件 B 發生與否無關或謂事件 A 與事件 B 是獨立的事件；同理若 $P(B|A)=P(B)$，也表示事件 B 的發生機率與事件 A 發生與否無關；因此，當 $P(A|B)=P(A)$ 或 $P(B|A)=P(B)$ 時，則事件 A 與事件 B 是獨立事件。

又由事件 A 與事件 B 的乘法法則 $P(A \cap B)=P(A|B)P(B)$ 及 $P(A|B)=P(A)$ 可得 $P(A \cap B)=P(A)P(B)$，因此事件 A 與事件 B 屬獨立事件時必須滿足下列條件

(1) $P(A|B)=P(A)$

(2) $P(B|A)=P(B)$

(3) $P(A \cap B)=P(A)P(B)$

例如，投擲一個勻質骰子朝上面的點數是 5 點（事件 A）且投擲一枚勻質銅板出現正面（事件 B）的兩個實驗並不相干擾，故該兩事件是獨立事件，其交集機率為

$$P(A \cap B)=P(A)P(B)=\frac{1}{6} \times \frac{1}{2} = \frac{1}{12}$$

2. 相依事件（Dependent Events）

事件 A 與事件 B 的 $P(A|B) \neq P(A)$ 或 $P(B|A) \neq P(B)$ 或 $P(A \cap B) \neq P(A)P(B) \neq 0$，則事件 A 與事件 B 屬於相依事件。由 $P(A|B) \neq P(A)$ 知事件 A 發生的機會與當事件 B 發生後再發生事件 A 的機率並不相等，這表示事件 A 的發生受到事件 B 的影響，或謂事件 A 與事件 B 是相依事件。

又如，投擲一個勻質骰子朝上面出現不大於 4 點（事件 C）且出現的點數是 2 點（事件 D）屬於相依事件。事件 C 的出現機率為 $P(C)=4/6$；在事件 C 發生後再發生事件 D 的條件機為 $P(D|C)=2/4$，故得事件 C 與事件 D 的交集機率為

$$P(C \cap D)=P(C)P(D|C)=4/6 \times 2/4 = 1/3$$

3. 互斥事件（Mutually Exclusive Events）

事件 A 與事件 B 為互斥事件則該兩事件沒有共同的樣本點，亦即事件 A 與事件 B 並無交集，故 $P(A \cap B)=0$。

如投擲一個勻質骰子出現朝上面 5 點（事件 E）且是偶數點（事件 F）的兩個事件不可能同時發生，屬於互斥事件，故 $P(E \cap F)=0$

當兩事件互斥時，兩事件必不獨立；當兩事件獨立時，兩事件必不互斥。

4. 獨立或相依事件屬性研判實例

研判事件 A 與事件 B 是屬獨立或相依，應先推求事件 A 及事件 B 的發生機率 $P(A)$

及 $P(B)$，再推求事件 A 發生後再發生事件 B 的機率 $P(B|A)$，若 $P(B|A)=P(B)$ 則事件 A 與事件 B 爲獨立事件，否則爲相依事件。亦可推求 $P(A|B)$，然後與 $P(A)$ 比較研判事件 A 與事件 B 是屬獨立或相依。

實例一：

自撲克牌中以抽出放回的方式，隨機抽取兩張牌，亦即先從 52 張牌中隨便抽出 1 張牌，看看是什麼牌後，放回牌堆中，再從 52 張牌堆中抽出 1 張牌，若定義事件 A 爲第一次所抽出的牌是 Q 的情形，事件 B 爲第二次所抽出的牌是 Q 的情形，問事件 A 事件 B 是不是獨立？

【解】

52 張撲克牌中有 4 張牌是 Q，得事件 A 發生的機率爲 $P(A)=4/52$；因爲事件 A 抽牌後又放回，故事件 B 也是 52 張撲克牌中有 4 張牌是 Q，得事件 B 發生的機率亦爲 $P(B)=4/52$。

在事件 A 發生後再發生事件 B 的條件機率爲

$$P(B|A)=\frac{P(A\cap B)}{P(A)}=\frac{(4\times 4)/(52\times 52)}{4/52}=\frac{4}{52}=\frac{1}{13}$$

其中 $P(A\cap B)=\dfrac{4\times 4}{52\times 52}$ 是因爲抽取 2 張牌，抽出放回，樣本空間的樣本點共有 52×52 個。2 張同時爲 Q 的事件的樣本點有 4×4。因 $P(B|A)=P(B)=4/52$，故事件 A 與事件 B 是屬獨立事件。

實例二：

自撲克牌中以抽出不放回的方式，隨機抽取兩張牌，亦即，先從 52 張牌中隨便抽出 1 張牌，看看是什麼牌後，不放回牌堆中，再從剩下的 51 張牌堆中抽出 1 張牌，若定義事件 A 爲第一次所抽出的牌是 Q 的情形，事件 B 爲第二次所抽出的牌是 Q 的情形，問事件 A 事件 B 是不是獨立？

【解】

52 張撲克牌中有 4 張牌是 Q，得事件 A 發生的機率爲 $P(A)=4/52$。因爲事件 A 抽牌後不放回，故事件 B 抽到 Q 的機率 $P(B)=4/52\times 3/51+48/52\times 4/51=1/13$。

在事件 A 發生後再發生事件 B 的條件機率爲

$$P(B|A)=\frac{P(A\cap B)}{P(A)}=\frac{(4\times 3)/(52\times 51)}{4/52}=\frac{3}{51}=\frac{1}{17}$$

其中 $P(A\cap B)=\dfrac{4\times 3}{52\times 51}$ 是因爲抽取 2 張牌都是 Q，是指第一次所抽出的牌是 Q（52 張中有 4 張 Q）且第二次所抽出的牌也是 Q（51 張中只剩 3 張 Q）的機率。

因 $P(B|A)=1/17$，$P(B)=1/13$，故事件 A 與事件 B 是屬相依事件。

Unit 4-7

貝氏定理（Bayes' Theorem）

問題：假設某公司的員工中，有 60%為男性，40%為女性。而有 80%的男性員工，30%的女性員工是以自行開車代步。若在公司停車場出口迎面而來為一員工開的小客車。試問此車駕駛為男性的機率為何？為女性的機率又為何？

這類已知某些事件發生的機率（如公司員工有 60%為男性，40%為女性），再加上一個開車事件，以修正開車的員工為男性或女性的機率，都適用貝氏定理推演之。貝氏定理中必須有一些事件的事先機率（如公司員工有 60%為男性，40%為女性），再依據觀察或試驗獲得一些條件機率，然後依據貝氏定理來推算事後機率（如員工駕駛員為男性或女性？）。其流程圖及定理公式如下：

樣本空間 S 中，若事件 A_1，A_2，... ，A_n 滿足

(1)A_1，A_2，... ，A_n 兩兩互斥

(2)$A_1 \cup A_2 \cup ... \cup A_n = S$

則稱事件 A_1，A_2，... ，A_n 為樣本空間 S 的一個分割。樣本空間 S 中任意事件 B，恆有 $P(B) = P(A_1)P(B|A_1) + P(A_2)P(B|A_2) + ... + P(A_n)P(B|A_n) = \sum_{k=1}^{n} P(A_k)P(B|A_k)$ 的關係；其中 $P(B|A_k)$ 為事件 A_k 發生後事件 B 發生的機率，下圖為 $k = 5$ 的情形。

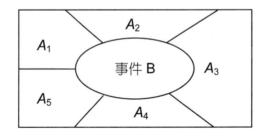

前述事件 A_1，A_2，... ，A_n 為事先機率，觀察或試驗各事先事件發生後再發生事件 B 的機率為條件機率。則事件 B 發生後再發生事先事件的機率就是事後機率，定理公式為

$$P(A_j|B) = \frac{P(A_j)P(B|A_j)}{P(B)} = \frac{P(A_j)P(B|A_j)}{\sum_{i=1}^{k} P(A_i)P(B|A_i)}$$

前述問題的 60%男性員工為事先事件 A_1，40%女性員工為事先事件 A_2；開車代

步是事件 B，80%的男性員工開車是條件機率 $P(B|A_1)=80\%$，30%的女性員工開車是條件機率 $P(B|A_2)=30\%$。則可據貝氏定理推得事後機率分別為

$$P(A_1|B) = \frac{P(A_1)P(B|A_1)}{P(A_1)P(B|A_1)+P(A_2)P(B|A_2)} = \frac{60\%\times80\%}{60\%\times80\%+40\%\times30\%} = 80\%$$

$$P(A_2|B) = \frac{P(A_2)P(B|A_2)}{P(A_1)P(B|A_1)+P(A_2)P(B|A_2)} = \frac{40\%\times30\%}{60\%\times80\%+40\%\times30\%} = 20\%$$

$P(A_1|B)=80\%$ 表示開車事件 B 發生後，再發生事件 A_1（男性駕駛）的機率；$P(A_2|B)=20\%$ 表示開車事件 B 發生後，再發生事件 A_2（女性駕駛）的機率。

貝氏定理的計算可以用表格求解之，其步驟如下：

步驟 1：就已知之機率準備下列三欄：

　　　　第 1 欄列出各互斥事件的名稱

　　　　第 2 欄列出各互斥事件的事先機率

　　　　第 3 欄列出各互斥事件發生後，新事件 B 發生的條件機率

步驟 2：在第 4 欄利用乘法原理將第 2 欄與第 3 欄相乘計得每一事件的聯合機率，即 $P(A_i \cap B) = P(A_i)P(B|A_i)$。

步驟 3：將第 4 欄的聯合機率加總即得事件 B 的發生機率 $P(B)$。

步驟 4：設置第 5 欄將第 4 欄各事件的聯合機率除以事件 B 的發生機率 $P(B)$ 即得各事件的事後機率。

前述問題的表格求解如下：

(1) 事件 A_i	(2) 事先機率 $P(A_i)$	(3) 條件機率 $P(B|A_i)$	(4) 聯合機率 $P(A_i \cap B)$	(5) 事後機率 $P(A_i|B)$
男性員工	0.60	0.80	0.48	0.80
女性員工	0.40	0.30	0.12	0.20
			$P(B)=0.60$	1.00

另例如某工廠產品的不良率為 5%。產品的檢驗過程中，誤將良品檢驗為不良品的機率為 0.2，誤將不良品檢驗為良品的機率為 0.16，則一件不良產品被檢驗為良品機率是多少？

事件 B 是檢驗錯誤事件，貝氏定理表格求解如下表。一件不良產品被檢驗為良品機率是 $P(A_2|B)=0.04$。A_2 代表不良品事件，因事件 B 代表錯誤事件，故 $P(A_2|B)$ 代表錯誤地將不良品檢驗為良品的機率 4%。

(1) 事件 A_i	(2) 事先機率 $P(A_i)$	(3) 條件機率 $P(B|A_i)$	(4) 聯合機率 $P(A_i \cap B)$	(5) 事後機率 $P(A_i|B)$
良品	0.95	0.20	0.190	0.96
不良品	0.05	0.16	0.008	0.04
			$P(B)=0.198$	1.00

統計學與 Excel

Unit 4-8

貝氏定理推演程式

在說明貝氏定理推演程式以前，再舉例以為程式使用實例。

假設某醫療機構根據地區環境、季節因素研判某人罹患疾病 D_1 與 D_2 的機率分別是 60% 與 40%；另根據醫學研究顯示每一種疾病皆伴隨症狀 S_1、S_2 和 S_3。各種疾病發生時，伴隨各種症狀的條件機率如下表：

	症狀 S_1	症狀 S_2	症狀 S_3
疾病 D_1	0.15	0.10	0.15
疾病 D_2	0.80	0.15	0.03

就每一症狀得一貝氏定理計算表如下各表：

(1) 事件 D_i	(2) 事先機率 $P(D_i)$	(3) 條件機率 $P(S_1\|D_i)$	(4) 聯合機率 $P(D_i \cap S_1)$	(5) 事後機率 $P(D_i\|S_1)$
疾病 D_1	0.60	0.15	0.09	0.2195
疾病 D_2	0.40	0.80	0.32	0.7805
			$P(S_1) = 0.41$	1.00

(1) 事件 D_i	(2) 事先機率 $P(D_i)$	(3) 條件機率 $P(S_2\|D_i)$	(4) 聯合機率 $P(D_i \cap S_2)$	(5) 事後機率 $P(D_i\|S_2)$
疾病 D_1	0.60	0.10	0.06	0.50
疾病 D_2	0.40	0.15	0.06	0.50
			$P(S_2) = 0.12$	1.00

(1) 事件 D_i	(2) 事先機率 $P(D_i)$	(3) 條件機率 $P(S_3\|D_i)$	(4) 聯合機率 $P(D_i \cap S_3)$	(5) 事後機率 $P(D_i\|S_3)$
疾病 D_1	0.60	0.15	0.09	0.8824
疾病 D_2	0.40	0.03	0.012	0.1176
			$P(S_3) = 0.102$	1.000

由前述三個貝氏定理求解表格，整理得：

	有症狀 S_1 時	有症狀 S_2 時	有症狀 S_3 時
罹患疾病 D_1 的機率	21.95%	50%	88.24%
罹患疾病 D_2 的機率	78.05%	50%	11.76%

貝氏定理推演程式可根據互斥事件個數，B 事件個數在試算表中建立貝氏定理試算表，再在試算表中修改互斥事件名稱，填入各互斥事件的事先機率及在各互斥事件發生後，事件 B 發生的條件機率。然後再要求貝氏定理推演程式進行貝氏定理聯合機率及事後機率的計算與列印工作。

在新的試算表處於作用中時，點選 ☞ 統計/貝氏定理/貝氏定理（Bayes's Theorem）/建立貝氏定理試算表 ☜ 即出現如下的畫面：

本畫面要求指定貝氏定理推算中的互斥事件個數及事件 B 的個數，單元 4-7 貝氏定理的最後一個實例中，互斥事件有良品與不良品等 2 件，錯誤檢驗是唯一的事件 B，故輸入如上面畫面後，單擊「確定」鈕後建立如下新的貝氏定理試算表，或單擊「取消」鈕放棄建表。

	A	B	C	D	E
3	貝氏定理事後機率試算表				
4	互斥事件	事先機率	條件機率	聯合機率	事後機率
5	A1				
6	A2				
7	總計				

在試算表的黃色區域修改互斥事件名稱，輸入互斥事件事先機率、事件 B 對各互斥事件的條件機率後，點選 ☞ 統計/貝氏定理/貝氏定理（Bayes's Theorem）/進行貝氏定理演算 ☜ 即得如下的試算表畫面：點選 ☞ 統計/貝氏定理/貝氏定理（Bayes's Theorem）/列印貝氏定理試算表 ☜ 即將貝氏定理試算表列印之。

	A	B	C	D	E
3	貝氏定理事後機率試算表				
4	互斥事件	事先機率	條件機率	聯合機率	事後機率
5	良品	0.9500	0.2000	0.1900	0.9596
6	不良品	0.0500	0.1600	0.0080	0.0404
7	總計			0.1980	1.0000

本單元實例應輸入互斥事件個數 2 個，事件 B 個數 3 個，而得如下的 3 個貝氏定理計算表，修改事件名稱及輸入各機率後，點選進行貝氏定理演算功能得如下各表。

	A	B	C	D	E
3	貝氏定理事後機率試算表				
4	互斥事件	事先機率	條件機率	聯合機率	事後機率
5	D1	0.6000	0.1500	0.0900	0.2195
6	D2	0.4000	0.8000	0.3200	0.7805
7	總計			0.4100	1.0000
8					
9	貝氏定理事後機率試算表				
10	互斥事件	事先機率	條件機率	聯合機率	事後機率
11	D1	0.6000	0.1000	0.0600	0.5000
12	D2	0.4000	0.1500	0.0600	0.5000
13	總計			0.1200	1.0000
14					
15	貝氏定理事後機率試算表				
16	互斥事件	事先機率	條件機率	聯合機率	事後機率
17	D1	0.6000	0.1500	0.0900	0.8824
18	D2	0.4000	0.0300	0.0120	0.1176
19	總計			0.1020	1.0000

第 5 章

離散機率分配

●●●●●●●●●●●●●●●●●●●●●●●●●●●●●● 章節體系架構 ▼

Unit　5-1
隨機變數

　　隨機變數（Random Variable）是對隨機實驗中對應樣本點實數值的函數。隨機實驗以前雖已知所有可能出現的結果，而實驗時不能確定預知會發生何種結果。例如，投擲一枚勻質的銅板，可以確知其出現的結果僅有正面與反面兩種，則其隨機變數僅能有正面與反面兩種值；又如投擲一枚勻質骰子，可以確知其朝上面的點數僅可能是 1、2、3、4、5、6 點等 6 種可能，則其隨機變數僅能有 1、2、3、4、5、6 等六種值。有些實驗的結果未必是數值的，如銅板的正面或反面；可賦予 0 代表正面，1 代表反面；或 5 代表正面，10 代表反面均無不可，以前後一致及方便於處理與應用為原則。

　　觀察某一個汽車收費站經過汽車的間隔時間，也是一種隨機實驗，其可能出現的值則不限於 1 分鐘整或 2 分鐘整，甚至 1 分鐘與 2 分鐘間的任何時間或其他時間均可能出現。定點報時的鈴聲則非隨機變數，而警察機關的 110 或 119 報案電話出現的時間則是隨機的，故報案時間是屬於隨機變數；主要區別在於發生的時間可以預測或無法預知。

　　推論統計學討論的對象都是隨機變數及其機率分配，由於機率分配的推演與處理方式的不同，而將隨機變數區分為離散隨機變數（Discrete Random Variable）與連續隨機變數（Continuous Random Variables），分述如下：

1. 離散隨機變數

　　隨機變數可假設成有限個數值或無限個順序數值的稱為離散隨機變數。例如，某個收費站每小時經過的汽車數量是離散隨機變數，因為其通過的汽車數量是無法預知的，且其數量是 5、6、7 部或其他有限個數值而非有小數的數量。雖然有些實驗的結果可以數量表示之，但也有許多的實驗結果不是的。例如，搜集對某事的意見調查表上有非常滿意、很滿意、滿意、普通、不滿意諸選項，可在表上對各選項賦予 1、2、3、4、5 的順序編號，則可依據表上的選勾直接賦予不同的數值。

　　生活上容易體會的離散隨機變數如下表各例：

實驗	隨機變數	隨機變數可能值
拜訪 5 家銀行尋求貸款	提供 30 年期且年利率在 5.0% 以下者	0、1、2、3、4、5
觀察一個加油站	一小時內加油汽車數	0、1、2、3、……
調查 50 個學生	有手機的學生數	0、1、2、……、50
電視節目 20 題機智問答	答對的題數	0、1、2、3、……、20
醫院門診	一天門診人數	0、1、2、3、……

觀察實驗的變數是否隨機端視變數的定義而定，拜訪 5 家銀行時，若隨機變數定義爲有幾家銀行辦理貸款，則因貸款是銀行的正常業務，則其值確定爲 5 家而不可能有其他數的家數；同理，觀察一個加油站時，其油泵島座數是確定的且可預知的，故不是隨機變數，但若一小時內前來加油的汽車數或機車數就是隨機變數。

2. 連續隨機變數

若表達隨機實驗結果的數值是某區間或數個區間內無限個且不可數的數值，則表達該實驗結果的變數就是連續隨機變數。實驗結果以時間、距離、重量、體積、面積與溫度等衡量者是爲連續隨機變數。例如，服務櫃檯顧客到達的時間間隔，其值是大於零的任何時間如 2.57 分、3.14 分、7.12 分等；量測學生的體重，商品的重量、體積等均是在某個範圍內有無限多的量度。

生活上容易體會的連續隨機變數如下表各例：

實驗	隨機變數	隨機變數可能值
高速公路行車	車輛故障發生地點	高速公路全程上任意一點
觀察一個加油站	加油汽車到達間隔時間	大於 0 的任何時間
嬰兒的出生	出生的時刻	24 小時內的任意時點
商品的包裝	重量或體積	包裝上標示的範圍內任意值
醫院門診	患者抵達時間的間隔	大於 0 的任何時間

觀察實驗的變數是否隨機，是否離散或連續端視變數的定義而定，高速公路上收費站的站數或間距均屬固定而非隨機變數，但一天的行車量則是離散隨機變數，車輛抵達收費站的時間間隔則是連續隨機變數。嬰兒的出生時刻、體重則是任意時點或重量的連續隨機變數，但是出生的性別則是離散隨機變數。

判別一個隨機變數爲連續或離散隨機變數的方法是以一線段代表該隨機變數值的可能範圍，若整個線段上任何一點的值均可爲隨機變數的值，則該隨機變數就是連續隨機變數；若整個線段上僅有某些點的值可爲隨機變數的值，則該隨機變數就是離散隨機變數。圖示如下：

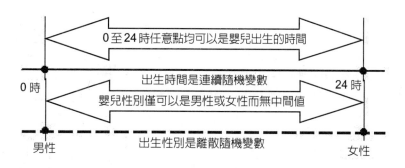

另外，隨機離散變數是由計數（counting）而獲得的，而隨機連續變數則是由量測（measuing）獲得的，也是兩者的重要區別。

Unit **5-2**

離散機率分配

隨機變數的機率分配（Probability Distribution）代表隨機變數值的出現機率及分布狀況。一個隨機變數 x 的機率分配通常以機率函數 $f(x)$ 表示之。如 $x=1$，則函數值 $f(1)$ 表示隨機變數值 1 的出現機率。

如果離散隨機變數的 n 個可能值可以合理地假設出現可能性均相等，則每個可能值出現的機率均是 $1/n$，則機率函數可寫做

$$f(x)=1/n \quad x=1, 2, \cdots, n$$

如果離散隨機變數的 n 個可能值無法合理地假設出現可能性均相等，若可進行實驗，則可進行實驗再以相對次數法釐訂各隨機變數值的出現機率；若無法進行實驗，則僅能以主觀法設定各隨機變數值的出現機率；此時僅能以表或圖來表示其機率函數。

無論以任何方法設定機率函數，均需符合每個隨機變數值的機率值大於等於 0 及所有隨機變數值的機率值總和等於 1 的機率函數基本要求條件。

如果某一離散隨機變數 x 有如下的機率函數

$$f(x)=x/15 \quad x=1, 2, 3, 4, 5$$

則亦可將各離散隨機變數值與相當的機率值表列如下：

隨機變數 x	機率函數值 $f(x)$
1	1/15
2	2/15
3	3/15
4	4/15
5	5/15

假設某房屋仲介公司無法假設每一仲介案的成交機會均相同，也很難主觀地認定任何一個仲介案的成交機率，因此該公司便根據過去 200 天的仲介案成交實績來客觀地釐訂仲介成交機率函數。過去 200 天內有 34 天沒有任何仲介案成交，有 76 天有 1 個仲介案成交，有 50 天有 2 個仲介案成交，有 26 天有 3 個仲介案成交，有 10 天有 4 個仲介案成交，有 4 天有 5 個仲介案成交。

若定義隨機變數 $x=$ 該天仲介案成交數，則依據前述經驗實績，隨機變數 x 的可能值是 0、1、2、3、4、5，則機率函數值 $f(1)$ 表示某天有 1 個仲介案成交的機率，其餘類推之。在 200 天中有 34 天沒有任何仲介案成交，則可指定 34/200＝0.17 或 17%當作 $f(0)$ 的機率函數值；同理，200 天內有 76 天有 1 個仲介案成交，則可指定

76/200＝0.38 或 38%為機率函數值$f(1)$；繼續計算機率函數值$f(2)$、$f(3)$、$f(4)$、$f(5)$如下的某仲介公司每天成交案件機率分配表及圖。

每天仲介案成交案數	成交機率函數值 $f(x)$	累加機率函數 $F(x)$
0	0.17	0.17
1	0.38	0.55
2	0.25	0.80
3	0.13	0.93
4	0.05	0.98
5	0.02	1.00
總計	1.00	

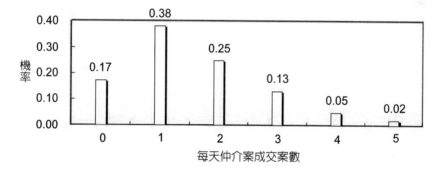

離散隨機變數各個變數值所對應的機率均密集於各變數值上，故又稱為機率密集函數（Probability Mass Function）。因此可據以求算變數值在某一值域之機率為

$$P(a \leq x \leq b) = \Sigma f(x_i) \quad x_i 為值域 a，b（含）間的變數值$$

例如，$P(1 \leq x \leq 3) = 0.38 + 0.25 + 0.13 = 0.76$ 表示某天成交 1、2 或 3 件仲介案的機率為 0.76 或 76%。

離散機率函數$f(x)$的累加機率函數以$F(x)$表之，$F(x_i)$為隨機變數值小於或等於x_i的機率值的總和，或如下式：

$$F(x_i) = F(X = x_i) = P(X \leq x_i) = f(x_1) + f(x_2) + \cdots + f(x_i)$$

累加機率函數的特性有：

1. 小於最小離散隨機變數 x_1 值的累加機率等於 0；$F(X < x_1) = 0.0$。
2. 最大離散隨機變數值 x_n 的累加機率值等於 1；$F(x_n) = 1$。
3. 較大的離散隨機變數，其累加機率值也大；$F(x_i) > F(x_j)$　若 $x_i > x_j$。
4. 某一離散隨機變數值 x_i 的機率值是該 x_i 的累加機率減其前一個 x_{i-1} 的累加機率之差數，即 $f(x_i) = F(x_i) - F(x_{i-1})$。

Unit **5-3**
離散隨機變數的期望值與變異數

1. 期望值

一實驗結果的離散隨機變數的期望值（Expected Value）或平均數是用來衡量該隨機變數的中央位置。隨機變數 X 的期望值 $E(X)$ 的數學式為

$E(X) = \mu = \Sigma x f(x)$，即所有隨機變數值 x 與其出現機率 $f(x)$ 的乘積的總和。

以單元 5-2 離散機率分配的房屋仲介實例，計算其期望值如下表：

每天仲介案成交案數	成交機率函數值 $f(x)$	$xf(x)$
0	0.17	0.00
1	0.38	0.38
2	0.25	0.50
3	0.13	0.39
4	0.05	0.20
5	0.02	0.10
總計	1.00	1.57

1.57 的期望值表示該房屋仲介公司可期望每天有 1.57 個仲介案成交，如果該公司每個月營業 30 天，則可預期該公司每個月可以有 $1.57 \times 30 = 47.1$ 個案成交。

2. 變異數與標準差

離散隨機變數的變異數（Variance）是衡量隨機變數的分散程度或變異性。離散變數的變異數公式為

$$V(X) = \sigma^2 = \Sigma (x_i - \mu)^2 f(x_i)，其中 i = 1, 2, 3, ..., n$$

x	$f(x)$	$x - \mu$	$(x - \mu)^2$	$(x - \mu)^2 f(x)$
0	0.17	−1.57	2.4649	0.4190
1	0.38	−0.57	0.3249	0.1235
2	0.25	0.43	0.1849	0.0462
3	0.13	1.43	2.0449	0.2658
4	0.05	2.43	5.9049	0.2952
5	0.02	3.43	11.7649	0.2353
期望值 = 1.57			變異數 =	1.3850

變異數計算如上表，標準差則是變異數的正方根，故得

標準差 $= \sigma = \sqrt{\sigma^2} = \sqrt{1.3850} = 1.1769$

3. 離散隨機變數機率計算程式

離散隨機變數機率計算程式可依據隨機離散變數值及其相對次數計算機率值或直接輸入機率值，然後依據變數值與機率值計算該隨機變數的期望值、變異數及標準差。

在新的試算表處於作用中時，點選 ☞ 統計/機率分配/離散機率計算/建立離散機率分配試算表 ☜ 即出現如下的畫面：

本畫面要求試算表標題及離散隨機變數值的個數 6 後，單擊「確定」鈕後建立如下新的離散機率分配試算表，或單擊「取消」鈕放棄建表。

	A	B	C	D	E	F	G
3			單元5-2房屋仲介業仲介案成交機率計算				
4	隨機變數值x	相對次數	機率值	xf(x)	x-μ	(x-μ)^2	f(x)(x-μ)^2
5	0	34					
6	1	76					
7	2	50					
8	3	26					
9	4	10					
10	5	4					
11	總計				<=期望值	變異數=>	
12		相對次數及機率值兩欄僅需選擇一欄輸入				標準差=>	

在試算表的黃色區域輸入離散變數值，如果以相對次數法來評定各變數值的發生機率，則直接輸入各變數值的相對次數（機率值就不必輸入）；如果以古典法或主觀法評定各變數值的發生機率，則直接輸入機率值（相對次數就不必輸入）。本例係以相對次數法評定變數值機率，故僅輸入變數值及相對次數如上圖即可，然後點選 ☞ 統計/機率分配/離散機率計算/進行離散機率分配演算 ☜ 即得如下的試算表畫面：點選 ☞ 統計/機率分配/離散機率計算/列印離散機率分配試算表 ☜ 即將該試算表列印之。試算表請參閱試算表檔第五章離散機率分配.xls 的「離散 1」試算表。

	A	B	C	D	E	F	G
3			單元5-2房屋仲介業仲介案成交機率計算				
4	隨機變數值x	相對次數	機率值	xf(x)	x-μ	(x-μ)^2	f(x)(x-μ)^2
5	0	34	0.1700	0.0000	-1.5700	2.4649	0.4190
6	1	76	0.3800	0.3800	-0.5700	0.3249	0.1235
7	2	50	0.2500	0.5000	0.4300	0.1849	0.0462
8	3	26	0.1300	0.3900	1.4300	2.0449	0.2658
9	4	10	0.0500	0.2000	2.4300	5.9049	0.2952
10	5	4	0.0200	0.1000	3.4300	11.7649	0.2353
11	總計	200	1.0000	1.5700	<=期望值	變異數=>	1.3851
12		相對次數及機率值兩欄僅需選擇一欄輸入				標準差=>	1.1769

投擲一枚勻質骰子的離散隨機變數，其機率值可採古典法直接評定各點的出現機率，其試算表請參閱試算表檔第五章離散機率分配.xls 的「離散 2」試算表。

Unit 5-4

二項機率分配

1. 常用的離散機率分配

　　了解一個現象的機率分配有助於一些決策的釐定，許多社會的或自然的事項是具有相似特性的隨機實驗，其隨機變數也有類似的機率分配。了解這些機率分配可適時應用於各項決策，且可避免進行隨機實驗以釐定其機率分配。本章介紹三種常用的離散機率分配：二項機率分配，超幾何機率分配及卜瓦松機率分配等，其機率查詢請參閱試算表檔「統計.xls」所在資料夾（如 C:\統計學與 Excel）內的「機率分配表查詢.xls」。

2. 二項機率分配

　　二項機率分配（Binomial Probability Distribution）描述一項實驗的成功機率為 p，失敗機率為 $1-p$ 時，則實驗 n 次中恰有 x 次成功的機率函數為

　　$f(x) = {_n}C_x p^x (1-p)^{(n-x)}$，其中 $f(x) = n$ 次試驗中有 x 次成功的機率；

　　${_n}C_x = \dfrac{n!}{x!(n-x)!}$；$n! = n(n-1)(n-2)\cdots(2)(1)$ 且 $0! = 1$

　　使用二項機率分配以前，必須掌握二項實驗的特性，才能正確套用於實際現象。二項實驗具有如下的特性：

(1)二項實驗包括 n 個相同的試驗。

(2)每一次實驗僅有兩種可能的結果，以成功和失敗稱之。

(3)設成功的機率為 p，則失敗的機率為 $1-p$，且每次試驗的成功和失敗機率皆維持不變。成功與失敗僅是兩種的可能而已，成功未必均屬正面的意義，當然失敗也未必是負面的意義。

(4)每次試驗皆隨機獨立。

　　假設某汽車廠的車主意見調查顯示，10%的車主抱怨車子的電子系統有問題。若廠方想知悉 20 位車主恰好有 3 位車主有抱怨的機率有多大？此時因 20 位車主均駕駛相同廠牌的汽車，故可視為 20 個相同的試驗（符合特性 1）；車主的反應是有抱怨及沒抱怨兩種，且求算的是有抱怨的機率，故視有抱怨的機率 10%為成功的機率 $p=10\%$；失敗的機率當然是 $1-10\%=90\%$；20 位車主是獨立的試驗個體（符合特性 4），故可依二項機率分配函數來推算相關機率。

　　20 位車主恰好有 3 位車主有抱怨的機率有多大？此時 $p=10\%=0.1$，$n=20$，$x=3$，則得 20 位車主恰好有 3 位車主有抱怨的機率為

$$f(3) = \binom{20}{3} p^3 (1-p)^{17} = \frac{20!}{3!\,17!}(0.1)^3(1-0.1)^{17} = 1140 \times 0.001 \times 0.1668 = 0.1901$$

　　公式中的 20 個取 3 個的組合數 ${_n}C_x$ 或 0.9 的 17 次方均屬繁瑣的計算問題。試算表軟體提供 COMBIN（總項目數,每一組合的項目數）函數以協助計算。函數 COM-

BIN(20,3)可以計得 $_{20}C_3 = 1,140$ 如下圖的儲存格 B5；0.1 的 3 次方為 0.001；0.9 的 17 次方為 0.1668；則得 20 位車主恰有 3 位車主抱怨的機率為 $f(3) = 1140 \times 0.001 \times 0.1668 = 0.1901$。

　　試算表函數 BINOMDIST（成功次數 x，試驗次數 n，成功機率 p，FALSE）更可直接計算二項分配機率值，函數的參數依序指定成功次數 x，試驗次數 n，成功機率 p，FALSE。第四個參數為 False 表示要求函數傳回密度機率值，為 True 表示要求函數傳回累加機率值。當 $n = 20$，$p = 0.1$，$x = 3$ 的機率值如儲存格 D6，函數內容如儲存格 E6。儲存格 D6 的 0.1901 是 20 位車主恰有 3 位抱怨的機率值。

	A	B	C	D	E
1	車主對電子系統抱怨的機率推算問題				
2	車主有抱怨機率p	0.1	有抱怨車主數x	機率	Excel 二項分配機率函數
3	車主沒抱怨機率	0.9	0	0.1216	=BINOMDIST(C3,$B$4,$B$2,FALSE)
4	車主數n(試驗次數)	20	1	0.2702	=BINOMDIST(C4,$B$4,$B$2,FALSE)
5	20個取3個的組合數	1140	2	0.2852	=BINOMDIST(C5,$B$4,$B$2,FALSE)
6	=COMBIN(B4,C6)		3	0.1901	=BINOMDIST(C6,$B$4,$B$2,FALSE)
7	0.1的3次方	0.001	4	0.0898	=BINOMDIST(C7,$B$4,$B$2,FALSE)
8	0.9的17次方	0.1668	5	0.0319	=BINOMDIST(C8,$B$4,$B$2,FALSE)

　　上表列示 20 次試驗有 0、1、2、3、4、5 次成功的機率如儲存格 D3：D8；函數內容如儲存格 E3：E8。$f(3 \leq x \leq 5) = 0.1901 + 0.0898 + 0.0319 = 0.3118$ 表示 20 位車主有 3 位、4 位或 5 位車主抱怨的機率是 0.3118 或 31.18%。

　　本書附錄的二項機率分配機率表（部份摘列如下）亦可直接查得二項分配的機率。由下表找 $n = 20$，$x = 3$ 的列與成功機率 $p = 0.10$ 的行交叉的儲存格 E215 即可讀得機率值為 0.1901，與計算結果相同。

	A	B	C	D	E	F	G	H	I	J	K	L	M	N	O
1	n	x	p - 成功的機率												
2			0.01	0.05	0.10	0.20	0.30	0.40	0.50	0.60	0.70	0.80	0.90	0.95	0.99
3	1	0	0.9900	0.9500	0.9000	0.8000	0.7000	0.6000	0.5000	0.4000	0.3000	0.2000	0.1000	0.0500	0.0100
4		1	0.0100	0.0500	0.1000	0.2000	0.3000	0.4000	0.5000	0.6000	0.7000	0.8000	0.9000	0.9500	0.9900
211	19	19	0.0000	0.0000	0.0000	0.0000	0.0000	0.0000	0.0000	0.0001	0.0011	0.0144	0.1351	0.3774	0.8262
212		0	0.8179	0.3585	0.1216	0.0115	0.0008	0.0000	0.0000	0.0000	0.0000	0.0000	0.0000	0.0000	0.0000
213		1	0.1652	0.3774	0.2702	0.0576	0.0068	0.0005	0.0000	0.0000	0.0000	0.0000	0.0000	0.0000	0.0000
214		2	0.0159	0.1887	0.2852	0.1369	0.0278	0.0031	0.0002	0.0000	0.0000	0.0000	0.0000	0.0000	0.0000
215		3	0.0010	0.0596	0.1901	0.2054	0.0716	0.0123	0.0011	0.0000	0.0000	0.0000	0.0000	0.0000	0.0000
216		4	0.0000	0.0133	0.0898	0.2182	0.1304	0.0350	0.0046	0.0003	0.0000	0.0000	0.0000	0.0000	0.0000
217		5	0.0000	0.0022	0.0319	0.1746	0.1789	0.0746	0.0148	0.0013	0.0000	0.0000	0.0000	0.0000	0.0000
218		6	0.0000	0.0003	0.0089	0.1091	0.1916	0.1244	0.0370	0.0049	0.0002	0.0000	0.0000	0.0000	0.0000
219		7	0.0000	0.0000	0.0020	0.0545	0.1643	0.1659	0.0739	0.0146	0.0010	0.0000	0.0000	0.0000	0.0000
220		8	0.0000	0.0000	0.0004	0.0222	0.1144	0.1797	0.1201	0.0355	0.0039	0.0001	0.0000	0.0000	0.0000
221		9	0.0000	0.0000	0.0001	0.0074	0.0654	0.1597	0.1602	0.0710	0.0120	0.0005	0.0000	0.0000	0.0000
222	20	10	0.0000	0.0000	0.0000	0.0020	0.0308	0.1171	0.1762	0.1171	0.0308	0.0020	0.0000	0.0000	0.0000

Unit 　5-5

二項分配機率查詢程式

1. 二項分配的期望值、變異數與標準差

二項機率分配的期望值與變異數為

期望值 $E(x) = \mu = np$

變異數 $V(x) = \sigma^2 = np(1-p)$

標準差 $\sigma = \sqrt{np(1-p)}$

2. 二項分配機率查詢程式

雖然統計書籍均附有二項分配機率表可供查詢，但其提供的成功機率可能僅有 0.01，0.05，0.10，0.20，0.30，0.40，0.50 等，如果成功的是 0.70，則可將問題的成功與失敗賦予相反的定義，才能據以查表。另外，如果成功的機率是 0.23，則甚難直接查得二項分配機率，或可就成功機率為 0.2 與 0.3 的機率值內插計得近似值；再一個問題可能是可查得的試驗總次數不及實際問題的試驗次數。凡此，可以試算表函數 BINOMDIST 求算之，二項分配查詢程式則是依該函數中的參數提供查表功能而不受前述各項查表的限制，同時也計算該二項分配的期望值、變異數與標準差。

查詢二項分配機率時，點選 ☞ 統計/離散機率分配/二項分配 ☜ 即出現如下的畫面：

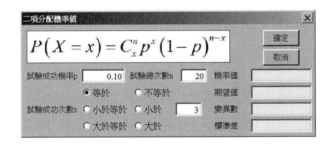

在本畫面輸入試驗成功機率 $p(0.10)$，試驗總次數 $n(20)$，試驗成功次數 $x(3)$ 如上圖，然後單擊「確定」鈕即開始計算機率值、期望值、變異數與標準差並顯示於畫面右側文字框格內如下圖，或單擊「取消」鈕放棄計算。

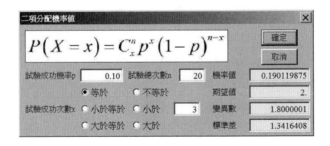

3. 其他實例

　　現成機率分配的使用貴在正確掌握該項分配的特性，面對的問題特質必須與該項特性相吻合才可事半功倍的運用。謹再舉例說明之。

　　假設一個不透明的箱子內裝了 13 個白球，7 個紅球，紅白球的球質、重量均相同，若每次抽取 1 個球，辨識球色後又放回箱子，請問抽取 25 次可抽得 15 次白球的機率為何？

　　因為抽取 1 個球經辨識球色後又放回箱子，因此可視同 25 個隨機獨立的試驗，且每次抽中白球的機率均相等。將抽中白球的機率 $p = 13/(13+7) = 0.65$ 視為成功的機率，則得 $n = 25$，$x = 15$，$p = 0.65$，以函數 BINOMDIST（15，25，0.65，FALSE）得抽取 25 次可抽得 15 次白球的機率為 0.1409 或 14.09%或如下圖。

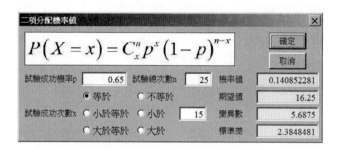

　　上述畫面中也可選擇試驗成功次數 x 等於、不等於、小於等於、小於、大於等於或大於 15 等不同選項。下圖為選擇試驗成功次數 x 不等於 15 的結果。

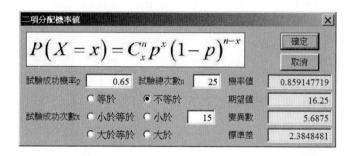

　　試驗成功次數等於 15 次的機率是 0.140852281，而不等於 15 次的機率是 0.859147719，兩者相加應等於 1 也等於 1。

　　前述抽取白球的機率問題中，如果每次抽取一個球時，將辨識球色後不放回去，則第 1 次抽球時，箱子內有 20 個球；因為不放回去，故第 2 次抽球時，箱子內僅有 19 個球，如此則每次試驗均不相互獨立，且無法抽取 25 次，因此就不可適用二項試驗的機率分配。

　　這種適用性的問題必須由使用者自行研判，函數或程式僅能依據所提供的數值加以運算，而不具適用性的判斷能力。

Unit 5-6
超幾何機率分配

　　當母體的個數 N 為有限個，且其中的個體可以依某特質明顯分成兩類，具有某種特質的一類（或稱為成功類）共有 K 個，不具某種特質的一類（或稱失敗類）則有 N − K 個。今從該母體抽取 n 個樣本，每抽取一個辨識後不再放回母體，若 n 個樣本中有 x 個樣本是屬具某種特質的一類（或稱為成功類），則有 n − x 個樣本是屬不具某種特質的一類（或稱為失敗類），則 x 為超級幾何隨機變數，其機率函數稱為超級幾何分配（Hypergeometric Probability Distribution）。其示意圖如下：

　　顯然從 N 個母體個數中抽取 n 個樣本，其中有 x 個成功類樣本是從母體中 K 個成功類個體抽取；樣本中有 n − x 個失敗類樣本則從母體中 N − K 個失敗類個體抽取，則得超幾何分配機率函數及其含意圖為：

$$f(x) = \frac{(_K C_x)(_{N-K} C_{n-x})}{_N C_n}，其中 x = 0, 1, 2, \cdots, n$$

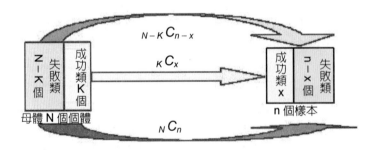

　　超級幾何分配的期望值 E(X) 與變異數 V(X) 分別為：

$$E(X) = np = \frac{nK}{N}$$

$$V(X) = \sigma^2 = np(1-p)c = n \cdot \frac{K}{N} \cdot \frac{N-K}{N} \cdot \frac{N-n}{N-1}$$

其中 $c = \frac{N-n}{N-1}$ 為試驗不獨立的校正因子。

　　例如，從 3 位男性與 2 位女性同事中選出 2 位代表參加某項聚會。因為任何一位同事被抽中後就不能也無法再參與抽籤，因此每次試驗（抽籤）不是獨立的，所以每次抽中的機率也不相同，故不適用二項分配，而必須使用超幾何分配來計算機

率值。

如問抽中的兩位同事均是男性同事的機率是多少時，可以 $N=3+2=5$，$K=3$，$n=2$，$x=2$ 求取 $f(x)$ 的超幾何分配機率為

$$f(2)=\frac{(_3C_2)(_{5-3}C_{2-2})}{_5C_2}=\frac{\frac{3!}{2!\,1!}\,\frac{2!}{2!\,0!}}{\frac{5!}{2!\,3!}}=\frac{3}{10}=0.3$$

期望值為 $E(2)=\frac{2\times3}{5}=1.2$，變異數為 $V(2)=\sigma^2=2\cdot\frac{3}{5}\cdot\frac{5-3}{5}\cdot\frac{5-2}{5-1}=\frac{9}{25}=0.36$
標準差 $\sigma=\sqrt{0.36}=0.6$

計算超級幾何分配機率時，除可使用試算表函數 COMBIN (N, R)外，也可使用試算表函數 HYPGEOMDIST （樣本成功類個數 x，樣本數 n，母體中成功類個體個數 K，母體中個體總數 N）或函數畫面（如下圖）直接推算之。

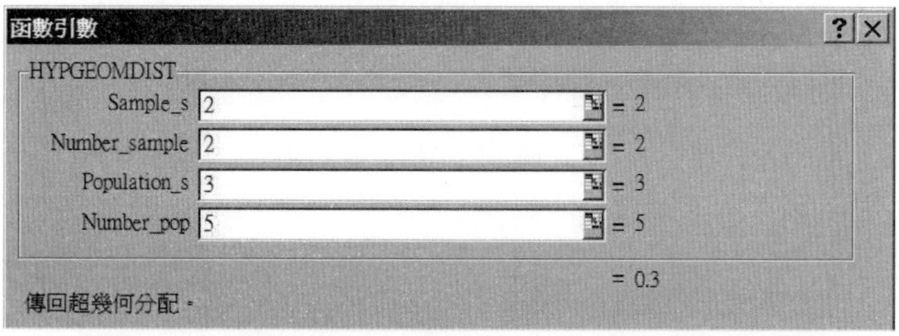

上圖中第 1 個參數表示樣本中成功個數 $x(2)$，第 2 個參數表示抽取樣本數 $n(2)$，第 3 個參數表示母體中歸屬成功類的個體個數 $K(3)$，第 4 個參數表示母體中個體個數 $N(5)$，參數輸入後的超幾何分配機率 $f(2)=0.3$，與前述依組合數計算結果相符。

超幾何隨機試驗與與二項隨機試驗的差異彙整如下表：

超幾何隨機試驗	二項隨機試驗
自 N 個有限母體個體抽取 n 個個體，故包括 n 次相同的試驗。	包含 n 次相同的試驗
抽取樣本後不再放回，因母體總個數的改變，故每次試驗是不相互獨立的。	抽取樣本後再放回，成功或失敗的機率均沒有改變，故每次試驗是相互獨立的。
母體之個體可有不同屬性，但每次試驗總是把母體個體區分成具有或不具有某種屬性的兩類；稱為成功類或失敗類。	每次試驗只有成功或失敗兩種可能的結果。成功未必是正面意義的，例如，推算不良品的機率，則以不良品的出現機率為成功機率。
每次試驗成功或失敗機率因前一次試驗而改變	每次試驗成功或失敗的機率均沒有改變
隨機變數 x 定義為抽取的 n 個樣本含有成功類個體的個數	隨機變數 x 定義為 n 次試驗中成功的次數

超幾何分配機率查詢程式

統計學與 Excel

超幾何分配機率查詢程式可以直接輸入母體個體總數 N，母體中歸屬成功類個體的個數 K，樣品數 n 及樣品中出現 x 個成功類個數後，計算 n 個樣品中出現 x 個成功類樣品的機率值、期望值、變異數及標準差等。查詢超幾何分配機率時，點選 ☞ 統計/離散機率分配/超級幾何分配 ☜ 即出現如下（未含輸入資料）的畫面：

經輸入如上圖的資料後，單擊「確定」鈕即可計得機率值（0.30）、期望值、變異數及標準差如下圖。

如果推求抽選的二位同事是一位或二位男性的機率值，則可輸入如下畫面，再單擊「確定」鈕即可求得機率值為 0.90

另假設有一批產品 10 件，其中有 2 件是不良品。若從該批產品中隨機抽取部份樣本進行試驗，若發現 1 件不良品就整批退貨。試問隨機抽取 3 件、4 件、5 件當作樣本時，各退貨機率為何？

因為產品品質抽取的情形，抽出的樣本是不應再放回的，故僅能適用超幾何分配。計算退貨的機率表示抽出不良品的機率，故 10 件母體中的 2 件不良品視同成功

類的個數。下表中母體中個體總數 N（儲存格 B1）為 10，母體中成功類個體總數 K（儲存格 B2）為 2，樣本數 n 為 3（儲存格 E1）、4（儲存格 F1）、5（儲存格 G1），樣本中成功類個體總數 x 僅能（儲存格 B1）為 1 個或 2 個（儲存格 D2、D3）。

	A	B	C	D	E	F	G
1	母體中個體總數 N	10	樣本數 n		3	4	5
2	母體中成功類個體總數 K	2	樣本中成功類個數 x	1	0.4667	0.5333	0.5556
3	=HYPGEOMDIST(D2,$E$1,$B$2,$B$1)			2	0.0667	0.1333	0.2222
4	=HYPGEOMDIST(D3,$F$1,$B$2,$B$1)		合計		0.5333	0.6667	0.7778

在母體中個體總數 N 為 10 個，母體中成功類（不良品）個體個數 K 為 2 個時，儲存格 E2 是以樣本中成功類個數 x 為 1（儲存格 D2）及樣本數 n 為 3（儲存格 E1）的超幾何分配機率函數 =HYPGEOMDIST(D2,$E$1,$B$2,$B$1) 的機率值 0.4667，故儲存格 E2、E3、F2、F3、G2、G3 的六個機率值需要使用六次的超幾何分配機率函數 HYPGEOMDIST()，因此使用列表分析方式比使用超幾何分配機率查詢程式更為方便。儲存格 A3、A4 是儲存格 E2、F3 超幾何分配機率函數 HYPGEOMDIST() 的內容。

因為只要抽驗出 1 件或 1 件以上不良品就整批退貨，故樣本數為 3 時，退貨機率 $=f(1)+f(2)=0.4667+0.0667=0.5333$；樣本數為 4 時，退貨機率 $=f(1)+f(2)=0.5333+0.1333=0.6667$；樣本數 5 時，退貨機率為 $=0.5556+0.2222=0.7778$。

另舉一例說明母體中成功類與失敗類的選擇方法。設某班有 25 位學生，其中男生有 14 位，女生有 11 位，試推求下表中 5 位學生曠課情形發生的機率值。

情形	不同曠課發生的機率	N	K	n	x
1	曠課學生是 2 位男生的機率	25	14	5	2
2	曠課學生是 2 位女生的機率	25	11	5	2
3	曠課學生全是男生的機率	25	14	5	5
4	曠課學生全不是男生的機率	25	11	5	5

母體中個體總數 N 當然是 25；但是推求男生曠課情形（1、3）時，母體中成功類個體個數為男生人數（14）；推求女生曠課情形（2、4）時，母體中成功類個體個數為女生人數（11）。樣本數 n 都是 5；但當曠課人數中 2 位是男（女）生的情形（1、2），則樣本中成功類個數 x 均為 2；但是當 5 位曠課學生均是男（女）的情形（3、4），則樣本中成功類個數 x 均為 5，如上表。以列表法分析時，推得各種曠課情形的發生機率分別是 0.2826、0.3768、0.0377、0.009 如下圖。

	A	B	C	D	E	F	G
1	母體中成功類與失敗類之選用實例						
2	全體學生數 N	25	曠課人數	5			
3	男生人數 K	14	女生人數 K	11			
4	曠課學生是 2 位男生的機率	0.282608696	=HYPGEOMDIST(2,D2,B3,B2)				
5	曠課學生是 2 位女生的機率	0.376811594	=HYPGEOMDIST(2,D2,D3,B2)				
6	曠課學生全是男生的機率	0.037681159	=HYPGEOMDIST(5,5,B3,B2)				
7	曠課學生全不是男生的機率	0.008695652	=HYPGEOMDIST(5,5,D3,B2)				

Unit 5-8
卜瓦松機率分配

1. 卜瓦松機率分配

在某一連續區間（時間、距離）內發生某特定事件的次數為 x。例如，每小時顧客到店人數，每公里路面破洞點數，每天電話通數等，如果發生次數符合下列特性，則此隨機變數 x 發生的機率服膺卜瓦松機率分配（Poisson Probability Distribution）。

(1)在某一連續區間發生事件的次數與另一連續區間發生事件的次數是獨立的。如這個小時到店顧客人數與其他小時到店顧客人數並無相關。

(2)在一個區間發生事件的平均數或期望值與區間大小成比例。

(3)在一個區間內發生事件的次數可能很少，也可能很多而俱隨機特性。

若已知在某一區間內發生某一事件的平均數為 λ，另 x 為該區間發生事件次數的隨機變數，則卜瓦松分配的機率為：

$$f(x) = \frac{\lambda^x e^{-\lambda}}{x!} \quad x = 1, 2, 3, \cdots, \infty \quad \text{其中}$$

λ 為一區間內發生事件次數的平均值，也是卜瓦松分配的唯一參數，$e = 2.71828$。

卜瓦松分配的期望值與變異數均等於其平均數，即：

$$E(X) = V(X) = \sigma^2 = \lambda$$

2. 卜瓦松分配機率的推算

如果某事件在某區間發生的平均次數為 10 次（$\lambda = 10$），則發生 5 次的卜瓦松分配機率可查附錄的卜瓦松分配機率表，亦可在試算表上以計算式 = 10^5*EXP(−10)/FACT(5)或使用統計函數 POISSON（事件發生次數,平均值,是否累加）或 = POISSON(5,10,FALSE)直接計得發生機率值為 0.037833275。亦可使用卜瓦松分配機率查詢程式查詢之，說明如下：

查詢卜瓦松分配機率時，點選 ☞ 統計/離散機率分配/卜瓦松分配 ☜ 即出現如下的畫面，經輸入期望值 10 及發生次數 x(5)後，單擊「確定」鈕即可計得機率值（0.0378）、期望值（10.0）、變異數（10.0）及標準差（3.1623）如下圖。

3. 卜瓦松分配區間單位的一致性

卜瓦松機率分配以某期間某事件發生的已知平均數 λ（或期望值）推測某期間某事件發生 x 次的機率。例如，每小時平均有 48 通電話（$\lambda=48$），則推測每小時有 40 通電話的機率時，便可以 $x=40$ 帶入卜瓦松機率公式推算 $f(40)$ 的機率。卜瓦松機率公式中並沒有出現期間的單位，因此事件發生的平均數（如每小時 48 通）的時間（或距離）單位應與事件實際發生次數（每小時有 40 通）的期間單位（小時）一致。

如果推求每十分鐘有 5 通電話的機率時，則出現平均數 λ 的時間單位為小時，而 x 的時間單位為分鐘的不一致情形。此時，當然要使其時間單位一致才可套用卜瓦松機率公式，而衍生出應選擇小時或分鐘為一致的單位的問題。如果化成小時的單位，則推求每十分鐘有 5 通電話的機率可改為推求每小時有 30 通電話的機率，但事實上機率值與 x 並不是直線關係，因此所推得的機率值並不正確。

依據卜瓦松機率分配的第 2 個特性：在一個區間發生事件的平均數或期望值與區間大小成比例，可知平均數 λ 與區間（時間，距離）的單位成線性關係，因此必須將平均數 λ 由每小時平均有 48 通電話改為每十分鐘有 8 通電話，才能求得每十分鐘有 5 通電話的機率。結言之，推求卜瓦松機率的問題中，如果 λ 與 x 的期間單位不一致，應將平均數 λ 的期間單位改為與 x 一致的期間單位。以實例說明如下：

設有某公司的客服電話平均每小時有 48 通，試問(1)10 分鐘內有 5 通電話的機率，(2)20 分鐘內有 20 通電話的機率，(3)服務某通電話後尚無等待電話時，可以休息 3 分鐘的機率各是多少？

各問題的機率推算如下圖試算表。平均數 λ 的期間單位（小時）與事件發生數 x 的期間單位（3 分鐘、10 分鐘、20 分鐘）不同，因此需將平均數改為每 3 分鐘、10 分鐘、20 分鐘的平均數如儲存格 B4：D4。

推求 10 分鐘內有 5 通電話的機率時，取平均數 λ 為每十分鐘 8 通，$x=5$，帶入卜瓦松函數 =POISSON(5, C4, FALSE)；儲存格 C4 為每 10 分鐘有 8 通電話的平均數 λ，得 10 分鐘內有 5 通電話的機率為 0.0916 或 9.16%。同理，以儲存格 D4 的每 20 分鐘有 16 通的平均數 λ 可推得 20 分鐘內有 20 通電話的機率為 0.0559。

	A	B	C	D	E
1	卜瓦松分配機率公式期間單位一致性調整的問題				
2	平均每小時有48通電話相當於			儲存格D5：D7各卜瓦松函數的內容如下	
3	相當於每	3分鐘	10分鐘	20分鐘	
4	有 λ 通電話	2.4	8	16	
5	10分鐘有5通電話(x=5)的機率=			0.0916	=POISSON(5,C4,FALSE)
6	20分鐘有20通電話(x=20)的機率=			0.0559	=POISSON(20,D4,FALSE)
7	3分鐘有0通電話(x=0)的機率=			0.0907	=POISSON(0,B4,FALSE)

所謂可以休息 3 分鐘的機率，即在 3 分鐘有 0 通電話的機率，卜瓦松函數 =POISSON(0, B4, FALSE) 中的儲存格 B4 為平均每 3 分鐘的電話通數（2.4 通），得可以休息 3 分鐘的機率為 0.0907 或 9.07%。

Unit 5-9

二項分配、超幾何分配與卜瓦松分配之關係

1. 二項分配與卜瓦松分配

　　當二項分配的試驗次數 n 很大、成功機率 p 很小時，則事件發生 x 次的二項分配機率趨近於平均數為 np，事件發生 x 次的卜瓦松分配機率。一般當 $n \geq 20$，$np \leq 1$，或 $n \geq 50$，$np \leq 5$，或 $n \geq 100$，$np \leq 10$ 時，即可以卜瓦松分配代替二項分配。下圖為 $n = 100$，$p = 0.10$ 的二項分配與 $\lambda = np = 100 \times 0.10 = 10$ 的卜瓦松分配。

	A	B	C	D	E	F	G
1					當n很大,P很小的二項分配與卜瓦松分配比較		
2	n=	100	p=	0.1	λ=np=	10	
3	次數x	二項分配		卜瓦松分配		二項分配函數	卜瓦松分配函數
4	0	2.65614E-05		4.53999E-05		=BINOMDIST(A4,$B$2,$D$2,FALSE)	=POISSON(A4,$F$2,FALSE)
5	1	0.000295127		0.000453999		=BINOMDIST(A5,$B$2,$D$2,FALSE)	=POISSON(A4,$F$2,FALSE)
6	2	0.001623197		0.002269996		=BINOMDIST(A6,$B$2,$D$2,FALSE)	=POISSON(A4,$F$2,FALSE)
7	3	0.005891602		0.007566655		=BINOMDIST(A7,$B$2,$D$2,FALSE)	=POISSON(A4,$F$2,FALSE)
8	4	0.015874596		0.018916637		=BINOMDIST(A8,$B$2,$D$2,FALSE)	=POISSON(A4,$F$2,FALSE)
9	5	0.033865804		0.037833275		=BINOMDIST(A9,$B$2,$D$2,FALSE)	=POISSON(A4,$F$2,FALSE)
10	6	0.059578729		0.063055458		=BINOMDIST(A10,$B$2,$D$2,FALSE)	=POISSON(A4,$F$2,FALSE)
11	7	0.088895246		0.090079226		=BINOMDIST(A11,$B$2,$D$2,FALSE)	=POISSON(A4,$F$2,FALSE)
12	8	0.114823027		0.112599032		=BINOMDIST(A12,$B$2,$D$2,FALSE)	=POISSON(A4,$F$2,FALSE)
13	9	0.130416277		0.125110036		=BINOMDIST(A13,$B$2,$D$2,FALSE)	=POISSON(A4,$F$2,FALSE)
14	10	0.131865347		0.125110036		=BINOMDIST(A14,$B$2,$D$2,FALSE)	=POISSON(A4,$F$2,FALSE)
15	11	0.119877588		0.113736396		=BINOMDIST(A15,$B$2,$D$2,FALSE)	=POISSON(A4,$F$2,FALSE)

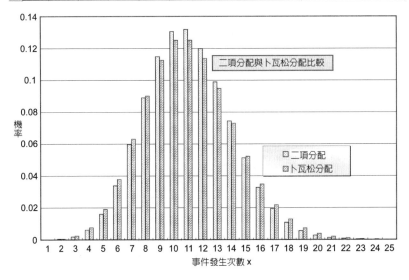

2. 二項分配與超幾何分配

　　當有限母體之總數 N 很大或抽取之樣本數 n 相對很小時，以放回或不放回方式抽取樣本，其結果差異不大。當 $n/N \leq 0.05$ 時，可利用二項分配作為超幾何分配之近似分配。

統計學與 Excel

下圖為二個超幾何分配與一個二項分配的機率值表。二項分配成功機率 p 均為 0.3，兩個超幾何分配的第一次抽取時的成功機率也均是 0.3（$K/N = 9/30 = 90/300$），但是超幾何分配 A 的 $n/N = 10/30 = 0.333 > 0.05$，而超幾何分配 B 的 $n/N = 10/300 = 0.0333$。超幾何分配B的 $n/N \leq 0.05$，故其機率值與 $n = 10$，$p = 0.3$ 的二項分配近似。

	A	B	C	D	E	F	G	H	I
1	當n/N≤0.05 時，可利用二項分配作為超幾何分配之近似分配								
2		N=	30		N=	300			
3		K=	9		K=	90	p=	0.3	
4		n=	10		n=	10	n=	10	
5		n/N=	0.333333		n/N=	0.033333			
6	x=↓	超幾何分配A(1)		超幾何分配B(2)		二項分配(3)		(1)-(3)	(2)-(3)
7	0	0.011739585		0.026443827		0.028247525		-0.01651	-0.00180
8	1	0.088046886		0.118405194		0.121060821		-0.03301	-0.00266
9	2	0.243822145		0.234758812		0.233474441		0.01035	0.00128
10	3	0.325096193		0.271379645		0.266827932		0.05827	0.00455
11	4	0.227567335		0.202537014		0.200120949		0.02745	0.00242
12	5	0.085337751		0.101960097		0.102919345		-0.01758	-0.00096

儲存格 B2：C5 為超級幾何分配 A 的參數資料，而儲存格 B7：C12 為超級幾何分配 A 的機率值；儲存格 D2：E5 為超級幾何分配 B 的參數資料，而儲存格 D7：E12 為超級幾何分配 B 的機率值；儲存格 F3：G4 為二項分配的參數資料，而儲存格 F7：G12 為二項分配的機率值。儲存格 H7：H12 為超級幾何分配 A 與二項分配的機率值差異數；儲存格 I7：I12 為超級幾何分配 B 與二項分配的機率值差異數。超級幾何分配 B 與二項分配的機率值差異數的小數點後 2 位為零，而超級幾何分配 A 與二項分配的機率值差異數的小數點後僅 1 位為零，故超級幾何分配 B 與二項分配的機率值相當近似。故當 $n/N \leq 0.05$ 時，可利用二項分配作為超幾何分配之近似分配。

3. 二項分配、卜瓦松分配與超幾何分配的關係

這三種離散型機率分配雖然適用條件相異，但是當母體中個體總數 N 增加時，則這三種機率分配的機率值有其近似的情形，彙整如下圖。

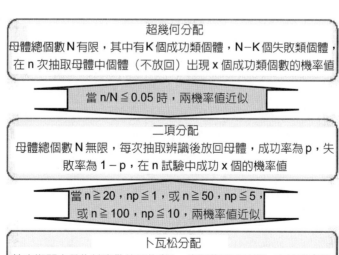

超幾何分配
母體總個數 N 有限，其中有 K 個成功類個體，N−K 個失敗類個體，在 n 次抽取母體中個體（不放回）出現 x 個成功類個數的機率值

當 n/N ≦ 0.05 時，兩機率值近似

二項分配
母體總個數 N 無限，每次抽取辨識後放回母體，成功率為 p，失敗率為 1−p，在 n 試驗中成功 x 個的機率值

當 n ≧ 20，np ≦ 1，或 n ≧ 50，np ≦ 5，或 n ≧ 100，np ≦ 10，兩機率值近似

卜瓦松分配
特定期間內發生某事件的平均數λ，在某期間內出現 x 次的機率值

第 **6** 章
連續機率分配

●●●●●●●●●●●●●●●●●●●●●●●●● 章節體系架構 ▼

Unit **6-1**
機率密度函數與累加機率函數

離散變數的變數值的個數是有限的或是個數無限但是可數的。例如，投擲一個骰子出現的點數是 1、2、3、4、5、6 等有限點數之一；投擲一個骰子無限多次，其出現某個點數的次數可以是 1、2、3、4、5 等等無限多個，但是可數的。第五章離散機率分配就是討論例如投擲 100 次出現某個點數 x 次的機率，亦即每一個離散變數值有相對應的一個機率值。

隨機試驗中量測距離、時間、容量、重量等的隨機變數量時，其量得的值總是用肉眼估量的，某甲量得一個長度是 25.632 公分，或許某乙又量得 25.634 公分，這種無法精確量測得真量的變數就是連續變數。這種連續變數在兩個變數值間可有無限多個量值，因此連續變數的出現機會恆不以某個變數值（例如，長度 25.632 公分）的出現機會，而是以連續變數值落於某個區間的機率值表示之，如 $P(x>3.24)$ 表述連續變數 x 大於 3.24 的機率有多大；以 $P(2.1<x<3.25)$ 表述連續變數 x 大於 2.1 且小於 3.25 的機率值。

1. 機率密度函數與累加機率函數

設 x 為連續隨機變數，其值域為 $-\infty \leqq x \leqq \infty$，若存在函數 $f(x)$ 滿足下列二個條件：

(1) $f(x) \geq 0$

(2) $\int_{-\infty}^{\infty} f(x)\,dx = 1$

則稱 $f(x)$ 為隨機變數 x 的機率密度函數（Probability Density Function）。
由隨機變數值域的下限點到值域內任一點 x 的積分式為：
$F(x) = \int_{-\infty}^{x} f(x)\,dx$ 稱為隨機變數 x 的累加機率函數。

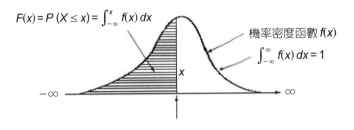

由前述條件可知隨機變數值域內任意一點的函數值 $f(x)$ 均大於 0，且值域內曲線 $f(x)$ 下的面積總和為 1；因此曲線下任意兩點間的面積代表隨機變數 x 落於該兩點間的機率，值域上任意一點的面積均為零，故值域上任意一點發生的機率為 0。

由上可知，若 $F(a)$ 則代表小於 a 的機率值，$F(b)$ 代表小於 b 的機率值，且 $b>a$，則 $P(a \leqq x \leqq b) = F(b) - F(a)$ 代表隨機變數值落於 a 與 b 之間的機率。又因值域內任

一點的機率等於零，即 $P(x=a)=0$，故得

$$P(a \leqq x \leqq b) = P(a < x \leqq b) = P(a \leqq x < b) = P(a < x < b)$$

實例一：

函數 $f(x)=cx$ 的值域為 $0 \leqq x \leqq 5$，試求 c 值使 $f(x)$ 成為機率密度函數，且求算 x 小於 3 的機率？小於 4 的機率？介於 3 與 4 的機率？

【解】

任意正的 c 值均可使函數 $f(x)=cx$ 在值域 $0 \leqq x \leqq 5$ 內均大於或等於 0 而符合機率密度函數的條件(1)，為滿足條件(2)則該函數在值域 $0 \leqq x \leqq 5$ 內的積分值必需等於 1，故得

$$\int_0^5 cxdx = 1 \text{ 或 } \int_0^5 cxdx = \left[\frac{cx^2}{2}\right]_0^5 = \frac{25c}{2} - 0 = 1 \text{，解得 } c = \frac{2}{25}$$

累加機率函數 $F(x) = \int_0^x \frac{2x}{25}dx = \left[\frac{x^2}{25}\right]_0^x = \frac{x^2}{25}$

x 小於 3 的機率 $P(x<3) = P(x \leqq 3) = 9/25$

x 小於 4 的機率 $P(x<4) = P(x \leqq 4) = 16/25$

介於 3 與 4 的機率 $P(3 \leqq x \leqq 4) = 16/25 - 9/25 = 7/25$

2. 連續隨機變數的期望值與變異數

連續隨機變數 x 在值域 $a \leqq x \leqq b$ 內的期望值與變異數，可由其機率密度函數推求之。

期望值 $= E(x) = \int_a^b x \cdot f(x)dx = \mu$

變異數 $Var(x) = \int_a^b (x-\mu)^2 \cdot f(x)dx = \sigma^2$

標準差 $= \sigma = \sqrt{Var(x)}$

實例二：

試求實例一的期望值、變異數與標準差。

【解】

期望值 $= E(x) = \int_0^5 x \cdot \frac{2x}{25}dx = \int_0^5 \frac{2x^2}{25}dx = \left[\frac{2x^3}{75}\right]_0^5 = \frac{10}{3} = \mu$

變異數 $Var(x) = \int_0^5 \left(x - \frac{10}{3}\right)^2 \frac{2x}{25}dx = \frac{2}{25}\int_0^5\left(x^3 - \frac{20x^2}{3} + \frac{100x}{9}\right)dx$

變異數 $Var(x) = \frac{2}{25}\left[\frac{x^4}{4} - \frac{20x^3}{9} + \frac{50x^2}{9}\right]_0^5 = 1.39$

標準差 $= \sigma = \sqrt{Var(x)} = \sqrt{1.39} = 1.1785$

Unit 6-2
均勻機率分配

任一連續隨機變數 x 在區間 $a \leq x \leq b$ 間均勻分布或區間內任意點出現的機率均相等，則均勻機率密度函數為：

$$f(x) = \begin{cases} \dfrac{1}{b-a} & a \leq x \leq b \\ 0 & 其他值 \end{cases}，其任意點 x 的累加機率函數為$$

$$F(x) = \int_a^x \frac{1}{b-a}dx = \frac{1}{b-a}[x]_a^x = \frac{x-a}{b-a} \text{表示小於 } x \text{ 值的出現機率值。}$$

均勻機率分配的機率密度函數為一常數，故機率密度函數曲線 $f(x)$ 為一平行於 x 軸的直線，其寬度為 $(b-a)$，高度為 $1/(b-a)$，故機率密度函數曲線 $f(x)$ 下的積分值或面積為 1 而可驗證函數 $f(x)$ 確為機率密度函數如下圖。

$$期望值 = E(x) = \int_a^b \frac{1}{b-a}x\,dx = \left[\frac{x^2}{2(b-a)}\right]_a^b = \frac{b^2-a^2}{2(b-a)} = \frac{a+b}{2}$$

$$變異數 = Var(x) = \int_a^b \left(x - \frac{a+b}{2}\right)^2 \frac{1}{b-a}dx = \frac{1}{b-a}\int_a^b \left(x - \frac{a+b}{2}\right)^2 dx$$

$$= \frac{1}{b-a}\left[\frac{x^3}{3} - \frac{(a+b)x^2}{2} + \frac{(a+b)^2 x}{4}\right]_a^b = \frac{(b-a)^2}{12}$$

實例一：

假設某班機飛行於甲、乙兩地的時間介於 58 分鐘至 66 分鐘間均勻分配，試

(1)寫出並繪出均勻分布的機率密度函數。

(2)班機遲到時間不超過 3 分鐘的機率值？

(3)班機遲到時間超過 5 分鐘的機率值？

(4)班機的平均飛行時間又是多少？

【解】

因為班機飛行兩地的時間是介於 58 分鐘至 66 分鐘間的均勻分配，故其機率密度函數為

$$f(x) = \begin{cases} \dfrac{1}{66-58} & 58 \leq x \leq 66 \\ 0 & 其他值 \end{cases}$$

機率密度函數圖如下：圖中長方形的寬度＝66－58＝8，高度＝1/8，其面積等於1，而符合機率密度函數之定義。

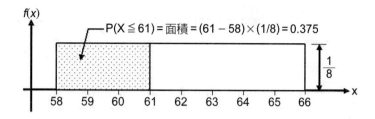

班機遲到時間不超過3分鐘亦即班機抵達時間不大於61分，其機率值相當於 $P(x \leqq 61)$ ＝圖中佈點長方形的面積＝3×(1/8)＝0.375。同理，班機遲到時間超過5分鐘，亦即班機抵達時間不小於63分，其機率值相當於

$P(x > 63)$ ＝圖中63至66兩點間長方形的面積＝3×(1/8)＝0.375。

班機平均飛行時間＝均勻分配的期望值＝(58＋66)/2＝62分鐘。

查詢均勻分配機率時，點選☞統計/連續機率分配/均勻分配☜即出現如下的畫面，經輸入均勻分配下限值 a，均勻分配上限值 b，連續隨機變數值 x 後，單擊「確定」鈕即可計得機率值（0.375）、期望值（62.0）、變異數（5.3333）及標準差（2.3094）如下圖：

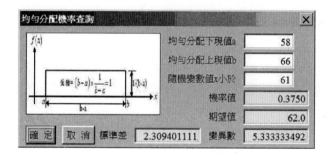

實例二：

某二手工程車約值250,000元到290,000元，假使競標者出價也在上述價格範圍內均勻分配，則出價262,000元的得標機率為何？期望值有多大？

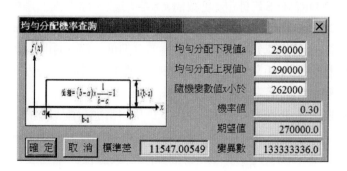

常態機率分配(一)

1. 常態分配機率密度函數

　　連續隨機變數的常態分配是以平均數為中心而左右對稱分布的一種機率分配，因為許多的社會與自然現象均吻合常態分配，因此是一種重要的連續機率分配。常態分配的機率密度函數為

$$f(x) = \frac{1}{\sqrt{2\pi}\sigma} e^{\frac{(x-\mu)^2}{2\sigma^2}}, \quad -\infty < x < \infty，其中$$

$\mu = $ 平均數；σ 為標準差；$\pi = 3.141592653589$；$e = 2.71828182846$

　　常態分配的機率密度函數圖形係以平均數為中心的左右對稱圖形如下圖。

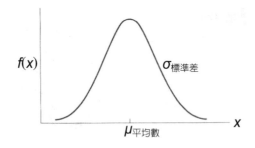

　　常態分配常以 $x \sim N(\mu, \sigma^2)$ 表示之；其中，x 表示連續隨機變數，N 表示常態分配，μ, σ^2 則為常態分配的參數；平均數 μ 決定常態分配的位置，變異數 σ^2 則決定常態分配的分散程度。

2. 常態分配有關的計算

　　常態分配的位置及形狀決定於平均數與標準差，任一已知的連續隨機變數 x 均可用以計算(1)在機率密度函數曲線的縱軸高度與(2)從下限值（$-\infty$）到該變數值間機率密度曲線與 x 軸間的面積。以變數值 x 帶入機率密度函數就可計得相當的縱軸高度；面積的計算則需要利用定積分的方法求得。

　　試算表函數 NORMDIST（隨機變數值 x，平均數，標準差，邏輯值）可以直接求得在某一個平均數，標準差下某個隨機變數值 x 的密度函數縱軸高度及小於該變數值 x 的出現機率。函數參數中的邏輯值若為眞（True）時，函數傳回的值代表從下限值到變數值間機率密度函數曲線與 x 軸間的面積；邏輯值若為假（False）時，函數傳回的值代表變數值的機率密度函數曲線縱軸高度。

　　下表為平均數 μ 為 36,500，標準差 σ 為 5,000 的常態分配以函數 NORMDIST 推算不同隨機變數值的縱軸高度與面積（機率）。儲存格 B3 是隨機變數值 40,000，以函數=NORMDIST(B3,\$B\$1,\$D\$1,FALSE)推算該變數值在機率密度函數的縱軸高度 0.00006245（如儲存格 C3，函數內容如儲存格 C4）；再以函數=NORMDIST(B3, \$B \$1,\$D\$1,TRUE)推算隨機變數值從 $-\infty$ 到 40,000 間密度曲線與 x 軸所圍的面積或機率

為 0.758036（如儲存格 D3，函數內容如儲存格 C5），故影線部份的面積或機率是 1－0.7580＝0.2420 如下第 2 圖。

	A	B	C	D	E
1	平均數 $\mu=$	36,500	標準差 $\sigma=$	5,000	
2		隨機變數X	縱軸高度	面積(機率)	
3		40,000	0.00006245	0.758036	
4	40,000的縱軸高度函數	=NORMDIST(B3,$B$1,$D$1,FALSE)			
5	<40,000的面積函數	=NORMDIST(B3,$B$1,$D$1,TRUE)			
6	$\mu-\sigma$	31,500	0.00004839	0.15865526	0.68268948
7	$\mu+\sigma$	41,500	0.00004839	0.84134474	68.268948%
8	$\mu-2\sigma$	26,500	0.00001080	0.02275006	0.95449988
9	$\mu+2\sigma$	46,500	0.00001080	0.97724994	95.449988%
10	$\mu-3\sigma$	21,500	0.00000089	0.00134997	0.99730007
11	$\mu+3\sigma$	51,500	0.00000089	0.99865003	99.730007%
12	$\mu-4\sigma$	16,500	0.00000003	0.00003169	0.99993663
13	$\mu+4\sigma$	56,500	0.00000003	0.99996831	99.993663%

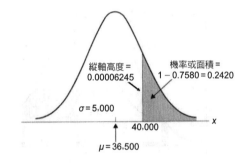

　　上表另推算隨機變數值為平均數減（加）1 個標準差的變數值（31,500 及 41,500 如儲存格 B6、B7）；其相當的縱軸高度均是 0.00004839（如儲存格 C6、C7），表示左右對稱；變數值從下限值 $-\infty$ 到 31,500 的面積（機率）為 0.15865526；變數值從下限值 $-\infty$ 到 41,500 的面積（機率）為 0.84134474；該兩個面積（機率）的差為 0.68268948（如儲存格 E6）或 68.268948%（如儲存格 E7）表示變數值落在 31,500 及 41,500 或平均數減（加）1 個標準差之間的機率為 0.68268948 或 68.268948%。

　　同理，上表試算表第 8、9 列表示平均數減（加）2 個標準差的變數值（26,500 及 46,500）所相當的密度函數縱軸高度均為 0.00001080 表示左右對稱，變數值落於 26,500 及 46,500 或平均數減（加）2 個標準差之間的機率為 0.95449988（如儲存格 E8）或 95.449988%（如儲存格 E9）。

　　同理，上圖試算表第 10、11 列表示平均數減（加）3 個標準差的變數值（21,500 及 51,500）所相當的密度函數縱軸高度均為 0.00000089 表示左右對稱，變數值落於 21,500 及 51,500 或平均數減（加）3 個標準差之間的機率為 0.99730007（如儲存格 E10）或 99.730007%（如儲存格 E11）。

　　上圖試算表第 12、13 列表示平均數減（加）4 個標準差的變數值（16,500 及 56,500）所相當的密度函數縱軸高度均為 0.00000003 表示左右對稱，變數值落於 16,500 及 56,500 或平均數減（加）4 個標準差之間的機率為 0.99993663（如儲存格 E12）或 99.993663%（如儲存格 E13）。

Unit　6-4

常態機率分配(二)

3. 常態分配的特性

　　由前單元的說明可得常態分配的重要特性有：

(1)常態分配的位置因平均數 μ 而異，平均數也是中位數和眾數。平均數可為負值，零值或正值，如下圖所示。

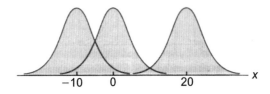

(2)變異數或標準差決定常態分配曲線的胖瘦（資料分散程度），標準差愈小，資料愈集中，如下圖。

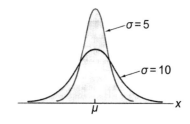

(3)常態分配是左右對稱，兩端尾部無限延伸，理論上不會連接到水平軸。

(4)常態機率密度函數曲線以下與水平軸所涵蓋面積等於 1（所有連續機率分配均適用）。

(5)常態分配不論其平均數與標準差為何，連續隨機變數值落於平均數減（加）1 個標準差範圍的機率為 0.68268948 或 68.268948%；亦即 $P(\mu - \sigma < X < \mu + \sigma) = 0.68268948$；連續隨機變數值落在平均數左右 2 個標準差範圍的機率為 0.95449988 或 95.449988%；亦即 $P(\mu - 2\sigma < X < \mu + 2\sigma) = 0.95449988$；連續隨機變數值落在平均數左右 3 個標準差範圍的機率為 0.99730007 或 99.730007%；亦即 $P(\mu - 3\sigma < X < \mu + 3\sigma) = 0.99730007$，如下圖。

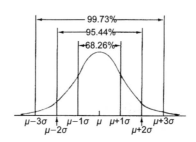

4. 常態分配的期望值與變異數

$$期望值 = E(x) = \int_{-\infty}^{\infty} xf(x)dx = \int_{-\infty}^{\infty} x \frac{1}{\sqrt{2\pi}\,\sigma} e^{-(x-\mu)/2\sigma^2} dx = \mu$$

$$變異數\ Var(x) = \int_{-\infty}^{\infty} (x-\mu)^2 f(x)dx = \int_{-\infty}^{\infty} (x-\mu)^2 \frac{1}{\sqrt{2\pi}\,\sigma} e^{-(x-\mu)/2\sigma^2} dx = \sigma^2$$

5. 常態分配機率查詢

常態分配機率查詢程式可以依據輸入的常態分配平均數、標準差，計算任意輸入的隨機變數值所處機率密度函數的縱軸高度及從下限值到變數值間與密度函數曲線與 x 軸所圍的面積或機率。查詢常態分配機率時，點選 ☞ 統計/連續機率分配/常態分配 ☜ 即出現如下（未含輸入資料）的畫面：

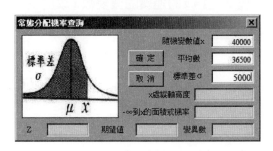

輸入變數值 40,000，平均數 36,500 及標準差 5,000 如上圖後，單擊「取消」鈕即退出查詢程式；單擊「確定」鈕即開始計得變數值 40,000 時在機率密度函數的縱軸高度為 0.0000624508，從下限值（−∞）到 40,000 間與密度函數曲線與 x 軸所圍面積或機率值為 0.7580364347、期望值、變異數及 Z 值（標準變數容後說明）如下圖。

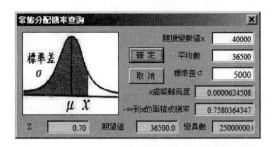

若將隨機變數值改為 31,500，單擊「確定」鈕即得如下的結果。可與前一單元試算表的結果比較核對之。

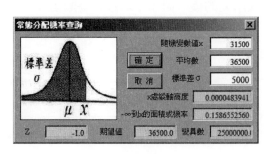

Unit　6-5

標準常態機率分配(一)

1. 標準變數

在電腦發明甚或試算表開發以前，計算常態分配值域間變數值發生的機率僅能從定積分求得，統計學家也試圖設計圖表以避免定積分之演算，但因平均數與標準差的變化甚大，尚難設計涵蓋不同平均數與標準差的圖表備查。

如果將平均數為 μ，標準差為 σ 的連續隨機變數 x 改為 $z = \dfrac{x-\mu}{\sigma}$，則常態分配的機率密度函數可以改寫為：

$$f(z) = \frac{1}{\sqrt{2\pi}}\, e^{-\frac{z^2}{2}}$$

隨機變數 Z 稱為標準變數，函數 $f(z)$ 稱為標準常態分配機率密度函數。標準常態的平均數均為 0，標準差均為 1。

2. 標準常態分配機率表

將隨機變數值與平均數的差額除以標準差所得的標準變數 Z 是一個無單位且值域有限的隨機變數。標準變數值可能為負值、零或正值。負的 Z 值表示原隨機變數值落於平均數的左方（小於平均數）；零值的 Z 表示原隨機變數值落於平均數上；正的 Z 值表示原隨機變數值落於平均數的右方。標準常態分配的平均數為 0，標準差為 1，克服了平均數與標準差值域變化過大而無法設計分配機率表備查的困難。

平均值 36,500，標準差 5,000 的常態分配，若變數值為 38,300，則可計得標準變數 $Z = (38{,}300 - 36{,}500)/\,5{,}000 = 0.36$。下表為部份的標準常態分配機率表，A 欄的 Z 值僅有小數點後面 1 位的變化，第 2 列的 Z 值則有小數點後面第 2 位數的變化，因此可以查得小數 2 位的 Z 值所相當的面積或機率。

	A	B	C	D	E	F	G	H	I	J	K
2	Z	0.00	0.01	0.02	0.03	0.04	0.05	0.06	0.07	0.08	0.09
3	0.0	0.00000	0.00399	0.00798	0.01197	0.01595	0.01994	0.02392	0.02790	0.03188	0.03586
4	0.1	0.03983	0.04380	0.04776	0.05172	0.05567	0.05962	0.06356	0.06749	0.07142	0.07535
5	0.2	0.07926	0.08317	0.08706	0.09095	0.09483	0.09871	0.10257	0.10642	0.11026	0.11409
6	0.3	0.11791	0.12172	0.12552	0.12930	0.13307	0.13683	0.14058	0.14431	0.14803	0.15173
7	0.4	0.15542	0.15910	0.16276	0.16640	0.17003	0.17364	0.17724	0.18082	0.18439	0.18793

標準常態分配機率表所列的機率值為平均數到變數值間的發生機率如下圖。

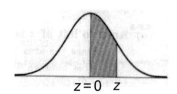

變數值為 38,300 的 Z 值為 0.36，則可就表中 Z 值為 0.3 的列與 Z 值為 0.06 的欄

交叉位置的數 0.14058 作為隨機變數從平均值到變數值 38,300 間各值發生的機率；若從下限值（−∞）到變數值 38,300 間各值發生的機率則需加上從下限值（−∞）到平均數的機率值 0.5。因此，若從下限值（−∞）到變數值 38,300 間各值發生的機率為 $0.14058+0.5=0.64058$。

3. 標準常態分配機率函數

試算表函數NORMSDIST（Z值）傳回下限值（−∞）到Z值間的機率（與前述標準分配機率表從平均數到Z值不同），故 NORMSDIST（0.36）得到 0.64058 而查表得到的是 0.14058 不同。

4. 標準常態分配機率查詢程式

查詢標準常態分配機率時，點選 ☞ 統計/連續機率分配/標準常態分配 ☜ 即出現如下（未含輸入資料）的畫面：

如果選擇單一Z值選項，則中間的「單一Z值」欄框有效，可輸入隨機變數值，平均數及標準差或一個Z值，然後再點選「之左」、「與平均數之間」、「之右」選項以計算隨機變數值落於該Z值之左、與平均數之間、之右的發生機率，如下圖。上圖輸入 −1.28 的Z值及點選之右，得隨機變數值落於Z值大於 −1.28 的機率是 0.899。

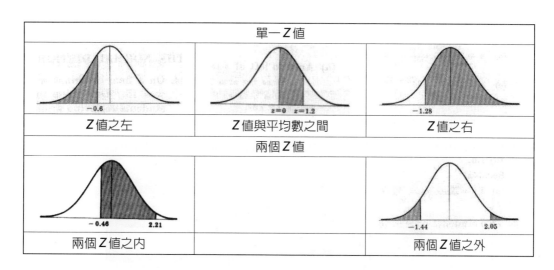

如果選擇兩個Z值選項，則右側的「兩個Z值」欄框有效，可輸入兩個Z值，然後再點選之內、之外選項以計算隨機變數值落於該兩Z值之內、之外的發生機率。

Unit 6-6

標準常態機率分配(二)

5. 利用標準常態分配求常態分配的機率

　　推求常態分配隨機變數某區間內發生的機率時，可先將該區間兩端的兩個變數值 x 轉化成 z 值，然後再依據兩個 z 值查標準常態分配機率表或使用試算表函數或前一單元的標準常態分配機率查詢程式查詢之即得。

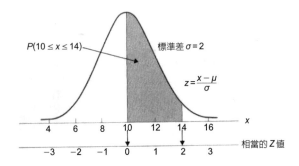

　　如果上圖常態分配的平均數 μ 為 10，標準差 σ 為 2，欲推求隨機變數落於 10 與 14 之間的機率時，可先將該區間兩個端點的隨機變數值分別化成 0 與 2 的 z 值如上圖的相當 Z 值軸線。

　　試算表函數 STANDARDIZE（想要標準化的變數值 X，平均數，標準差）可傳回隨機變數值 X 的標準變數值 Z。如 STANDARDIZE(14, 10, 2) 可傳回 Z 值為 2.0。

　　因為標準常態分配機率表係以平均數為中心，故以 $z=2.0$ 即可查得隨機變數落於 10 與 14 之間的機率為 0.47725。

　　試算表函數 NORMSDIST(2.0) 傳回的是從下限值（$-\infty$）到 z 值為 2.0 的發生機率，故推求隨機變數落於 10 與 14 之間的機率為 NORMSDIST(2.0) − NORMSDIST(0) = 0.977249938 − 0.5 = 0.477249938 = 0.47725。

　　以標準常態分配機率查詢程式查詢時，可依單一 Z 值查詢，僅輸入 2.0 的 Z 值再點選「與平均數之間」後，單擊「確定」鈕即得；或可依兩個 Z 值查詢，須輸入 0.0 與 2.0 兩個 Z 值再點選「之內」後，單擊「確定」鈕即得，如下圖。

實例一：

設有 500 位男生的平均體重爲 68.49 公斤，標準差爲 6.80 公斤，若男生體重是常態分配，試推估體重介於 54 公斤至 70 公斤的人數及體重重於 84 公斤的人數？又落於幾公斤以下的機率是 0.68082？

【解】

先求體重介於 54 公斤至 70 公斤區間的兩個端點體重的 Z 值分別爲：

$$z = \frac{x - \mu}{\sigma} = \frac{54 - 68.49}{6.8} = -2.13$$

$$z = \frac{x - \mu}{\sigma} = \frac{70 - 68.49}{6.8} = 0.22$$

標準常態分配機率表係以平均數爲中心，故以 $z = 2.13$ 查得機率爲 0.48341；再以 $Z = 0.22$ 查得機率爲 0.08706，因兩個 Z 值異號分處平均數的兩邊，故得隨機變數落於 54 公斤與 70 公斤之間的機率爲 0.48341 + 0.08706 = 0.57047。或以試算表函數可得 NORMSDIST(0.22) − NORMSDIST (−2.13) = 0.5870644 − 0.0165857 = 0.5704787。

所以，體重落於 54 公斤與 70 公斤之間的人數約 = 500 × 0.5705 = 285 人

體重 84 公斤的 Z 值爲 $z = \frac{x - \mu}{\sigma} = \frac{84 - 68.49}{6.8} = 2.28$

以 $Z = 2.28$ 查標準常態分配機率表得機率值爲 0.48870，因爲推求體重重於 84 公斤的人數，故其機率值應是 Z 值右側的面積或機率，故得體重重於 84 公斤的機率爲 0.5 − 0.48870 = 0.01130，亦得估計人數爲 500 × 0.01130 = 5 人。

落於幾公斤以下的機率是 0.68082？的示意圖如下。

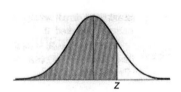

亦即上圖中影線部份的面積（或機率）已知爲 0.68082，則 Z 值應該是多少？Z 值與平均數間的面積（或機率）爲 0.68082 − 0.5 = 0.18082，查標準常態分配機率表（如下表）得 Z 值爲 0.47。由標準變數公式反求變數值 $x = 0.47 \times 6.8 + 68.49 = 71.686$ 公斤。

	A	B	C	D	E	F	G	H	I	J	K
2	Z	0.00	0.01	0.02	0.03	0.04	0.05	0.06	0.07	0.08	0.09
3	0.0	0.00000	0.00399	0.00798	0.01197	0.01595	0.01994	0.02392	0.02790	0.03188	0.03586
4	0.1	0.03983	0.04380	0.04776	0.05172	0.05567	0.05962	0.06356	0.06749	0.07142	0.07535
5	0.2	0.07926	0.08317	0.08706	0.09095	0.09483	0.09871	0.10257	0.10642	0.11026	0.11409
6	0.3	0.11791	0.12172	0.12552	0.12930	0.13307	0.13683	0.14058	0.14431	0.14803	0.15173
7	0.4	0.15542	0.15910	0.16276	0.16640	0.17003	0.17364	0.17724	0.18082	0.18439	0.18793

常態分配之反函數

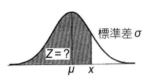

常態分配試算表函數 NORMDIST（隨機變數值 x，平均數，標準差，True）可以直接求得在某一個平均數，標準差下，隨機變數值落於下限值（$-\infty$）到變數值 x 間的發生機率，亦即上左圖中由 x 求 x 處縱軸以左影線部份的面積（或機率）。相反地，試算表函數 NORMINV（機率值，平均數，標準差）卻可以依據常態分配的平均數、標準差及某變數值 x 處以左的機率值（即上右圖影線部份面積）推求變數值 x，故稱函數 NORMINV 爲函數 NORMDIST 的反函數。示意如下圖：

同理，試算表函數 NORMSDIST（Z 值）傳回下限值（$-\infty$）到 Z 值間的機率值（或影線部份面積），而函數 NORMSINV（機率值）也可以扮演相反功能的以機率值反求 Z 值，因此函數 NORMSINV 是函數 NORMSDIST 的反函數。示意圖如下：

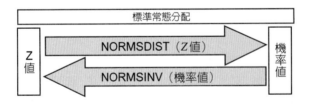

下圖儲存格 F2 的機率值 0.680822 是由 NORMDIST(71.686, 68.49, 6.8, TRUE) 以變數值 71.686，平均數 68.49，標準差 6.8 等求得；而儲存格 D2 的變數值 71.686 是由 NORMINV(0.680822, 68.49, 6.8) 以機率值 0.680822，平均數 68.49，標準差 6.8 等反求之。儲存格 F5 的機率值 0.680822 是由 NORMSDIST(0.47) 以 Z 值 0.47 求得；而儲存格 D5 的 Z 值 0.47 是由 NORMSINV(0.680822) 以機率值 0.680822 反求之。

	A	B	C	D	E	F	G
1					常態分配		
2	平均數	68.49	變數值	71.686	NORMDIST(71.686,68.49,6.8,TRUE)→	0.680822	機率值
3	標準差	6.80			←NORMINV(0.680822,68.49,6.8)		
4					表準常態分配		
5			Z值	0.47	NORMSDIST(0.47)→	0.680822	機率值
6					←NORMSINV(0.680822)		

查詢常態分配已知機率之變數值時，點選 ☞ 統計/連續機率分配/常態分配反函數 ☜ 即出現如下（未含輸入資料）的畫面：

經輸入機率值 0.680822，平均數 68.49 及標準差 6.8 後，單擊「確定」鈕即開始進行反函數演算，而獲得如下的結果。由下圖得知隨機變數落於下限值（−∞）到變數值 71.68598 間的機率是 0.680822；同時，計得 Z 值為 0.469998。

查詢標準常態分配已知機率之 Z 值時，點選 ☞ 統計/連續機率分配/標準常態分配反函數 ☜ 即出現如下（未含輸入資料）的畫面：

經輸入機率值 0.680822，平均數 68.49 及標準差 6.8 後，單擊「確定」鈕即開始進行反函數演算，而獲得如下的結果。由下圖得知 Z 值為 0.46999844，變數值為 71.6859893。畫面上淡土色輸入框格可以視需要輸入，若要計算變數值則需輸入平均數與標準差；若未輸入平均數 68.49 及標準差 6.8，則僅推算 Z 值而不再計算變數值。

常態分配及指數分配的機率查詢也可使用本書隨附的「機率分配表查詢.xls」查詢。

Unit 6-8
常態分配與二項分配(一)

在每次試驗僅有成功與失敗兩種結果的 n 次相同且獨立的試驗中，剛好有 x 次成功的機率就是二項分配的機率。當試驗次數 n 很大時，因大部份的二項分配表的最大 n 值僅提供至 20，且僅提供 x 次出現的機率。如欲知在 n 次試驗中至少出現 x 次的機率就要先查表得 n 次試驗中成功 0 次、1 次、2 次、……、x 次的機率，再將這 x + 1 個機率相加始得至少出現 x 次成功的機率。若要推算在 n 次相同且獨立試驗中至少出現 a 次成功，至多出現 b 次成功（$a<b$）的機率，也要先查表得 n 次試驗中成功 a 次、$a+1$ 次、$a+2$ 次、……、b 次的機率，再將這 $b-a+1$ 個機率相加始得至少出現 a 次成功至多出現 b 次成功的機率。

試算表函數 BINOMDIST 除提供 n 次相同且獨立試驗出現 x 次的機率外，尚提供 0 次、1 次、……至 x 次出現機率的累積值，如下圖說明：

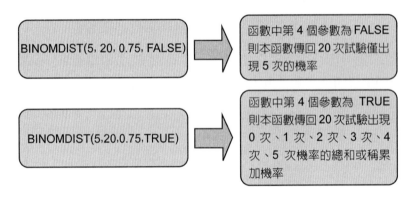

經過驗證，當試驗次數 $n \geqq 20$，且 $np \geqq 5$ 且 $n(1-p) \geqq 5$ 時，此時，可以用常態分配的平均數取 $\mu = np$ 及標準差取 $\sigma = \sqrt{np(1-p)}$ 來求二項分配的近似機率值。

例如，某汽車出租公司有 100 輛汽車，每日出租率有 75%，試推求：

(1)某日出租 80 輛的機率？

(2)每日至多出租 85 輛的機率？

(3)每日出租超過 70 輛的機率？

(4)每日出租 70 輛至 90 輛的機率？

【解】

二項分配的試驗次數 $n = 100$，成功率 $p = 0.75$；因 $n \geqq 20$，$np = 100 \times 0.75 = 75$ 大於 5 且 $n(1-p) = 100 \times (1-0.75) = 25$ 也大於 5，故二項分配機率可以平均數 $\mu = np = 75$，標準差 $\sigma = \sqrt{np(1-p)} = \sqrt{100 \times 0.75 \times 0.25} = 4.33$ 的常態分配機率值近似之。

(1)某日出租 80 輛的機率？

以二項分配計算某日出租 80 輛的機率 $P\,(x=80) = C_{80}^{100}\,0.75^{80}\,0.25^{20}$，以試算表函

數＝BINOMDIST(80, 100, 0.75, FALSE)計得機率值 $P(x=80)=0.049301$。

下圖為平均數 75，標準差 4.33 的常態分配圖。由於在連續機率分配下，機率是由曲線下所形成的面積來決定，因此隨機變數的任一特定值機率均為 0，如果要估算 80 次成功的二項機率，就必須計算介於 79.5 到 80.5 常態曲線下的面積，所加（減）的 0.5 稱之為連續性調整因子（Continuity Correction Factor），此因子是用來使連續機率分配可以估算離散分配的近似機率。

當 $x=79.5$ 時，$Z=(79.5-75)/4.33=1.039261$；以試算表函數 NORMSDIST(1.0392610)計得 $P(x<79.5)=0.850658289$。

當 $x=80.5$ 時，$Z=(80.5-75)/4.33=1.278208$，以試算表函數 NORMSDIST(1.278208)計得 $P(x<80.5)=0.897994634$。故得

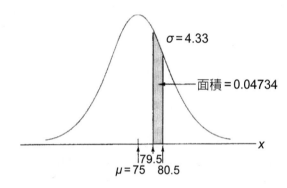

$P(79.5<x<80.5)=0.897995-0.850658=0.047337$ 與 $P(x=80)=0.049301$ 近似。

(2)每日至多出租 85 輛的機率？

每日至多出租 85 輛的機率時，若以二項分配方法推算，則需先推算成功次數為 0 次、1 次、2 次、……、85 次的機率，然後將此 86 個機率累加得機率為 0.994579 或以 BINOMDIST(85, 100, 0.75, TRUE)亦可推得相同的機率。以下圖的常態分配推算則僅需求求 $P(x<84.5)$的機率。

當 $x=84.5$，$Z=(84.5-75)/4.33=2.193995$，以試算表函數 NORMSDIST(2.193995)計得 $P(x<84.5)=0.985882$。與以二項分配求得的機率 0.994579 近似。

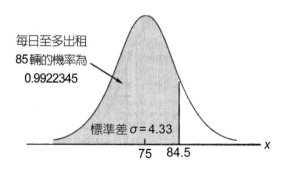

Unit **6-9**

常態分配與二項分配(二)

(3)每日出租超過 70 輛的機率？

　　每日出租超過 70 輛的機率時，若以二項分配方法推算，則需先推算成功次數為 0 次、1 次、2 次、……、70 次的機率，然後將此 71 個機率累加得機率為 0.149541 或以函數 BINOMDIST(70, 100, 0.75, TRUE)亦可得到相同機率；因此，每日出租超過 70 輛的機率為 $1 - 0.149541 = 0.850459$。

　　以常態分配推算時則需先求 $P(x < 70.5)$ 的機率。

　　當 $x = 70.5$，$Z = (70.5 - 75)/4.33 = -1.039261$，以試算表函數 NORMSDIST (-1.039261) 計得 $P(x < 70.5) = 0.149342$。每日出租超過 70 輛的機率即 $P(x > 70.5) = 1 - 0.149342 = 0.850658$ 與以二項分配求得的機率 0.850459 近似。

　　(4)每日出租 70 輛至 90 輛的機率？

　　以二項分配機率函數 BINOMDIST(69, 100, 0.75, TRUE)求得每日出租最多 69 輛的機率為 0.103787239，二項分配機率函數 BINOMDIST(90, 100, 0.75, TRUE)求得每日出租最多 90 輛的機率為 0.999956919；得每日出租 70 輛至 90 輛的機率為 $0.999956919 - 0.103787239 = 0.89616968$。

　　當 $x = 69.5$，$Z = (69.5 - 75)/4.33 = -1.27021$，以試算表函數 NORMSDIST (-1.27021) 計得 $P(x < 69.5) = 0.102006$。當 $x = 90.5$，$Z = (90.5 - 75)/4.33 = 3.579677$，以試算表函數 NORMSDIST (3.579677) 計得 $P(x < 90.5) = 0.999828$；得每日出租 70 輛至 90 輛的機率為 $0.999828 - 0.102006 = 0.897822$ 與以二項分配求得的機率 0.89616968 近似。

　　歸納連續性調整因子原則如下表：

二項分配的成功次數 X	修正為常態分配的隨機變數 X
$X = 70$	$X_1 = 69.5$，$X_2 = 70.5$
$X \geq 70$	$X_1 \geq 69.5$
$X \leq 70$	$X_1 \leq 70.5$
$70 \leq X \leq 90$	$X_1 \geq 69.5$，$X_2 \leq 90.5$

二項分配的常態分配近似值程式

　　二項分配的常態分配近似值程式依據前述當試驗次數 n 大於等於 20，且 $np \geq 5$ 且 $n(1-p) \geq 5$ 時，常態機率分配可以用來近似二項分配的機率值；此時，常態分配的平均數取 $\mu = np$ 及標準差取 $\sigma = \sqrt{np(1-p)}$。本程式主要係以兩種分配分別計算同一個問題的機率並供比較。執行二項分配的常態分配近似值程式時，點選 ☞ 統計/連續機率分配/二項分配的常態分配近似值 ☜ 即出現如下畫面：

以前述出租車行資料輸入出租率（0.75），試驗總次數 *n*(100)及兩個成功次數 70 與 90 後，單擊「確定」鈕即開始進行二項分配與常態分配機率計算，而獲得如上的結果。由上圖得知近似的常態分配的平均數為 75，標準差為 4.3301272。由於演算結果較多，故以畫面最下面的列示方塊顯示其結果，列示右方的箭頭用以挪移其內容。

以列示方塊的上下箭頭挪移列示方塊的內容到最後（如下圖）可得以二項分配計得 $P(70 \leq X \leq 90) = 0.89619662$；以常態分配計得 $P(70 \leq X \leq 90) = 0.897815824$。

上圖中輸入的 70 與 90 稱為兩個成功次數，其目的是以二項分配計算第一個成功次數 70 的小於 70、等於 70、大於 70 的機率，再以近似常態分配演算第一個成功次數 70 的小於 70、等於 70、大於 70 的機率。再以相同方式處理第 2 個成功次數 90。兩個成功次數可以輸入一個或二個均可，但至少一個。如果輸入兩個，則加計成功次數落於該兩個成功（含）次數的機率。

成功次數 70	$P(X < 70)$	$P(X = 70)$	$P(X > 70)$
二項分配	0.103787239	0.045753808	0.850458953
常態分配	0.102012001	0.047336798	0.850651201
成功次數 90	$P(X < 90)$	$P(X = 90)$	$P(X > 90)$
二項分配	0.999862899	0.000094020	0.000043081
常態分配	0.999593886	0.000233966	0.000172118
介於 70 與 90 次	$P(X \Leftarrow 69)$	$P(X \Leftarrow 90)$	$P(70 \leq X \leq 90)$
二項分配	0.103787239	0.999956919	0.896169680
常態分配	0.102012001	0.999827883	0.897815882

Unit 6-10
指數分配

1. 指數分配機率

指數分配的隨機變數可以由 0 到正無限大。指數機率分配廣泛的用於等候線的系統模擬中以模擬物件到達的間隔時間；故指數分配隨機變數可以用來描述服務台兩訪客到達的時間間隔，兩通電話的時間間隔，道路上兩次車禍的距離間隔等等。

μ 是指數分配中唯一的參數，代表每單位時間事件發生次數，如每分鐘發生某事件 4 次，則 $\mu=4$；而 $1/\mu$ 就是事件發生的平均時間，則 $1/\mu=0.25$ 表示每隔 0.25 分鐘或 10 秒某事件發生一次，通常以 λ 表示之。指數分配密度機率定義為：

$$f(x)=\frac{1}{\mu}e^{-\frac{x}{\mu}},\ x\geq 0,\ \mu>0\ \text{或}\ f(x)=\lambda e^{-\lambda x},\ x\geq 0,\ \lambda>0$$

指數分配累加機率則為：

$$P(事件發生時間或距離 \leq x_0)=1-e^{-\frac{x_0}{\mu}}\ \text{或}\ 1-e^{-\lambda x_0}$$

如某交叉路口車輛間的到達時間呈指數機率分配，且平均每 15 秒到達一部車輛，則單位時間（每秒）內車輛到達的平均數為 1/15 輛，得機率密度函數為 $f(x)=\frac{1}{15}e^{-x/15}$，圖形如下：

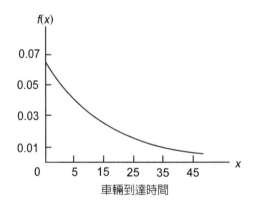

車輛到達時間

指數分配的指數分配機率、期望值、變異數分別為：

指數分配機率：$P(x \leq x_0)=1-e^{-\lambda x_0}$，$x_0 \geq 0$，$x \geq 0$；期望值：$\frac{1}{\lambda}$；變異數：$\frac{1}{\lambda^2}$

車輛間的到達時間至多 6 秒的機率為：$P(x \leq 6)=1-e^{-6/15}=1-0.67032=0.32968$；

車輛間的到達時間大於 30 秒的機率為：

$$P(x>30)=1-P(x \leq 30)=1-(1-e^{-30/15})=0.13533283$$

2. 指數分配機率的計算

指數分配機率的計算除可查表外，尚可使用試算表的 EXPONDIST（隨機變數

x，單位時間（距離）事件發生次數，TRUE）或 EXP（基數 e 的指數）函數直接地或間接地推算之。如果 EXPONDIST() 函數的第 4 個參數為 FALSE，則傳回 x 處的密度機密函數的縱軸高度。

3. 指數分配機率查詢程式

查詢指數分配機率時，點選 ☞ 統計/連續機率分配/指數分配 ☜ 即出現如下的畫面。以交叉路口每 15 秒到達一部車輛，故輸入 15 於第 1 個文字方塊，再輸入 6 於第 3 個文字方塊後，單擊「確定」鈕即可算出少於等於 6 秒到達交叉路口的機率 P $(x \leqq 6)$ 為 0.3296799660。畫面上同時計算超過 6 秒到達交叉路口的機率 P $(x > 6)$ 為 0.6703200340，機率密度曲線上於 $x = 6$ 處的縱軸高度為 0.0446880050，期望值為 14.99999，變異數為 224.999969。

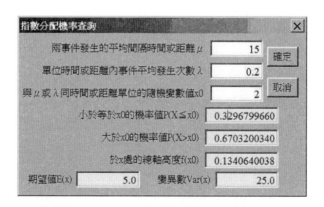

如果推求兩車輛到達交叉路口的時間間隔超過 1 分鐘的機率，則應注意時間單位的一致性，隨機變數值應輸入 60（秒 = 1 分鐘），得機率為 0.0183156133。

如果服務台每分鐘可以服務 0.2 位訪客，則推求服務一位訪客少於 2 分鐘的機率時，可以輸入 0.2 於第 2 個文字方塊，再輸入 2 於第 3 個文字方塊後，單擊「確定」鈕即可算出服務一位訪客少於 2 分鐘的機率約為 0.33。

因為 $\lambda = 1/\mu$，本程式僅需輸入第 1 個或第 2 個文字方塊。如果兩個文字方塊均輸入且 $\lambda \neq 1/\mu$，則會顯示一個畫面由使用者單擊「是」鈕以 $\lambda = 1/\mu$ 計算機率；單擊「否」鈕則以 λ 計算機率。

第 **7** 章
抽樣與抽樣分配

●●●●●●●●●●●●●●●●●●●●●●●●●●●● 章節體系架構 ▼

Unit 7-1
抽樣與隨機抽樣法(一)

1. 抽樣（Sampling）

　　成語「見微知著」、「一葉知秋」或諺語「你不必吃完整條牛才知道肉是老的」均有「見到事情的苗頭就能知道它的實質和發展趨勢的情況了」的涵義，這些都能表述抽樣的精隨。

　　人們對於許多自然或社會現象的屬性或特質仍有無法以科學方法充分掌握或了解的缺憾，而僅能以見微知著的方式觀察發生這些現象的部份個體以推測現象的屬性與特質等。因此「抽樣」是從母體中選擇觀察對象的一種方法與過程，利用適當的方法從母體中抽出一部份物件，做為實際觀察或測量的研究對象，藉此來推估母體的特性。其目的在「獲得適當大小，且具有代表性的樣本」，所以樣本的品質及樣本的大小一樣的重要，而選出的樣本必須具有代表性，意指樣本的整體特徵必須與其母體特徵相當接近。不過樣本並不需要在各個面向都具有代表性，應以與研究有關的特徵為原則。

2. 抽樣方法

　　為何只看母體的一部份而不對母體每一個個體進行普查（Census）呢？其理由可能是因為母體個體數太多，而致所費時間與成本不符時效與經濟原則；另可能如測試燈泡或輪胎的壽命，則普查完成後，全部產品也都毀了，而不宜進行普查。抽樣方法又分為隨機抽樣與非隨機抽樣兩種，茲先就隨機抽樣方法分述如下：

3. 簡單隨機抽樣（Simple Random Sampling）

　　抽取樣本時，若所有母體之每個個體被抽出當樣本的機率均相等，則稱該抽樣方法為簡單隨機抽樣。由簡單隨機抽樣法所得到的樣本稱為簡單隨機樣本，簡稱為隨機樣本。

　　簡單隨機抽樣的方法是將母體中每一物件列成一名單，然後以一個保證讓每一個體有均等機會被選為樣本的方式來抽選。首先是將每一個體都賦予一個編號（可從任意一個數值開頭的順序編號），然後以下列常用的保證作法之一來選出需要之樣本數。

　　(1)抽籤法

　　將與母體個數相同的同樣大小與材質的紙條或勻質同形狀與重量的球賦予與母體個體相同的編號，每次混勻後抽出一張紙條或一個號碼球，則抽出的號碼就是選擇同號的母體個體為樣本。因紙條或號碼球的形狀、重量均同而可保證每個母體個體被抽中的機會均相同。

　　(2)隨機數字法

　　假設有一個勻質轉盤在平滑的軸承上轉動，轉停的時候並不會傾向於停在任何特定位置或方位。如將轉盤表面的圓周等分成十等分而得十個等面積的扇形，並標

示 0、1、2、3、4、5、6、7、8、9 等 10 個數字如下圖。在轉盤周圍不影響轉盤轉動的位置固定一個指針，指向轉盤邊緣的數字。每轉動一次，等轉盤停止轉動時，指針所指的數字就是一個隨機數字。

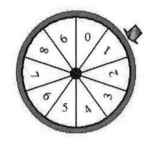

第 1 次轉動轉盤時，停止後指標指向 1，表示隨機數字 1，再轉動一次或許可以指到數字 6 而得到隨機數字 6，結合此兩個隨機數字而得 16 表示從母體中抽取編號 16 的個體為第 1 個樣本；如此，繼續每轉動兩次即可獲得一個兩位數，如果該兩位數（如 65）超過母體個數（如 50），則予拋棄而再轉動求取另一個樣本。如果母體有 325 個，則每轉動轉盤 3 次可以獲得一個 3 位數的整數，但如果該整數大於 325 則因無相對的母體而捨棄之。

(3)亂數表法

下表即所謂的亂數（Random Number）表的一部份，其每一個數字可由前述轉盤轉動一次或其他方法求得，為便於查閱與計數，每水平列將每 5 位數字間以空白格隔開，每五列間以空白列隔開之。

51772	74640	42331	29044	46621	62898	93582	04186	19640	87056
24033	23491	83587	06568	21960	21387	76105	10863	97453	90581
45939	60173	52078	25424	11645	55870	56974	37428	93507	94271
30586	02133	75797	45406	31041	86707	12973	17169	88116	42187
03585	79353	81938	82322	96799	85659	36081	50884	14070	74950
64937	03355	95863	20797	65304	55189	00745	65253	11822	15804
15630	64759	51135	98527	62586	41889	25439	88036	24034	67283
09448	56301	57683	30277	94623	85418	68829	06652	41982	49159

使用時可以從表上任何一列任何一個數字開始，例如，從第 3 列第 4 個數字開始即有 39 60173 52078 25424 .....。若母體個數有 50 個，則由所選亂數的前 2 位數值 39 表示選擇第 39 號個體為第 1 個的樣本。再取 2 位數值為 60，因為 60 超過母體的總個數，故可減去 50 而得差數 10，即選第 10 號個體為第 2 個樣本或放棄 60 而再往下選擇第 3 個 2 位數值為 17，則選擇第 17 號個體為第 2 個樣本。第 3 個樣本應該是第 35 號個體，如果選得的號碼已經選用過，則放棄該號碼繼續選用之。如果母體有 325 個，則每次從亂數表尋找一個 3 位數的整數，但如果該整數大於 325 則因無相對的母體而捨棄之或可一直減去 325 直到其差數小於或等於 325 才可採用；當然找到的 3 位數如果使用過，就再找尋下一個合適的 3 位數。

Unit **7-2**
抽樣與隨機抽樣法(二)

(4)電腦亂數函數法

　　試算表及其他電腦語言均有產生亂數的函數，僅就 Excel 試算表的相關函數說明如下：

　　RAND()函數傳回一個大於等於 0 且小於 1 的隨機亂數。使用時不需任何引數，則 INT (RAND()*10)即可獲得 0、1、2、3、4、5、6、7、8、9 等 10 個數字的任何一個且機會均相等，其效果等同於前述轉盤。同理，INT (RAND()*2)即可獲得出現機會均等的 0、1，其效果等同於投擲一枚勻質銅板；INT (RAND()*6)+1 即可獲得出現機會均等的 1、2、3、4、5、6，其效果等同於投擲一枚勻質骰子。如果希望產生的亂數是介於 a 與 b 之間的實數，則可使用公式：RAND()*(b-a)+a 產生之。如 RAND()*15+5，則可產生 5〜20 間的任何一個實數；若改為 INT(RAND()*15+5)則可產生 5、6、……、18、19、20 等整數且出現機會均等。

　　RANDBETWEEN(最小數,最大數)函數傳回所指定的最小數與最大數之間的任意一個整數亂數。即使最小數與最大數不是整數，傳回的值仍是整數。在每次計算工作表時，都會傳回一個新的亂數。如果找不到這項函數並傳回 #NAME? 錯誤訊息，請執行程式以安裝[分析工具箱]增益集。RANDBETWEEN(15.3,57.3)函數也可以以 INT (RAND()*42+15)模仿之。如下圖：

> RAND()傳回大於等於 0 且小於 1 的實數　　　INT(RAND()*42)+15
>
> RANDBETWEEN(15.3, 57.3)傳回 15 與 57 間的整數

　　含有 RAND()函數或 RANDBETWEEN（最小數,最大數）函數的儲存格，每當試算表重新演算時，這些函數也會重新執行一次而獲得與上次不同的亂數值而造成解題的困擾；如欲使該儲存格的值不因重新計算而改變，則請於輸入函數後，在以方向鍵或 Enter 鍵移到其他儲存格以前按下 F9 鍵，您所輸入的公式將立即變成隨機亂數，亦即原來輸入 RAND()函數的儲存格內容是數值而非函數公式。

　　分析工具箱增益集也提供亂數產生器的功能，選擇 ☞ 工具\分析資料 ☜ 即出現如下的資料分析對話方塊。

選擇「亂數產生器」分析工具後，單擊「確定」鈕又產生如下的 [亂數產生器] 對話方塊，如下圖：

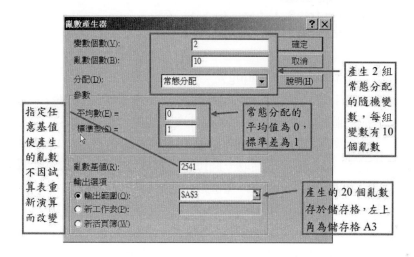

經指定平均值為 0，變異數為 1 的常態分配及兩組隨機變數，每組隨機變數有 10 個亂數值，及基數與儲存位置後單擊「確定」鈕即得如下的結果。

| 常態變數 N(0,1) | |
常態變數 1	常態變數 2
-0.660700	0.590452
1.463336	-1.490657
-1.197252	1.075584
0.281477	2.300421
0.562002	-0.910497
0.551195	-0.603250
0.833300	-1.303724
0.054379	1.896269
1.168610	0.225463
-1.599342	0.446759

對話方塊中的分配係指選取想要用來建立亂數的分配方式。常用的有：

(1)**均等分配**：特性為具有下限和上限。以範圍中所有數值的相等機率來求得變數。一般的應用方式為範圍 0 到 1 之間的均等分配。

(2)**常態分配**：特性為具有平均數和標準差。一般用於平均數為 0 和標準差為 1 的標準常態分配。

(3)**伯努力分配**：特性為某一特定試驗的成功機率（p 值）。伯努力隨機變數的值為 0 或 1。例如，您可以在範圍 0 到 1 之間求得均等分配的隨機變數。如果變數小於或等於成功的機率，伯努力隨機變數會被指定為 1；否則，其值將被指定為 0。

(4)**離散分配**：特性為數值與關聯的機率範圍。範圍必須包含兩欄：左欄包含了數值，而右欄則包含和該列數值相關的機率。機率的總和必須為 1。

Unit **7-3**
非隨機抽樣方法

1. 系統抽樣（Systematic Sampling）

　　系統抽樣的第 1 個樣本是以簡單隨機抽樣法抽自母體一個個體，第 2 個及以後各個樣本均與前一個樣本間隔一定的距離抽取其他的母體個體為樣本，故又稱等距抽樣。例如母體個數是 1500，所需樣本數是 50，則間隔為 1520/50＝30，或謂將 1500 個母體個體分成 50 組，每一組抽取一個母體為樣本。由第一組的 30 個母體以簡單隨機抽樣法抽取第 1 個樣本，如第一組的第 25 個母體；因此取第 55(25＋30)個母體為第 2 個樣本；取第 85(55＋30)個母體為第 3 個樣本；取第 115(85＋30)個母體為第 4 個樣本；其餘類推之。如果第 1 個樣本取自第一組的第 25 個母體，則第 2 個樣本取自第二組的第 25 個母體，第 3 個樣本取自第三組的第 25 個母體，等等均可獲得相同的抽樣效果。如下圖

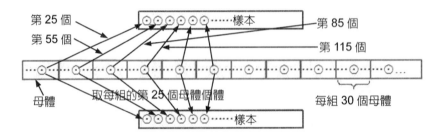

　　如果母體個數是 1520，所需樣本數是 50，則間隔為 1520/50＝30 組尚餘 20 個，或謂將 1520 個母體個體分成每組有 30 個母體的 49 組與有 50 個母體的 1 組。該含有 50 個個體的一組僅能置於最後一組，且該組應再以簡單隨機抽樣法抽樣之。

　　系統抽樣僅限用於有限母體且母體不可有排列週期，亦即母體中每隔一定間隔就出現同質性高的母體。

2. 集體抽樣（Cluster Sampling）

　　將母體依某種特性分為若干個群體，再以簡單隨機抽樣的方式抽出一個或數個群體為樣本，然後對樣本群體進行普查稱之為集體抽樣，又稱為部落抽樣。例如：以學校為單位，先以簡單隨機抽樣法抽出若干學校，再對這些學校進行普查。

　　將母體分割成若干群體時，應注意群體間同質性要高，群體內異質性也要高的重要原則。

3. 分層隨機抽樣（Stratified Random Sampling）

　　將母體所有個體按照某種特性分成若干個不重疊的組群，這些組群可稱為層（strata）。分層後再由各層中分別抽取樣本，此即為分層隨機抽樣。例如，某一鄉鎮市的人口為母體，先將各村里分類（村里為層），再從各村里中抽取樣本。

分層隨機抽樣無法適用於無限母體，但有限母體數也不能太少；分層時應掌握層間異質性要大、層內同質性要高的原則。例如，院校的分層宜以科系而不宜以年級來分層，不同科系的異質性大，同一科系的年級同質性較大。

前述各種抽樣方法均屬隨機抽樣法，而非隨機抽樣（Nonrandom Sampling）法則有以下數種：

1. 方便抽樣（Convenience Sampling）

方便抽樣並不重視樣本是否具有代表性，以現有或方便取得的方式來抽取樣本。例如業者或廣告商在超級市場出口進行訪談以蒐集消費者消費習性及廣告效果等資訊，這種抽樣方法可能有到超級市場消費的消費者比較有錢而排除青少年及退休人士，訪問者也有傾向訪問外表整潔或不具威脅性的對象等偏差。電話訪談也有遺落夜生活族群的遺憾；如欲消除這項缺憾，則也可能有擾民的困難。

2. 立意抽樣（Purpose Sampling）

依專家主觀的判斷訂定樣本標準，選定他們認為「有代表性」的樣本來觀察。其價值在於可發現研究對象具備的屬性或變項，以做為進一步先期研究之用，在探測性或先驅性研究有相當的價值，可是在後期研究的價值就相當微小。

3. 配額抽樣（Quota Sampling）

首先選擇「控制特徵」將母體細分成幾個子母體，再決定子母體之樣本數，最後以方便抽樣方式抽出應有之樣本數，讓樣本在重要變數的分布（如性別）和母體完全一致。

4. 滾雪球抽樣（Snowball Sampling）

針對研究具隱私、侵入及易被拒絕的問題使用，亦即以一個找一個的方式取得樣本。首先利用簡單隨機抽樣方法或社會調查選出起始受查者，再自起始受查者所提供之資訊取得其他受查者。一般雪球抽樣的主要目的是為推估在母體中很難尋找或十分稀少之特性時使用，例如醫學美容、愛滋病、毒癮研究。

5. 自願者抽樣（Volunteer Sampling）

公眾服務場所，如捷運站或公車上，所置放的意見調查表，由受服務對象自願填寫意見；或電視叩應（Call in）節目的觀眾叩應表達意見；或醫學上藥物的臨床實驗等均屬自願性或自發性抽樣。這種自發性回應樣本通常均對某一個有強烈感覺的人，尤其是負面感覺的，比較不嫌麻煩地去回應而造成偏差。

自願者抽樣應注意議題設定的中立性，例如，由消費者調查商品通路的議題就比較中立，即使消費者寄回調查表有贈品回饋也不會造成抽樣的偏差。

Unit **7-4**
抽樣分配

1. 抽樣分配

　　某汽車輪胎公司為促銷其新的耐磨輪胎而擬推出一種里程保證，但其耐用里程數如何釐訂以期達到促銷目的，並避免過當的保證而致虧損？當然，該公司不可能測試其全部生產的輪胎，而僅抽取部份產品（如 50 個）加以試驗，以求得其耐用里程的平均數為 83,400 公里；如另選取 50 個輪胎加以試驗，又得耐用里程平均數為 82,900 公里；相信不同的 50 個輪胎試驗也不容易得到一致的里程平均數。

　　這些不同樣本所測得的耐用里程數平均數均不相同，故可視同為隨機變數；和其他隨機變數一樣，它也有其平均數或期望值，變異數與機率分配。由於里程平均數的各種可能值是由各簡單隨機樣本的資料所組合而成，因此里程平均數的機率分配就稱為抽樣分配（Sampling Distribution），了解抽樣分配和它的各項特性可以協助我們了解樣本平均數（里程平均數）對母體平均數估計的接近程度。

2. 中央極限定理（Central Limit Theorem）

　　在統計學上，對於抽樣分配之集中及離散之趨勢有兩個重要的定理。

　　定理一：自一常態分配之母體（已知母體平均數為 μ，變異數為 σ^2）中重覆的抽出 n 個樣本，令 $\bar{x}$ 是這 n 個樣本的平均數，則所有樣本之平均數（$\bar{x}$）所構成之抽樣分配必然是一種常態分配，而且此分配之平均數也是 μ（和母體平均數一樣），變異數為 σ^2/n，則 $(\bar{x}-\mu)/(\sigma/\sqrt{n})$ 必然趨近平均數為 0，變異數為 1 之標準常態 z 分配。即 $(\bar{x}-\mu)/(\sigma/\sqrt{n}) \sim Z(0,1)$。若已知母體呈常態分配，則不論樣本數多少，其 $\bar{x}$ 的抽樣分配亦呈常態分配。

　　定理二：「中央極限定理（Central Limit Theorem）」

　　自任一母體（已知母體平均數為 μ，變異數為 σ^2）中重覆的抽出 n 個樣本，令 $\bar{x}$ 是這 n 個樣本的平均數，當 n 愈大（一般應用時以 $n \geq 30$），則所有樣本之平均數 $\bar{x}$ 所構成之抽樣分配必會趨於常態分配，而且此分配之平均數也是 μ，變異數為 σ^2/n，則 $(\bar{x}-\mu)/(\sigma/\sqrt{n})$ 亦趨於平均數為 0，變異數為 1 之標準常態 z 分配。即 $(\bar{x}-\mu)/(\sigma/\sqrt{n}) \sim Z(0, 1)$。若母體為有限母體且 $\frac{n}{N} > 0.05$，則變異數須修正為 $\frac{N-n}{N-1}\frac{\sigma^2}{n}$，其樣本平均數的抽樣分配表示為 $\bar{X} \sim N(\mu, \frac{N-n}{N-1} \cdot \frac{\sigma^2}{n})$

　　自一常態分配之母體（母體平均數為 μ，變異數為 σ^2）中重覆的抽出 n 個樣本數之樣本，若母體變異數 σ^2 之值未知，而此時所抽之樣本數 n 若足夠大（一般應用時以 $n \geq 30$），則在將標準化的過程中，得以樣本變異數 s^2 取代未知的母體變異數 σ^2，故 $(\bar{x}-\mu)/(s/\sqrt{n})$ 亦會趨於平均數為 0，變異數為 1 之標準常態 z 分配。即 $(\bar{x}-\mu)/(s/\sqrt{n}) \sim Z(0, 1)$。

　　下圖說明了中央極限定理在三個不同母體上的應用，每一個母體很顯然的都不

是常態分配，但是當樣本數增加時其 $\bar{x}$ 抽樣分配的變化。當樣本數為 2 時，其 $\bar{x}$ 抽樣分配與其母體分配形狀已有顯著不同；當樣本數為 5 時，三個 $\bar{x}$ 抽樣分配皆呈鐘形分配圖樣；最後當樣本數為 30 時，三個 $\bar{x}$ 抽樣分配皆趨近常態分配；因此獲致當樣本數 $n \geqq 30$ 時，$\bar{x}$ 的抽樣分配可以認定為常態分配。

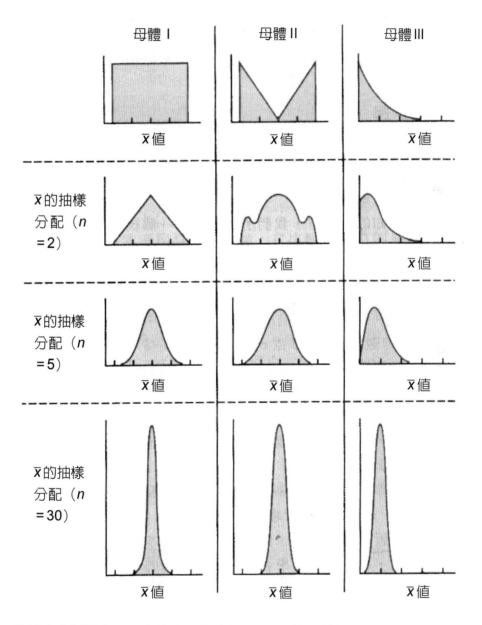

依據中央極限定理，雖然未知前述新輪胎的耐用里程平均數的母體分配，但因為抽樣樣本數 n 為 50（$n \geqq 30$），故可認定平均耐用里程數必呈常態分配。如果依據第一組試驗輪胎計得平均耐用里程為 83,400 公里，標準差為 1,174 公里，則僅一組試驗即可斷定平均耐用里程是平均數 83,400 公里，標準差 1,174 公里的常態分配，而據以判定某一信賴水準的平均數的信賴區間。

樣本平均數的抽樣分配

　　假設一個含有 N 個個體的母體，從中以抽後不放回（without replacement）的方式抽取 n（$N > n$）個個體為一組樣本，若以 $\mu_{\bar{x}}$、$\sigma_{\bar{x}}$ 代表抽取所有可能組合的樣本的平均數與標準差；以 μ、σ 代表母體的平均數與標準差，則

$$\mu_{\bar{X}} = \mu \quad 且 \quad \sigma_{\bar{x}} = \frac{\sigma}{\sqrt{n}} \sqrt{\frac{N-n}{N-1}}$$

　　若母體是無限的或以抽後又放回（with replacement）的方式抽取樣本，則

$$\mu_{\bar{X}} = \mu \quad 且 \quad \sigma_{\bar{x}} = \frac{\sigma}{\sqrt{n}}$$

　　依據中央極限定理，當抽取的樣本數夠大（$n \geq 30$）時，不論母體分配為何，其樣本的平均數的抽樣分配為平均數為 μ，標準差為 σ 的常態分配；或以 $N(\mu, \sigma^2)$ 表示之。如果已知母體呈常態分配，則即使小樣本（$n < 30$），其樣本的平均數亦呈以母體平均數 μ 及母體變異數 σ^2 的常態分配。

　　因此得樣本平均數的期望值與變異數如下：

$$E(\bar{x}) = \mu$$

$$Var(\bar{x}) = \frac{\sigma}{\sqrt{n}} \sqrt{\frac{N-n}{N-1}} \text{（有限母體）或 } Var(\bar{x}) = \frac{\sigma}{\sqrt{n}} \text{（無限母體）}$$

　　其中 $\sqrt{\dfrac{N-n}{N-1}}$ 稱為有限母體校正因子（Finite Population Correction Factor），當樣本數 n 小於或等於母體大小 N 的 5%，或 $n/N \leq 0.05$ 時可視同為 1。綜理如下表：

		抽後放回	抽後不放回
母體	有限母體	平均數 $\mu_{\bar{X}} = \mu$	平均數 $\mu_{\bar{X}} = \mu$
		變異數 $\sigma_{\bar{X}}^2 = \dfrac{\sigma^2}{n}$	變異數 $\sigma_{\bar{X}}^2 = \dfrac{\sigma^2}{n} \dfrac{N-n}{N-1}$
		標準誤 $\sigma_{\bar{X}} = \dfrac{\sigma}{\sqrt{n}}$	標準誤 $\sigma_{\bar{X}} = \dfrac{\sigma}{\sqrt{n}} \sqrt{\dfrac{N-n}{N-1}}$
	無限母體	平均數 $\mu_{\bar{X}} = \mu$	
		變異數 $\sigma_{\bar{X}}^2 = \dfrac{\sigma^2}{n}$	
		標準誤 $\sigma_{\bar{X}} = \dfrac{\sigma}{\sqrt{n}}$	

謹以實例驗證前述樣本平均數的平均數 $\mu_{\bar{X}}$ 等於原母體的平均數 μ，樣本平均數的標準誤 $\sigma_{\bar{X}}$ 等於原母體的標準差 σ 的結論。設有一個含有 2、3、6、8、11 等五個數值的母體；因此可以推得該母體的平均數 μ 與標準差 σ 如下：

$$\mu = \frac{2+3+6+8+11}{5} = \frac{30}{5} = 6$$

$$\sigma^2 = \frac{(2-6)^2+(3-6)^2+(6-6)^2+(8-6)^2+(11-6)^2}{5} = \frac{54}{5} = 10.8$$

若以抽後放回的方式抽取 2 個數值為一個樣本，則共可抽取 5(5)＝25 個樣本，這些樣本及其平均數列如下表：

25 組樣本					25 組樣本平均數				
(2,2)	(2,3)	(2,6)	(2,8)	(2,11)	2.0	2.5	4.0	5.0	6.5
(3,2)	(3,3)	(3,6)	(3,8)	(3,11)	2.5	3.0	4.5	5.5	7.0
(6,2)	(6,3)	(6,6)	(6,8)	(6,11)	4.0	4.5	6.0	7.0	8.5
(8,2)	(8,3)	(8,6)	(8,8)	(8,11)	5.0	5.5	7.0	8.0	9.5
(11,2)	(11,3)	(11,6)	(11,8)	(11,11)	6.5	7.0	8.5	9.5	11.0

將這 25 個樣本平均數再加以平均得 $\mu_{\bar{X}} = \frac{150}{25} = 6.0$，驗證了 $\mu_{\bar{X}} = \mu$ 的結論。

將這 25 個樣本平均數減去樣本平均數的平均數 6.0 的平方和，再除以 25 即得該 25 個樣本平均數的變異數 $\sigma_{\bar{X}}^2 = 135/25 = 5.40$ 或標準誤 $\sigma_{\bar{X}} = \sqrt{5.40} = 2.32$。另因 $\frac{\sigma^2}{n} = \frac{10.8}{2} = 5.4$，故 $\sigma_{\bar{X}}^2 = \frac{\sigma^2}{n}$ 的結論得以證明。

若以抽後不放回的方式抽取 2 個數值為一個樣本，則共可抽取 $C_2^5 = 10$ 個樣本，這些樣本及其平均數列如下表：

10 組樣本					10 組樣本平均數				
(2,3)	(2,6)	(2,8)	(2,11)	(3,6)	2.5	4.0	5.0	6.5	4.5
(3,8)	(3,11)	(6,8)	(6,11)	(8,11)	5.5	7.0	7.0	8.5	9.5

$$得\ \mu_{\bar{X}} = \frac{2.5+4.0+5.0+6.5+4.5+5.5+7.0+7.0+8.5+9.5}{10} = 6.0$$

$$變異數\ \sigma_{\bar{X}}^2 = \frac{(2.5-6.0)^2+(4.0-6.0)^2+(5.0-6.0)^2+\cdots+(9.5-6.0)^2}{10} = 4.05$$

因為抽後不放回而視同有限母體，又因 $n/N = 2/5 = 0.4 > 0.05$，故應修正變異數為 $\sigma_{\bar{X}}^2 = \frac{\sigma^2}{n} \cdot \frac{N-n}{N-1} = \frac{10.8}{2} \cdot \frac{5-2}{5-1} = 4.05$，與實算結果相符，故變異數修正公式得證。

Unit 7-6
樣本平均數的抽樣分配查詢程式

本單元先以實例說明樣本平均數抽樣分配的應用，再以此實例說明樣本平均數的抽樣分配查詢程式的使用方法。

實例一：

　　某大學 3000 個男生的平均身高（μ）為 168 公分，標準差（σ）為 7.5 公分；今以抽中後又可再被抽中的方式抽取 100 組男生，每組有 25 人。試問這 100 組男生的 100 個平均身高的平均數成何種抽樣分配？平均身高少於 164 公分的機率為何？平均身高介於 165～168.75 公分的機率又是如何？

【解】

　　因為學生被抽中後又可被抽中，故可視為無限母體。

　　已知母體平均數 μ 為 168 公分，標準差 σ 為 7.5 公分，變異數為$(7.5)^2 = 56.25$ 公分^2，故樣本平均身高的平均數為 $\mu_{\bar{X}} = \mu = 168$，標準誤為 $\sigma_{\bar{X}} = \dfrac{\sigma}{\sqrt{n}} = \dfrac{7.5}{\sqrt{25}} = 1.5$，得平均身高的抽樣分配為平均數 168 公分，標準誤 1.5 公分的常態分配。

　　將身高 164 公分化成標準變數 $Z = (164 - 168)/1.5 = -2.67$，得 $P\,(X < 164) = P\,(Z < -2.67) = P\,(Z = 0\ \text{左側面積}) - P\,(Z = -2.67\ \text{與}\ Z = 0\ \text{間面積}) = 0.5 - 0.4962 = 0.0038$，如下左圖。

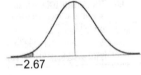
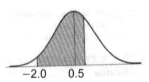

　　將身高 165 公分與 168.75 公分分別化成標準變數為 $Z1 = (165 - 168)/1.5 = -2.0$ 及 $Z2 = (168.75 - 168)/1.5 = 0.5$，則 $P(165 < X < 168.75) = P(Z = -2.0\ \text{與}\ Z = 0\ \text{間面積}) + P\,(Z = 0.5\ \text{與}\ Z = 0\ \text{間面積}) = 0.4772 + 0.1915 = 0.6687$，如上右圖。

實例二：

　　某零件重量平均數為 142 公克，標準差為 9.03 公克，今從 400 個零件中隨機抽取 100 個零件，則該 100 個零件重量平均數大於 144.32 公克的機率為何？重量平均數介於 140.26 公克與 141.42 公克的機率又多大？

【解】

　　有限母體個數 $N = 400$，樣本數 $n = 100$，因 $n/N = 100/400 = 0.25 > 0.05$，故得零件抽樣分配的重量平均數為 $\mu_{\bar{X}} = 142$ 公克，標準誤為

$$\sigma_{\bar{X}} = \frac{\sigma}{\sqrt{n}}\sqrt{\frac{N-n}{N-1}} = \frac{9.03}{\sqrt{100}}\sqrt{\frac{400-100}{400-1}} = 0.783$$

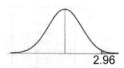 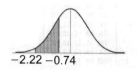

144.32 公克的標準變數 $Z = (144.32 - 142)/0.783 = 2.96$；140.26 公克的標準變數 $Z = (140.26 - 142)/0.783 = -2.22$；141.42 公克的標準變數 $Z = (141.42 - 142)/0.783 = -0.74$。

$P(X > 144.32) = P(Z > 2.96) = 1 - \text{NORMSDIST}(2.96) = 1 - 0.998476465 = 0.001523535$。

$P(140.26 < X < 141.42) = P(Z < -0.74) - P(Z > -2.22) = \text{NORMSDIST}(-0.74) - \text{NORMSDIST}(-2.22) = 0.229425253 - 0.013134101 = 0.216291151$，如上右圖。

前述實例一可以樣本平均數的抽樣分配查詢程式求算之，查詢時先點選 ☞ 統計/抽樣分配/樣本平均數的抽樣分配 ☜ 即出現如下的畫面：

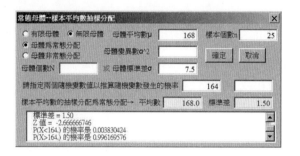

輸入母體平均數 $\mu(168)$，母體標準差 $\sigma(7.5)$ 及樣本數 $n(25)$，另輸入一個隨機變數值 164 如上圖後，單擊「取消」鈕即退出查詢程式；單擊「確定」鈕即開始演算並顯示身高平均數常態分配的平均數為 168 公分，標準誤 1.5 公分。然後計算隨機變數值 164 的標準變數 $Z = -2.6667$，再據以查表計得身高平均數小於 164 公分的機率為 0.003830424，或身高平均數大於 164 公分的機率為 0.996169576。

上圖中輸入 2 個身高平均數的隨機變數 165 公分與 168.75 公分。程式對每一個隨機變數值均推算大於及小於該值的機率；若輸入兩個身高平均數的隨機變數值，另外推算身高平均數落於該兩個變數值之間的機率與落於該兩個變數值之外的機率。上圖列示方塊顯示大於與小於 165 公分的機率；大於與小於 168.75 公分的機率；及身高平均數落於 165 公分與 168.75 公分之間的機率為 0.668712378，身高平均數落於 165 公分與 168.75 公分之外的機率為 0.331287593。實例二請自行試用之。先點選有限母體，輸入母體個數 $N(400)$，母體平均數 $\mu(142)$，母體標準差 $\sigma(90.3)$ 及樣本數 $n(100)$，另輸入隨機變數值後單擊「確定」鈕。

Unit 7-7
樣本平均數和與差的抽樣分配(一)

假設有兩個獨立母體，第 1、2 個母體的平均數、標準差分別為 μ_1、μ_2、σ_1、σ_2。若從母體 1、2 分別抽取樣本數為 n_1、n_2 的兩組樣本，且兩組樣本的樣本平均數分別為 $\mu_{\bar{X}_1}$、$\mu_{\bar{X}_2}$，當樣本數 n_1 與 n_2 很大時（$n_1 \geq 30$，$n_2 \geq 30$），根據中央極限定理，樣本平均數差 $\mu_{\bar{X}_1} - \mu_{\bar{X}_2}$ 之抽樣分配為近似常態分配，其

平均數 $\mu_{\bar{X}_1} - \mu_{\bar{X}_2} = \mu_1 - \mu_2$

標準誤 $\sigma_{\bar{X}_1 - \bar{X}_2} = \sqrt{\dfrac{\sigma_1^2}{n_1} + \dfrac{\sigma_2^2}{n_2}}$

兩組樣本平均數和的抽樣分配亦為常態分配，僅平均數改為 $\mu_{\bar{X}_1} + \mu_{\bar{X}_2} = \mu_1 + \mu_2$。不論兩組樣本平均數的和或差的常態抽樣分配的平均數均與樣本數無關；但其標準差則與樣本數的平方根成反比。

實例一：

A 廠出品的燈泡平均壽命為 1,400 小時，標準差為 200 小時；B 廠出品的燈泡平均壽命為 1,200 小時，標準差為 100 小時。今隨機從 A 廠與 B 廠生產的燈泡各抽選 125 個燈泡進行試驗，則 A 廠燈泡比 B 廠燈泡至少耐用 160 小時及 250 小時的機率各為何？

【解】

已知 A 廠與 B 廠生產燈泡的平均壽命與標準差分別為 $\mu_1 = 1,400$、$\sigma_1 = 200$、$\mu_2 = 1,200$、$\sigma_2 = 100$。推求 A 廠燈泡比 B 廠燈泡至少耐用時數的機率亦即推求兩樣本平均數差抽樣分配（常態分配）的

平均數 $= \mu_1 - \mu_2 = 1,400 - 1,200 = 200$

標準誤 $= \sigma_{\bar{X}_1 - \bar{X}_2} = \sqrt{\dfrac{\sigma_1^2}{n_1} + \dfrac{\sigma_2^2}{n_2}} = \sqrt{\dfrac{(200)^2}{125} + \dfrac{(100)^2}{125}} = 20$

求 A 廠燈泡比 B 廠燈泡至少耐用 160 小時，$\mu_{\bar{X}_1} - \mu_{\bar{X}_2} = 160$，得標準變數 Z 為

$$Z = \frac{(\mu_{\bar{X}_1} - \mu_{\bar{X}_2}) - (\mu_1 - \mu_2)}{\sigma_{\bar{X}_1 - \bar{X}_2}} = \frac{160 - 200}{20} = -2.0$$

至少耐用 160 小時的機率為 $P(Z > -2.0) = 0.5 + 0.4772 = 0.9772$，如下左圖影線部份面積或 $1.0 - \text{NORMSDIST}(-2.0)$。

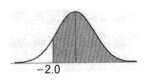

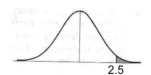

同理，至少耐用 250 小時，$\mu_{\overline{X}_1} - \mu_{\overline{X}_2} = 250$，得標準變數 Z 為：

$$\frac{(\mu_{\overline{X}_1} - \mu_{\overline{X}_2}) - (\mu_1 - \mu_2)}{\sigma_{\overline{X}_1 - \overline{X}_2}} = \frac{250 - 200}{20} = 2.5$$

至少耐用 250 小時的機率為 $P\ (Z > 2.5) = 0.5 - 0.4938 = 0.0062$，如前頁右圖影線部份面積或 $1.0 - \text{NORMSDIST}(2.5)$。

推求兩組樣本平均數差的機率時，應注意其常態分配平均數的被減數與減數，如實例一的平均數是 A 廠燈泡平均壽命減 B 廠燈泡平均壽命，故求算 A 廠燈泡比 B 廠燈泡至少耐用 160 小時時，160 小時應取正值；反之，應取負值。

實例二：

某項能力測驗分數的平均數為 72 分，標準差為 8 分。今從中隨機抽取兩組樣本，第一、二組各有 30 人和 36 人。試求該兩組測驗成績分數平均數相差達 3 分以上的機率為何？

【解】

兩組受測人員相互獨立，可視同從兩個母體抽取樣本。因樣本數 $n_1 = 30$，$n_2 = 36$ 均大於或等於 30，故其平均數差的抽樣分配為常態分配，其

平均數 $= \mu_1 - \mu_2 = 72 - 72 = 0$

標準誤 $= \sigma_{\overline{X}_1 - \overline{X}_2} = \sqrt{\dfrac{\sigma_1^2}{n_1} + \dfrac{\sigma_2^2}{n_2}} = \sqrt{\dfrac{8^2}{30} + \dfrac{8^2}{36}} = 1.977653$，則

$P(|\mu_{\overline{X}_1} - \mu_{\overline{X}_2}| > 3) = P\ (\mu_{\overline{X}_1} - \mu_{\overline{X}_2} < -3) + P\ (\mu_{\overline{X}_1} - \mu_{\overline{X}_2} > 3)$

$= P\left(\dfrac{(\mu_{\overline{X}_1} - \mu_{\overline{X}_2}) - (\mu_1 - \mu_2)}{\sigma_{\overline{X}_1 - \overline{X}_2}} < \dfrac{-3 - 0}{1.977653}\right) + P\left(\dfrac{(\mu_{\overline{X}_1} - \mu_{\overline{X}_2}) - (\mu_1 - \mu_2)}{\sigma_{\overline{X}_1 - \overline{X}_2}} > \dfrac{3 - 0}{1.977653}\right)$

$= P\ (Z < -1.5169496) + P\ (Z > 1.5169496) = P\ (Z < -1.52) + P\ (Z > 1.52)$

$= (0.5 - 0.4357) + (0.5 - 0.4357) = 0.1286$

或 $1.0 - [\text{NORMSDIST}(1.5169496) \times 2] = 0.129279455$，如下圖空白部份面積。

兩個機率值的差異在於查標準常態分配的 Z 值僅能有小數第 2 位，而使用函數 NORMSDIST（Z 值）的 Z 值小數位數較多所致。常態分配圖如下：

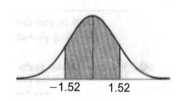

兩組樣本平均數差的機率問題可分為兩類：一為求其樣本平均數差數大於或小於某值的機率，二為求其平均數差數在某值範圍內時應求小於某正值與大於某負值的機率差或在某值範圍外時應求小於某負值與大於某正值的機率和。

Unit **7-8**

樣本平均數和與差的抽樣分配(二)

本單元列舉兩組或兩組以上樣本平均數和的應用實例。

實例三：

設有 A 牌袋裝黃豆每袋重量平均數為 30 公斤，標準差為 0.5 公斤；B 牌袋裝黃豆每袋重量平均數為 30 公斤，標準差為 0.7 公斤。今隨機抽取 A 牌黃豆 40 袋，B 牌黃豆 50 袋，試求兩組黃豆的重量平均數之和大於 60.0 公斤及 60.14 公斤的機率各為何？

【解】

已知 A、B 牌母體平均數分別為 $\mu_1 = 30$、$\mu_2 = 30$；標準差分別為 $\sigma_1 = 0.5$、$\sigma_2 = 0.7$；又 A 牌樣本數（$n_1 = 40$），B 牌樣本數（$n_2 = 50$）均大於 30，故兩組樣本重量平均數之和呈常態分配，其

平均數 $= \mu_1 + \mu_2 = 30 + 30 = 60$

標準誤 $= \sigma_{\overline{X}_1 + \overline{X}_2} = \sqrt{\dfrac{\sigma_1^2}{n_1} + \dfrac{\sigma_2^2}{n_2}} = \sqrt{\dfrac{0.5^2}{40} + \dfrac{0.7^2}{50}} = 0.1266886$

$P(\mu_{\overline{X}_1} + \mu_{\overline{X}_2} > 60) = P\left(\dfrac{(\mu_{\overline{X}_1} + \mu_{\overline{X}_2}) - (\mu_1 + \mu_2)}{\sigma_{\overline{X}_1 - \overline{X}_2}} > \dfrac{60 - 60}{0.126689}\right)$

$P(Z > 0.0) = 0.5 - 0.0 = 0.5$ 或 $P(Z > 0.0) = 1.0 - \text{NORMSDIST}(0.0) = 0.5$

$P(\mu_{\overline{X}_1} + \mu_{\overline{X}_2} > 60.14) = P\left(\dfrac{(\mu_{\overline{X}_1} + \mu_{\overline{X}_2}) - (\mu_1 + \mu_2)}{\sigma_{\overline{X}_1 - \overline{X}_2}} > \dfrac{60.14 - 60}{0.126689}\right)$

$P(Z > 1.105068) = p(Z > 1.11) = 0.5 - 0.3665 = 0.1335$ 或

$P(Z > 1.105068) = 1.0 - \text{NORMSDIST}(1.105068) = 0.134565$

實例四：

設某牌電池的電壓平均數是 15 伏特，標準差為 0.2 伏特。若電池電壓呈常態分配，今隨機抽取 4 個電池加以串聯（電壓會相加），試求電池串聯後電壓大於 60.8 伏特的機率為何？

【解】

已知呈常態分配的每個電池的電壓平均數 $\mu = 15$，標準差為 $\sigma = 0.2$，今有四個電池串聯相當四組樣本，每組的樣本數均為 1 個，故得樣本平均數和為常態分配，其

平均數 $\sum\limits_{i=1}^{4} \overline{x}_i = 15 \times 4 = 60$

標準誤 $= \sigma_{\overline{X}_1 + \overline{X}_2} = \sqrt{\dfrac{\sigma_1^2}{n_1} + \dfrac{\sigma_2^2}{n_2} + \dfrac{\sigma_3^2}{n_3} + \dfrac{\sigma_4^2}{n_4}} = \sqrt{\dfrac{0.2^2}{1} + \dfrac{0.2^2}{1} + \dfrac{0.2^2}{1} + \dfrac{0.2^2}{1}} = 0.4$，則

$$P\left(\sum_{i=1}^{4}\bar{x}_i>60.8\right)=P\left(\frac{\sum_{i=1}^{4}\bar{x}_i-(\mu\times4)}{\sigma_{\bar{X}_1-\bar{X}_2}}>\frac{60.8-60}{0.4}\right)=P\,(Z>2.0)=0.5-0.4772=0.0228\ 或$$

$$P\,(Z>2.0)=1.0-\text{NORMSDIST}(2.0)=0.02275$$

實例五：

麵包店每天營收呈常態分配，營收平均數為 2 萬元，標準差 8000 元，今隨機抽取 36 家麵包店，求此 36 家麵包店每天營收總和（總金額）介於 64.42 萬至 76.56 萬之機率？

【解】

已知麵包店每天營收呈常態分配，營收平均數 μ 為 2 萬元，標準差 σ 為 8000 元或 0.8 萬元，則 36 家麵包店每天營收總和也為常態分配，其

平均數 $\sum\limits_{i=1}^{36}\bar{x}_i=2\times36=72$

標準誤 $=\sigma_{\bar{X}_1+\bar{X}_2+\cdots+\bar{X}_{36}}=\sqrt{\dfrac{\sigma_1^2}{n_1}+\dfrac{\sigma_2^2}{n_2}+\cdots+\dfrac{\sigma_{36}^2}{n_{36}}}=\sqrt{36\times\dfrac{0.8^2}{1}}=0.48$

36 家麵包店每天營收總和（總金額）介於 64.42 萬至 76.56 萬之機率相當於

$$P\left(64.42<\sum_{i=1}^{36}\bar{x}_i<76.56\right)=P\left(\sum_{i=1}^{36}\bar{x}_i>64.42\right)+P\left(\sum_{i=1}^{36}\bar{x}_i<76.56\right)=$$

$$P\left(\frac{\sum\limits_{i=1}^{36}\bar{x}_i-(\mu\times36)}{\sigma_{\bar{X}_1+\bar{X}_2+\cdots+\bar{X}_{36}}}>\frac{64.42-72}{0.48}\right)+P\left(\frac{\sum\limits_{i=1}^{36}\bar{x}_i-(\mu\times36)}{\sigma_{\bar{X}_1+\bar{X}_2+\cdots+\bar{X}_{36}}}<\frac{76.56-72}{0.48}\right)=$$

$P\,(Z>-1.579166667)+P\,(Z<0.95)=P\,(Z>-1.58)+P\,(Z<0.95)=0.4429+0.3289$

$=0.7718$，或 $\text{NORMSDIST}(0.95)-\text{NORMSDIST}\,(-1.579166667)=0.771794967$ 如下圖

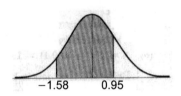

−1.58　　0.95

實例六：

某公司員工平均重量為 72.6 公斤，標準差為 8.2 公斤且呈常態分配，電梯的安全載重量為 385.6 公斤，試求該電梯一次乘載 5 人的安全機率？若欲使電梯的安全機率為 0.01，則電梯的限載重量應該多少公斤？

【解】

電梯乘載 5 人的重量為 $72.6\times5=363$ 公斤，標準誤為

$\sigma_{5\text{人}}=\sqrt{5\times\dfrac{8.2^2}{1}}=18.336$，五人乘載的安全機率 $=p(5$ 人重量 $<385.6)=p(Z<$

$-\dfrac{385.6-363}{18.336})=p(Z<-1.233)=0.109$ 或 10.9%。安全機率 0.01 的標準變數 $Z=\text{NORMSINV}(0.01)=2.326$，得電梯的限載重量為 $363+2.323\times18.336=405.6$ 公斤。

Unit 7-9
樣本平均數和與差的抽樣分配查詢程式

兩樣本平均數和差的抽樣分配查詢程式可求算兩樣本平均數和或差之抽樣分配及指定值的出現機率；以單元 7-7 實例一為例，查詢時先點選 ☞ 統計/抽樣分配/兩樣本平均數和差的抽樣分配 ✑ 即出現如下（未含輸入資料）的畫面：

先選定要求算兩樣本平均數之和或差（預選），然後輸入母體 1 平均數 μ_1 (1,400)，母體 1 標準差 σ_1(200)及樣本 1 個數 n_1(125)，另輸入母體 2 平均數 μ_2(1,200)，母體 2 標準差 σ_2(100)及樣本 2 個數 n_2(125)；最後輸入一個或二個兩樣本平均數之差數以推算其發生機率如上圖後，單擊「確定」鈕即開始演算並顯示兩廠燈泡壽命平均數之差的常態分配的平均數為 200 小時，標準誤 20 小時。然後在列示方塊顯示 A 廠牌燈泡壽命平均數比 B 廠燈泡至少耐用 250 小時的機率為 0.006209671；同時也顯示 A 廠牌燈泡壽命平均數比 B 廠燈泡至少耐用 160 小時至 250 小時之內的機率為 0.971040249249；之外的機率為 0.028959734。

再以單元 7-7 實例三說明推求兩樣本平均數和的抽樣分配，也是點選 ☞ 統計/抽樣分配/兩樣本平均數和差的抽樣分配 ✑ 即出現如下（未含輸入資料）的畫面：

先選定要求算兩樣本平均數之和，然後輸入母體 1 平均數 μ_1(30)，母體 1 標準差 σ_1(0.5)及樣本 1 個數 n_1(40)，另輸入母體 2 平均數 μ_2(30)，母體 2 標準差 σ_2(0.7)及樣本 2 個數 n_2(50)；最後輸入一個或二個兩樣本平均數之和數（本例為 60 及 60.14）以推算其發生機率如下圖後，單擊「確定」鈕即開始演算並顯示兩牌黃豆每袋重量平均數之和的常態分配的平均數為 60 公斤，標準誤 0.126689 公斤。然後在列示方塊顯示兩組黃豆的重量平均數之和大於 60.0 公斤及 60.14 公斤的機率；60.0 公斤即為兩牌黃豆重量平均數之和，故大於或小於 60 公斤的機率均為 0.5；60.14 公斤的重量平均數之和大於 60 公斤，計得標準變數 Z 值為 1.105068，相當的機率值為

0.865434706。同時，程式也顯示兩種樣本重量平均數之和落於 60 公斤與 60.14 公斤之內的機率為 0.365434706；落於 60 公斤與 60.14 公斤之外的機率為 0.634565294。

本程式僅提供兩個母體樣本平均數和的抽樣分配，兩個母體以上至 20 個母體的樣本平均數和之抽樣分配，請使用本書隨附試算表檔「第七章 抽樣與抽樣分配.XLS」中的「樣本平均數和抽樣分配」試算表（如下，內含使用說明）求算之。

	A	B	C	D	E	F	G	H	I
1	兩個母體以上樣本平均數之和數抽樣分配及機率計算表								
2				母體1	母體2	母體3	母體4	母體5	母體6
3			樣本數	5	5	7	6	3	5
4	母體平均數總和	134.75	母體平均數	20.48	21.45	24.33	24.15	20.78	23.56
5			母體標準差	0.21	0.35	0.41	0.25	0.14	0.54
6	整體標準差	0.36414871	母體變異數	0.0441	0.1225	0.1681	0.0625	0.0196	0.2916
7	整體變異數	0.13260429	修正變異數	0.0088	0.0245	0.0240	0.0104	0.0065	0.0583
8	使用方法：				兩母體平均數和的常態分配的			平均數	134.75
9	1、僅可在淡黃底顏色的儲存格輸入資料				請在儲存格E10及G10輸入1個或2個樣本平均數之和				
10	2、依序從母體1、母體2、母體3等順序輸入				134.20		135.00		
11	各母體的樣本數平均數及標準差			Z值	-1.51037194		0.68653270		
12	3、沒有平均數及標準差的母體其樣本數欄			P(小於S)	0.06547430		0.75381145		
13	位應該是0或空白			P(大於S)	0.93452570		0.24618855		

上表中只要輸入某個母體的樣本數，母體平均數及母體標準差，則立即計算該母體的變異數及以樣本數修正的變異數。例如，上表中輸入母體 1 的樣本數（5）、母體平均數（20.48）及母體標準差（0.21），計得母體變異數 = 0.21×0.21 = 0.0441，修正變異數 = 0.0441/5 = 0.00882。

上述 6 個母體的修正變異數總和存於儲存格 B7(0.132604286)稱為整體變異數，其平方根即為整體標準差如儲存格 B6(0.364148714)。這六個母體平均數和數之常態抽樣分配的平均數為 134.75，標準誤為 0.364148714。

儲存格 E10 的 134.20 表示欲求算六組樣本平均數的和數大於 134.20 或小於 134.20 的機率。平均數之和數 134.20 的標準變數值 $Z = -1.51037194$，推得

$$P(S > 134.20) = 0.93452570 \ ; \ P(S < 134.20) = 0.06547430$$

儲存格 G10 的平均數之和數 135.00 相當的 Z 值為 0.68653270，推得

$$P(S > 135.00) = 0.24618855 \ ; \ P(S < 135.00) = 0.75381145$$

Unit **7-10**
樣本比例的抽樣分配

1. 母體比例與樣本比例

就某個屬性將母體或樣本中每個個體分類爲具有某種屬性與不具有某種屬性的個體並計數之，具有某種屬性的個體個數對母體或樣本全體個數的比例稱爲母體比例或樣本比例（Proportion）。例如，某公司的 100 位成員中，以性別屬性區分並計數女性有 42 位，則女性的比例爲 0.42；以博士學歷區分並計數有 15 位，則博士的比例爲 0.15，從某生產線隨機抽取 100 件產品，檢出 3 件不良品，則不良品的比例爲 0.03。因爲比例係就全體中具有某種屬性的比例，故其值恆介於 0 與 1 之間。又如某公司的 10 位業務員，某個月的總業績爲 4,500 萬元，則平均每位業務員的業績是 450 萬元，這是比率（ratio），不屬本單元討論範圍。

2. 點二項分配

設 X 爲良品與否屬性的隨機變數，令 $X=1$ 代表良品，$X=0$ 代表非良品。若母體 N 個元素中 K 個爲良品，則 $p=K/N$ 稱爲母體比例，X 稱爲點二項隨機變數，其分配稱爲點二項分配（Point Binomial Distribution）。今自母體中隨機抽取 n 個樣本，其中有 k 個良品的機率函數爲 $p^k(1-p)^{n-k}$。下圖顯示試算表函數 BINOMDIST() 可以提供 n 次試驗中有 k 次成功的機率值與小於或等於 k 次成功的累積機率值，因此亦可用以推算 n 次試驗中成功 a 次至 b 次的機率，如單元 6-8 所討論。

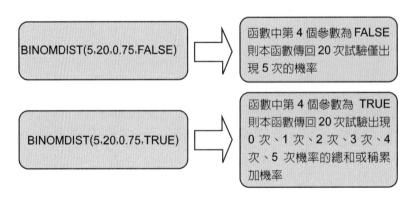

3. 樣本比例的抽樣分配

在母體或樣本的個體中，凡具有某種屬性者賦予隨機變數 X 的值爲 1，不具某種屬性者則賦予 0 值，於 n 個樣本中有 k 個具有某種屬性，則 k 爲所有隨機變數 X 值的總和，因此，n 個樣本中有 k 個具有某種屬性的比例可視同代表該屬性的隨機變數 X 的平均數，因此樣本平均數的抽樣分配亦可套用於樣本比例。

設有母體個數爲 N 的某種屬性的母體比例爲 p，從中隨機抽取 n 個個體爲樣本，則樣本中具某種屬性的樣本比例 $\bar{p}$ 的期望值與標準差爲：

樣本比例 $\bar{p}$ 的期望值為 $E(\bar{p}) = p$

樣本比例 $\bar{p}$ 的標準誤為：

有限母體 無限母體或 $n/N \leqq 0.05$

$$\sigma_{\bar{p}} = \sqrt{\frac{N-n}{N-1}} \sqrt{\frac{p(1-p)}{n}} \qquad \sigma_{\bar{p}} = \sqrt{\frac{p(1-p)}{n}}$$

其中 $\sqrt{(N-n)/(N-1)}$ 為有限母體校正因子，但如果 $n/N \leqq 0.05$ 則可適用無限母體的標準差。如果樣本夠大，則樣本比例的抽樣分配趨近常態機率分配。如果 $np \geqq 5$ 且 $n(1-p) \geqq 5$ 時，則樣本數 n 可以認定為夠大。

實例一：

某校 1,520 位學生中有 912 位騎機車上學，今隨機抽取 150 位學生中有 87 位騎機車上學。試推算(1)母體比例；(2)樣本比例；(3)抽樣誤差；(4)隨機抽選 200 位學生，有 114 位至 128 位學生騎機車上學的機率有多大？

【解】

(1)母體比例 $p = 912/1520 = 0.6$

(2)樣本比例 $\bar{p} = 87/150 = 0.58$

(3)抽樣誤差 $= |p - \bar{p}| = |0.6 - 0.58| = 0.05$

(4)200 位學生，有 114 位至 128 位學生騎機車上學的樣本比例分別為：

$\bar{p}_1 = 114/200 = 0.57$，$\bar{p}_2 = 128/200 = 0.64$

因為 $np = 200 \times 0.6 = 120 \geqq 5$，$n(1-p) = 200 \times (1.0 - 0.6) = 80 \geqq 5$，故樣本比例的抽樣分配趨近於常態機率分配，其

平均數 $= 0.6$

標準誤 $\sigma_{\bar{p}} = \sqrt{\frac{N-n}{N-1}} \sqrt{\frac{p(1-p)}{n}} = \sqrt{\frac{1520-200}{1520-1}} \sqrt{\frac{0.6(1-0.6)}{200}} = = 0.03229$，則

$P(0.57 < \bar{p} < 0.64) = P\left(\frac{0.57-0.6}{0.03229} < \frac{\bar{p}-0.6}{0.03229} < \frac{0.64-0.6}{0.03229}\right) = P(-0.92908 < Z < 1.23878)$

$P(\bar{p} < 0.57) = P(Z < -0.93) = 0.5 - 0.3238 = 0.1762$；

$P(\bar{p} > 0.64) = P(Z > 1.24) = 0.5 - 0.3925 = 0.1075$

$P(-0.92908 < Z < 1.23878) = P(-0.93 < Z < 1.24) = P(Z < -0.93) + P(Z < 1.24)$

$P(0.57 < \bar{p} < 0.64) = P(Z < -0.93) + P(Z < 1.24) = 0.3238 + 0.3925 = 0.7163$，圖示如下：

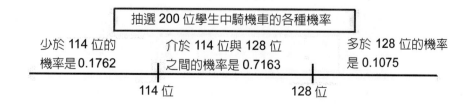

第七章

抽樣與抽樣分配

Unit **7-11**
樣本比例及點二項抽樣分配查詢程式

統計學與 Excel

1. 樣本比例抽樣分配查詢程式

樣本比例的抽樣分配查詢程式可依據母體比例 p 及樣本數 n 推算樣本比例的常態抽樣分配的平均數及標準差；並計算某一個指定樣本比例出現機率或某二個指定樣本比例之間及之外的出現機率。

以單元 7-10 實例一為例，查詢時先點選 ☞ 統計/抽樣分配/樣本比例抽樣分配 ☜ 即出現如下（未含輸入資料）的畫面：

在輸入畫面中點選有限母體選項，然後輸入母體比例 $p(0.6)$，母體個數 $N(1520)$ 及樣本個數 $n(200)$後，再輸入相當於 114 位及 128 位的樣本比例 0.57 及 0.64。單擊「確定」鈕後顯示樣本比例的常態抽樣分配為平均數 0.6 及修正標準誤 0.032292。

本程式先按無限母體的母體比例 p 及樣本個數 n 計算標準誤為 0.03464102，再因 $n/N = 0.1316 \geq 0.05$，而修正標準誤為 0.032292。畫面的最後一個方塊就是列示方塊（List Box），可以含容許多輸出資訊，使用者可由其右側的上下箭頭按鈕來瀏覽全部內容。程式先依標準誤 0.03464102，再按標準誤 0.032292，計算 200 位學生中少（及多）於 114 位（樣本比例 0.57）騎機車上學的機率；再計算 200 位學生中少（及多）於 128 位（樣本比例 0.64）騎機車上學的機率；最後計算 200 位學生中騎機車上學人數介於 114 位與 128 位之間及之外的機率。

下圖展示縮小樣本個數使其標準誤不必以有限個體校正因子修正之。

　　如將樣本個數 n 改為 68 位，且擬推算 68 位學生中介於 36 位至 47 位學生騎機車上班的機率，則因 36/68＝0.52941 及 47/68＝0.69117，最後輸入兩個樣本比例，單擊「確定」鈕而得如下的畫面。

　　因為 n/N＝68/1520＝0.0447 ≦ 0.05，故可依無限母體推算

$$\text{標準誤}＝\sigma_{\bar{p}}＝\sqrt{\frac{p(1-p)}{n}}＝\sqrt{\frac{0.6\times0.4}{68}}＝0.0594088$$

$$\text{推得 } P\,(X<36)＝P\,(X/68<36/68)＝P\,(p<0.52941176)$$

$$＝P\left(\frac{p-0.6}{0.0594088}<\frac{0.529412-0.6}{0.0594088}\right)＝P(Z<-1.188178)＝P(Z<-1.19)$$

$$＝0.5-0.3830＝0.1170，\text{其餘類推之。}$$

2. 點二項分配機率查詢程式

　　點二項分配機率查詢程式可以查詢在已知的母體成功機率 p 及試驗總次數 n 的情況下推算某一個成功次數發生機率及小於、等於或大於該成功次數的發生機率；若給定二個成功次數，則順便推算介於該兩個成功次數之間與之外的發生機率。查詢時先點選 ☞ 統計/抽樣分配/點二項分配機率查詢 ☜ 即出現如下（未含輸入資料）的畫面：

　　經輸入母體成功比例 p(0.23) 及試驗總次數 n(20) 後，再輸入一個或二個成功次數（3 次及 9 次），單擊「確定」鈕後即推算：

　　成功次數小於 3 次的機率為 0.128436938，等於 3 次的機率為 0.163091257，大於 3 次的機率為 0.708471805，小於等於 3 次的機率為 0.291528195。

　　成功次數小於 9 次的機率為 0.975388229，等於 9 次的機率為 0.01706689，大於 9 次的機率為 0.007544875，小於等於 9 次的機率為 0.992455125。

　　成功次數大於等於 3 次且小於等於 9 次的機率為 0.864018202。

　　成功次數小於 3 次或大於 9 次的機率為 0.135981798。

Unit 7-12
樣本比例差的抽樣分配及查詢程式

二個獨立母體的某項屬性比例分別為 p_1 與 p_2，今自各母體各抽取 n_1 個與 n_2 個樣本，各得同樣屬性比例 $\bar{p}_1$ 與 $\bar{p}_1$。則當大樣本時，根據中央極限定理，$\bar{p}_1 - \bar{p}_2$ 之抽樣分配會趨近常態分配，其

平均數為 $p_1 - p_2$

標準誤為 $\sqrt{\dfrac{p_1(1-p_1)}{n_1} + \dfrac{p_2(1-p_2)}{n_2}}$

如果 $np \geqq 5$ 且 $n(1-p) \geqq 5$ 時，則樣本數 n 可以認定為夠大。

實例一：

已知某棒球隊中打擊手 A 的打擊率為 0.25，打擊手 B 的打擊率為 0.35。本季該球隊打擊手 A 共打擊 135 次，打擊手 B 共打擊 150 次，試問(1)打擊手 A 與 B 打擊率差的抽樣分配？(2)打擊手 A 打擊率比打擊手 B 最多少 8% 的機率是多少？(3)兩打擊手打擊率相差 10% 之內的機率為何？

【解】

(1)已知條件為 $p_1 = 0.25$，$p_2 = 0.35$，$n_1 = 135$，$n_2 = 150$，且因 $n_1 p_1 = 33.75 \geqq 5$，$n_1(1-p_1) = 135 \times (1-0.25) = 101.25 \geqq 5$ 及 $n_2 p_2 = 52.5 \geqq 5$，$n_2(1-p_2) = 97.5 \geqq 5$，故知打擊手 A 與 B 打擊率差的抽樣分配為常態分配，其

平均數 $= p_1 - p_2 = 0.25 - 0.35 = -0.1$

標準誤為 $\sqrt{\dfrac{0.25(1-0.25)}{135} + \dfrac{0.35(1-0.35)}{150}} = 0.0539032$

(2)因為平均數是取打擊手 A 打擊率減打擊手 B，所以打擊手 A 打擊率比打擊手 B 最多少 8%，表示打擊手 A 打擊率與打擊手 B 打擊率的差是 -0.08。其機率是：

$$P(X > -0.08) = P\left(\frac{X-(-0.10)}{0.0539032} > \frac{-0.08-(-0.10)}{0.0539032}\right) = P(Z > 0.371035486)$$

$P(Z > 0.371035486) = P(Z > 0.37) = 0.5 - 0.1443 = 0.3557$，亦即：

打擊手 A 打擊率比打擊手 B 最多少 8% 的機率是 0.3557 或 35.57%。

(3)兩打擊手打擊率相差 10% 之內的機率，表示打擊手 A 打擊率減打擊手 B 打擊率少於 5% 或大於 -5%，其機率為：

$$P(-0.05 < X < 0.05) = P\left(\frac{-0.05-(-0.10)}{0.0539032} < \frac{X-(-0.10)}{0.0539032} < \frac{0.05-(-0.10)}{0.0539032}\right) 得$$

$P(0.92759 < Z < 2.78277) = P(0.93 < Z < 2.78) = 0.4973 - 0.3238 = 0.1735$，亦即：

兩打擊手打擊率相差 10% 之內的機率是 0.1735 或 17.35%。

樣本比例差的抽樣分配查詢程式可依據兩母體比例及兩樣本的樣本數推算樣本比例差的抽樣常態分配的平均數與標準誤，然後依據一個或二個樣本比例差的值推算少於或大於某個樣本比例差的機率及介於兩個樣本比例差之間及之外的機率。

查詢時先點選 ☞ 統計/抽樣分配/兩樣本比例差的抽樣分配 ☜ 即出現如下（未含輸入資料）的畫面：

輸入母體 1 比例（0.25）、樣本 1 個體（135）及母體 2 比例（0.35）、樣本 2 個體（150）後，應再輸入樣本 1 比例比樣本 2 比例的差值 −0.08，單擊「確定」鈕即可以推得打擊手 A 打擊率比打擊手 B 最多少 8%的機率為 0.355305612 如下圖。

如輸入樣本 1 比例與樣本 2 比例的差值為 −0.05 與 0.05，再單擊「確定」鈕即可推得

$P(x<-0.05)=0.823189497$，$P(x>-0.05)=0.176810503$

$P(x<0.05)=0.997305036$，$P(x>0.05)=0.002694964$

$P(-0.05<x<0.05)=0.174115539$，$P(x<-0.05$ 或 $x>0.05)=0.825884461$

第 **8** 章

統計估計

●●●●●●●●●●●●●●●●●●●●●●●●●● 章節體系架構 ▼

Unit **8-1**

點估計

　　第七章的抽樣分配可從參數已知的母體中抽取樣本，然後推估如樣本平均數、樣本比例及其和或差的發生機率等許多資訊。母體參數可由經驗累積而獲得，也希望能夠從母體抽取部份樣本，進而推估母體的參數。這種由樣本統計量推估母體參數的方法稱為統計估計。統計估計有點估計（Point Estimation）與區間估計（Interval Estimation）等兩種估計方式。母體參數的估計僅僅賦予一個估計值時，稱為點估計；如果賦予估計值的範圍時，則稱為區間估計。如估計一罐奶粉的重量為 500 公克則為點估計；如估計為 500±10 公克或 490 公克～510 公克則為區間估計。區間估計 500±5 公克比 500±10 公克的精確度高。

1. 點估計的實施步驟

(1)選定擬推估的母體參數 θ，θ 可以是平均數、眾數、變異數或標準差等。

(2)選取 N 個代表性樣本的 N 個觀測值 X_1、X_2、$\cdots$、X_N。各種樣本統計量均是這些觀測值的函數。選擇與母體參數 θ 對應統計量計算式計算點估計值。

　　例如，某大學有學生 3,564 人，如欲推估男生的平均身高則可隨機抽取某些個（如 100 位）男生並就其身高加以平均即得該校男生的平均身高的點估計值。

2. 優良點估計應備條件

　　一個優良的點估計值應具備下列特性，才能使點估計值趨近母體參數值。

(1)不偏性（Unbiasedness）

　　一個樣本統計量的期望值等於相對應的母體參數值時，該樣本統計量具有不偏性，否則屬於偏誤的點估計；由第七章可知 $E(\overline{X})=\mu$ 表示樣本平均數 $\overline{X}$ 的期望值等於母體平均數 μ，故 $\overline{X}$ 為母體平均數 μ 的不偏點估計。

　　下圖的 S_2 抽樣分配因為 $E(S_2) \neq \theta$ 所以是偏誤的點估計式，其偏誤量為 $E(S_2) - \theta$。

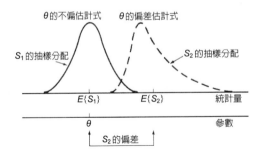

　　常用點估計式的不偏性如下表：

估計式	不偏性
樣本平均數 $\overline{X}$ 估計 μ	不偏
樣本變異數 S^2 估計 σ^2（無限母體或抽出又放回）	不偏
樣本標準差 S 估計 σ	偏誤
樣本比例 p 估計 π	不偏
樣本成功與失敗比例的 $p(1-p)$ 估計 $\pi(1-\pi)$	偏誤
樣本平均數之差 $\overline{X}_1 - \overline{X}_2$ 估計 $\mu_1 - \mu_2$	不偏
樣本比例之差 $\overline{p}_1 - \overline{p}_2$ 估計 $\pi_1 - \pi_2$	不偏

(2)有效性（Efficiency）

　　如果兩個統計量的抽樣分配有相同的平均數或期望值，則變異數較小的抽樣分配是較有效的估計式。如一常態分配母體的平均數為 μ，變異數為 σ^2，若以樣本平均數或中位數來估計母體平均數 μ 時，均具不偏性；但是平均數的變異數為 σ^2/n，而中位數的變異數則為 $\pi\sigma^2/(2n)$ 或 $(\pi/2)(\sigma^2/n)$，因平均數 $\overline{X}$ 的變異數較中位數 Md 的變異數小，故平均數 $\overline{X}$ 相對中位數 Md 在估計母體平均數 μ 有效，如下圖。

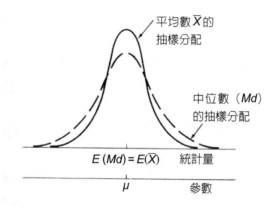

(3)一致性（Consistency）

　　當樣本數增大，其點估計量愈接近母體參數時，則稱此點估計量具有一致性；亦即大樣本可以比小樣本提供更好的點估計。如樣本平均數 $\overline{X}$ 的標準誤為 $\sigma_{\overline{X}} = \sigma/\sqrt{n}$，隨樣本數 n 增大而減少，故其點估計更趨近母體參數，如下圖。

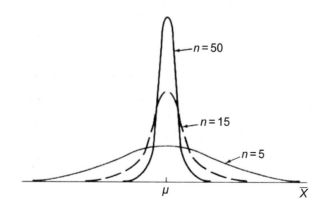

Unit 8-2

母體平均數 μ 的區間估計：抽樣誤差

樣本平均數 $\bar{X}$ 是母體平均數 μ 的不偏點估計，由於不同樣本所計得的平均數未必相同，而產生哪個平均數較具代表性的問題？統計上往往以區間估計來描述母體參數。以樣本統計量推估母體平均數的區間估計時，可依樣本數的大小而有不同的處理方式。本單元先說明樣本數不少於 30 的大樣本母體平均數 μ 的區間估計。

假設某服務業每月均做顧客滿意度調查，每位顧客從多項服務細項逐一評分，總評分最高可得 100 分。過去的滿意度調查顯示，每個月服務滿意分數的平均數均會改變，但其標準差則趨於穩定的 25 分，因此，我們可以假設母體標準差 σ 為 25 分。最近一個月的服務滿意調查的平均滿意分數（$\bar{X}$）為 85 分。以下就利用此例說明母體平均數的區間估計方法。

1. 抽樣誤差

一個樣本平均數 $\bar{X}$ 雖可當作母體平均數 μ 的不偏點估計，但是不同樣本所計得的平均數 $\bar{X}$ 也不相同。所謂抽樣誤差（Sampling Error）是指一個不偏估計量與母體參數差的絕對值，以樣本平均數 $\bar{X}$ 估計母體平均數 μ 而言，則其抽樣誤差為

抽樣誤差 $= |\bar{X} - \mu|$

因母體平均數 μ 是未知的，因此抽樣誤差也是無法直接計得的。如果母體的標準差 σ 為已知，則可利用 $\bar{X}$ 的抽樣分配來推算抽樣誤差的發生機率。

當樣本數 $n = 100$ 的大樣本情況下，母體標準差 $\sigma = 25$，則依據中央極限定理，可將 $\bar{X}$ 的抽樣分配視為常態分配，如下圖所示，而這個常態分配的平均數為 μ，標準誤為 $\sigma_{\bar{X}} = \sigma/\sqrt{n} = 25/\sqrt{100} = 2.5$。

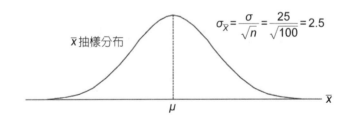

$\bar{x}$ 抽樣分布　　$\sigma_{\bar{X}} = \dfrac{\sigma}{\sqrt{n}} = \dfrac{25}{\sqrt{100}} = 2.5$

μ　　$\bar{x}$

2. 抽樣誤差的機率

若將抽樣誤差除以 $\bar{X}$ 抽樣分配的標準誤 $\sigma_{\bar{X}}$ 可得標準常態分配的標準變數 Z。由標準常態分配表可以讀得有 95% 的常態隨機變數會落在離平均數 ± 1.96 個標準誤內，因此在上圖的抽樣分配中，有 95% 的 $\bar{X}$ 值會落在 μ 的 ± 1.96 個標準誤內。因為 $\bar{X}$ 抽樣分配的標準誤 $\sigma_{\bar{X}}$ 為 2.5，得 $1.96\sigma_{\bar{X}} = 1.96 \times 2.5 = 4.90$，所以有 95% 的樣本平均數會落在母體平均數 μ 的 ± 4.90 範圍內，如下圖所示。

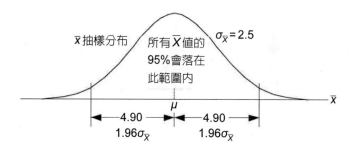

上圖可以顯示小於或等於 4.90 抽樣誤差的樣本平均數位置,所以只要某樣本平均數是在所有 $\bar{X}$ 值的 95%範圍之內,其抽樣誤差則為 4.90 或更小,但是如果樣本平均數落在分配的左尾或右尾,則抽樣誤差將大於 4.90,因此就此例而言,可以獲得「這個母體的平均數的抽樣誤差等於或少於 4.90 的機率是 95%」的結論陳述。

機率值 95%是一種精確度的陳述,如以 90%精確度,則利用標準常態分配可得 90%的 $\bar{X}$ 值會落在母體平均數 μ 的 ±1.645 個標準誤內,因 $1.645\sigma_{\bar{X}}=4.1125$,所以樣本平均數有 90%的機率會使抽樣誤差為 4.1125 或更小;同樣地,有 99%的機率會使抽樣誤差等於或小於 $2.576\sigma_{\bar{X}}=2.576 \times 2.5 = 6.44$ 或更小。機率值愈高,抽樣誤差的範圍也愈寬;換言之,抽樣誤差愈寬,樣本平均數落於其間的機率當然愈大。

若以 α 表示一個抽樣誤差精確度的機率值,則下圖中 $\alpha/2$ 代表 $\bar{X}$ 抽樣分配每一邊的面積或機率值,而 $1-\alpha$ 則表示樣本平均數的抽樣誤差小於或等於精確度上要求誤差的機率。例如,本例在 $\alpha=0.05$ 和 $1-\alpha=0.95$ 下,一個樣本平均數的抽樣誤差小於或等於 4.90 的機率是 0.95,而抽樣分配每一尾端的面積或機率為 $\alpha/2=0.025$。

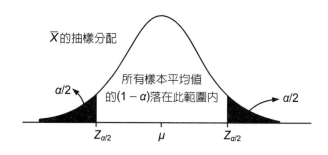

標準常態分配的標準變數以 Z 表示,則在 Z 的右下方標示一個代表此機率分配的右尾或左尾面積,如此,$Z_{0.025}$ 就表示在機率分配右尾或左尾之面積為 0.025 時的相對應 Z 值,按此符號規則,則可精確定義 $\bar{X}$ 的抽樣誤差為:

「樣本抽樣誤差會小於或等於 $Z_{\alpha/2}\sigma_{\bar{X}}$ 的機率是 $1-\alpha$」。

Unit 8-3

母體平均數 μ 的區間估計：大樣本情況

1. 母體標準差或變異數已知的情況

由單元 8-2 的抽樣誤差推論，本例的樣本平均數具有小於等於 4.90 抽樣誤差的機率是 0.95，依此結果，也可以樣本平均數 ±4.90 來建立對母體平均數 μ 的區間估計，即 $\bar{X}\pm4.90$。再進一步闡述的 μ 區間估計前，先以三組各 100 位顧客的樣本資料說明相關名詞與觀念。

假設第一組樣本平均數為 $\bar{x}_1$，下圖顯示在 $\bar{x}_1$ 加 4.90 與 $\bar{x}_1$ 減 4.90 的區間可以包含母體平均數 μ；而第二組樣本平均數 $\bar{x}_2$ 雖然與第一組的 $\bar{x}_1$ 不同，但 $\bar{x}_2$ 加減 4.90 的區間也可以包含母體平均數 μ；第三組樣本平均數 $\bar{x}_3$ 加減 4.90 所形成的區間則未涵蓋母體平均數 μ，其原因為 $\bar{x}_3$ 減去 4.90 的區間左端已經大於母體平均數 μ，因此以樣本平均數 $\bar{x}_3$ 加減 4.90 的區間並不涵蓋母體平均數。此乃樣本平均數 $\bar{x}_1$、$\bar{x}_2$ 落在 95% 範圍以內，故加減 4.90 的區間必涵蓋母體平均數 μ；而樣本平均數 $\bar{x}_3$ 落在 95% 範圍以外，故加減 4.90 的區間必不涵蓋母體平均數 μ。

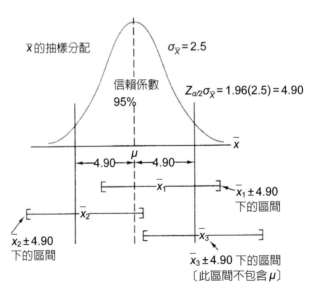

由此可知，任何落在上圖 95% 範圍內的樣本平均數 $\bar{X}$ 皆可形成包含母體平均數 μ 的區間，因為有 95% 的樣本平均數 $\bar{X}$ 會落在 95% 的範圍內，因此所有樣本平均值 $\bar{X}$ 加減 4.90 而會包含母體平均數 μ 值的可能性也有 95%，換言之，樣本平均數 $\bar{X}$ 加減 4.90 的區間有 95% 的信心、信賴度或機率會包含母體平均數 μ。在統計上，稱 α 為顯著水準（Significant Level），$1-\alpha$ 為信賴水準（Confidence Level）或信賴係數（Confidence Coefficient），而依據信賴係數所估得的區間稱為信賴區間（Confidence Interval）。

本例中最近的 100 位顧客的樣本平均滿意分數為 $\overline{X}=85$，利用區間 $\overline{X}\pm4.90$，可發現母體平均數 95%的信賴區間估計為 85 ± 4.9，亦即 80.10 到 89.90 之間。因此在 95% 的信賴係數下，該服務業可以認為所有顧客的平均滿意分數為 80.10 到 89.90 之間。

歸納前述逐步推敲與演進，可得大樣本，母體標準差（或變異數）已知的情況下，推估顯著水準 α 或信賴係數為 $1-\alpha$ 的信賴區間通則如下：

大樣本（樣本數不少於 30）且母體標準差 σ 已知的情況下，$1-\alpha$ 信賴係數的信賴區間為：

$$\overline{X}\pm Z_{\alpha/2}\frac{\sigma}{\sqrt{n}}$$

其中 $Z_{\alpha/2}$ 為標準常態分配具有 $\alpha/2$ 面積所對應的 Z 值。

常用的信賴水準及對應的 $Z_{\alpha/2}$ 列如下表：

信賴水準（係數）	α	$\alpha/2$	$Z_{\alpha/2}$
99%	0.01	0.005	2.576
95%	0.05	0.025	1.96
90%	0.10	0.05	1.645

其他信賴係數 $(1-\alpha)$ 或顯著水準 α 的標準常態分配的標準變數值可以試算表函數 NORMSINV $(\alpha/2)$ 推算之。

2. 母體標準差或變異數未知的情況

如果母體的標準差或變異數未知時，可以樣本標準差 S 替代母體標準差 σ，且其抽樣分配仍呈常態分配。而得母體標準差未知的信賴區間推估通則如下。

大樣本（樣本數不少於 30）但母體標準差 σ 未知的情況下，$1-\alpha$ 信賴係數的信賴區間為：

$$\overline{X}\pm Z_{\alpha/2}\frac{S}{\sqrt{n}}$$

其中 S 為樣本標準差，$Z_{\alpha/2}$ 為標準常態分配具有 $\alpha/2$ 面積所對應的 Z 值。

在信賴區間估算公式 $\overline{X}\pm Z_{\alpha/2}\frac{\sigma}{\sqrt{n}}$ 或 $\overline{X}\pm Z_{\alpha/2}\frac{S}{\sqrt{n}}$ 中的 $Z_{\alpha/2}\frac{\sigma}{\sqrt{n}}$ 或 $Z_{\alpha/2}\frac{S}{\sqrt{n}}$，可以 Excel 試算表提供的 CONFIDENCE（顯著水準，標準誤，樣本數）函數計算之，以免除查表之煩。下圖為本例，顯著水準 $\alpha=0.05$，標準差（母體或樣本均可）為 25，樣本數 100 的 $Z_{\alpha/2}\frac{\sigma}{\sqrt{n}}$ 或 $Z_{\alpha/2}\frac{S}{\sqrt{n}}$ 值，與本例的 4.90 相符。

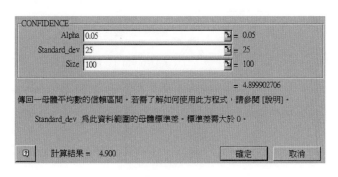

Unit 8-4

母體平均數 μ 的區間估計：小樣本情況

156

　　小樣本係指樣本數不及 30 個的樣本，則其樣本平均數 $\bar{X}$ 的抽樣分配將隨母體機率分配型態而改變。

　　如果母體不呈常態機率分配，則只有增加樣本數使達 30 個以上就可適用大樣本的情況來估算母體平均數 μ 的信賴區間；如果母體呈常態分配且母體標準差 σ 已知，則可適用大樣本情況；但如果母體標準差 σ 未知，則以小樣本標準差 S 代替母體標準差 σ，但應適用 t 機率分配來估算信賴區間。

　　母體平均數 μ 的信賴區間估算，依樣本大小及母體機率分配而適用不同 $\bar{X}$ 抽樣分配的標準誤與估算公式，整理如下圖。

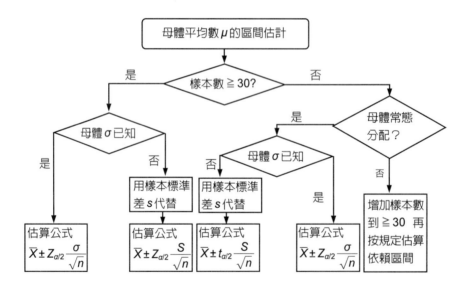

　　t 分配與標準常態分配的機率密度曲線均屬對稱鐘形，其平均數均為 0 如下圖，但是 t 分配的形狀因自由度不同而稍有改變，自由度愈大 t 分配愈趨近常態分配。

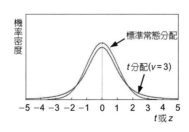

正如 $Z_{0.025}$ 表示標準常態分配右尾面積為 0.025 所對應的 Z 值，同樣地，以 $t_{0.025}$ 表示 t 分配右尾面積為 0.025 所對應的 t 值。通常以 $t_{\alpha/2}$ 表示 t 分配右尾面積為 $\alpha/2$ 時所對應的 t 值，或以 $t_{v,\,\alpha/2}$ 表示自由度 v 的 t 分配右尾面積為 $\alpha/2$ 時所對應的 t 值。

t 分配的自由度是樣本數 n 減 1，其理由說明如下：

以 X_1、X_2、$\cdots$、X_n 等 n 個樣本資料求其標準差的公式為：

$$S = \sqrt{\frac{\sum\limits_{t=1}^{n}(X_i - \overline{X})^2}{n-1}}$$

其中 $\sum\limits_{i=1}^{n}(X_i - \overline{X})^2$ 有 $X_1 - \overline{X}$、$X_2 - \overline{X}$、$\cdots\cdots$、$X_n - \overline{X}$ 等 n 個計算，所有樣本資料與其平均數之差數的總和為 0，亦即 $\Sigma(X_i - \overline{X}) = 0$，因此只有 $n-1$ 個 $X_i - \overline{X}$ 是獨立的，亦即只要知道了 $n-1$ 個 $X_i - \overline{X}$ 的值，則最後一個值可藉由 $\Sigma(X_i - \overline{X}) = 0$ 的先決條件推導出來，因此 t 分配的自由度是樣本數減 1。

得常態分配母體且標準差 σ 未知的小樣本信賴區間估算通式為：

$$\overline{X} \pm t_{n-1,\,\alpha/2}\frac{S}{\sqrt{n}}$$

其中 $1-\alpha$ 為信賴水準或信賴係數，S 為樣本標準差，$t_{n-1,\,\alpha/2}$ 為自由度 $n-1$，右尾面積或機率為 $\alpha/2$ 所對應的 t 值。

下表是自由度小於 30 的 t 分配右尾面積或機率為 0.025 的 t 值。

右尾機率為 0.025 不同自由度的 t 分配 t 值					
自由度	10	15	20	25	29
t 值	2.2281	2.1315	2.0860	2.060	2.045

t 分配自由度小於 30 的 $t_{0.025}$ 均大於標準常態分配 $Z_{0.025}$ 值（1.96）使得小樣本所估算的信賴區間偏大，也顯示其精確度較差。

$Z_{\alpha/2}\dfrac{\sigma}{\sqrt{n}}$ 可以試算表函數 CONFIDENCE（顯著水準,標準誤,樣本數）直接計得，但 $t_{n-1,\,\alpha/2}\dfrac{S}{\sqrt{n}}$ 則無相當的函數可用，能以函數 TINV($2 \times \alpha/2$,自由度)求得 $t_{n-1,\,\alpha/2}$。例如以函數 =TINV(0.025*2,14)推求自由度 14，顯著水準 $\alpha = 0.05$ 的值 $t_{\alpha/2}$，如下圖。

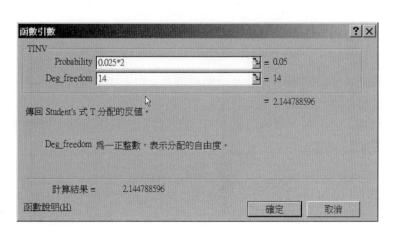

Unit **8-5**

母體平均數 μ 的區間估計實例

實例一：

　　某餐廳晚餐時間抽取 49 位顧客的平均消費額是 560 元，根據過去經驗晚餐顧客消費的標準差是 224 元，試估計信賴係數 95% 的信賴區間？

【解】

　　雖然晚餐顧客消費的機率分配未知，但因樣本數 $n = 49$，屬於大樣本，因此樣本平均數 $\overline{X}$ 的抽樣分配可視同常態分配。

　　母體標準差 $\sigma = 224$，故樣本的標準誤 $\sigma_{\overline{x}} = \dfrac{\sigma}{\sqrt{n}} = \dfrac{224}{\sqrt{49}} = 32$

　　信賴係數 $(1 - \alpha) = 0.95$，所以 $\alpha = 0.05$，由函數 $= \text{NORMSINV}(0.975)$ 得標準常態分配右尾機率為 0.025 的 $Z_{0.025}$ 值為 1.96，由樣本平均數 $\overline{X} = 560$，推得信賴區間的下限值 $= 560 - 1.96 \times 32 = 497.28$，上限值 $= 560 + 1.96 \times 32 = 622.72$　或信賴區間為 $497.28 \leqq \mu \leqq 622.72$

實例二：

　　某餐廳晚餐時間抽取 49 位顧客的平均消費額是 560 元，餐廳晚餐顧客消費的標準差未知，但是 49 位顧客的消費額如下表：

493	274	615	845	830	950	520
510	805	320	410	180	150	340
380	145	430	470	590	480	500
550	860	540	520	450	1000	750
1200	400	932	200	680	760	1000
542	450	720	480	750	250	370
260	480	552	570	487	1150	300

　　試估計信賴係數 95% 的信賴區間？

【解】

　　雖然晚餐顧客消費的機率分配及母體標準差 σ 均未知，但因樣本數 $n = 49$，屬於大樣本，因此樣本平均數 $\overline{X}$ 的抽樣分配可視同常態分配。

　　因母體標準差 σ 未知，故應計算 49 位顧客的平均數 $\overline{X}$ 與樣本標準差 S，以推算 $\overline{X}$ 的抽樣分配的標準誤。

$$樣本平均數 \ \overline{X} = \frac{\sum\limits_{i=1}^{49} X_i}{49} = \frac{27,440}{49} = 560$$

樣本標準差 $S = \sqrt{\dfrac{\sum\limits_{i=1}^{n}(X_i - \overline{X})^2}{n-1}} = \sqrt{\dfrac{3,156,586}{49-1}} = \sqrt{65,762.20833} = 256.4414$

$\overline{X}$ 的抽樣分配的標準誤 $\sigma_{\overline{X}} = \dfrac{S}{\sqrt{n}} = \dfrac{256.4414}{\sqrt{49}} = 36.6301$

$Z_{0.025} = 1.96$，故 $Z_{0.025}\,\sigma_{\overline{X}} = 1.96 \times 36.6301 = 71.80$ 或

由試算表函數=CONFIDENCE(0.05,256.4414,49)亦可推得 $Z_{0.025}\,\sigma_{\overline{X}} = 71.80$，如下圖。

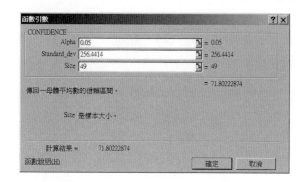

得信賴區間的下限值 $= 560 - 71.80 = 488.20$，上限值 $= 560 + 71.80 = 631.80$ 或信賴區間為 $488.20 \leqq \mu \leqq 631.80$。

實例三：

某公司在某一新銷售地區隨機抽出 12 個家庭，其人口數如下表，試求該銷售地區家庭平均人口數的 95%信賴區間。

家庭	家庭人口數	家庭	家庭人口數
1	4	7	3
2	3	8	2
3	3	9	4
4	2	10	5
5	3	11	3
6	5	12	2

【解】

假設家庭人口數呈常態分配，但母體標準差未知 σ，故可以樣本標準差 S 替代，但因樣本數 $n = 12$（小於 30），故適用 t 分配來估算信賴區間。

樣本平均數 $\overline{X} = \dfrac{\sum X_i}{n} = \dfrac{39}{12} = 3.25$，樣本標準差 $S = \sqrt{\dfrac{\sum\limits_{i=1}^{n}(X_i - \overline{X})^2}{n=1}} = \sqrt{\dfrac{12.25}{11}} = 1.0553$，

$\overline{X}$ 的抽樣分配的標準誤 $\sigma_{\overline{X}} = \dfrac{S}{\sqrt{n}} = \dfrac{1.0553}{\sqrt{12}} = 0.3046$，

顯著水準 $\alpha = 0.05$，以試算表函數=TINV（0.025*2,11)查得 $t_{11,\,0.025} = 2.2$

$t_{11,\,0.025}\,\sigma_{\overline{X}} = 0.3046 \times 2.2 = 0.67$，所以 95%信賴區間的下限值 $= 3.25 - 0.67 = 2.58$，上限值 $= 3.25 + 0.67 = 3.92$ 或信賴區間為 $2.58 \leqq \mu \leqq 3.92$。

Unit 8-6

母體平均數 μ 的區間估計程式使用說明

使用母體平均數 μ 的區間估計程式時，點選 ☞ 統計/區間估計/單母體/母體平均數 μ 區間估計 ☜ 即出現如下畫面：

畫面中的母體欄框中可指定母體的機率分配，標準差 σ 或變異數。樣本欄框中必須輸入樣本數及樣本平均數，也可輸入樣本的標準差或變異數。因為母體或樣本的標準差均可適用，故兩者可以擇一輸入之。

就單元 8-5 實例一應輸入母體標準差 σ(224)，樣本數 n(49)，樣本平均數 Xb(560) 並指定信賴係數後，單擊「確定」鈕即進行母體平均數 μ 的區間估計，即得估計的母體平均數區間為 $497.28125 \leqq \mu \leqq 622.71875$，而與實例一演算結果相符。

以下是單元 8-5 實例二的求解畫面。因為僅有樣本資料，故輸入信賴係數 0.95 後，將滑鼠游標置入樣本資料的範圍下的輸入方格內，或直接輸入或用滑鼠點選含有 49 位顧客消費額的儲存格，單擊「確定」鈕後直接由程式依樣本資料推計樣本

數、平均數及標準差，再推估母體平均數的信賴區間，如下圖。

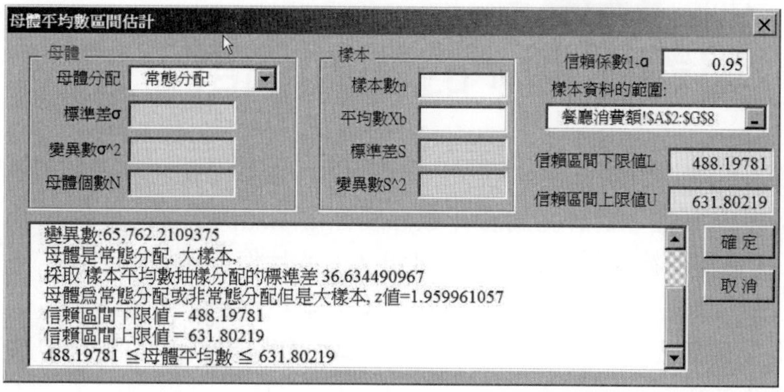

除可在如下的輸入框格內直接指定樣本資料在試算表位置外，尚可單擊樣本資料的範圍框格內右側含有負號(-)按鈕，使整個輸入畫面暫時換成下圖右側的圖案（擴大試算表可見到的面積），使能以滑鼠點選樣本資料的儲存格位置。

	A	B	C	D	E	F	G
1	某餐廳晚餐49位顧客的消費額						
2	493	274	615	845	830	950	520
3	510	805	320	410	180	150	340
4	380	145	430	470	590	480	500
5	550	860	540	520	450	1000	750
6	1200	400	932	200	680	760	1000
7	542	450	720	480	750	250	370
8	260	480	552	570	487	1150	300

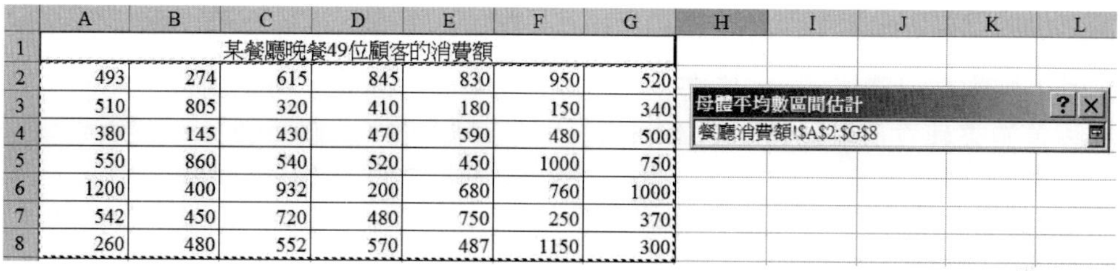

以滑鼠點選儲存格$A$2：$G$8（不必包含標題）後，其地址即出現在右圖的框格內，再單擊框格內右側的按鈕即可回復原來輸入畫面且樣本資料的範圍也已經指定了。

單元 8-5 的實例三，樣本平均數爲 3.25，標準差爲 1.0553，樣本數 $n = 12$，信賴係數 0.95，輸入上述資料後，單擊「確定」鈕即進行區間估計結果如下圖。圖中的列示方塊顯示：本例爲小樣本且適用 t 分配，其臨界 t 值爲 2.200986385。

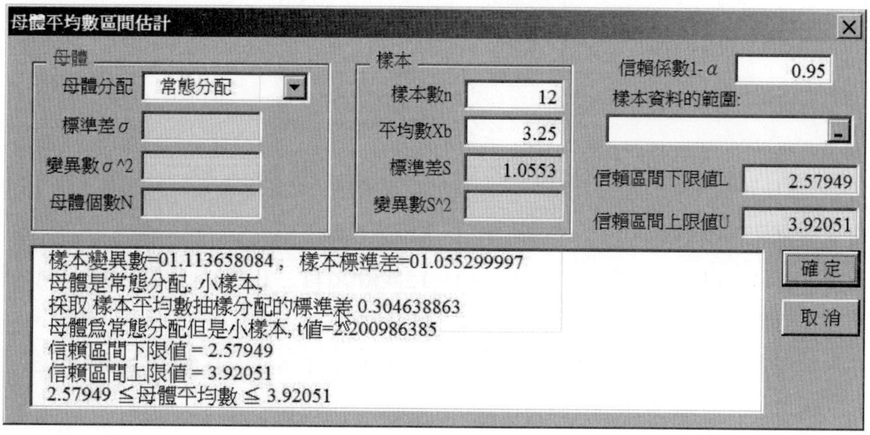

Unit 8-7

母體比例 π 的區間估計

母體中各個體均有如重量、體積、價值等數值屬性，但也有一些如性別、嗜好、習慣等屬非數值屬性。統計上對於非數值屬性常以比例處理之。例如某社區有素食者 2,163 人，占整個社區母體人數（15,450 人）的比例或比值是 2,163 人 ÷ 15,450 人 = 0.14。

事實上，母體或樣本比例也是一種平均數，如將素食者的飲食習慣屬性以 1 表示之，非素食者的飲食習慣屬性以 0 表示之，則將社區所有人的飲食習慣屬性相加，其和數也應是 2,163，除以母體人數 15,450 即是飲食習慣的平均數或比例。

既然比例 p 也有平均數的性質，因此可以套用母體平均數的區間估計原理，以樣本的比例 p 來推估母體比例 π 的信賴區間。

單元 8-1 已述及樣本比例 p 是母體比例 π 的不偏估計量，若樣本數為 n，樣本比例為 p，且 $np \geq 5$ 及 $n(1-p) \geq 5$ 的情況下，樣本比例 p 的抽樣分配會趨近於常態分配，其平均數為母體比例 π，標準差為 $\sqrt{p(1-p)/n}$。因此，可利用樣本比例 p 加減抽樣誤差值來建立母體比例 π 的區間估計。如下圖可得信賴係數 $1-\alpha$ 的信賴區間為：

$$p \pm Z_{\alpha/2}\sigma_p \text{ 或 } p \pm Z_{\alpha/2}\sqrt{p(1-p)/n} \text{ 亦可寫成}$$

$$p - Z_{\alpha/2}\sqrt{p(1-p)/n} \leq \pi \leq p + Z_{\alpha/2}\sqrt{p(1-p)/n}$$

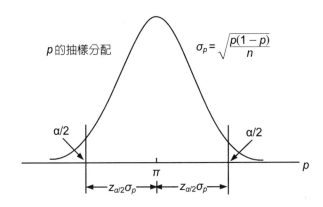

如以前述某社區 15,450 人中有 2,163 人為素食者的事實資料當做樣本，推求更大母體素食者比例信賴係數 0.95 的信賴區間，則樣本數 n 為 15,450，樣本比例 $p = 0.14$。因為 $np = 15,450 \times 0.14 = 2163 > 5$，$n(1-p) = 15,450 \times (1-0.14) = 13287 > 5$，故樣本比例 p 的抽樣分配為常態分配。

$$\sigma_p = \sqrt{p(1-p)/n} = \sqrt{0.14 \times (1-0.14)/15450} = 0.0027916$$

信賴係數 0.95 的臨界 Z 值為 $Z_{\sigma/2} = Z_{0.025} = -1.95996$ 或 $Z_{0.975} = 1.95996$，得

母體比例 π 的信賴區間下限值 $= 0.14 - 0.0027916 \times 1.95996 = 0.13453$

母體比例 π 的信賴區間上限值 $= 0.14 + 0.0027916 \times 1.95996 = 0.14547$

或母體比例 π 的信賴區間為 $0.13453 \leqq \pi \leqq 0.14547$

如果信賴係數改為 0.99，則臨界 Z 值為 $|Z_{\sigma/2}| = |Z_{0.01/2}| = 2.57583$，樣本比例 p 抽樣分配的標準差 0.0027916 不因信賴係數而改變，得信賴係數 0.99 的信賴區間為：

下限值 $= 0.14 - 0.0027916 \times 2.57583 = 0.13281$，上限值 $= 0.14720$

試算表軟體尚無母體比例區間估計的函數或程式可用，但可選用本書隨附的母體比例區間估計程式來推算之。使用時請點選 ☞ 統計/區間估計/單母體/母體比例 π 區間估計/☜ 後出現如下輸入畫面：

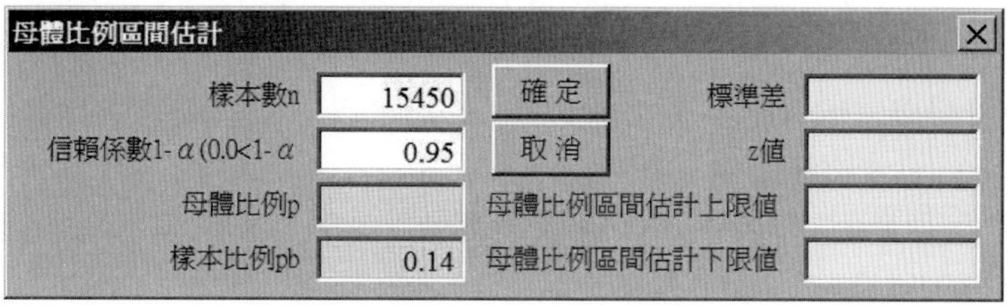

必須輸入樣本數 $n(15450)$ 及信賴係數(0.95)，母體比例或樣本比例兩者擇一輸入之，將比例 0.14 輸入到樣本比例格，然後單擊「確定」鈕即進行母體比例的區間估計，結果如下圖。

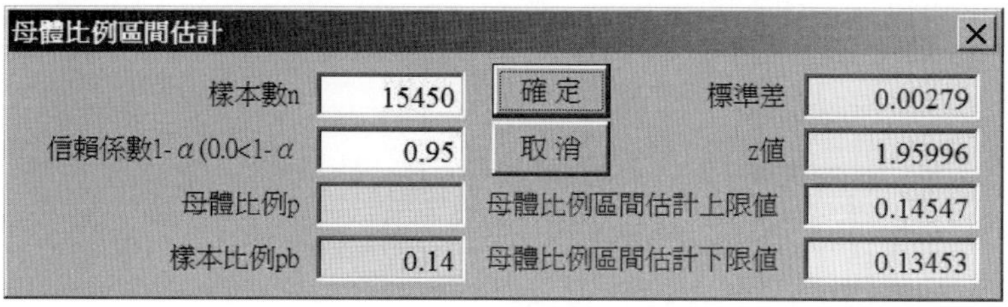

上圖中計得樣本比例 p 的標準差為 0.00279，信賴係數 0.95 的臨界 Z 值為 1.95996，信賴區間為 $0.13453 \leqq \pi \leqq 0.14547$。

信賴係數 0.99 的臨界 Z 值為 2.57583，信賴區間為 $0.13281 \leqq \pi \leqq 0.14720$ 如下圖。

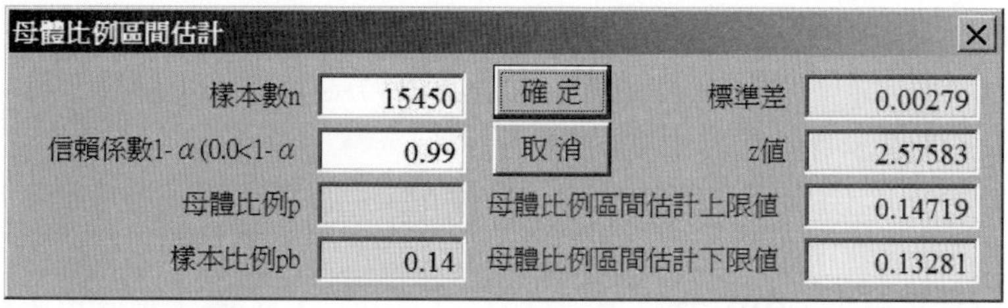

Unit **8-8**

母體變異數的區間估計

1. 卡方統計量

變異數也是母體重要參數之一，是描述母體資料分散程度的參數。變異數也可由樣本統計量推估而得。設從母體中隨機抽取樣本 X_1、X_2、……、X_n，則樣本變異數 S^2 為：

$$S^2 = \frac{\sum\limits_{i=1}^{n}(X_i - \overline{X})^2}{n-1}$$

若假設母體為常態分配，將 S^2 乘以 $n-1$ 再除以 σ^2 所得到的統計量為一卡方分配（χ^2 分配）稱為卡方統計量，即

$$\frac{(n-1)S^2}{\sigma^2} = \frac{\sum\limits_{i=1}^{n}(X_i - \overline{X})^2}{\sigma^2} \sim \chi^2_{n-1}$$

卡方統計量為自由度 $n-1$ 的卡方分配。

2. 卡方分配的特性

(1)卡方分配為一個定義於卡方值大於等於 0 範圍的不對稱分配，其分配的形狀由自由度的大小所決定，如下圖。

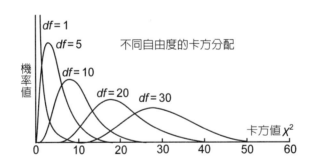

不同自由度的卡方分配

(2)設 v 為卡方分配的自由度，則卡方分配的平均數與變異數分別為：

$$E(\chi^2_v) = v \text{，} V(\chi^2_v) = 2v$$

(3)卡方分配隨自由度 v 的增加而逐漸趨於對稱的常態分配。

(4)兩個獨立的卡方隨機變數相加所得之隨機變數仍為卡方隨機變數，其卡方分配的自由度為該兩個卡方分配自由度之和。

(5)Excel 試算表提供 CHIINV（機率值 p，自由度 v）函數求得某機率值 p 及自由度 v 的卡方值 χ^2 如右圖所示。

(6)Excel 試算表也提供 CHIDIST（卡方值 χ^2，自由度 v）函數求得在自由度 v 相當卡方值 χ^2 的機率值 p，如右圖所示。

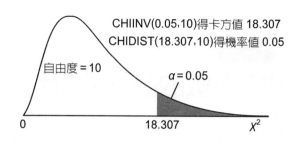

CHIINV(0.05,10)得卡方值 18.307
CHIDIST(18.307,10)得機率值 0.05

自由度 = 10

$\alpha = 0.05$

0   18.307 x^2

3. 母體變異數的信賴區間估計

卡方分配的自由度爲樣本數 n 減 1，由樣本資料亦可計得樣本變異數 S^2，因此在某一信賴係數 $1 - \alpha$ 下即可求得相當的卡方值 $\chi^2_{n-1, \alpha/2}$。

如下圖，右尾端的面積或機率爲 $\alpha/2$，左尾端的面積或機率亦爲 $\alpha/2$；則左右兩端的卡方值分別爲 $\chi^2_{n-1, 1-\alpha/2}$ 及 $\chi^2_{n-1, \alpha/2}$。

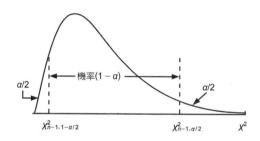

$\alpha/2$ 機率$(1-\alpha)$ $\alpha/2$

$\chi^2_{n-1, 1-\alpha/2}$ $\chi^2_{n-1, \alpha/2}$ x^2

由卡方統計量 $\dfrac{(n-1)S^2}{\sigma^2}$ 在信賴係數 $1 - \alpha$ 的機率區間爲：

$$\chi^2_{n-1, 1-\alpha/2} \le \frac{(n-1)S^2}{\sigma^2} \le \chi^2_{n-1, \alpha/2}$$

整理之得母體變異數 σ^2 的信賴區間爲：

$$\frac{(n-1)S^2}{\chi^2_{n-1, \alpha/2}} \le \sigma^2 \le \frac{(n-1)S^2}{\chi^2_{n-1, 1-\alpha/2}}$$

設從一個母體隨機抽取 49 個樣本，並計得其變異數爲 65,762.21，則可如下的順序推算在信賴係數 0.95 下的母體變異數 σ^2 信賴區間。

由信賴係數 0.95 知 $\alpha = 0.05$，$\alpha/2 = 0.025$，則由 CHIINV(0.025,48)推得卡方值 $\chi^2_{48, 0.025}$ 是 69.02256903；由 CHIINV(0.975,48)推得卡方值 $\chi^2_{48, 0.975}$ 是 30.75449876。故得母體變異數 σ^2 的信賴區間爲：

$$\frac{(n-1)S^2}{\chi^2_{48, 0.025}} \le \sigma^2 \le \frac{(n-1)S^2}{\chi^2_{48, 0.975}} \text{或} \frac{(49-1) \times 65762.21}{69.02256903} \le \sigma^2 \le \frac{(49-1) \times 65762.21}{30.75449876}$$

計得 $45,732.659 \le \sigma^2 \le 102,638.174$，也可推得標準差的信賴區間爲 $213.852 \le \sigma \le 320.372$

Unit 8-9

母體變異數的區間估計程式使用說明

1. 母體變異數的區間估計程式

使用母體變異數的區間估計程式時，點選 ☞ 統計/區間估計/單母體/母體變異數區間估計 ☜ 即出現如下畫面：

母體區間變異數(標準差)區間估計			✕
樣本數n	49		的機率卡方值為
信賴係數1-α(0.0<1-α<1.0)	0.95		的機率卡方值為
樣本變異數S^2	65762.21	母體變異數區間估計上限值	
樣本資料範圍		母體變異數區間估計下限值	
確定　取消		←(下限值) 母體標準差 (上限值)→	

輸入樣本數(49)、信賴係數(0.95)及樣本變異數(65,762.21)後，單擊「確定」鈕即進行母體變異數區間估計如下圖：

母體區間變異數(標準差)區間估計				✕
樣本數n	49	0.025	的機率卡方值為	69.02257
信賴係數1-α(0.0<1-α<1.0)	0.95	0.975	的機率卡方值為	30.7545
樣本變異數S^2	65762.21		母體變異數區間估計上限值	102.638.187
樣本資料範圍			母體變異數區間估計下限值	45.732.6679
確定　取消	213.85198		←(下限值) 母體標準差 (上限值)→	320.37195

得估計的母體變異數區間為 $45{,}732.67 \leq \sigma^2 \leq 102{,}638.19$，母體標準差區間為 $213.85 \leq \sigma \leq 320.37$。

2. 母體平均數區間估計的樣本數

樣本平均數抽樣分配的抽樣誤差有 $1-\alpha$ 的機率會小於或等於 $Z_{\alpha/2}\sigma/\sqrt{n}$，因此抽樣誤差取決於樣本數 n、$Z_{\alpha/2}$、$\sigma/\sqrt{n}$ 等三量。在選定信賴係數後 $Z_{\alpha/2}$ 即成定數，σ 則是母體的標準差，因此樣本數 n 可以影響抽樣誤差，且因樣本數在抽樣誤差算式中處於分母地位，而與抽樣誤差成反向關係。樣本數 n 愈大，則抽樣誤差愈小；反之，抽樣誤差愈大。樣本數 n 太大固然可得較小的抽樣誤差，但是抽樣成本變高。權宜之計就是在選擇信賴係數的同時，決定一個最大容許的抽樣誤差量 E，再反推經濟的樣本數 n。亦即令 $E=Z_{\alpha/2}\dfrac{\sigma}{\sqrt{n}}$，然後整理得經濟的樣本數 $n=\dfrac{(Z_{\alpha/2})^2\,\sigma^2}{E^2}$。

若母體標準差 σ 不可得，則以樣本標準差 S 替代之得經濟的樣本數 $n=\dfrac{(Z_{\alpha/2})^2\,S^2}{E^2}$。

若母體標準差為 25，在信賴係數 0.95 下，則應該選擇多大的樣本數 n 才能使平均數的抽樣誤差在 6 以內？

因為 $\sigma = 25$，$E = 6$，顯著水準 $\alpha = 1 - 0.95 = 0.05$，得 $Z_{0.025} = -1.95996$，所以：

$$經濟樣本數\ n = \frac{(-1.95996)^2 \times 25^2}{6^2} = 66.69 = 67$$

使用母體平均數區間估計的抽樣樣本數 n 的估算程式時，點選 ☞ 統計/區間估計/單母體/母體平均數 μ 區間估計樣本數估算/☜ 即出現如下畫面：

母體平均數區間估計的抽樣樣本數估算	✕
預期抽樣誤差--常態分配平均數到信賴區間上限或下限的距離h ... 6	確定
信賴係數1-α(0≦1-α≦1) ... 0.95　　建議的樣本數n ... 67	取消
母體變異數(或估計值) ... 　或　母體標準差σ(或估計值) ... 25	

輸入預期抽樣誤差(6)顯著水準(0.95)及母體標準差(25)後，單擊「確定」鈕即得演算結果如上圖，經濟樣本數 n 是 67。

3. 母體比例區間估計的樣本數

樣本比例抽樣分配的抽樣誤差有 $1 - \alpha$ 的機率會小於或等於 $Z_{\alpha/2}\sqrt{p(1-p)/n}$，因此抽樣誤差取決於樣本數 n、$Z_{\alpha/2}$、$\sqrt{p(1-p)/n}$ 等三量。同理，樣本數 n 在抽樣誤差算式中處於分母地位，而與抽樣誤差成反向關係。樣本數 n 愈大，則抽樣誤差愈小；反之，抽樣誤差愈大。若在選擇信賴係數的同時，決定一個最大容許的抽樣誤差量 E，就可反推經濟的樣本數 n。亦即令 $E = Z_{\alpha/2}\sqrt{p(1-p)/n}$，整理之可得經濟樣本數 $n = \dfrac{(Z_{\alpha/2})^2 P(1-P)}{E^2}$。

單元 8-7 以 15,450 人為樣本調查素食者的比例為 0.14，推估信賴係數 0.95 的母體比例信賴區間為 $0.13453 \leq \pi \leq 0.14547$。所得抽樣誤差$(0.14547 - 0.13453) \div 2$ 為 0.00547。如將抽樣誤差降低為 0.005，則所需樣本數 n 計算如下：

$$經濟樣本數\ n = \frac{(1.95996)^2 \times 0.14 \times 0.86}{0.005^2} = 18,500.39，取\ 18,501\ 個樣本$$

點選 ☞ 統計/區間估計/單母體/母體比例 π 區間估計樣本數估算 ☜ 出現如下畫面，輸入最大誤差量(0.005)、信賴係數及樣本比例(0.14)，單擊「確定」鈕即得演算結果。樣本數 18,501 人比原來的 15,450 人多是合理的，因減少了抽樣誤差。

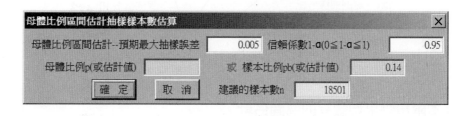

母體比例區間估計抽樣樣本數估算	✕
母體比例區間估計--預期最大抽樣誤差 ... 0.005　信賴係數1-α(0≦1-α≦1) ... 0.95	
母體比例p(或估計值) ... 　或　樣本比例pb(或估計值) ... 0.14	
確定　取消　建議的樣本數n ... 18501	

Unit　8-10
兩獨立母體平均數差區間估計(一)

統計學與 Excel

　　每個母體都有如平均數、比例或變異數,兩個母體相當參數的和或差也有其區間估計。例如比較台北市與新北市房屋平均價格差的區間估計是屬兩個母體平均數差的區間估計。推估區間時應先從兩個母體隨機抽取樣本,再由樣本統計量推估之。

　　設 μ_1 為母體 1 的平均數, μ_2 為母體 2 的平均數,欲估計 $\mu_1 - \mu_2$ 的區間,必須從母體 1 隨機抽取 n_1 個樣本,從母體 2 隨機抽取 n_2 個樣本。令 $\overline{X}_1 = n_1$ 個樣本的平均數, $\overline{X}_2 = n_2$ 個樣本的平均數, $\overline{X}_1 - \overline{X}_2$ 則就是兩母體平均數差 $\mu_1 - \mu_2$ 的點估計量。如同單母體,推估兩母體平均數差的區間時,也應了解樣本平均數差 $\overline{X}_1 - \overline{X}_2$ 的抽樣分配。如下是 $\overline{X}_1 - \overline{X}_2$ 的抽樣分配的一些特性:

抽樣分配的期望值: $E(\overline{X}_1 - \overline{X}_2) = \mu_1 - \mu_2$

抽樣分配的標準誤: $\sigma_{\overline{X}_1 - \overline{X}_2} = \sqrt{\dfrac{\sigma_1^2}{n_1} + \dfrac{\sigma_2^2}{n_2}}$

　　其中, σ_1 、 σ_2 是母體 1、2 的標準差; n_1 、 n_2 是由母體 1、2 抽取的樣本數。至於 $\overline{X}_1 - \overline{X}_2$ 的抽樣分配形式則依樣本數大小而異。下圖為 $\overline{X}_1 - \overline{X}_2$ 的抽樣分配與 $\overline{X}_1$ 的抽樣分配、 $\overline{X}_2$ 的抽樣分配的關聯圖。

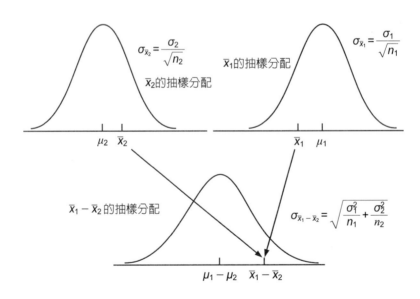

1. 大樣本兩母體平均數差的區間估計

　　兩個樣本的樣本數均大於或等於 30 時,則 $\overline{X}_1 - \overline{X}_2$ 的抽樣分配趨近常態分配,故在信賴係數 $1 - \alpha$ 下的母體平均數差的信賴區間為:

$$\overline{X}_1 - \overline{X}_2 \pm Z_{\alpha/2}\sigma_{\overline{X}_1 - \overline{X}_2}$$

如果母體標準差 σ_1、σ_2 無法得知，可使用兩樣本的標準差 S_1、S_2 代替而得：

$$S_{\overline{X}_1 - \overline{X}_2} = \sqrt{\frac{S_1^2}{n_1} + \frac{S_2^2}{n_2}}：，信賴區間 \overline{X}_1 - \overline{X}_2 \pm Z_{\alpha/2} S_{\overline{X}_1 - \overline{X}_2}$$

設有由兩個母體所抽取的兩獨立隨機樣本的結果為：

	樣本數	平均數	標準差
樣本 1	50	13.6	2.2
樣本 2	35	11.6	3.0

因為兩樣本的樣本數均大於 30，可視同大樣本，又因母體變異數未知故以樣本標準差換算替代，得 $n_1 = 50$，$\overline{X}_1 = 13.6$，$S_1 = 2.2$，$n_2 = 35$，$\overline{X}_2 = 11.6$，$S_2 = 3.0$。

兩母體平均數差的點估計 $= \overline{X}_1 - \overline{X}_2 = 13.6 - 11.6 = 2.0$

兩母體平均數差的標準誤 $= S_{\overline{X}_1 - \overline{X}_2} = \sqrt{\frac{2.2^2}{50} + \frac{3.0^2}{35}} = 0.594931$

又在信賴係數 0.95 下，$\alpha = 0.05$，$Z_{\alpha/2} = Z_{0.025} = 1.95996$。

信賴區間的下限值 $= 2.0 - 1.95996 \times 0.594931 = 0.8340$

信賴區間的上限值 $= 2.0 + 1.95996 \times 0.594931 = 3.1660$

2. 小樣本兩母體平均數差的區間估計

兩樣本之一的樣本數少於 30 或兩個樣本的樣本數均少於 30，則屬小樣本，其區間估計在信賴係數 $1 - \alpha$ 下，依下列三種情況處理之：

(1)兩母體變異數已知時（常態分配）

信賴區間為 $\overline{X}_1 - \overline{X}_2 \pm Z_{\alpha/2} \sigma_{\overline{X}_1 - \overline{X}_2}$，其中：

$$\sigma_{\overline{X}_1 - \overline{X}_2} = \sqrt{\frac{\sigma_1^2}{n_1} + \frac{\sigma_2^2}{n_2}}$$

(2)兩母體變異數未知時（t 分配）

信賴區間為 $\overline{X}_1 - \overline{X}_2 \pm t_{v, \alpha/2} S_{\overline{X}_1 - \overline{X}_2}$，其中：

$$S_{\overline{X}_1 - \overline{X}_2} = \sqrt{\frac{S_1^2}{n_1} + \frac{S_2^2}{n_2}}，自由度 v = \frac{(S_1^2/n_1 + S_2^2/n_2)^2}{\frac{(S_1^2/n_1)^2}{n_1 - 1} + \frac{(S_2^2/n_2)^2}{n_2 - 1}} 取整數$$

(3)兩母體變異數未知，但已知為相等時（t 分配）

信賴區間為 $\overline{X}_1 - \overline{X}_2 \pm t_{n_1 + n_2 - 2, \sigma/2} S_{\overline{X}_1 - \overline{X}_2}$

其中 $S_{\overline{X}_1 - \overline{X}_2} = S_p \sqrt{1/n_1 + 1/n^2}$，$S_p = \sqrt{\frac{(n_1 - 1)S_1^2 + (n_2 - 1)S_2^2}{n_1 + n_2 - 2}}$，自由度 $= n_1 + n_2 - 2$

Unit **8-11**
兩獨立母體平均數差區間估計（二）

設有由兩個母體所抽取的兩獨立隨機樣本的結果為：

	樣本數	平均數	標準差
樣本 1	10	22.5	2.5
樣本 2	8	20.1	2.0

因為兩樣本的樣本數均小於 30，應視同小樣本，又因母體變異數未知故以樣本標準差換算替代，得 $n_1 = 10$，$\overline{X}_1 = 22.5$，$S_1 = 2.5$，$n_2 = 8$，$\overline{X}_2 = 20.1$，$S_2 = 2.0$。

兩母體平均數差的點估計 $= \overline{X}_1 - \overline{X}_2 = 2.4$

假設兩母體變異數相等，故：

混合變異數 $S_p = \sqrt{\dfrac{(n_1 - 1)S_1^2 + (n_2 - 1)S_2^2}{n + n_2 - 2}} = \sqrt{\dfrac{(10 - 1) \times 2.5^2 + (8 - 1) \times 2.0^2}{10 + 8 - 2}} = 2.29469$

平均數差的標準誤 $= S_{\overline{X}_1 - \overline{X}_2} = S_p \sqrt{1/n_1 + 1/n_2} = 2.29469 \times \sqrt{1/10 + 1/8} = 1.088468$

又在信賴係數 0.95 下，$\alpha = 0.05$，自由度 $= 10 + 8 - 2 = 16$，$t_{16, 0.025} = 2.119905$

信賴區間的下限值 $= 2.4 - 2.119905 \times 1.088468 = 0.0926$

信賴區間的上限值 $= 2.4 + 2.119905 \times 1.088468 = 4.7075$

再假設兩母體變異數不相等，故：

平均數差的標準誤 $= S_{\overline{X}_1 - \overline{X}_2} = \sqrt{\dfrac{S_1^2}{n_1} + \dfrac{S_2^2}{n_2}} = \sqrt{\dfrac{2.5^2}{10} + \dfrac{2.0^2}{8}} = 1.060660$

又在信賴係數 0.95 下，$\alpha = 0.05$，

自由度 $= \dfrac{(S_1^2/n_1 + S_2^2/n_2)^2}{\dfrac{(S_1^2/n_1)^2}{n_1 - 1} + \dfrac{(S_2^2/n_2)^2}{n_2 - 1}} = \dfrac{(2.5^2/10 + 2.0^2/8)^2}{\dfrac{(2.5^2/10)^2}{10 - 1} + \dfrac{(2.0^2/8)^2}{8 - 1}} = 15.997 = 15$

$t_{15, 0.025} = 2.131451$

信賴區間的下限值 $= 2.4 - 2.131451 \times 1.060660 = 0.13926$

信賴區間的上限值 $= 2.4 + 2.131451 \times 1.060660 = 4.66074$

3. 兩獨立母體平均數差區間估計程式使用說明

使用兩獨立母體平均數差區間估計程式時，請點選 ☞ 統計/區間估計/雙母體/兩獨立母體平均數差區間估計/✎ 就出現如下畫面。

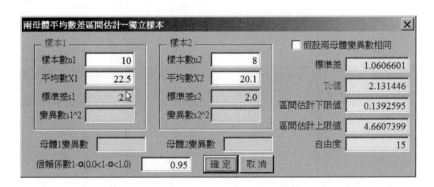

就以單元 8-10 的大樣本資料輸入資料如上圖,單擊「確定」鈕即得如下圖的結果。

所得兩母體平均數差的信賴區間下限值為 0.8339585,上限值為 3.1660414,符合單元 8-10 結果。

以本單元小樣本資料輸入並單擊「確定」鈕亦得結果如下圖。

畫面上的自由度只有當小樣本且平均數差的抽樣分配為 t 分配時才有自由度;畫面右上方的假設兩母體變異數相同的勾選項目,以滑鼠單擊之可由勾選變為不勾選或由勾選變為不勾選,用以選擇兩母體的變異數雖然未知但確知道其值相等。

因屬小樣本而採用 t 分配,故畫面右側的 Tc 值表示 t 分配的 t 值而非 Z 值,所得下限值 0.1392595 與上限值 4.6607399 均與演算結果相符。

Unit 8-12
配對母體平均數差的區間估計

統計學與 Excel

1. 配對母體的平均數差

一個母體的某些個體經過一種過程後比較過程前後的某些屬性，則這些一個母體的各個體可視為配對母體。例如，某種特殊訓練施加一群學員前的平均成績與施加訓練後的平均成績，可視同兩個配對母體的平均數差之比較；一群工作人員使用方法 A 工作的生產量與同一群工作人員使用方法 B 工作的產量比較也可視同兩配對母體的平均數差之比較。

設 μ_D 為兩配對母體平均數的差，σ_D^2 兩配對母體平均數差的變異數。如下圖所示，$\overline{D}$ 為配對樣本各配對觀測值差數的平均數，也是兩配對母體平均數之差 μ_D 的點估計值，S_D^2 為配對樣本各配對觀測值差數的變異數。

樣本	母體 1 樣本	母體 2 樣本	配對樣本差
1	X_{11}	X_{21}	$D_1 = X_{11} - X_{21}$
2	X_{12}	X_{22}	$D_2 = X_{12} - X_{22}$
...	...	...	...
i	X_{1i}	X_{2i}	$D_i = X_{1i} - X_{2i}$
...	...	...	...
n	X_{1n}	X_{2n}	$D_n = X_{1n} - X_{2n}$

由 D_1、D_2、…、D_n 計算

$$\overline{D} = \frac{\sum\limits_{i=1}^{n} D_i}{n}$$

$$S_D = \sqrt{\frac{\sum\limits_{i=1}^{n} (D_i - D)^2}{n - 1}}$$

準用兩母體平均數差的信賴區間估計，整理得配對母體平均數差之信賴區間估算式如下表：

	大樣本	小樣本（母體呈常態分配）
變異數 σ_D^2 已知	$\overline{D} \pm Z_{\alpha/2}\sigma_{\overline{D}}$	$\overline{D} \pm Z_{\alpha/2}\sigma_{\overline{D}}$
變異數 σ_D^2 未知	$\overline{D} \pm Z_{\alpha/2}S_{\overline{D}}$	$\overline{D} \pm t_{n-1,\alpha/2}S_{\overline{D}}$

上表中的 $\sigma_{\overline{D}} = \dfrac{\sigma_D}{\sqrt{n}}$，$S_{\overline{D}} = \dfrac{S_D}{\sqrt{n}}$

實例一：從兩配對母體隨機抽取 9 個樣本，如下表：

觀測	1	2	3	4	5	6	7	8	9
樣本 1	21	25	34	21	24	30	33	24	31
樣本 2	22	34	24	25	27	24	24	30	24
差數	−1	−9	10	−4	−3	6	9	−6	7

在信賴係數 0.95 下，推估兩配對母體平均數差的信賴區間時，先依據 9 個樣本觀測值差數的平均數及變異數分別為：

$$\overline{D} = \frac{\overset{n}{\underset{i=1}{\sum}} D_i}{n} = \frac{9}{9} = 1.0 \text{，} S_D^2 = \frac{\overset{n}{\underset{i=1}{\sum}} (D_i - \overline{D})^2}{n-1} = \frac{400}{9-1} = 50 \text{，得標準差 } S_D = \sqrt{50} = 7.07107$$

因為母體變異數 σ_D^2 未知，以樣本變異數 S_D^2 替代，得標準誤：

$$S_{\overline{D}} = \frac{S_D}{\sqrt{n}} = \frac{7.07107}{\sqrt{9}} = 2.357$$

因為樣本數為 9，屬於小樣本，其平均數差屬 t 分配。在信賴係數 0.95 及自由度 8 (= 9 − 1) 下，以函數 TINV(0.025 × 2,8) 求得 $t_{8, 0.025}$ 為 2.306005626，得：

信賴區間下限值 = 1.0 − 2.306005626 × 2.357 = 1.0 − 5.435255 = − 4.435255

信賴區間上限值 = 1.0 + 2.306005626 × 2.357 = 1.0 + 5.435255 = 6.435255

實例二：設有樣本數 100 的兩配對樣本，其樣本觀測值差數的平均數為 32.45，樣本觀測值差數的標準差為 13.72，則信賴係數 0.95 的信賴區間估算如下：

配對樣本觀測值差數的平均數 $\overline{D} = 32.45$，標準差 $S_D = 13.72$，則配對母體平均數差的標準誤為 $S_{\overline{D}} = \frac{S_D}{\sqrt{n}} = \frac{13.72}{\sqrt{100}} = 1.372$。

在信賴係數 0.95 下，以試算表函數 NORMSINV(0.025) 求得 $Z_{\alpha/2}$ 或 $Z_{0.025}$ 的值為 1.959961；得：

信賴區間下限值 = 32.45 − 1.372 × 1.959961 = 29.7609

信賴區間上限值 = 32.45 + 1.372 × 1.959961 = 35.1391

2. 兩配對母體平均數差區間估計程式使用說明

使用兩配對母體平均數差區間估計程式時，請點選 ☞ 統計/區間估計/雙母體/兩配對母體平均數差區間估計/☜ 後出現如下畫面。

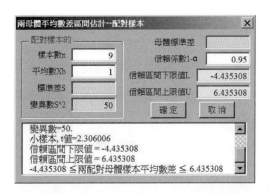

以本單元實例一輸入樣本數(9)、平均數(1)、樣本標準差或樣本變異數(50)及信賴係數後，單擊「確定」鈕即進行兩配對母體平均數差的區間估計，其結果與演算所得相符。

如果已知母體平均數的標準差或變異數，則可輸入畫面上的母體標準差，而影響推估公式的選用。

Unit **8-13**
兩母體比例差的區間估計

1. 兩母體比例差的點估計量

設 π_1 為母體 1 的某項屬性的比例，π_2 為母體 2 的同一項屬性的比例；p_1 為從母體 1 所抽取的簡單隨機樣本的樣本比例，p_2 為從母體 2 所抽取的簡單隨機樣本的樣本比例，則這兩個母體比例之間真正的差異為 $\pi_1 - \pi_2$，其點估計量為 $p_1 - p_2$。

2. $p_1 - p_2$ 的抽樣分配

點估計量的抽樣分配是進行母體區間估計的重要關鍵。$p_1 - p_2$ 的抽樣分配具有下列特性：

期望值：$E(p_1 - P_2) = \pi_1 - \pi_2$

標準誤：$\sigma_{p_1 - p_2} = \sqrt{\dfrac{\pi_1(1 - \pi_1)}{n_1} + \dfrac{\pi_2(1 - \pi_2)}{n_2}}$

其中 n_1 為由母體 1 所抽取之簡單隨機樣本的樣本數

$\quad\quad n_2$ 為由母體 2 所抽取之簡單隨機樣本的樣本數

分配形狀：如果 $n_1 p_1$、$n_1(1 - p_1)$、$n_2 p_2$ 及 $n_2(1 - p_2)$ 均大於 5，則 $p_1 - p_2$ 的抽樣分配趨近於常態分配。

3. $\pi_1 - \pi_2$ 的區間估計

在信賴係數 $1 - \alpha$ 下，兩母體比例差之區間估計式為：

$$(p_1 - p_2) - Z_{\alpha/2}\sigma_{p_1 - p_2} \leq \pi_1 - \pi_2 \leq (p_1 - p_2) + Z_{\alpha/2}\sigma_{p_1 - p_2}$$

若 $\sigma_{p_1 - p_2}$ 未知，則兩母體比例差的標準差如下：

$$S_{p_1 - p_2} = \sqrt{\dfrac{p_1(1 - p_1)}{n_1} + \dfrac{p_2(1 - p_2)}{n_2}}$$

在信賴係數 $1 - \alpha$ 下，兩母體比例差之區間估計式為：

$$(p_1 - p_2) - Z_{\alpha/2}S_{p_1 - p_2} \leq \pi_1 - \pi_2 \leq (p_1 - p_2) + Z_{\alpha/2}S_{p_1 - p_2}$$

4. $\pi_1 - \pi_2$ 的區間估計演算

下表為取自兩個母體的兩個獨立樣本的結果：

	樣本數	樣本比例
樣本 1	400	0.48
樣本 2	300	0.36

因為 $n_1 p_1 = 400 \times 0.48 = 192 > 5$；$n_1(1 - p_1) = 400 \times (1 - 0.48) = 208 > 5$

$$n_2 p_2 = 300 \times 0.36 = 108 > 5 \; ; \; n_2(1 - p_2) = 300(1 - 0.36) = 192 > 5$$

故 $p_1 - p_2$ 的抽樣分配趨近於常態分配。

$$S_{p_1 - p_2} = \sqrt{\frac{p_1(1 - p_1)}{n_1} + \frac{p_2(1 - p_2)}{n_2}} = \sqrt{\frac{0.48 \times (1 - 0.48)}{400} + \frac{0.36 \times (1 - 0.36)}{300}}$$

$$= 0.0373095$$

在信賴係數 0.95 下，顯著水準 $\alpha = 0.05$，$Z_{\alpha/2} = Z_{0.025} = 1.9599627$，

$\pi_1 - \pi_2$ 信賴區間的下限值 $= (0.48 - 0.36) - 1.9599627 \times 0.0373095 = 0.04687$

$\pi_1 - \pi_2$ 信賴區間的上限值 $= (0.48 - 0.36) + 1.9599627 \times 0.0373095 = 0.19313$

5. 兩母體比例差區間估計程式使用說明

使用兩母體比例差區間估計程式時，先點選 ☞ 統計/區間估計/雙母體/兩母體比例差區間估計/☜ 後出現如下輸入畫面。

按本單元演算實例輸入樣本 1 的樣本數(400)、比例(0.48)；樣本 2 的樣本數(300)、比例(0.36)及信賴係數(0.95)，然後單擊「確定」鈕即進行母體比例差的區間估計，結果如下圖。

如將信賴係數改為 0.90，則可得信賴區間由 $0.0468747 \le \pi_1 - \pi_2 \le 0.1931252$ 縮小為 $0.0586313 \le \pi_1 - \pi_2 \le 0.1813687$，是屬合理現象，因為降低信賴係數必使信賴區間縮小。

Unit **8-14**
兩母體變異數比的區間估計

兩母體平均數差的區間估計中有假設兩母體變異數相等而採用混合變異數來推算標準誤的方法，因此若兩母體變異數比趨近於 1，則可假設兩母體變異數相等；尚有其他場合需要了解兩母體變異數的比，如比較兩種設備產量、品質的變異數等。

假設兩母體為常態分配，其變異數分別為 σ_1^2、σ_2^2；從兩母體抽取的兩組樣本的樣本數分別為 n_1、n_2，變異數分別為 S_1^2、S_2^2，則統計量 $\dfrac{S_1^2/S_2^2}{\sigma_1^2/\sigma_2^2}$ 呈自由度 n_1-1 與自由度 n_2-1 的 F 分配，亦即：

$$\frac{S_1^2/S_2^2}{\sigma_1^2/\sigma_2^2}\sim F_{n_1-1,\,n_2-1}$$

在 F 分配下，信賴係數 $1-\alpha$ 的信賴區間如下圖為：

$$F_{n_1-1,\,n_2-1,\,1-\alpha/2}\le F_{n_1-1,\,n_2-1}\le F_{n_1-1,\,n_2-1,\,\alpha/2}$$

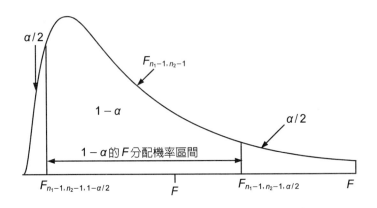

將統計量 F 帶入上式得：

$$F_{n_1-1,\,n_2-1,\,1-\alpha/2}\le \frac{S_1^2/S_2^2}{\sigma_1^2/\sigma_2^2}\le F_{n_1-1,\,n_2-1,\,\alpha/2}，整理得：$$

$$\frac{S_1^2/S_2^2}{F_{n_1-1,\,n_2-1,\,\alpha/2}}\le\frac{\sigma_1^2}{\sigma_2^2}\le\frac{S_1^2/S_2^2}{F_{n_1-1,\,n_2-1,\,1-\alpha/2}}$$

顯著水準 α 的 F 分配值可用試算表函數 FINV（自由度 1，自由度 2，$\alpha/2$）求得。

例如兩個常態分配的母體，從中抽取兩組樣本，其中一組樣本的樣本數為 15、變異數為 $S_1^2=56$，另一組樣本的樣本數為 13、變異數 $S_2^2=24.0$，則 $n_1=15$，$n_2=13$。

在信賴係數 95% 下的 $F_{n_1-1,\,n_2-1,\,1-\alpha/2}=F_{15-1,\,13-1,\,1-0.025}=0.327851524$；$F_{n_1-1,\,n_2-1,\,\alpha/2}$ $=F_{15-1,\,13-1,\,0.025}=3.206210408$；或 FINV(0.025,14,12)=3.206210408，FINV(0.975,14,12)

= 0.327851524。

則兩母體變異數比 σ_1^2 / σ_2^2 的區間估計為 $\dfrac{S_1^2 / S_2^2}{F_{n_1-1, n_2-1, \alpha/2}} \leq \dfrac{\sigma_1^2}{\sigma_2^2} \leq \dfrac{S_1^2 / S_2^2}{F_{n_1-1, n_2-1, 1-\alpha/2}}$ 或

$\dfrac{56/24}{3.206210408} \leq \dfrac{\sigma_1^2}{\sigma_2^2} \leq \dfrac{56/24}{0.327851524}$ 得 $0.7277543 \leq \dfrac{\sigma_1^2}{\sigma_2^2} \leq 7.1170425$；開平方取正數

的兩母體標準差比的區間估計為 $0.8530851 \leq \dfrac{\sigma_1}{\sigma_2} \leq 2.6677786$

使用兩母體變異數比的區間估計時，點選 ☞ 統計/區間估計/雙母體/兩母體變異數比的區間估計/🖰 後，出現如下畫面。

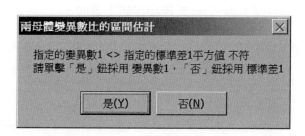

依本單元實例，應輸入樣本 1 的樣本數(15)、變異數(56)及樣本 2 的樣本數(13)、變異數(24)，再輸入信賴係數(95%)後，單擊「確定」鈕後，即進行變異數比及標準差比的演算；除了計算母體 1 對母體 2 的變異數比及標準差比，也同時計算母體 2 對母體 1 的變異數比及標準差比。

樣本 1 及樣本 2 各別應輸入標準差或變異數；僅輸入標準差，則由標準差推算變異數；僅同時輸入一個樣本的標準差與變異數，則程式將檢驗標準差的平方值是否等於變異數，如果不相等，則會出現如下畫面：

如果單擊「是」鈕，則採用變異數；單擊「否」鈕，則採用標準差推算變異數。

Unit **8-15**

兩母體區間估計的樣本數

統計學與 Excel

1. 估計兩母體平均數差的樣本數估算

若欲使兩母體平均數差的估計誤差小於等於 d，並假設兩樣本的樣本數相等，則兩母體平均數差的估計誤差為：

$$(\overline{X}_1 - \overline{X}_2) - (\mu_1 - \mu_2) = Z_{\alpha/2}\sqrt{\frac{\sigma_1^2}{n} + \frac{\sigma_2^2}{n}} \le d$$

若無法得知母體變異數 σ_1^2、σ_2^2，則可以樣本變異數 S_1^2、S_2^2 替代之；故解得估計兩母體平均數差的樣本數為：

$$n \ge \frac{Z_{\alpha/2}^2(S_1^2 + S_2^2)}{d^2}$$

2. 估計兩母體比例差的樣本數估算

若欲使兩母體比例差的估計誤差小於等於 d，並假設兩樣本的樣本數相等，則兩母體比例差的估計誤差為：

$$(p_1 - p_2) - (\pi_1 - \pi_2) = Z_{\alpha/2}\sqrt{\frac{\pi_1(1 - \pi_1)}{n} + \frac{\pi_2(1 - \pi_2)}{n}} \le d$$

解得估計兩母體平均數差的樣本數為 $n \ge \dfrac{Z_{\alpha/2}^2(\pi_1(1 - \pi_1) + \pi_2(1 - \pi_2))}{d^2}$

若無母體比例值 π_1、π_2，則可以 $\pi_1 = 1/2$、$\pi_2 = 1/2$ 替代之，得估計兩母體平均數差的樣本數為 $n \ge \dfrac{0.5Z_{\alpha/2}^2}{d^2}$

3. 估計兩母體平均數差的樣本數估算程式使用說明

使用兩母體平均數差樣本數估算程式時，點選 ☞ 統計/區間估計/雙母體/兩母體平均數差區間估計抽樣樣本數估算/☜ 後出現如下畫面。

兩母體平均數差區間估計的抽樣樣本數估算	✕
請先輸入允許最大誤差與信賴係數，然後再輸入各母體或樣本的標準差或變異數即可	

區間估計允許最大誤差值	1.2	顯著水準α(0.0<α<1.0)	0.95

母體1		母體2	
標準差		標準差	
變異數		變異數	

確　定

取　消

樣本1		樣本2		建議樣本數	243
標準差		標準差			
變異數	56	變異數	35		

假設允許的區間估計最小估計誤差值為 1.2，樣本 1 的變異數為 56，樣本 2 的變異數為 35，並設定信賴係數為 95%，經輸入如上面畫面後，單擊「確定」鈕後即得建議樣本數為 243。

本程式必須輸入項目有允許的區間估計最小估計誤差值及信賴係數兩項；母體 1 或樣本 1 必須輸入變異數或標準差兩者之一；母體 2 或樣本 2 也必須輸入變異數或標準差兩者之一。僅輸入標準差，則據以推算變異數。若標準差與變異數兩者均輸入，則程式將檢驗標準差的平方值是否等於變異數，若否，則顯示如下訊息畫面。

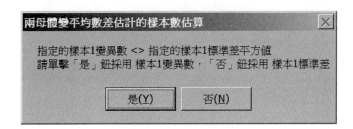

若選擇「否」，則以標準差推算變異數。

如果母體的變異數與樣本的變異數均輸入，則以母體變異數為準。

4. 估計兩母體比例差的樣本數估算程式使用說明

使用兩母體比例差樣本數估算程式時，點選 ☞ 統計/區間估計/雙母體/兩母體比例差區間估計抽樣樣本數估算/☜ 後出現如下畫面。

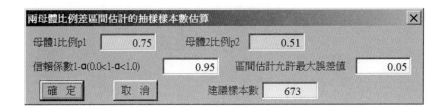

輸入母體 1 的比例(0.75)及母體 2 的比例(0.51)及信賴係數(0.95)，區間估計允許最大誤差值(0.05)，單擊「確定」鈕即得建議樣本數為 673。

程式顯示的另一個畫面（如下）是假設母體 1 與母體 2 的比例均為 0.5，並假設區間估計允許最大誤差值為 0.05，信賴係數為 0.95，此即若母體的比例未知時，兩母體比例均設為 0.5 的情況。

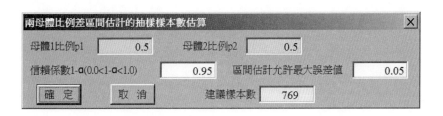

第 **9** 章

假設檢定

●●●●●●●●●●●●●●●●●●●●●●●●●●●●● 章節體系架構▼

Unit 9-1

虛無假設與對立假設

1. 區間估計與假設檢定

現代社會商品如不標示品牌、成分、含量將很難在競爭的市場立足,就產品的包裝而言,雖然都是機械自動化作業,但是機械有其一定的準確度,也難免有一些誤差,因此許多產品都要標示其重量或容量在一定的範圍內。例如一包白米標示 3.4 公斤±1.5%。就消費者而言,對於產品的標示也難免有所質疑,而尋求驗證。

這些標示與驗證屬於統計學上統計推論的區間估計與假設檢定。區間估計就是從母體隨機抽取樣本,再由樣本統計量推估母體在某一信賴係數下某一參數的信賴區間;而假設檢定則是使用母體的樣本統計量對母體的某種敘述或主張的正確性加以檢定之,換言之,尋覓統計證據來支持或拒絕商品的敘述或主張,其關係如下圖。

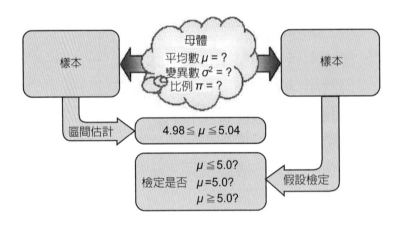

2. 虛無假設與對立假設

假設檢定基本上是要用統計的方法來驗證母體某一個參數是否小於等於(≦)、等於(=)或大於等於(≧)某一個檢定量。假設檢定(Hypothesis-Testing)可分成假設與檢定兩個部份,一定先建立假設,再用統計方法來拒絕或不拒絕所建立的假設。任何假設檢定都應建立兩個互斥的假設,即虛無假設(Null Hypothesis)與對立假設(Alternative Hypothesis),虛無假設成立就拒絕對立假設,反之亦然。虛無假設與對立假設通常分別以 H0、H1 代表之。以下列舉三種假設設定實例:

假如某工廠買進重要零件一批,該零件的規格是直徑平均數 10 公分,不合此項規格則將整批進貨退回。品管人員將該批零件視同母體,設立如下的虛無假設與對立假設。

虛無假設 H0:$\mu=10$　μ代表母體(該批零件)的直徑平均數

對立假設 H1:$\mu \neq 10$

上述兩個假設是對立的,互斥的,一個假設成立,必否定另一個假設。

消費者保護單位從商品包裝上的容量標示 500ml 產生質疑，如果實際容量少於標示的 500ml 就有欺瞞消費者的嫌疑。因此建立如下的兩個假設：

虛無假設 H0：$\mu \geq 500$　μ 代表母體（上市商品）的容量平均數

對立假設 H1：$\mu < 500$

再從市場隨機抽取一定數量的樣本，然後以樣本統計量來檢定該兩項假設。

又假設某新型汽車工廠，研發一種新型化油器可使每公升汽油跑 20 公里，則該廠抽選一些裝有新化油器的汽車實驗其可跑里程以檢定如下假定：

虛無假設 H0：$\mu \leq 20$　μ 代表母體（裝有新型化油器汽車）的可跑里程平均數

對立假設 H1：$\mu > 20$

假設 μ_0 是在虛無假設與對立假設所要檢定的檢定值，則母體參數（如平均數μ）的假設檢定有下列三種型態；

H0：$\mu \geq \mu_0$	H0：$\mu = \mu_0$	H0：$\mu \leq \mu_0$
H1：$\mu < \mu_0$	H1：$\mu \neq \mu_0$	H1：$\mu > \mu_0$

為配合檢定理論與方法，虛無假設均含有等號（=），在挑選 H0 和 H1 時，要時時注意對立假設是檢定真正想要驗證的，因此只要從樣本統計量找到支持$\mu < \mu_0$，$\mu \neq \mu_0$ 或$\mu > \mu_0$ 等對立假設的證據，就可以拒絕虛無假設。

虛無假設與對立假設的設定，在初學時或許有些模糊，但是了解假設檢定的理論與方法並經實例練習後，應可掌握設定的要訣，茲將設立假設的原則彙整如下：

(1)將現狀或公認的事實或他人的主張做為虛無假設，亦即假定現狀或他人的主張是真實的。商品標示容量為 500ml 是廠商的主張或宣稱，故設定為虛無假設。

(2)對立假設是虛無假設的對立或互斥，也是檢驗者想要利用樣本統計量去證實的假設設定為對立假設，想要否定的假設設定為虛無假設。例如，新化油器的研發人員想證明裝有新化油器的汽車每公升可跑 20 公里以上，則設定對立假設為$\mu > 20$，而想要否定的$\mu \leq 20$ 設定為虛無假設。

(3)錯誤地拒絕某一假設的後果較錯誤地接受或不拒絕該某一假設的後果為嚴重者，將該假設設定為虛無假設。

(4)兩個假設所要檢驗的母體參數而非樣本統計量，例如，檢驗母體的平均數μ 是否等於 20 而非樣本平均數$\bar{X}$ 是否等於 20。

(5)虛無假設恆含有等號（=），如=，$\geq$ 或$\leq$。

(6)對立假設恆不含有等號（=），如$\neq$，>或<。

Unit 9-2
型 I 與型 II 錯誤

1. 抽樣分配與檢定統計量

　　為了檢定對母體所建立的虛無假設與對立假設，當然要從母體抽取一些隨機樣本，從而計算樣本統計量，其中一種用來檢定假設的統計量稱為檢定統計量（Test Statistics），且檢定統計量也遵循如標準常態的某種抽樣分配，如下圖。

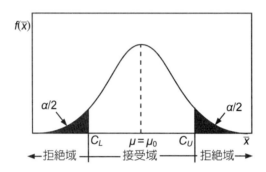

2. 臨界值與接受域、拒絕域

　　另外依據設定的顯著水準可以推得一個或二個臨界值（Critical Value）而將抽樣分配區分成一個接受域及一個或二個拒絕域。上圖為檢定統計量遵循常態分配而有二個臨界值 C_L 與 C_U，小於 C_L 或大於 C_U 的區域稱為拒絕域，介於其間的區域稱為接受域。C_L 與 C_U 分別稱為下臨界值與上臨界值。凡檢定統計量落於接受域者，則不拒絕或接受虛無假設H0（也同時拒絕對立假設H1）；凡檢定統計量落於拒絕域者，則拒絕或不接受虛無假設 H0（也同時不拒絕對立假設 H1）。

3. 假設檢定的錯誤與風險

　　假設檢定畢竟是依據樣本統計量來衡斷的，不同的樣本也可能獲得不同的統計量，因此錯誤的衡斷是難免的。假設檢定的可能錯誤如下表：

		情況	
		H0 為真	H1 為真
決策（或行動）	不拒絕 H0	正確 $1-\alpha$	型 II 錯誤 β
	拒絕 H0	型 I 錯誤 α	正確 $1-\beta$

(1)當 H0 為真，而拒絕 H0 所發生的錯誤，稱為型 I 錯誤（type I error）。型 I 錯誤的機率為 α，又稱為顯著水準（Significance Level），如上圖機率分配圖的拒絕域的面積或機率。

(2)當 H0 為假（或 H1 為真），而不拒絕 H0 所發生的錯誤，稱為型 II 錯誤（type II error）。型 II 錯誤的機率為 β，$1-\beta$ 稱為檢定力，表示H0 為假，不拒絕H0 的機率。

顯著水準 α 是由檢定者所自行決定，其值常用的有 0.01、0.05 、0.10 或其他值均無不可，其大小由檢定者衡酌發生型I錯誤的成本而定。依據顯著水準 α 及抽樣分配即可查得臨界值，因小的 α 值所得的臨界值較大，而擴大接受域，其意義是指對 H0 的檢定較寬鬆，對 H1 的檢定較嚴格，不輕易接受 H1。反之，大的 α 值是對 H1 的檢定較寬鬆，較易接受 H1。$1-\alpha$ 稱為信賴係數（Confidence Coefficient）。

4. 一尾檢定與兩尾檢定

只有一個拒絕域的檢定稱為一尾檢定。拒絕域在左尾的稱為左尾檢定，拒絕域在右尾的稱為右尾檢定；有兩個拒絕域的檢定稱為兩尾檢定，兩尾端各有一個拒絕域，如下圖。

	左尾檢定	兩尾檢定	右尾檢定
虛無假設 H0 的符號	$\geqq$	$=$	$\leqq$
對立假設 H1 的符號	$<$	$\neq$	$>$
臨界值	一個	二個	一個
拒絕域位置	在左尾	在左右兩尾	在右尾
顯著水準 α 值	α	$\alpha/2$	α

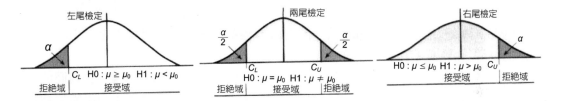

5. 假設檢定的步驟與方法

綜合前述得假設檢定的步驟為：
(1)設立虛無假設 H0 與對立假設 H1 兩個檢定假設。
(2)抽樣並依樣本資料計算檢定統計量並決定 p 值。檢定統計量因檢定的母體參數與抽樣分配而異。
(3)選擇顯著水準計算臨界值並依檢定假設決定決策準則。
(4)比較檢定統計量與臨界值或比較 α 值與 p 值以決定拒絕或接受虛無假設。
(5)推定檢定結論：

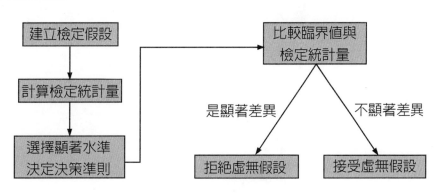

Unit　9-3

母體平均數的單尾檢定：大樣本(一)

依據中央極限定理，無論母體的機率分配為何，從中抽取樣本數不小於 30 的隨機樣本平均數的抽樣分配呈近似常態分配。因此樣本數不小於 30 的大樣本，即可由此呈近似常態分配的樣本統計量來進行母體平均數的假設檢定。

1. 檢定統計量法（Test Statistic Approach）

假設某品牌包裝白米聲稱其每包白米的重量至少有 5 公斤，若想以假設檢定的方式來檢查該項聲稱是否正確，則首先就要建立虛無假設與對立假設。

假設廠商的聲稱為真，今隨機抽取 49 包該品牌白米，如果其平均重量大於等於 5 公斤，則廠商的聲稱可能為真；如果其平均重量小於 5 公斤，則對其聲稱產生懷疑。若以 μ 代表母體的重量平均數，則可設定如下的虛無假設與對立假設。

虛無假設 H0：$\mu \geq 5$

對立假設 H1：$\mu < 5$

如果這 49 包白米的重量平均數少於 5 公斤，則抽樣結果對虛無假設 H0 產生懷疑；如果樣本重量平均數是 4.5 公斤能否直斷標示不正確？如果樣本重量平均數是 5.01 公斤能否就認定其標示正確？

下圖為隨機樣本重量平均數 $\overline{X}$ 的抽樣分配。下圖為當虛無假設 $\mu \geq 5$ 為真時的 $\overline{X}$ 抽樣分配。標準變數 $Z = (\overline{X} - 5.0)/\sigma_{\overline{X}}$ 代表 $\overline{X}$ 離 $\mu = 5$ 有多少個標準差；在母體平均數的假設檢定中，稱 Z 為檢定統計量（Test Statistic），是用來決定是否距離 $\mu = 5$ 夠遠而拒絕虛無假設。當 $Z = -1$ 時代表 $\overline{X}$ 小於 $\mu = 5$ 有一個標準差，$Z = -2$ 時代表 $\overline{X}$ 小於 $\mu = 5$ 有二個標準差。如果 $Z < -3$，則虛無假設為真的機會幾乎沒有，那麼問題是檢定統計量 Z 應該要多少才有足夠的統計證據來拒絕虛無假設呢？

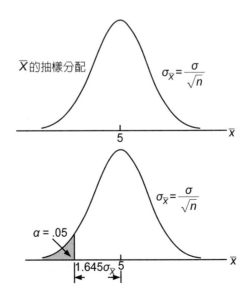

上圖顯示 $\overline{X}$ 離 $\mu=5$ 的距離超過 1.645 個標準差的機率是 0.05，因此，當檢定統計量 $Z=(\overline{X}-5.0)/\sigma_{\overline{X}}$ 小於 -1.645 時，表示拒絕虛無假設 H0 而犯型 I 錯誤的機率是 0.05。在可以接受犯型 I 錯誤的機率為 0.05 時，則依重量平均數 $\overline{X}$ 所計得的檢定統計量 Z 在小於 -1.645 時，便可拒絕虛無假設 H0。因此，得決策準則為：

$$如果\ Z=\frac{\overline{X}-5.0}{\sigma_{\overline{X}}}<-1.645，拒絕虛無假設\ H0$$

假設檢定時均應先設定犯型I錯誤的最大容許機率，亦即前述的顯著水準 α。如果犯錯的成本相當高，則顯著水準 α 應趨小，否則可以設定較大的值。如果為求謹慎而將犯型 I 錯誤的機率降低至 0.01，則由函數 NORMSINV(0.01) = -2.326，換言之，樣本重量平均數 $\overline{X}$ 比 $\mu=5$ 少 2.326 個標準差的機率是 0.01，故得決策準則為：

$$如果\ Z=\frac{\overline{X}-5.0}{\sigma_{\overline{X}}}<-2.326，拒絕虛無假設\ H0$$

前述 -1.645 或 -2.326 分別是指定顯著水準為 0.05 及 0.01 的標準變數值，也是依檢定統計量分判拒絕或不拒絕（接受）虛無假設的分水嶺，因此這些標準變數值也稱為臨界值（Critical Value）。臨界值將抽樣分配的橫軸區分為拒絕域（Rejection Region）與接受域（No Rejection Region）如下圖。

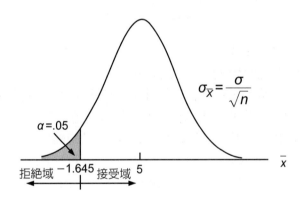

如果樣本抽樣曲線上僅有一個拒絕域，則稱為單尾檢定（One-Tailed Hypothesis Test），拒絕域在左邊的稱為左尾檢定，在右邊的稱為右尾檢定；如果拒絕域有左右兩個，則稱為雙尾檢定（Two-Tailed Hypothesis Test）。

已知母體標準差 $\sigma=0.21$，則樣本標準誤 $\sigma_{\overline{X}}=\dfrac{\sigma}{\sqrt{n}}=\dfrac{0.21}{\sqrt{49}}=0.03$，若 49 包白米的重量平均數 $\overline{X}=4.92$ 公斤，則檢定統計量：

$$Z=\frac{\overline{X}-5.0}{\sigma_{\overline{X}}}=\frac{4.92-5.0}{0.03}=-2.667$$

因為 -2.667 均小於 -1.645 或 -2.326，故樣本重量平均數 4.92 公斤，不論顯著水準 α 設定為 0.05（臨界值 -1.645）或 0.01（臨界值 -2.326）均可拒絕虛無假設 H0，換言之，有統計證據認為白米廠商的聲稱 $\mu \geq 5.0$ 是不真的。

Unit 9-4

母體平均數的單尾檢定：大樣本(二)

若 49 包白米的重量平均數 $\bar{X}$ = 4.97 公斤，則檢定統計量：

$$Z = \frac{\bar{X} - 5.0}{\sigma_{\bar{X}}} = \frac{4.97 - 5.0}{0.03} = -1.00$$

下圖的 -1.00 均大於 -1.645 或 -2.326，故樣本重量平均數 4.97 公斤，不論顯著水準 α 設定為 0.05（臨界值 -1.645）或 0.01（臨界值 -2.326）均不可拒絕虛無假設。

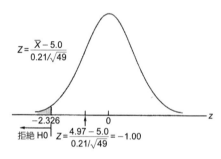

2. p 值法（p-Value Approach）

決定是否拒絕虛無假設 H0 的另一種方法就是 p 值法。檢定統計量法是先決定顯著水準 α，再據以推算臨界值，供與檢定統計量比較而判定應該拒絕或接受。顯著水準 α 的決定要考量犯型 I 錯誤的成本高低，而不易有清楚明確的決定方法。p 值法在左尾檢定時是在抽樣分配上出現小於或等於檢定統計量的機率。$\bar{X}$ = 4.92 公斤的 Z 值為 -2.667，以試算表函數=NORMSDIST（-2.667）即可查得在標準常態分配上，出現標準變數 Z 小於或等於 -2.667 的機率 P 是 0.0038，如下圖所示。

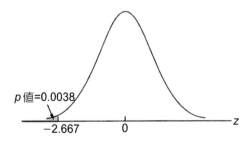

p 值通常稱為檢定中觀測到的顯著水準，可用來衡量在虛無假設為真的樣本結果。p 值越小，則越不可能去得到虛無假設為真的樣本結果。左尾檢定時，在顯著水準為 α 下的決策準則為：若 p 值小於 α 值則拒絕虛無假設，否則接受虛無假設。

$\bar{X}$ = 4.97 公斤的 Z 值為 -1.00，以試算表函數=NORMSDIST（-1.00）即可查得在標準常態分配上，出現標準變數 Z 小於或等於 -1.00 的機率 p 是 0.1587；因 0.1587

大於 0.05 及 0.01，故在顯著水準 α 爲 0.01 或 0.05 時均接受虛無假設 H0。

　　摘要之，左尾檢定的虛無假設爲 $\mu \geq \mu_0$，先依據樣本平均數與檢定值 μ_0 及母體標準差 σ（如未得知也可用樣本標準差 S 替代）計算檢定統計量 Z，再依據設定的顯著水準 α 以試算表函數 NORMSINV（α）計算臨界值 Z_α，以 $Z < Z_\alpha$ 拒絕 H0 或以函數 NORMSDIST(Z) 計算 p 值，以 p 值 $< \alpha$ 值則拒絕 H0。右尾檢定的虛無假設改爲 $\mu \leq \mu_0$，仍應先以相同方式計算檢定統計量 Z，以試算表函數 NORMSINV（$1-\alpha$）計算顯著水準 α 的臨界值 Z_α，若 $Z > Z_\alpha$，則拒絕 H0 或以函數 $1-$NORMSDIST(Z) 計算 p 值，以 p 值 $< \alpha$ 值則拒絕 H0。整理如下表：

大樣本（n ≧ 30）	左尾檢定	右尾檢定
檢定的假設	H0：$\mu \geq \mu_0$ H1：$\mu < \mu_0$	H0：$\mu \leq \mu_0$ H1：$\mu > \mu_0$
σ 已知的檢定統計量	$Z = \dfrac{\overline{X} - \mu_0}{\sigma/\sqrt{n}}$	$Z = \dfrac{\overline{X} - \mu_0}{\sigma/\sqrt{n}}$
σ 未知的檢定統計量 （以樣本標準差 S 替代）	$Z = \dfrac{\overline{X} - \mu_0}{S/\sqrt{n}}$	$Z = \dfrac{\overline{X} - \mu_0}{S/\sqrt{n}}$
計算臨界值 Z_α	Z_α = NORMSINV（α）	Z_α = NORMSINV（$1-\alpha$）
檢定統計量法拒絕法則	若 $Z < Z_\alpha$，則拒絕 H0	若 $Z > Z_\alpha$，則拒絕 H0
計算 p 值	p=NORMSDIST(Z)	p=1$-$NORMSDIST(Z)
p 值法拒絕法則	若 p 值 $< \alpha$ 值則拒絕 H0	若 p 值 $< \alpha$ 值則拒絕 H0

　　下圖爲右尾檢定的樣本標準常態分配圖，故臨界值 Z_α 以 =NORMSINV$(1-\alpha)$ 求算之，p 值以 $1-$NORMSDIST(Z) 求算之，以檢定統計量拒絕 H0 的規則改爲 $Z > Z_\alpha$；仍以 p 值 $< \alpha$ 值則拒絕 H0。

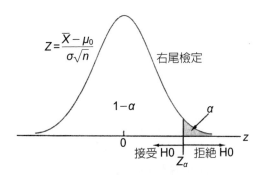

　　檢定統計量法也稱 Z 值法，其臨界值 Z_α 相當顯著水準爲 α 時的標準變數值；p 值法中的 p 值相當標準變數 $\leq$（左尾檢定）或 $\geq$（右尾檢定）檢定統計量的機率值。

　　單尾檢定時可以 Z 值法或 p 值法擇一選用，且其檢定結論應是一致的，也可以一種方法來驗證另一種方法的結果。白米假設檢定中，若重量平均數爲 4.92 公斤，則 Z 值爲-2.667，據以推得 p 值爲 0.0083，顯著水準 0.05 的 Z_α 值爲-1.645，則因-2.667 小於-1.645 或因 p 值 0.0083 小於 α 值 0.05 而均獲拒絕 H0 的結論。若重量平均數爲 4.97 公斤，則 Z 值爲-1.00，據以推得 p 值爲 0.1587，則因-1.00 大於-1.645 或因 p 值 0.1587 大於 α 值 0.05 而均獲不拒絕 H0 的結論。

Unit 9-5

母體平均數假設檢定程式使用說明

1. 右尾檢定演算實例

假設有如下的右尾檢定假設：

H0：$\mu \leqq 12$

H1：$\mu > 12$

若從母體隨機抽取 36 個樣本的平均數為 $\overline{X} = 13.08$，標準差為 S = 4.32，則

樣本標準誤 $\sigma_{\overline{X}} \dfrac{S}{\sqrt{36}} = \dfrac{4.32}{6} = 0.72$

檢定統計量 $Z = \dfrac{\overline{X} - \mu_0}{\sigma_{\overline{X}}} = \dfrac{13.08 - 12}{0.72} = 1.5$

設顯著水準 α 為 0.05，則臨界值 Z_α = NORMSINV(1−0.05)=1.645，因 Z 值 1.5 小於臨界 Z_α 值 1.645，而不拒絕 H0；又以 Z 值 1.5 可求得 $p = 1-$ NORMSDIST(1.5) = 0.067，因 p 值（0.067）大於顯著水準 0.05 也獲得不拒絕 H0 的相同結論，如下圖。

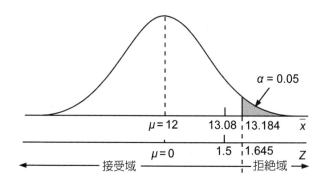

上圖中有二條橫軸，一條代表平均數 $\overline{X}$，另一條代表標準變數 Z。在 $\overline{X}$ 軸上的 13.184 表示平均數 $\overline{X}$ 的臨界值，只要平均數 $\overline{X}$ 不大於該值即表示落在接受域而接受 H0；同理，只要平均數 $\overline{X}$ 大於該值即表示落在拒絕域而拒絕 H0；在 Z 軸上的 1.645 表示臨界 Z_α 值，只要 Z 值不大於 Z_α 值即表示落在接受域而接受 H0；同理，只要 Z 值大於 Z_α 值即表示落在拒絕域而拒絕 H0。

假設平均數為 13.28（因大於臨界 $\overline{X}$ 值 13.184，應該拒絕 H0），則

檢定統計量 $Z = \dfrac{\overline{X} - \mu_0}{\sigma_{\overline{X}}} = \dfrac{13.28 - 12}{0.72} = 1.778$，也因大於 Z_α 值而拒絕 H0。

又 $p = 1-$ NORMSDIST(1.778) = 0.0378，因 p 值（0.0378）小於顯著水準 0.05 也獲得拒絕 H0 的相同結論。

2. 母體平均數假設檢定程式的使用

使用母體平均數假設檢定程式時，應點選 ☞ 統計/假設檢定/單母體/母體平均數假設檢定/☜ 而出現如下畫面：

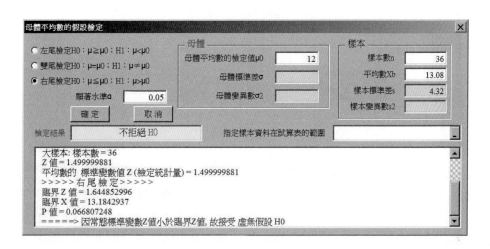

依單元 9-3 的說明實例，先選擇左尾檢定，再輸入母體平均數的檢定值（5）、母體標準差（0.21）、樣本數（49）、樣本平均數（4.92）及顯著水準（0.05）後，單擊「確定」鈕即進行左尾假設檢定而獲得畫面上其他資訊。顯示的臨界 Z 值為 -1.644852996 大於檢定統計量 -2.66667 故拒絕 H0。計得 p 值為 0.00383 也因小於顯著水準 0.05 而拒絕 H0。另因平均數 4.92 小於臨界 X 值 4.9506545 也可獲得拒絕 H0 的結論。重量平均數 4.97，因大於臨界 X 值（4.9506545）而獲得與單元 9-4 接受 H0 的相同結論。臨界 X 值 4.9506545（小於檢定值 5）也表示如果重量平均數大於或等於該值都可獲得不拒絕 H0 的結論。

下圖為本單元右尾檢定演算實例的畫面，先選擇右尾檢定，再輸入母體平均數的檢定值（12）、樣本數（36）、樣本平均數（13.08）及樣本標準差（4.32）後，單擊「確定」鈕即進行右尾假設檢定而獲得畫面上其他資訊。

因 Z 值（1.49998）小於 Z_α 值（1.645）及 p 值（0.067）大於 α 值（0.05）而不拒絕 H0。另因平均數 13.08 小於臨界 X 值（13.184）而也獲得不拒絕 H0 的相同結論。

Unit 9-6
母體平均數的雙尾檢定：大樣本

假設某燈泡工廠的產品規範是每個燈泡的使用壽命 $\mu_0 = 375$ 小時，壽命標準差 $\sigma = 40$ 小時，品管經理在大批出貨前隨機抽取 64 個燈泡進行試驗而獲得平均壽命為 364 小時，在顯著水準 $\alpha = 0.05$ 下這批出貨的燈泡平均壽命是否與產品規範有所差異？這種檢視產品特性是否與規範有所差異（可能大於或小於）的問題是屬雙尾檢定的問題，其檢定假設設立如下：

H0：$\mu = 375$

H1：$\mu \neq 375$

樣本數 49 屬於大樣本，壽命平均數的抽樣分配呈近似常態分配，母體標準差 $\sigma = 40$，壽命平均數 $\overline{X} = 364$，故

$$檢定統計量 \, Z = \frac{\overline{X} - \mu_0}{\sigma/\sqrt{n}} = \frac{364 - 375}{40/\sqrt{64}} = \frac{-11}{5} = -2.2$$

雙尾檢定中，標準常態分配中對稱軸兩邊各有一個拒絕域，其面積或機率各為顯著水準的一半，亦即 $\alpha/2 = 0.025$，面積 0.025 所對應的臨界值 $Z_{\alpha/2}$ 可由試算表函數 NORMSINV(0.025) 求得 $Z_{\alpha/2} = -1.960$；另一個對應的臨界值 $Z_{1-\alpha/2}$ 可由試算表函數 NORMSINV(1−0.025) 求得 $Z_{1-\alpha/2} = 1.960$；兩個臨界 $Z_{\alpha/2}$ 值與 $Z_{1-\alpha/2}$ 值將標準常態分配劃分成三個區域如下圖，即中央的接受域與兩尾端的拒絕域。

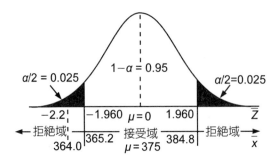

因為檢定統計量 $Z = -2.2$ 小於臨界 $Z_{\alpha/2}$ 值（-1.960）而落入拒絕域，因此拒絕虛無假設 H0：$\mu = 375$，或者統計證據顯示這批產品的燈泡壽命平均數不等於 375 小時。上圖中的 365.2 及 384.8 是平均數 375，標準誤為 $40/\sqrt{64} = 5$，信賴係數 0.95 的信賴區間（$375 \pm 5 \times 1.96$），亦即當壽命平均數落在 365.2 及 384.8 之間均落在接受域。樣本平均數 364 小時小於 365.2 小時，而落於拒絕區。

假設樣本壽命平均數為 383.5，則檢定統計量 $Z = \frac{\overline{X} - \mu_0}{\sigma/\sqrt{n}} = \frac{383.5 - 375}{40/\sqrt{64}} = 1.7$，且因 $-1.960 < 1.7 < 1.960$ 而落在接受域，檢定結論是接受虛無假設 H0：$\mu = 375$，或者統計證據顯示這批產品的燈泡壽命平均數等於 375 小時。

雙尾檢定的統計量及臨界值彙整如下表：

大樣本（n≥30）	雙尾檢定
檢定的假設	$H0 : \mu = \mu_0$ $H1 : \mu \neq \mu_0$
σ 已知的檢定統計量	$Z = \dfrac{\bar{X} - \mu_0}{\sigma / \sqrt{n}}$
σ 未知的檢定統計量 （以樣本標準差 S 替代）	$Z = \dfrac{\bar{X} - \mu_0}{S / \sqrt{n}}$
計算臨界值 $Z_{\alpha/2}$	$Z_{\alpha/2} = \text{NORMSINV}(\alpha/2)$ $Z_{1-\alpha/2} = \text{NORMSINV}(1-\alpha/2)$
檢定統計量法拒絕法則	若 $Z < Z_{\alpha/2}$ 或 $Z > Z_{1-\alpha/2}$，則拒絕 H0
計算臨界 X 值（σ 未知時以樣本標準差 S 替代）	$X_L = \mu_0 + Z_{\alpha/2} \times \dfrac{\sigma}{\sqrt{n}}$ 或 $X_U = \mu_0 + Z_{1-\alpha/2} \times \dfrac{\sigma}{\sqrt{n}}$
臨界 X 值拒絕法則	$\bar{X} < X_L$ 或 $\bar{X} > X_U$ 則拒絕 H0
計算 p 值	$p = 2 \times (1 - \text{NORMSDIST}(|Z|))$
p 值法拒絕法則	若 p 值 < α 值則拒絕 H0

p 值 $= 2 \times (1 - \text{NORMSDIST}(|-2.2|)) = 2 \times (1 - 0.9861) = 0.0278$，因 p 值小於顯著水準 0.05 而拒絕虛無假設 H0。

下圖爲本單元雙尾檢定實例的程式求解。先點選雙尾檢定，再輸入母體平均數的檢定值（375）、母體標準差（40）、樣本數（64）、平均數（364）及顯著水準（0.05）後，單擊「確定」鈕即進行雙尾檢定而獲得畫面上其他資訊。

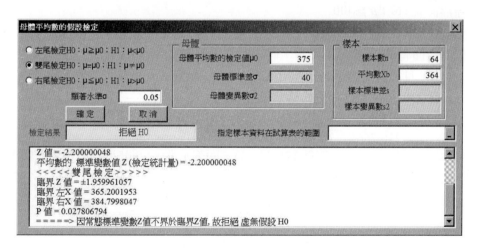

標準常態分配爲對稱分配，故其兩個臨界 Z 值分別是正的與負的 1.95996。檢定統計量 Z 值（−2.2）小於負的臨界 Z 值（−1.960），且 p 值（0.0278）小於顯著水準 0.05 而拒絕虛無假設 H0。由臨界左 X 值 365.2 及臨界右 X 值 384.8 顯示只要壽命平均數介於該兩值之間，均落於接受域而接受虛無假設 H0。

Unit 9-7
母體平均數的假設檢定：小樣本

　　樣本數不足 30 個的樣本屬於小樣本。當母體的機率分配呈常態分配時，則小樣本可以 t 分配來推斷母體平均數的假設檢定，否則，應增加樣本數使成大樣本處理之。在以 t 分配進行母體平均數的假設檢定時，檢定統計量為：

若母體標準差 σ 已知，則 $t = \dfrac{\bar{X} - \mu_0}{\sigma / \sqrt{n}}$

若母體標準差 σ 未知，則可以樣本標準差 S 替代得 $t = \dfrac{\bar{X} - \mu_0}{S / \sqrt{n}}$

此檢定量具有自由度為 $n - 1$ 的 t 分配。

　　某一電池製造工廠從一天的產量中隨機抽取 13 個電池，持續試用直到沒電為止，得各電池使用時數如下表：

342	426	317	545	264	451	1,049
631	512	266	492	562	298	

　　在顯著水準 0.05 下，是否有統計證據可以推斷生產的電池耐用時數達 400 小時以上？依據題議應屬右尾檢定，先建立檢定假設為：

虛無假設 H0：$\mu \leqq 400$

對立假設 H1：$\mu > 400$

　　樣本數僅有 13 個屬於小樣本，假設電池母體的壽命呈常態分配，則電池平均壽命呈 t 分配，且母體的標準差 σ 未知，故先就 13 個樣本計算其平均數 $\bar{X}$ 為 473.46 與標準差 S 為 210.766，則 t 分配的檢定統計量為：

$t = \dfrac{\bar{X} - \mu_0}{S / \sqrt{n}} = \dfrac{473.46 - 400}{210.766 / \sqrt{13}} = \dfrac{73.46}{58.456} = 1.257$，其中樣本標準誤 $= S / \sqrt{n} = 58.456$

　　樣本數 13 的 t 分配自由度為 12(=13−1)，顯著水準 $\alpha = 0.05$，以試算表函數 TINV (0.05×2,12) 求得臨界 t 值為 1.782。因檢定統計量 $t(1.257)$ 小於臨界 t 值（1.782），而落入接受域，得檢定結論是不拒絕虛無假設 H0，如下圖。

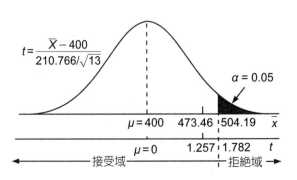

試算表函數TDIST（t 值，自由度，1（單尾）或 2（雙尾））可以推求不同 t 值在不同自由度下的大於或小於 t 值的單尾或雙尾尾端面積。相當電池壽命平均數 473.46 小時的 t 值為 1.257，故相當 p 值為函數 TDIST（1.257，12，1）的函數值 0.1163。又因 p 值大於顯著水準 0.05，而落入接受域，也獲得不拒絕 H0 的結論。

如果問題改為生產的電池壽命平均數是否等於 400 小時，則應屬雙尾檢定，檢定假設應改為：

虛無假設 H0：$\mu = 400$

對立假設 H1：$\mu \neq 400$

樣本數、樣本平均數、樣本標準差沒有改變，所以 t 值仍為 1.257，但是顯著水準 0.05 分處 t 分配的兩端，每一尾端的面積或機率為 0.025，函數 TINV（0.025×2,12）值 2.1788，故臨界 t 值改為 ±2.1788，亦即檢定統計量 t 大於 −2.1788 或小於 2.1788 均落入接受域。因檢定統計量 $t(1.257)$ 小於臨界 t 值（2.1788），故得不拒絕 H0 或有統計證據推定電池壽命平均數等於 400 小時，如下圖。

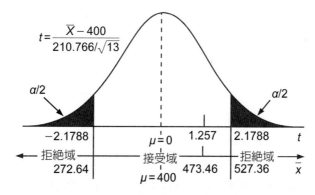

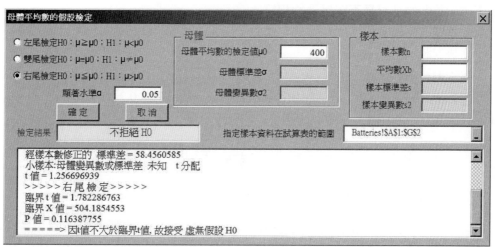

上圖為本單元右尾檢定的程式畫面，輸入顯著水準（0.05）及母體平均數的檢定值（400）外，因指定樣本資料在試算表的範圍而可略去輸入樣本數及樣本平均數。顯示的 t 值、臨界 t 值、臨界 X 值、p 值及檢定結論均與前述結果相符。

Unit 9-8

母體比例的假設檢定

π 代表母體比例，π_0 代表母體比例的檢定值，則有關母體比例的假設檢定也有下列三種檢定型態。

左尾檢定	雙尾檢定	右尾檢定
H0：$\pi \geqq \pi_0$	H0：$\pi = \pi_0$	H0：$\pi \leqq \pi_0$
H1：$\pi < \pi_0$	H1：$\pi \neq \pi_0$	H1：$\pi > \pi_0$

母體比例的假設檢定是在比較樣本比例 p 和母體比例檢定值 π_0 間的差距，除了以樣本比例 p 和樣本標準差 σ_p 計算檢定統計量外，檢定的程序與母體平均數的假設檢定相當類似。首先仍需依照題議建立母體比例的虛無與對立假設，然後由樣本比例 p 和樣本標準差 σ_p 計算檢定統計量 Z 值，比較 Z 值與臨界 Z 值以決定是否拒絕虛無假設 H0。

母體比例的檢定統計量

$Z = \dfrac{p - \pi_0}{\sigma_p}$，其中 $\sigma_p = \sqrt{\dfrac{\pi_0(1 - \pi_0)}{n}}$

當 $n\pi_0 \geq 5$ 且 $n(1 - \pi_0) \geq 5$ 時，母體比例檢定統計量可視同常態分配。

民調顯示至少有 20%的工人寧願少做一點工作來換取多一點的休閒時間。在一項 500 位工人受訪中有 86 位願意減少工作時間以增加休閒時間。在顯著水準 0.05 下檢定該項訪問的結果是否與民調的相符。

依據題議先建立如下的左尾檢定假設：

虛無假設 H0：$\pi \geqq 0.2$

對立假設 H1：$\pi < 0.2$

已知 $\pi_0 = 0.2$，$n = 500$，$p = 86/500 = 0.172$，因 $n\pi_0 = 500 \times 0.2 = 100 \geqq 5$ 且 $n(1-\pi_0) = 500 \times (1-0.2) = 400 \geqq 5$，故樣本比例呈常態分配，則

樣本標準差 $\sigma_p = \sqrt{\dfrac{\pi_0(1 - \pi_0)}{n}} = \sqrt{\dfrac{0.2 \times (1 - 0.2)}{500}} = 0.017889$

檢定統計量 $Z = \dfrac{p - \pi_0}{\sigma_p} = \dfrac{0.172 - 0.2}{0.017889} = -1.565$

在顯著水準 0.05 下的臨界 Z_α 值為 NORMSINV(0.05) = −1.645，因為檢定統計量 Z 值（−1.565）大於臨界 Z_α 值（−1.645）而落入接受域，因此不能拒絕 H0，如右圖；換言之，願意減少工作時間以增加休閒時間的比例不少於 20%。如果 500 位受訪者中有 85 位願意減少工作時間增加休閒時間，則樣本比例為 85/500 = 0.170，則檢定統計量為 $\dfrac{p - \pi_0}{\sigma_p} = \dfrac{0.170 - 0.2}{0.017889} = -1.667$，小於 −1.645 而拒絕 H0。

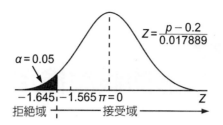

檢定統計量 Z 值（-1.565）所相當的 p 值=NORMSDIST(-1.565)$=0.0588$，因大於顯著水準而不拒絕虛無假設 H0。

使用母體比例假設檢定程式時，請點選 ☞ 統計/假設檢定/單母體/母體比例假設檢定/☜ 後出現如下圖的畫面。

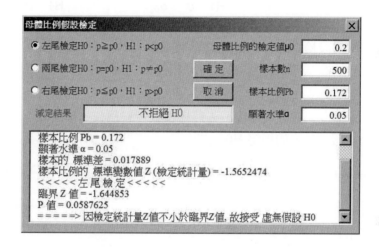

先選擇左尾檢定並輸入本單元實例的母體比例的檢定值（0.2）、樣本數（500）、樣本比例（0.172）及顯著水準（0.05）後，單擊「確定」鈕即進行母體比例假設檢定而獲得「不拒絕 H0」的結論。以下為雙尾檢定的結論：不拒絕 H0 或證實民調結論。

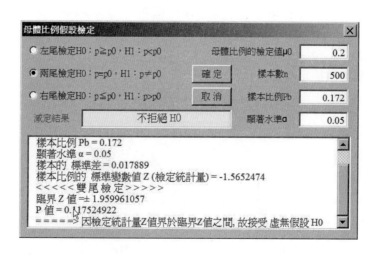

Unit 9-9
母體變異數的假設檢定

設 σ^2 為母體的變異數，σ_0^2 為母體變異數的檢定值，則母體變異數的假設檢定也有如下的三種檢定假設：

左尾檢定	雙尾檢定	右尾檢定
H0：$\sigma^2 \geq \sigma_0^2$	H0：$\sigma^2 = \sigma_0^2$	H0：$\sigma^2 \leq \sigma_0^2$
H1：$\sigma^2 < \sigma_0^2$	H1：$\sigma^2 \neq \sigma_0^2$	H1：$\sigma^2 > \sigma_0^2$

母體變異數假設檢定的檢定統計量為：

$$\chi^2 = \frac{(n-1)S^2}{\sigma_0^2}$$

其中 σ_0^2 為母體變異數的檢定值，n 為樣本數，S^2 為樣本變異數。

母體變異數假設檢定的拒絕 H0 法則如下：

拒絕 H0 法則		
左尾檢定	雙尾檢定	右尾檢定
$\chi^2 < \chi^2_{n-1,1-\sigma}$	$\chi^2 > \chi^2_{n-1,\sigma/2}$ 或 $\chi^2 < \chi^2_{n-1,1-\sigma/2}$	$\chi^2 > \chi^2_{n-1,\sigma}$

其中，$\chi^2_{n-1,\sigma}$ 為自由度 $n-1$ 的卡方分配值。

假若某郊區超級市場隨機抽取 30 位顧客，平均每位顧客購買 22.7 項商品，標準差為 5.1 項商品，試在顯著水準 0.05 下檢定下列敘述的正確性：顧客選購商品的變異數是 17？

已知樣本數 30，平均數 22.7，樣本標準差 5.1，依題議建立檢定假設如下：

虛無假設 H0：$\sigma^2 = 17$

對立假設 H1：$\sigma^2 \neq 17$

則母體變異數檢定統計量為：

$$\chi^2 = \frac{(n-1)S^2}{\sigma_0^2} = \frac{(30-1) \times 5.1^2}{17} = 44.37$$

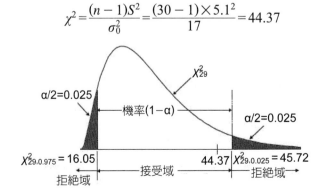

顯著水準 0.05 下以函數 CHIINV(0.025,29) 求得臨界右方卡方值 $\chi^2_{29,0.025}$ 為 45.72；以函數 CHIINV(0.975,29) 求得臨界左方卡方值 $\chi^2_{29,0.975}$ 為 16.05。因檢定統計量 44.37 大於臨界左方卡方值（16.05）且小於臨界右方卡方值（45.72），落於接受域而不拒絕虛無假設 H0，或在顯著水準 0.05 下，「顧客選購商品的變異數是 17」是正確的。

使用母體變異數的假設檢定程式時，請點選 ☞ 統計/假設檢定/單母體/母體變異數假設檢定/☜ 而出現如下畫面。

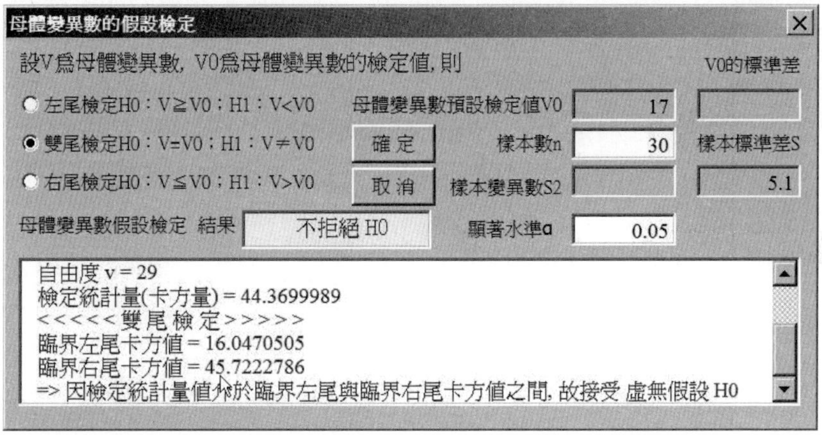

以本單元實例求解時，應先點選雙尾檢定，再輸入母體變異數或標準差檢定值（17）、樣本數（30）、樣本變異數或標準差（5.1）、顯著水準（0.05）後，單擊「確定」鈕即進行母體變異數假設檢定而得檢定結論為「不拒絕 H0」或「顧客選購商品的變異數是 17」的敘述是正確的。

雙尾檢定中的檢定統計量 44.37 很靠近臨界右尾卡方值 45.72，如將檢定假設改為右尾檢定 H0：$\sigma^2 \leq 17$；H1：$\sigma^2 > 17$，則程式求解如下圖。

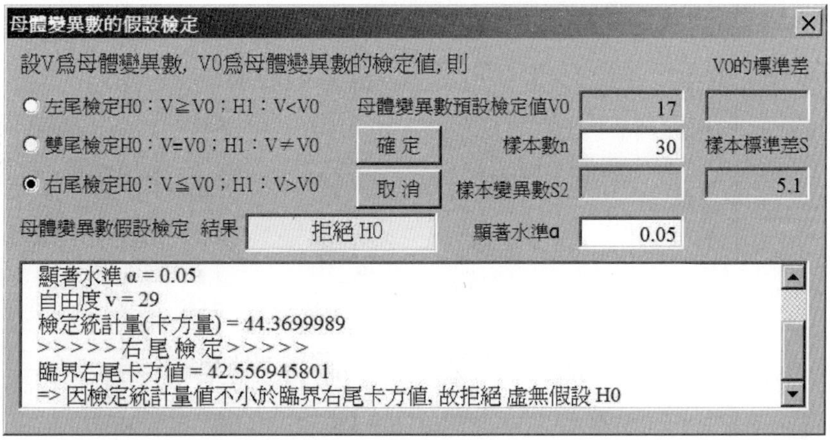

檢定統計量不因右尾檢定而改變，但是其臨界右尾卡方值減少為 42.56，使檢定統計量落於拒絕域，故應拒絕虛無假設 H0 或「顧客選購商品的變異數不會少於 17」。

Unit 9-10

母體假設檢定的樣本選擇

在假設檢定時，檢定者能選定顯著水準 α 為犯型 I 錯誤的機率，只有透過調整樣本數才可能同時也控制犯型 II 錯誤的機率 β。茲以母體平均數的左尾檢定說明樣本數的決定方法。設 μ_0 為母體平均數的檢定值，則設立檢定假設如下：

H0 : $\mu \geq \mu_0$ H1 : $\mu < \mu_0$

下圖上半部為當 H0 為真，且 $\mu = \mu_0$ 時 $\overline{X}$ 的抽樣分配，依據顯著水準決定了臨界 X 值 c，凡是平均數小於 c 者拒絕 H0，大於 c 者不拒絕 H0。c 值為：

$$c = \mu_0 - Z_\alpha \frac{\sigma}{\sqrt{n}}$$

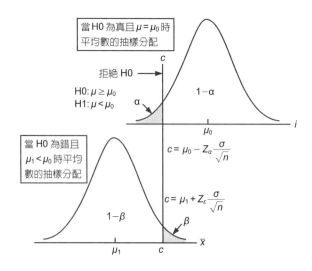

上圖下半部選定一個母體平均數 μ_1，則 H0 為錯且 H1 為真時，$\mu_1 < \mu_0$。假設當真正的母體平均數為 μ_1 時，我們假定此時犯型 II 錯誤的機率在容許的範圍，其機率顯示如上圖的 β 值。Z_β 代表標準常態機率分配中使得尾部面積為的 Z 值。則臨界值 c 為：

$$c = \mu_1 + Z_\beta \frac{\sigma}{\sqrt{n}}$$

令圖上兩個 c 值相等，因此得 $\mu_0 - Z_\alpha \dfrac{\sigma}{\sqrt{n}} = \mu_1 + Z_\beta \dfrac{\sigma}{\sqrt{n}}$ 整理之得 $n = \dfrac{(Z_\alpha + Z_\beta)^2 \sigma^2}{(\mu_1 - \mu_0)^2}$ 若為雙尾檢定，則 $n = \dfrac{(Z_{\alpha/2} + Z_\beta)^2 \sigma^2}{(\mu_1 - \mu_0)^2}$

母體比例假設檢定的樣本數也可類似推演之，整理如下：

	母體平均數假設檢定的樣本數	母體比例假設檢定的樣本數
單尾檢定	$n = \dfrac{(Z_\alpha + Z_\beta)^2\, \sigma^2}{(\mu_1 - \mu_0)^2}$	$n = \dfrac{\left[Z_\alpha\sqrt{p_0(1-p_0)} + Z_\beta\sqrt{p_1(1-p_1)}\right]^2}{(p_1 - p_0)^2}$
雙尾檢定	$n = \dfrac{(Z_{\alpha/2} + Z_\beta)^2\, \sigma^2}{(\mu_1 - \mu_0)^2}$	$n = \dfrac{\left[Z_{\alpha/2}\sqrt{p_0(1-p_0)} + Z_\beta\sqrt{p_1(1-p_1)}\right]^2}{(p_1 - p_0)^2}$

實例一：

有工業用電池要求壽命至少達 400 小時，在檢定中顯著水準設為 0.02；若實際的電池壽命為 385 小時，產品經理認為會錯誤的接受該批電池的機率只有 0.10，假設母體標準差為 30 小時，則檢定所需的樣本數為多少？

【解】

本例屬單尾檢定。已知 $\mu_0 = 400$，$\mu_1 = 385$，$\sigma = 40$，$\alpha = 0.02$，$\beta = 0.10$。由 $\alpha = 0.02$，得 $Z_{0.02} = \text{NORMSINV}(0.02) = -2.05375$；$\beta = 0.10$，得 $Z_{0.10} = \text{NORMSINV}(0.10) = -1.28155$，則所需樣本數為 $n = \dfrac{(Z_\alpha + Z_\beta)^2\, \sigma^2}{(\mu_1 - \mu_0)^2} = \dfrac{[-2.05375 + (-1.28155)]^2 \times 40^2}{(385 - 400)^2} = 79.1056$，取 80。

使用平均數假設檢定樣本數估算程式時，請點選 ☞ 統計/假設檢定/單母體/母體平均數 u 假設檢定抽樣樣本數估算/☜ 後出現如下畫面，輸入相關資料，單擊「確定」鈕即得應採用的樣本數為 80。

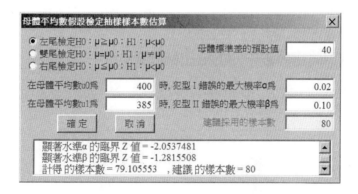

點選 ☞ 統計/假設檢定/單母體/母體比例 π 假設檢定抽樣樣本數估算/☜ 後出現如下畫面，輸入相關資料並單擊「確定」鈕即可進行母體比例假設檢定樣本數估算。

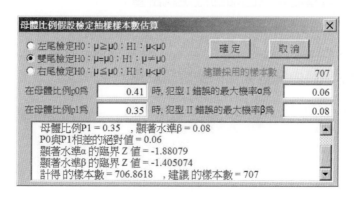

Unit 9-11

兩獨立母體平均數差的假設檢定

設 μ_1、μ_2 為兩獨立母體的平均數,則也有三種假設檢定如下:

左尾檢定	雙尾檢定	右尾檢定
H0:$\mu_1-\mu_2 \geq D_0$ H1:$\mu_1-\mu_2 < D_0$	H0:$\mu_1-\mu_2 = D_0$ H1:$\mu_1-\mu_2 \neq D_0$	H0:$\mu_1-\mu_2 \leq D_0$ H1:$\mu_1-\mu_2 > D_0$

若檢定值 $D_0 = 0$,則三種檢定假設可表示為

左尾檢定	雙尾檢定	右尾檢定
H0:$\mu_1 \geq \mu_2$ H1:$\mu_1 < \mu_2$	H0:$\mu_1 = \mu_2$ H1:$\mu_1 \neq \mu_2$	H0:$\mu_1 \leq \mu_2$ H1:$\mu_1 > \mu_2$

兩母體平均數差的假設檢定統計量因樣本大($n \geq 30$)、小($n < 30$)及母體變異數 σ^2 已知或未知而有所差異,摘述如下:

1. 大樣本且兩母體變異數已知的檢定統計量 Z

$$Z = \frac{(\overline{X}_1 - \overline{X}_2) - (\mu_1 - \mu_2)}{\sigma_{\overline{X}_1 - \overline{X}_2}}, \text{ 其中 } \sigma_{\overline{X}_1 - \overline{X}_2} = \sqrt{\frac{\sigma_1^2}{n_1} + \frac{\sigma_2^2}{n_2}}$$

2. 大樣本但兩母體變異數未知的檢定統計量 Z

$$Z = \frac{(\overline{X}_1 - \overline{X}_2) - (\mu_1 - \mu_2)}{S_{\overline{X}_1 - \overline{X}_2}}, \text{ 其中 } S_{\overline{X}_1 - \overline{X}_2} = \sqrt{\frac{S_1^2}{n_1} + \frac{S_2^2}{n_2}}, S_1^2 \cdot S_2^2 \text{ 為兩樣本的變異數}$$

3. 大樣本且兩母體變異數未知但已知相等的檢定統計量 Z

$$Z = \frac{(\overline{X}_1 - \overline{X}_2) - (\mu_1 - \mu_2)}{S_{\overline{X}_1 - \overline{X}_2}}, \text{ 其中 } S_{\overline{X}_1 - \overline{X}_2} = S_P \sqrt{\frac{1}{n_1} + \frac{1}{n_2}},$$

$$S_p = \sqrt{\frac{(n_1 - 1)S_1^2 + (n_2 - 1)S_2^2}{n_1 + n_2 - 2}}, S_P \text{ 為混合標準差}$$

4. 小樣本且兩母體變異數已知的檢定統計量 Z

$$Z = \frac{(\overline{X}_1 - \overline{X}_2) - (\mu_1 - \mu_2)}{\sigma_{\overline{X}_1 - \overline{X}_2}}, \text{ 其中 } \sigma_{\overline{X}_1 - \overline{X}_2} = \sqrt{\frac{\sigma_1^2}{n_1} + \frac{\sigma_2^2}{n_2}}$$

5. 小樣本但兩母體變異數未知的檢定統計量 t

$$t = \frac{(\overline{X}_1 - \overline{X}_2) - (\mu_1 - \mu_2)}{S_{\overline{X}_1 - \overline{X}_2}}, \text{ 其中 } S_{\overline{X}_1 - \overline{X}_2} = \sqrt{\frac{S_1^2}{n_1} + \frac{S_2^2}{n_2}}, \text{ 但 } t \text{ 分配的自由度取}$$

$$v = \frac{(S_1^2/n_1 + S_2^2/n_2)^2}{\frac{(S_1^2/n_1)^2}{n_1 - 1} + \frac{(S_2^2/n_2)^2}{n_2 - 1}} \text{ 的整數}$$

6. 大樣本且兩母體變異數未知但已知相等的檢定統計量 t

$t = \dfrac{(\overline{X}_1 - \overline{X}_2) - (\mu_1 - \mu_2)}{S_{\overline{X}_1 - \overline{X}_2}}$，其中 $S_{\overline{X}_1 - \overline{X}_2} = S_p \sqrt{\dfrac{1}{n_1} + \dfrac{1}{n_2}}$，$S_p = \sqrt{\dfrac{(n_1-1)S_1^2 + (n_2-1)S_2^2}{n_1 + n_2 - 2}}$，

S_P 為混合標準差，t 分配的自由度為 $n_1 + n_2 - 2$

兩母體平均數差的假設檢定問題，其平均數差的抽樣分配選用摘如下圖：

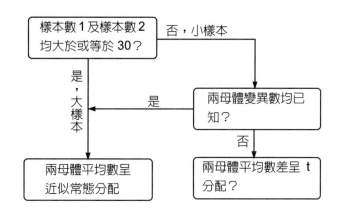

實例一：下表是自兩個獨立母體隨機抽取樣本的結果。

	樣本 1	樣本 2
樣本數	8	7
平均數	1.4	1.0
標準差	0.4	0.6

在已知兩母體變異數相等及在顯著水準 $\alpha = 0.05$ 下檢定以下的假設：

H0：$\mu_1 - \mu_2 = 0$

H1：$\mu_1 - \mu_2 \neq 0$

雖然兩個樣本的樣本數均小於 30，且兩個母體的變異數未知，但是知悉該兩母體的變異數相等，故平均數差的抽樣分配為 t 分配。

混合變異數 $= \dfrac{(n_1-1)S_1^2 + (n_2-1)S_2^2}{n_1 + n_2 - 2} = \dfrac{(8-1) \times 0.4^2 + (7-1) \times 0.6^2}{8 + 7 - 2} = 0.2523077$

混合標準差 $S_p = \sqrt{0.2523077} = 0.5023$

平均數差的標準差 $S_{\overline{X}_1 - \overline{X}_2} = S_p \sqrt{\dfrac{1}{n_1} + \dfrac{1}{n_2}} = 0.5023 \times \sqrt{\dfrac{1}{8} + \dfrac{1}{7}} = 0.259965$

檢定統計量 $t = \dfrac{(\overline{X}_1 - \overline{X}_2) - (\mu_1 - \mu_2)}{S_{\overline{X}_1 - \overline{X}_2}} = \dfrac{(1.4 - 1.0) - 0}{0.259965} = 1.53866$

在顯著水準 0.05 及自由度 $= 8 + 7 - 2 = 13$ 下，臨界 t 值 $= $TINV$(0.025 \times 2, 13) = 2.160$，因檢定統計量 $t(1.53866)$ 小於臨界 t 值（2.160），故不拒絕H0；換言之，兩獨立母體的平均數是相同的。

Unit 9-12

兩獨立母體平均數差假設檢定程式使用說明

實例二：單元 9-11 實例一中若兩母體變異數未知且未能判定兩母體的變異數相等，在相同顯著水準下，進行雙尾檢定？

因未能判定兩母體的變異數相等，故平均數差的 t 分配標準差及自由度為

標準差 $S_{\overline{X}_1 - \overline{X}_2} = \sqrt{\dfrac{S_1^2}{n_1} + \dfrac{S_2^2}{n_2}} = \sqrt{\dfrac{0.4^2}{8} + \dfrac{0.6^2}{7}} = 0.267261$

自由度取 $v = \dfrac{(S_1^2/n_1 + S_2^2/n_2)^2}{\dfrac{(S_1^2/n_1)^2}{n_1 - 1} + \dfrac{(S_2^2/n_2)^2}{n_2 - 1}} = \dfrac{(0.4^2/8 + 0.6^2/7)^2}{\dfrac{(0.4^2/8)^2}{8-1} + \dfrac{(0.6^2/7)^2}{7-1}} = 10.246$ 的整數得 10

檢定統計量 $t = \dfrac{(\overline{X}_1 - \overline{X}_2) - (\mu_1 - \mu_2)}{S_{\overline{X}_1 - \overline{X}_2}} = \dfrac{(1.4 - 1.0) - 0}{0.267261} = 1.49666$

在顯著水準 0.05 及自由度 = 10 下，臨界 t 值 = TINV(0.025×2,10) = 2.228，因檢定統計量 $t(1.49666)$ 小於臨界 t 值（2.228），故不拒絕 H0；換言之，兩獨立母體的平均數是相同的。

實例三：某公司有 A、B 兩家供應商供應原料，過去交貨資料整理如下：

	A 供應商	B 供應商
樣本數	50	30
平均數	14 天	12.5 天
標準差	3 天	2 天

該公司尋求統計證據，若在顯著水準 0.05 及兩供應商供貨天數的變異數未知也無法判定是否相等的情況下，A 供應商的平均交貨天數等於或少於 B 供應商的平均交貨天數，則繼續自 A 供應商供應原料？

依據題議建立檢定假設如下：

H0：$\mu_A - \mu_B \leqq 0$

H1：$\mu_A - \mu_B > 0$

兩個樣本的樣本數均大於或等於 30 天，其平均數差的抽樣分配屬常態分配。兩供應商供貨天數的變異數未知也無法判定是否相等，故：

平均數差的標準差 $S_{\overline{X}_1 - \overline{X}_2} = \sqrt{\dfrac{S_1^2}{n_1} + \dfrac{S_2^2}{n_2}} = \sqrt{\dfrac{3^2}{50} + \dfrac{2^2}{30}} = 0.559762$

檢定統計量 $Z = \dfrac{(\overline{X}_1 - \overline{X}_2) - (\mu_1 - \mu_2)}{S_{\overline{X}_1 - \overline{X}_2}} = \dfrac{(14 - 12.5) - 0}{0.559762} = 2.6797$

臨界 Z 值 = NORMSINV(0.95) = 1.645

因檢定統計量 $Z(2.6797)$大於臨界 Z 值（1.645）而落入拒絕域，因此拒絕虛無假設 H0，換言之，A 供應商的平均天數多於 B 供應商。

使用兩母體平均數差假設檢定程式時，請先點選 ☞ 統計/假設檢定/雙母體/兩獨立母體平均數差假設檢定/☜ 後出現如下畫面。

依據單元 9-11 實例一輸入樣本 1 的樣本數（8）、樣本平均數（1.4）、樣本標準差（0.4）及樣本 2 的樣本數（7）、樣本平均數（1.0）、樣本標準差（0.6），指定顯著水準（0.05），兩母體平均數差的檢定值（0.0），勾選「假設兩母體變異數相同」及雙尾檢定後，單擊「確定」鈕即進行兩母體平均數差的假設檢定。所得結果與單元 9-11 實例一相符。

畫面上白色底的文字框格如樣本 1 的樣本數與平均數，樣本 2 的樣本數及平均數，顯著水準及兩母體平均數差的檢定值屬於必須輸入的資料；淡土色底的文字框格如樣本 1 的標準差或變異數是兩者選一輸入之；同理，樣本 2 的標準差或變異數也是兩者選一輸入之。母體 1 變異數與母體 2 變異數也是淡土色，如果已知則應輸入之。兩母體變異數是否已知影響檢定統計量的適用公式的選擇。

樣本 1 資料範圍與樣本 2 資料範圍也是淡土色的參照欄框（Reference Edit Box），可直接輸入樣本 1 在試算表上的儲存格範圍，然後由程式計算樣本 1 的樣本數、平均數、標準差及變異數，此時就不必輸入樣本 1 的樣本數、平均數、標準差或變異數；同理，也可直接輸入樣本 2 在試算表上的儲存格範圍，然後由程式計算樣本 2 的樣本數、平均數、標準差及變異數，此時就不必輸入樣本 2 的樣本數、平均數、標準差或變異數。單擊參照欄框右側有減號（－）的按鈕，可使程式畫面暫時消失而僅剩參照欄框，可方便使用者在試算表畫面上以滑鼠拖曳點選儲存格範圍。畫面最下面的輸出框格右側的按鈕及上下箭頭可以瀏覽所有輸出資訊。

Unit 9-13
兩配對母體平均數差的假設檢定

一個母體的某些個體經過一種過程後比較過程前後的某些屬性,則這個母體可視為配對母體。例如,某種特殊訓練施加一群學員前的平均成績與施加訓練後的平均成績,可視同兩個配對母體的平均數差之比較;一群工作人員用方法 A 工作的生產量與同一群工作人員使用方法 B 工作的產量比較也可視同兩配對母體的平均數差之比較。

設 μ_D 為兩配對母體平均數的差,D_0 為兩配對母體平均數差之檢定值,則也有三種的檢定假設:

左尾檢定	雙尾檢定	右尾檢定
H0:$\mu_D \geq D_0$	H0:$\mu_D = D_0$	H0:$\mu_D \leq D_0$
H1:$\mu_D < D_0$	H1:$\mu_D \neq D_0$	H1:$\mu_D > D_0$

設 σ_D 為兩配對母體平均數差的母體標準差,樣本數 n 個平均數差的平均數為 $\overline{D}$,平均數差的標準差為 S_D,則檢定統計量為:

大樣本		小樣本	
σ_D 已知	σ_D 未知	σ_D 已知	σ_D 未知
常態分配	常態分配	常態分配	t 分配
$Z = \dfrac{\overline{D} - D_0}{\sigma_D/\sqrt{n}}$	$Z = \dfrac{\overline{D} - D_0}{S_D/\sqrt{n}}$	$Z = \dfrac{\overline{D} - D_0}{\sigma_D/\sqrt{n}}$	$t = \dfrac{\overline{D} - D_0}{S_D/\sqrt{n}}$

實例一:某公司評估一種銷售獎金制度,在該制度實施前後 5 位業務員的銷售成績及差異如下表:

業務員	每週銷售量		差異
	制度試用後	制度試用前	
1	18	15	3
2	14	12	2
3	19	18	1
4	18	15	3
5	18	16	2

試在顯著水準 0.05 下,檢定該銷售獎金制度的成效?

首先建立下列檢定假設:

H0：$\mu_D = 0$

H1：$\mu_D \neq 0$

因為兩配對母體平均數差的母體標準差 σ_D 未知，故以資料差異的標準差替代之。由上表可計得差異的平均數 $\overline{D} = (3+2+1+3+2)/5 = 2.2$；差異的標準差為

$$S_D = \sqrt{[(3-2.2)^2 + (2-2.2)^2 + (1-2.2)^2 + (3-2.2)^2 + (2-2.2)^2]/(5-1)} = 0.83666$$

檢定統計量 $t = \dfrac{\overline{D} - D_0}{S_D/\sqrt{n}} = \dfrac{2.2 - 0}{0.83666/\sqrt{5}} = 5.87975$

在顯著水準 0.05 下，以試算表函數 TINV(0.025×2,4)求得臨界 t 值為 2.77645，因小於檢定統計量 t(5.87975)，而落入拒絕域，故拒絕虛無假設 H0，換言之，配對資料平均數差異不為 0 或銷售獎金制度有成效。

使用兩配對母體平均數差假設檢定時，請點選 ☞ 統計/假設檢定/雙母體/兩配對母體平均數差假設檢定/☜ 後出現如下畫面

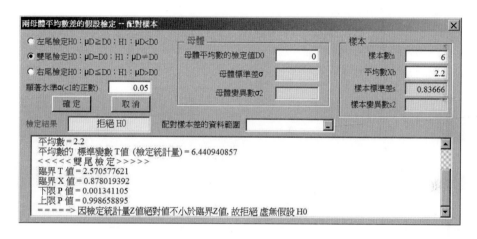

指定雙尾檢定並輸入母體平均數的檢定值（0）、樣本數（6）、平均數（2.2）、顯著水準（0.05）及樣本標準差（0.83666）後單擊「確定」鈕以進行兩配對母體平均數差的假設檢定，其結果與前述實例演算相符。下二圖以指定配對資料差的範圍求解，所得結果均相同。

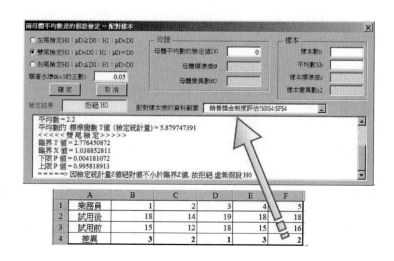

207

Unit 9-14

兩母體比例差的假設檢定

設 π_1、π_2 為兩母體的某項屬性的比例，其差數也可由各母體的抽樣樣本比例 p_1、p_2 推估與檢定。兩母體比例差的假設檢定也有下列三種：

左尾檢定	雙尾檢定	右尾檢定
H0：$\pi_1 - \pi_2 \geqq \pi_0$	H0：$\pi_1 - \pi_2 = \pi_0$	H0：$\pi_1 - \pi_2 \leqq \pi_0$
H1：$\pi_1 - \pi_2 < \pi_0$	H1：$\pi_1 - \pi_2 \neq \pi_0$	H1：$\pi_1 - \pi_2 > \pi_0$

兩母體比例差的檢定統計量為：

$Z = \dfrac{(p_1 - p_2) - \pi_0}{S_{p_1 - p_2}}$，其中 $S_{p_1 - p_2}$ 為兩母體比例差抽樣分配的標準差，

如果 $\pi_0 = \pi_1 - \pi_2 = 0$，則 $\bar{p} = \dfrac{n_1 p_1 + n_2 p_2}{n_1 + n_2}$，$S_{p_1 - p_2} = \sqrt{\bar{p}(1 - \bar{p})(1/n_1 + 1/n_2)}$

如果 $\pi_0 = \pi_1 - \pi_2 \neq 0$，則 $S_{p_1 - p_2} = \sqrt{\dfrac{p_1(1 - p_1)}{n_1} + \dfrac{p_2(1 - p_2)}{n_2}}$

實例一：某項民意調查逐家拜訪時，就配合度而有下列的資料：

受訪者	樣本數	配合訪問的人數	所占比例
女性	300	201	0.67
男性	110	200	0.55

試在顯著水準 0.05 下，女性的配合度比男性是否高出 5%？

先建立檢定假設如下：

H0：$\pi_1 - \pi_2 \geqq 0.05$

H1：$\pi_1 - \pi_2 < 0.05$

已知女性配合比例為 $p_1 = 0.67$，樣本數 $n_1 = 300$；男性配合比例為 $p_2 = 0.55$，樣本數 $n_2 = 200$。由於 $\pi_1 - \pi_2 = 0.05 \neq 0.0$，故得標準差：

$S_{p_1 - p_2} = \sqrt{\dfrac{p_1(1 - p_1)}{n_1} + \dfrac{p_2(1 - p_2)}{n_2}} = \sqrt{\dfrac{0.67(1 - 0.67)}{300} + \dfrac{0.55(1 - 0.55)}{200}} = 0.044435$

檢定統計量 $Z = \dfrac{(p_1 - p_2) - \pi_0}{S_{p_1 - p_2}} = \dfrac{(0.67 - 0.55) - 0.05}{0.044435} = 1.5753226$

顯著水準 0.05 的臨界 Z 值以函數 NORMSINV(0.05) 求得 1.6449；檢定統計量 Z (1.5753226) 小於臨界 Z 值（1.6449）而落入接受域，因此不拒絕 H0，換言之，女性接受訪問的比例高於男性 5%。

實例二：某電視廣告在 A、B 地區以一週時間播放 6 次。隔週的電話調查結果如下，請在顯著水準 0.05 下檢定該兩地區能說出廣告內容的人數比例並無差異？

地區	看過該廣告的人數	能描述廣告內容的人	比例
A	150	63	0.42
B	200	60	0.30

依據設定檢定假設如下：

H0：$\pi_1 - \pi_2 = 0.0$

H1：$\pi_1 - \pi_2 \neq 0.0$

已知 A 地區的比例為 $p_1 = 0.42$，樣本數 $n_1 = 150$；B 地區的比例為 $p_2 = 0.30$，樣本數 $n_2 = 200$。由於 $\pi_1 - \pi_2 = 0.0$，故先計算混合樣本比例為：

$$\bar{p} = \frac{n_1 p_1 + n_2 p_2}{n_1 + n_2} = \frac{150 \times 0.42 + 200 \times 0.30}{150 + 200} = 0.3514286$$

再計算標準差 $S_{p_1 - p_2} = \sqrt{\bar{p}(1 - \bar{p})(1/n_1 + 1/n_2)} = \sqrt{0.002659143} = 0.0515669$

檢定統計量 $Z = \frac{(p_1 - p_2) - \pi_0}{S_{p_1 - p_2}} = \frac{(0.42 - 0.30) - 0.0}{0.0515669} = 2.327074$

顯著水準 0.05 的臨界 Z 值以函數 NORMSINV(0.025) 求得 1.95996；檢定統計量 Z(2.327074) 大於臨界 Z 值（1.95996）而落入拒絕域，因此拒絕 H0，換言之，A、B 兩地區能說出廣告內容的人數比例是有差異的。

使用兩母體比例差假設檢定程式時，請點選 ☞ 統計/假設檢定/雙母體/兩母體比例差假設檢定/☜ 後出現如下畫面。

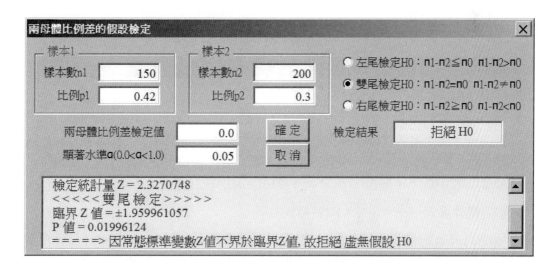

上面畫面係以本單元實例二的程式求解，樣本 1 的樣本數（150）、比例（0.42）、樣本 2 的樣本數（200）、比例（0.30）、兩母體比例差檢定值（0.0）及顯著水準（0.05）均需輸入；單擊「確定」鈕即進行兩母體比例差假設檢定，所得結果與實例演算結果相符，檢定結論仍是拒絕 H0 或 A、B 兩地區能說出廣告內容的人數比例是有差異的。

Unit 9-15
兩母體變異數比的假設檢定

兩母體平均數差的假設檢定中，小樣本的 t 分配檢定統計量也因兩母體變異數是否相等而異，這種兩母體變異數的是否相等就有賴兩母體變數比的假設檢定來推斷之。設 σ_1^2、σ_2^2 為兩母體的變異數，其間也有三種假設檢定：

左尾檢定	雙尾檢定	右尾檢定
H0：$\sigma_1^2 \geq \sigma_2^2$	H0：$\sigma_1^2 = \sigma_2^2$	H0：$\sigma_1^2 \leq \sigma_2^2$
H1：$\sigma_1^2 < \sigma_2^2$	H1：$\sigma_1^2 \neq \sigma_2^2$	H1：$\sigma_1^2 > \sigma_2^2$

或寫成：

左尾檢定	雙尾檢定	右尾檢定
H0：$\sigma_1^2 / \sigma_2^2 \geq 1$	H0：$\sigma_1^2 / \sigma_2^2 = 1$	H0：$\sigma_1^2 / \sigma_2^2 \leq 1$
H1：$\sigma_1^2 / \sigma_2^2 < 1$	H1：$\sigma_1^2 / \sigma_2^2 \neq 1$	H1：$\sigma_1^2 / \sigma_2^2 > 1$

若 $(n_1 、 S_1^2)$，$(n_2 、 S_2^2)$ 分別為兩樣本的樣本數與變異數，則兩母體變異數比的檢定統計量為 $F = \dfrac{S_1^2}{S_2^2}$ 且成為 F 分配。

其拒絕虛無假設 H0 的決策法則為：

左尾檢定	雙尾檢定	右尾檢定
$F \leq F_{n_1-1, n_2-1, 1-\alpha}$	$F \geq F_{n_1-1, n_2-1, \alpha/2}$ $F \leq F_{n_1-1, n_2-1, 1-\alpha/2}$	$F \geq F_{n_1-1, n_2-1, \alpha}$

實例一：從兩個獨立母體隨機抽取兩組樣本；其中一組樣本的樣本數 (n_1) 為 16，變異數 (S_1^2) 為 47.3；另一組樣本的樣本數 (n_2) 為 13，變異數 (S_2^2) 為 36.4。試在顯著水準 0.05 下，檢視 (1) $\sigma_1^2 \geq \sigma_2^2$，(2) $\sigma_1^2 = \sigma_2^2$ 的統計證據。

檢定統計量 $F = \dfrac{S_1^2}{S_2^2} = \dfrac{47.3}{36.4} = 1.299451$

檢視 (1) $\sigma_1^2 \geq \sigma_2^2$ 相當於左尾檢定，其臨界 F 值為 $F \leq F_{n_1-1, n_2-1, 1-\alpha}$，可以試算表函數 FINV(0.95,15,12) 求得 0.40399，因 F 值（1.299451）大於臨界 F 值（0.40399）而落於接受域，故不拒絕 H0，換言之，有統計證據顯示母體 1 的變異數大於母體 2 的變異數。F 值所相當 p 值以函數 FDIST(1.2995,15,12) 求得 0.3278，因大於顯著水準 0.05，故也不拒絕 H0。

檢視 (2) $\sigma_1^2 = \sigma_2^2$ 相當於雙尾檢定，其臨界 F 下限值為 $F_{n_1-1, n_2-1, 1-\alpha/2}$ 或以函數 FINV(0.975,15,12) 求得 0.3375；臨界 F 上限值為 $F_{n_1-1, n_2-1, \alpha/2}$ 並以函數 FINV(0.025,15,12) 求得 3.1772；因 0.3375 < F 值（1.299451）< 3.1772 而落於接受域，故不拒絕 H0，換言之，有統計證據顯示母體 1 的變異數等於母體 2 的變異數。F 值所相當 p 值以函

數 2×FDIST(1.2995,15,12)求得 0.6555，因大於顯著水準 0.05，故也不拒絕 H0。

實例二：設某軟體公司在台北與高雄支援中心以電話解決使用疑難，下表為台北、高雄兩支援中心各 20 通電話服務分鐘數：

台北	1.48	1.75	0.78	2.85	0.52	1.60	4.15	3.97	1.48	3.10
	1.02	0.53	0.93	1.60	0.80	1.05	6.32	3.93	5.45	0.97
高雄	7.55	3.75	0.10	1.10	0.60	0.52	3.30	2.10	0.58	4.02
	3.75	0.65	1.92	0.60	1.53	4.23	0.08	1.48	1.65	0.72

試在顯著水準 0.05 下，檢視該兩支援中心的服務變異性有否差異？

首先設立檢定假設為 H0：$\sigma_1^2 = \sigma_2^2$　H1：$\sigma_1^2 \neq \sigma_2^2$

依據上表服務資訊推得台北，高雄的服務變異數為 2.952，3.579，可得檢定統計量 $F = 2.952/3.579 = 0.8248$。以函數 FINV (0.975,19,19)求得臨界 F 下限值 0.3958；並以函數 FINV(0.025,19,19)求得臨界 F 上限值為 2.5264；因 0.3958 < F 值(0.8248) < 2.5264 而落於接受域，故不拒絕 H0 或有統計證據可認為兩支援中心的服務變異性沒有差異。

使用兩母體變異數比假設檢定程式時，請點選 ☞ 統計/假設檢定/雙母體/兩母體變異數比假設檢定/☜ 後，出現如下畫面。

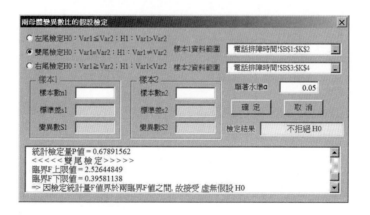

畫面中本應輸入樣本 1 的樣本數、標準差或變異數，樣本 2 的樣本數、標準差或變異數及顯著水準，然後單擊「確定」鈕進行兩母體變異數比的假設檢定。然台北、高雄支援中心的服務資訊已經置於試算表如下圖。因此可將滑鼠置於樣本 1、2 資料範圍文字框格內，再輸入或以滑鼠拖曳點選各在試算表的儲存格位置，單擊「確定」鈕後即由程式計算其變數數並進行變異數比的假設檢定，結果如上圖。

	A	B	C	D	E	F	G	H	I	J	K
1	台北	1.48	1.75	0.78	2.85	0.52	1.60	4.15	3.97	1.48	3.10
2		1.02	0.53	0.93	1.60	0.80	1.05	6.32	3.93	5.45	0.97
3	高雄	7.55	3.75	0.10	1.10	0.60	0.52	3.30	2.10	0.58	4.02
4		3.75	0.65	1.92	0.60	1.53	4.23	0.08	1.48	1.65	0.72

第 ⑩ 章

變異數分析

··· 章節體系架構 ▽

Unit 10-1

變異數的分解

變異數分析目的是比較三個以上群組的母體平均數是否有差異，而不是在檢定變異數是否相等的問題。在比較兩個群組母體平均數是否有差異時，可以用常態分配（當母體標準差已知或是兩個樣本數皆大於 30 時）或 t 分配（當母體標準差未知且至少有一個樣本數小於 30 時）進行比較；但是在比較多個群組的母體平均數是否有差異時，必須改用變異數分析。

1. 一因子變異數分析的基本模式

一因子變異數分析的基本模式如下，資料表中各行代表各種處理，各列代表各處理的觀察值。依據每個處理的觀察資料，可以計得其平均數（$\bar{y}_1$、$\bar{y}_2$、…、$\bar{y}_k$），變異數（s_1^2、s_2^2、…、s_k^2），也可計得總平均數（$\bar{\bar{y}}$）與總變異數（s^2）。

處理 1	處理 2	處理 i	· · ·	處理 k
y_{11}	y_{21}	y_{i1}	· · ·	y_{k1}
y_{12}	y_{22}	y_{i2}	· · ·	y_{k2}
·	·	·		·
·	·	y_{ij}		·
·	·	·	·	·
y_{1n_1}	y_{2n_2}	y_{in_i}		y_{kn_k}

樣本平均數	$\bar{y}_1$	$\bar{y}_2$	$\bar{y}_i$	· · ·	$\bar{y}_k$ $\bar{\bar{y}}$
樣本變異數	s_1^2	s_2^2	s_i^2	· · ·	s_k^2 s^2

例如下表是樣本數為 6 的某項測驗，三所學校的成績及其平均成績與變異數。

樣本資料	學校甲	學校乙	學校丙
1	85	71	65
2	78	75	64
3	82	76	62
4	76	74	69
5	74	72	75
6	85	82	67
樣本平均數	80	75	67
樣本變異數	22	15.2	21.2
樣本標準差	4.69	3.90	4.60

2. 變異的分解

上表中學校甲的平均數為 $\bar{y}_1 = 80$，學校乙的平均數為 $\bar{y}_2 = 75$，學校丙的平均數為 $\bar{y}_3 = 67$，所有成績的總平均為 $\bar{\bar{y}} = (\bar{y}_1 + \bar{y}_2 + \bar{y}_3)/3 = 74$。

將學校甲（組）內 6 個成績與該校成績平均數 80 之差的平方和稱爲組內變異 SSW 或隨機變異 SSE，則學校甲組內變異爲

學校甲 SSE $= (85 - 80)^2 + (78 - 80)^2 + (82 - 80)^2 + (76 - 80)^2 + (74 - 80)^2 + (85 - 80)^2 = 110$

同理，學校乙 SSE $= (71 - 75)^2 + (75 - 75)^2 + \cdots\cdots + (72 - 75)^2 + (82 - 75)^2 = 76$

學校丙 SSE $= (65 - 67)^2 + (64 - 67)^2 + \cdots\cdots + (75 - 67)^2 + (67 - 67)^2 = 106$

三校的組內變異或隨機變異爲 SSE $= 110 + 76 + 106 = 292$

如果每學校的 6 個成績均等於該校平均數，則組內變異應該等於 0。學校甲的組內變異不等於 0 乃由於組內的 6 個觀測值係隨機抽取的結果，故組內變異 SSW 也稱爲隨機變異 SSE。

將學校甲的平均數（80）、學校乙的平均數（75）、學校丙的平均數（67）各與三所學校總平均數（74）之差數平方的總和乘以 6（每組的資料個數）即得組間變異 SSB 或稱因子變異 SSF，即：

SSF $=$ SSB $= [(80 - 74)^2 + (75 - 74)^2 + (67 - 74)^2] \times 6 = 516$

如果三所學校的平均數均相等，則各平均數也必等於總平均數，因此其組間變異應該等於 0。換言之，組間變異愈小，則各組的平均數愈趨相等。

將三所學校的各個成績（總共 18 個）與總平均數（74）的差數平方的總和稱爲總變異（SST），則總變異爲：

SST $= (85 - 74)^2 + (78 - 74)^2 + \cdots + (75 - 74)^2 + (67 - 74)^2 = 808$

由前述演算可得 $808 = 516 + 292$ 或總變異（SST）＝因子變異（SSF）＋隨機變異（SSE）。

設有 k 個處理（組），每一個處理（組）的有樣本數 b，y_{ij} 爲第 j 個處理的第 i 個樣本資料。則 $\bar{y}_j = \sum\limits_{i=1}^{b} y_{ij} \big/ b \quad j = 1, \cdots\cdots, k$，$\bar{\bar{y}} = \sum\limits_{i=1}^{b} \sum\limits_{j=1}^{k} y_{ij} \big/ (b \times k)$，各變異計算式如下：

$$\text{SSF} = \sum_{j=1}^{k} \sum_{i=1}^{b} (\bar{y}_j - \bar{\bar{y}})^2 = \sum_{j=1}^{k} b(\bar{y}_j - \bar{\bar{y}})^2 \text{ ; SSE} = \sum_{j=1}^{k} \sum_{i=1}^{b} (y_{ij} - \bar{y}_j)^2 \text{ ;}$$

$$\text{SST} = \text{SSF} + \text{SSE} \text{ 或 SST} = \sum_{j=1}^{k} \sum_{i=1}^{b} (y_{ij} - \bar{\bar{y}})^2$$

下圖是個別觀察值（y_{ij}）與總平均數（$\bar{\bar{y}}$）、各組平均數（$\bar{y}_j$）推算總變異（SST），隨機變異（SSE）與因子變異（SSF）的關係圖。

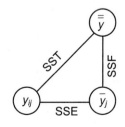

Unit 10-2

變異數分析表

1. 因子變異的性質

　　一因子變異數分析中，總變異恆可拆解成因子變異（組間變異）與隨機變異（組內變異），且具有下列關係：

　　　總變異（SST）＝因子變異（SSF）＋隨機變異（SSE）

　　因子變異或組間變異的計算公式為 $SSF = \sum_{j=1}^{k} b_j(\bar{y}_j - \bar{\bar{y}})^2$，若每群組的平均數均相等，則總平均數也等於群組的平均數，所計得的因子變異應等於零；若各群組平均數不相等，則因子變異必不等於零；且各群組平均數差異愈大，則因子變異也愈大；反之，各群組平均數差異愈小，則因子變異也愈小。變異數分析就是運用這種關係來比較多個母體平均數的差異。

2. 隨機變異的性質

　　樣本數為 n 的樣本資料變異數 S^2 是該組平均數與組中所有樣本資料之差的平方和除以 $n-1$，因此隨機變異 $SSE = \sum_{j=1}^{k}(b-1)S_j^2$，其中 b 為每一群組的樣本數，S_j^2 為第 j 群組的變異數。

　　單元 10-1 中三所學校成績的變異數分別是 22.0、15.2、21.2，則：

　　　$SSE = \sum_{j=1}^{k}(b-1)S_j^2 = (6-1)\times 22.0 + (6-1)\times 15.2 + (6-1)\times 21.2 = 292$

　　在一變異數分析中，由於 $SST = SSF + SSE$，因此只要由樣本資料計得其中兩個變異即可獲得全部變異。

3. 自由度的分解

　　因子變異 SSF 與隨機變異 SSE 會受樣本數多寡的影響，因此不宜直接比較 SSF 與 SSE 的大小來研判各母體平均數是否相同。各變異必須除以自由度以求得其變異數再來比較研判之。

　　一因子分析模式中有 k 行（處理），而每個處理有 b 個或 b 列的樣本資料，因此總共有 $b \times k$ 或 n 個資料。

　　總變異的自由度為 $n-1$，因子變異的自由度為 $k-1$，隨機變異的自由度為 $n-k$。各變異除以其自由度以後，可獲得各變異的平均平方和或變異數如下：

　　　總變異數（Mean Squares of Total）MST＝SST/(n－1)

　　　因子變異數（Mean Squares due to Factor）MSF＝SSF/(k－1)

　　　隨機變異數（Mean Squares due to Error）MSE＝SSE/(n－k)

4. 假設檢定、檢定統計量與決策準則

　　檢定 k 個母體平均數 μ_1、μ_2、……、μ_k 是否相等的假設檢定為：

　　　虛無假設 H0：$\mu_1 = \mu_2 = \cdots\cdots = \mu_k$

對立假設 H1：並非所有 μ_1、μ_2、……、μ_k 均相等

統計上以 $F = MSF/MSE$ 做為變異數分析檢定各母體平均數是否相等的檢定統計量，F 值的抽樣分配為一個 MSF 自由度 $k-1$ 及 MSE 自由度 $n-k$ 的 F 分配，即：

$$F = \frac{MSF}{MSE} \sim F_{k-1, n-k}$$

在選定顯著水準 α 下的決策準則（如下圖）為：

若 $F > F_{k-1, n-k, \alpha}$，則拒絕虛無假設 H0

若 $F \leq F_{k-1, n-k, \alpha}$，則接受虛無假設 H0

其中 $F_{k-1, n-k, \alpha}$ 稱為臨界 F 值，相當右尾機率面積等於顯著水準 α 時的 F 值。

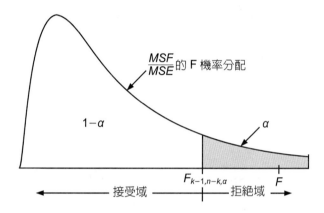

在顯著水準 0.05 下，若 MSF 的自由度為 2，MSE 的自由度為 15，則臨界 F 值可以試算表函數 FINV(0.05,2,15) 求得 3.682；若 F 值為 5.52 則可以試算表函數 FDIST(5.52,2,15) 求得拒絕域的面積或機率 p 值為 0.015972654。

在顯著水準 α 下，p 值法的決策準則為：若 p 值 $< \alpha$，則拒絕虛無假設 H0；否則，不拒絕虛無假設 H0。

5. 變異數分析（ANOVA）表

變異數分析的結果以如下的變異數分析（ANOVA）表表示之：

變異來源	平方和（SS）	自由度	平均平方和（MS）	F 值
因子（組間）	SSF	k − 1	MSF = SSF/(k − 1)	MSF/MSE
隨機（組內）	SSE	n − k	MSE = SSE/(n − k)	
總和	SST	n − 1		

Unit **10-3**
多母體平均數差異檢定

以單元 10-1 的檢定某項測驗三所學校的 6 位受測平均成績是否有差異的實例，並依前述變異數分析方法演算如下：

樣本資料	學校甲	學校乙	學校丙
1	85	71	65
2	78	75	64
3	82	76	62
4	76	74	69
5	74	72	75
6	85	82	67
樣本平均數	80	75	67
樣本變異數	22	15.2	21.2
樣本標準差	4.69	3.90	4.60

檢定前先設立檢定假設如下（假設三所學校平均成績為 μ_1、μ_2、μ_3）：

虛無假設 H0：三所學校的平均成績無差異或 $\mu_1 = \mu_2 = \mu_3$

對立假設 H1：三所學校的平均成績不完全相同

各校 6 位受測成績的平均數、變異數及標準差已如上表。為計算各項變異，應先由 18 位成績或每校平均成績計算總平均數如下：

$$\bar{\bar{y}} = \frac{80 \times 6 + 75 \times 6 + 67 \times 6}{18} = 74$$

因為總變異 SST 等於因子變異 SSF 加隨機變異 SSE，因此三個變異僅需計算其中兩個即可。由 $\text{SSE} = \sum_{j=1}^{k} (b-1)S_j^2$，可得：

$\text{SSE} = 5 \times 22 + 5 \times 15.2 + 5 \times 21.2 = 292$

$\text{SSF} = \sum_{j=1}^{k} b\left(\bar{y}_j - \bar{\bar{y}}\right)^2 = 6 \times (80 - 74)^2 + 6 \times (75 - 74)^2 + 6 \times (67 - 74)^2 = 516$

$\text{SST} = 292 + 516 = 808$

將總變異的自由度 $n-1$ 分解成組間變異的自由度 $k-1$ 及隨機變異的自由度 $n-k$，而得 $n-1 = (k-1) + (n-k)$。

各變異數或平均平方和計算如下：

組間變異數 $\text{MSF} = \text{SSF}/(k-1) = 516/(3-1) = 258$

隨機變異數 $\text{MSE} = \text{SSE}/(n-k) = 292/(18-3) = 19.467$

得檢定統計量 $F = \text{MSF}/\text{MSE} = 258/19.467 = 13.253$

依據以上資料可得如下的變異數分析表：

變異來源	平方和（SS）	自由度	平均平方和（MS）	F 值
因子（組間）	516.000	2	258.00	13.253
隨機（組內）	292.000	15	19.467	
總和	808.000	27		

　　因為檢定統計量的分子自由度為 2，分母的自由度為 15，在顯著水準 $\alpha = 0.05$ 下查表或以試算表函數 $=FINV(0.05,2,15)$ 得 F 分配的臨界 F 值為 3.68。依據決策準則，因為 F 值 13.253 大於臨界 F 值($F_{2,15,0.05}$) 3.68，故拒絕虛無假設H0，換言之，三所學校的平均成績不全相等。

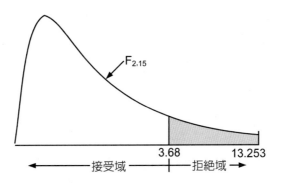

　　點選 ☞ 工具／資料分析 ☜ 後出現資料分析畫面，再點選「單因子變異數分析」後單擊「確定」鈕而出現 Excel 試算表提供的單因子變異數分析畫面。

　　經點選基本資料後，單擊「確定」鈕即得如下結果，與前述分析結果相同。

	A	B	C	D	E	F	G	H	I	J	K	L
1	某項測驗三所學校的成績					Excel 試算表的單因子變異數分析						
2	樣本資料	學校甲	學校乙	學校丙		單因子變異數分析				FDIST(13.25342,2,15)		
3	1	85	71	65		摘要						
4	2	78	75	64		組	個數	總和	平均	變異數		
5	3	82	76	62		學校甲	6	480	80	22		
6	4	76	74	69		學校乙	6	450	75	15.2		
7	5	74	72	75		學校丙	6	402	67	21.2		
8	6	85	82	67		ANOVA						
9	樣本平均數	80	75	67		變源	SS	自由度	MS	F	P-值	臨界值
10	樣本變異數	22	15.2	21.2		組間	516	2	258	13.25342	0.000484	3.682317
11	樣本標準差	4.69	3.9	4.6		組內	292	15	19.46667			
12						總和	808	17				

Unit 10-4

多重比較

　　前述三所學校（母體）的平均成績經檢定後認為三所學校的平均成績不全相同，因而產生哪些學校的平均成績不同？差異程度又是如何？多重比較就是運用區間估計的方法來估算某兩個母體平均數的信賴區間。多重比較估算信賴區間可分為單一信賴區間及聯合信賴區間。分別說明如下：

1. 單一信賴區間

　　多個母體間任兩個相異母體平均數差 $\mu_i - \mu_j\ (i \neq j)$ 的信賴區間，其點估計為該兩母體樣本的平均數之差 $(\bar{y}_i - \bar{y}_j)$，標準差為 $\sqrt{MSE}\sqrt{\dfrac{1}{b_i} + \dfrac{1}{b_j}}$，則在顯著水準 α 或信賴係數 $(1 - \alpha)$ 下的單一信賴區間為：

$$(\bar{y}_i - \bar{y}_j) - t_{n-k,\,\alpha/2}\sqrt{MSE}\sqrt{\frac{1}{b_i} + \frac{1}{b_j}} \leq \mu_i - \mu_j \leq (\bar{y}_i - \bar{y}_j) + t_{n-k,\,\alpha/2}\sqrt{MSE}\sqrt{\frac{1}{b_i} + \frac{1}{b_j}}$$

　　前例中，MSE = 19.467，估算樣本 1（學校甲）與樣本 2（學校乙）的平均數單一信賴區間時，計得標準差為 $\sqrt{MSE}\sqrt{\dfrac{1}{b_1} + \dfrac{1}{b_2}} = 2.5473298$，$t_{n-k,\,\alpha/2} = t_{15,0.025} = 2.13145$，得：

　　　　單一信賴區間的下限值 $= (80 - 75) - 2.13145 \times 2.5473298 = -0.430$

　　　　單一信賴區間的上限值 $= (80 - 75) + 2.13145 \times 2.5473298 = 10.430$

　　　　因 $-0.430 \leq \mu_1 - \mu_2 \leq 10.430$，故 $\mu_1 - \mu_2$ 可能等於 0，換言之，學校甲的平均成績（μ_1）可能與學校乙的平均成績（μ_2）是相等的。

　　　　估算樣本 2（學校乙）與樣本 3（學校丙）的平均數單一信賴區間時，計得標準差為 $\sqrt{MSE}\sqrt{\dfrac{1}{b_2} + \dfrac{1}{b_3}} = 2.5473298$，$t_{n-k,\,\alpha/2} = t_{15,0.025} = 2.13145$，得：

　　　　單一信賴區間的下限值 $= (75 - 67) - 2.13145 \times 2.5473298 = 2.570$

　　　　單一信賴區間的上限值 $= (75 - 67) + 2.13145 \times 2.5473298 = 13.430$

　　　　因 $2.570 \leq \mu_2 - \mu_3 \leq 13.430$，故 $\mu_2 - \mu_3$ 不可能等於 0，換言之，學校乙的平均成績（μ_2）與學校丙的平均成績（μ_3）是不相等的。

　　　　估算樣本 1（學校甲）與樣本 3（學校丙）的平均數單一信賴區間得：

　　　　單一信賴區間的下限值 $= (80 - 67) - 2.13145 \times 2.5473298 = 7.570$

　　　　單一信賴區間的上限值 $= (80 - 67) + 2.13145 \times 2.5473298 = 18.430$

　　　　因 $7.570 \leq \mu_1 - \mu_3 \leq 18.430$，故 $\mu_1 - \mu_3$ 不可能等於 0，換言之，學校甲的平均成績（μ_1）與學校丙的平均成績（μ_3）是不相等的。

2. 聯合信賴區間

以上 3 個單一信賴區間的信賴係數均為 0.95，由乘法定理可知 3 個信賴區間均成立的機率為$(0.95)^3$，而小於 0.95 使整個信賴係數降低。

要求 95%的聯合信賴區間，則必須修正顯著水準 α。設 m 是母體個數取 2 的組合數，即 $m = C_2^k$ 或 $C_2^3 = 3$，則應將顯著水準除以 m 修正之。此項修正僅影響 t 值的計算，本例為 $t_{n-k,\,\alpha/2m}$ 或 $t_{18-3,\,0.05/(2\times3)} = 2.69374$。得聯合信賴區間為：

$$(\bar{y}_i - \bar{y}_j) - t_{n-k,\,\alpha/2m}\sqrt{MSE}\sqrt{\frac{1}{b_i}+\frac{1}{b_j}} \le \mu_i - \mu_j \le (\bar{y}_i - \bar{y}_j) + t_{n-k,\,\alpha/2m}\sqrt{MSE}\sqrt{\frac{1}{b_i}+\frac{1}{b_j}}$$

因 $b_1 = b_2 = b_3 = 6$，故 $\sqrt{MSE}\sqrt{\dfrac{1}{b_i}+\dfrac{1}{b_j}}$ 均為 2.5473298，則得學校甲與學校乙：

聯合信賴區間的下限值 $= (80 - 75) - 2.5473298 \times 2.69374 = -1.862$

聯合信賴區間的上限值 $= (80 - 75) + 2.5473298 \times 2.69374 = 11.862$

因 $-1.862 \le \mu_1 - \mu_2 \le 11.862$，故 $\mu_1 - \mu_2$ 可能等於 0，換言之，學校甲的平均成績（μ_1）與學校乙的平均成績（μ_2）可能相等。

估算學校甲與學校丙：

聯合信賴區間的下限值 $= (80 - 67) - 2.5473298 \times 2.69374 = 6.138$

聯合信賴區間的上限值 $= (80 - 67) + 2.5473298 \times 2.69374 = 19.862$

因 $6.138 \le \mu_1 - \mu_3 \le 19.862$，故 $\mu_1 - \mu_3$ 不可能等於 0，換言之，學校甲的平均成績（μ_1）與學校丙的平均成績（μ_3）是不相等的。

同理，可以計得 $\mu_2 - \mu_3$ 的聯合信賴區間並整理如下表：

母體平均數　聯合信賴區間				
兩母體	下限值	上限值	是否含 0？	可能相等？
母體 1,2 間	−1.862	11.862	是	可能
母體 1,3 間	6.138	19.862	否	不可能
母體 2,3 間	1.138	14.862	否	不可能
母體平均數　單一信賴區間				
兩母體	下限值	上限值	是否含 0？	可能相等？
母體 1,2 間	−0.430	10.430	是	可能
母體 1,3 間	7.570	18.430	否	不可能
母體 2,3 間	2.570	13.430	否	不可能

Unit **10-5**
多母體平均數檢定程式與實驗設計

1. 多母體平均數檢定程式使用說明

統計學與 Excel

使用多母體平均數檢定程式時，點選 ☞ 統計/變異數分析（ANOVA）/多個母體平均數變異分析/建立多個母體平均數（依樣本資料）ANOVA 試算表 ☞ 即出現：

以某項測驗三所學校成績的實例，輸入母體個數（3）及每一母體樣本數（6）後單擊「確定」鈕後，又出現如下部份畫面：

	A	B	C	D	E	F	G
3	變異數分析--某項測驗三所學校成績平均數檢定						
4	母體樣本資料	學校甲	學校乙	學校丙			
5	1	85.000	71.000	65.000			
6	2	78.000	75.000	64.000			
7	3	82.000	76.000	62.000			
8	4	76.000	74.000	69.000			
9	5	74.000	72.000	75.000			
10	6	85.000	82.000	67.000			
11	總　和	480.000	450.000	402.000			
12	平均數	80.000	75.000	67.000			
13	變異數	22.000	15.200	21.200			
14	顯著水準α	0.0500	組合數 m	3	總平均數	74.000	
15	虛無假設 H0:所有母體平均數均相等						
16	對立假設 H1:母體間平均數不完全相等						

可在淡黃色區域內修改試算表內容並輸入 18 位受測學生的成績及指定的顯著水準（α＝0.05），資料輸入完畢後，再點選 ☞ 統計/變異數分析（ANOVA）/多個母體平均數變異分析/進行多個母體平均數（依樣本資料）ANOVA☞ 後，可得分析結果如下：

	A	B	C	D	E	F	G
17	變異數分析表 ANOVA						
18	變異源	平方和(SS)	自由度	均方和(MS)	F值	F臨界值	P值
19	因子(母體間)	516.000	2	258.000	13.25342	3.68232	0.00048
20	隨機(母體內)	292.000	15	19.467			
21	總和	808.000	17	檢定結論	拒絕虛無假設 H0		
22	母體平均數 聯合信賴區間						
23	α/2m	0.00833	自由度	15	t值	2.69374	
24	兩母體	下限值	上限值	是否含0	可能相等?		
25	母體1,2間	-1.862	11.862	是	可能		
26	母體1,3間	6.138	19.862	否	不可能		
27	母體2,3間	1.138	14.862	否	不可能		
28	母體平均數 單一信賴區間						
29	α/2	0.02500	自由度	15	t值	2.13145	
30	母體	母體	下限值	上限值	是否含0	可能相等?	
31	1	2	-0.430	10.430	是	可能	
32	1	3	7.570	18.430	否	不可能	
33	2	3	2.570	13.430	否	不可能	

　　所得變異分析表如儲存格$A$17～$G$21，並得檢定結論為：拒絕虛無假設H0。本程式也計算單一信賴區間及聯合信賴區間。聯合信賴區間包含所有母體組合的信賴區間上下限值，及其間是否含零及兩母體平均數是否可能相等。單一信賴區間僅提供 5 個母體組合的上下限值，及其間是否含零及兩母體平均數是否可能相等。這 5 個母體組合可由使用者在執行分析以前先在淡黃色區指定之。

　　如果樣本資料太多且已知每一母體抽樣樣本資料的平均數及變異數等樣本統計量，則可點選 ☞ 統計/變異數分析（ANOVA）/多個母體平均數變異分析/建立多個母體平均數（依樣本統計量）ANOVA 試算表 ☜ 即出現如下畫面：

　　因為不需輸入樣本資料故僅需指定母體個數（3），單擊「確定」鈕即產生試算表以供輸入各母體之樣本數、樣本平均數及樣本變異數等如下畫面（部份）。可在淡黃色區域內修改試算表內容並輸入各母體之樣本數、樣本平均數、樣本變異數及指定的顯著水準（$\alpha = 0.05$），資料輸入完畢後，再點選 ☞ 統計/變異數分析（ANOVA）/多個母體平均數變異分析/進行多個母體平均數（依樣本統計量）ANOVA ☜ 後，可得相同的結果。

	A	B	C	D	E	F	G
3	變異數分析--某項測驗三所學校成績平均數檢定						
4	母體資料	學校甲	學校乙	學校丙			
5	樣本數	6	6	6			
6	平均數	80.000	75.000	67.000			
7	變異數	22.000	15.200	21.200			
8	總 和						
9	顯著水準α	0.05000	組合數 m				
10	虛無假設 H0:所有母體平均數均相等						
11	對立假設 H1:母體間平均數不完全相等						

2. 實驗設計

　　實驗設計（Experimental Design）是指一套將受試者安排入實驗情境以進行樣本資料蒐集與統計分析的計劃。實驗設計法一般分為二階段式實驗法，第一階段實驗最主要目的是要找出顯著因子，進而有效的加以控制。第二階段實驗最主要目的是針對顯著因子找出其工作集區。最終實驗的數據是利用變異數 ANOVA 分析，統計運算求出各因子及相互作用的貢獻度，便可由因子貢獻度，了解何者為顯著因子，在製程上必須做好管制。

　　實驗設計中的變數有自變數，也是研究者所操弄的變數，也就是實驗差異來源之所在；應變數則是實驗當中被觀察、記錄的變數；及控制變數或稱控制變因，研究者在進行實驗操作時，都會盡可能的使實驗的環境保持一致，除了自變數與應變數，其他的變數都應維持一致。

　　實驗設計中的一因子變異數分析通常區分為完全隨機設計與隨機集區設計。

一因子變異數分析──完全隨機設計

統計學與 Excel

　　假設某一機車製造工廠，該廠的裝配部門將自產或購進的零組件裝配成完整機車。機車裝配的順序有多種可能的組合，經過裝配部門的研究結果有方法 A、方法 B 及方法 C 可能是可行的。今擬就這些方法的差異性加以研究，而進行實驗設計。

　　該工廠認為裝配方法可以影響產量，故裝配方法是影響產量的一個因子，而評估的方法 A、方法 B 及方法 C 就稱為處理（Treatment）。為使實驗的環境保持一致性，從該廠的三個裝配廠各抽選三位裝配員工隨機分配到不同的裝配方法 A、方法 B 或方法C。例如，第一位員工分配到方法C，第二位員工分配到方法A，第三位員工分配到方法 B；這種分配方法是隨機的，甲主管與乙主管分配結果未必相同。

　　對三位員工施以裝配方法的說明後，觀察該三位員工一週的產量。僅觀察三位員工一週的產量或不足以研判各裝配方法的優劣，因此可重複前述方法再抽取更多員工加以實驗，這種行為稱為重複試驗。

　　例如，選擇 5 位員工完全隨機地分派到方法 A、方法 B 或方法 C，經過一週的觀察，共有 5 位員工在不同方法的產量整理如下表：

觀察	方法 A	方法 B	方法 C
1	66	64	59
2	58	69	57
3	55	71	48
4	64	58	47
5	67	68	49
樣本平均數	62	66	52
樣本變異數	27.5	26.5	31.0

　　整個研究的目的是檢定各種裝配方法的平均產量是否有差異，因此與單元 10-3 的多母體平均數差異檢定完全相同，唯一可以區別的是組間變異改稱為處理間變異，但是其計算公式則未有改變。各變異及平均變異整理如下表：

總變異 = 處理間變異 + 隨機變異 SST = SSTR + SSE	k 個處理，每個處理有 n_k 個樣本
處理間的變異 $SSTR = \sum_{i=1}^{k} \sum_{j=1}^{n_i} (\bar{y}_i - \bar{y})^2 = \sum_{i=1}^{k} n_i (\bar{y}_i - \bar{y})^2$	處理間平均變異 $MSTR = \dfrac{SSTR}{k-1}$
隨機變異 $SSE = \sum_{i=1}^{k} \sum_{j=1}^{n_i} (y_{ij} - \bar{y}_i)^2 = \sum_{i=1}^{k} (n_i - 1) S_i^2$	隨機平均變異 $MSE = \dfrac{SSE}{\sum n_i - k}$
檢定統計量	$F = \dfrac{MSTR}{MSE}$

根據以上數據可編製變異數分析（ANOVA）表如下：

變異來源	平方和（SS）	自由度	平均平方和（MS）	F 值
處理（因子）	SSTR	$k-1$	MSTR = SSTR/($k-1$)	MSTR/MSE
隨機（組內）	SSE	$n-k$	MSE = SSE/($n-k$)	
總和	SST	$n-1$		

其中 n 代表總樣本數（本例為 15），k 為處理個數（本例為 3）。

F = MSTR/MSE 為檢定各母體（各處理）平均數是否相等的檢定統計量，F 值的抽樣分配為一個自由度 $k-1$ 及 $n-k$ 的 F 分配，即：

$$F = \frac{\text{MSTR}}{\text{MSE}} \sim F_{k-1, n-k}$$

在選定顯著水準 α 下的決策準則為：

若 $F > F_{k-1, n-k, \alpha}$，則拒絕虛無假設 H0

若 $F \leq F_{k-1, n-k, \alpha}$，則接受虛無假設 H0

其中 $F_{k-1, n-k, \alpha}$ 稱為臨界 F 值，相當右尾機率面積等於顯著水準 α 時的 F 值。

令 μ_1、μ_2、μ_3 為三種裝配方法的平均產量，則檢定假設為：

虛無假設 H0：$\mu_1 = \mu_2 = \mu_3$（三種方法的平均產量相同）

對立假設 H1：μ_1、μ_2、μ_3 未必全等（三種方法的平均產量並非全同）

已知處理個數 $k = 3$，各處理的樣本數 n_i 均為 5，方法 A、方法 B、方法 C 的平均產量分別是 62、66、52；變異數為 27.5、26.5、31 等。

樣本總平均產量 = $(62 \times 5 + 66 \times 5 + 52 \times 5)/15 = 60$

$SSTR = \sum_{i=1}^{k} n_i (\bar{y}_i - \bar{\bar{y}})^2 = 5 \times (62-60)^2 + 5 \times (66-60)^2 + 5 \times (52-60)^2 = 520$

MSTR = SSTR/($k-1$) = 520/(3 − 1) = 260

$SSE = \sum_{i=1}^{k} (n_i - 1) S_i^2 = 4 \times 27.5 + 4 \times 26.5 + 4 \times 31 = 340$

MSE = SSE/ ($n-k$) = 340/(15 − 3) = 28.33

SST = SSTR + SSE = 520 + 340 = 860，整理得變異數分析表如下：

變異來源	平方和（SS）	自由度	平均平方和（MS）	F 值
處理（因子）	520	2	260.00	9.18
隨機（組內）	340	12	28.33	
總和	860	14		

以試算表函數 FINV(0.05,2,12) 求得顯著水準 0.05，自由度為 2 與 12 的 F 臨界值為 3.8853，因小於 F 值 9.18 而拒絕虛無假設 H0 如次頁圖。

Unit　10-7

完全隨機設計程式使用說明

因為檢定統計量的分子自由度為 2，分母的自由度為 12，在顯著水準 $\alpha = 0.05$ 下查表或以試算表函數 =FINV(0.05,2,12) 得 F 分配的臨界 F 值為 3.89（如下圖）。依據決策準則，因為 F 值 9.18 大於臨界 F 值（$F_{2,12,0.05}$）3.89，故拒絕虛無假設 H0，換言之，三種裝配方法的平均產量不全相等。

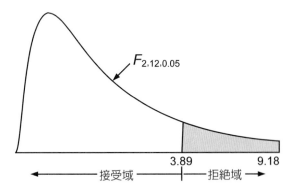

使用完全隨機設計程式時先點選 ☞ 統計/變異數分析（ANOVA）/一因子變異數分析/建立一因子 ANOVA 完全隨機設計試算表 ☜ 即出現如下畫面：

經輸入處理個數（3）與各處理的最大樣本數（5）後，單擊「確定」鈕後即得如下畫面。在淡黃色儲存格可以修改試算表標題、資料標題、樣本資料及顯著水準如下圖。圖中白色儲存格的數值是點選 ☞ 統計/變異數分析（ANOVA）/一因子變異數分析/進行一因子 ANOVA 完全隨機設計分析 ☜ 後所得結果的一部份。

	A	B	C	D	E	F	G
3	一因子變異數分析--完全隨機設計(三種裝配方法平均產量檢定)						
4	樣本↓	方法A	方法B	方法C			
5	1	66.000	64.000	59.000			
6	2	58.000	69.000	57.000			
7	3	55.000	71.000	48.000			
8	4	64.000	58.000	47.000			
9	5	67.000	68.000	49.000			
10	樣本個數	5	5	5	樣本平均數↓		
11	樣本平均數	62.000	66.000	52.000	60.000		
12	樣本變異數	27.500	26.500	31.000			
13	顯著水準	0.050					
14	虛無假設 H0:各處理的平均數均相同						
15	對立假設 H1:各處理的平均數不全相同						

報表的變異數分析表及檢定結論則如下圖，以 Excel 試算表函數＝FINV (0.05,2,12)計得臨界 F 值為 3.885290。因為 F 值（9.18）大於臨界 F 值（3.89）故拒絕虛無假設 H0，換言之，沒有證據顯示這三種裝配方法的平均產量相同。

	A	B	C	D	E	F	G
16	一因子變異數分析表 ANOVA - 完全隨機設計						
17	變異源	平方和(SS)	自由度	均方和(MS)	F值	F臨界值	P值
18	因子變異	520.000	2	260.000	9.176471	3.885290	0.003818
19	隨機變異	340.000	12	28.333			
20	總和	860.000	14				
21	檢定結論	拒絕 H0 各處理的平均數均相同					

另又根據 F 值以試算表函數＝FDIST(9.18,2,12)計得 p 值為 0.003818，也因小於顯著水準而拒絕虛無假設 H0。

完全隨機設計法是一因子變異數分析在實驗設計的應用，Excel試算表雖無完全隨機設計法的分析工具，但因其與單因子變異數分析功能相同，因此也可點選☞工具/資料分析☞所出現的資料分析畫面點選「單因子變異數分析」而得下圖的輸入畫面。

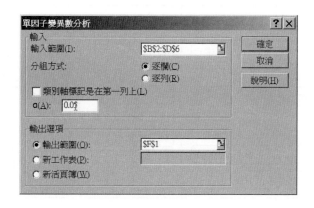

在輸入範圍輸入$B$2：$D$6，顯著水準（α＝0.05）及輸出範圍（$F$1）等參數輸入後，單擊「確定」鈕即可得到分析結果如下圖：

	A	B	C	D	E	F	G	H	I	J	K	L
1	觀測	方法A	方法B	方法C		單因子變異數分析						
2	1	66	64	59								
3	2	58	69	57		摘要						
4	3	55	71	48		組	個數	總和	平均	變異數		
5	4	64	58	47		欄1	5	310	62	27.5		
6	5	67	68	49		欄2	5	330	66	26.5		
7						欄3	5	260	52	31		
8	樣本平均數	62	66	52								
9	樣本變異數	27.5	26.5	31					ANOVA			
10						變源	SS	自由度	MS	F	P-值	臨界值
11						組間	520	2	260	9.176471	0.003818	3.88529
12	利用Excel試算表的資料分析工具中單因					組內	340	12	28.3333			
13	子變異數分析所得結果											
14						總和	860	14				

圖中的總平均數（60），處理間變異 SSTR（520）與隨機（組內）變異 SSE（340）均與前述結果相符，最後依 F 值計得 p 值（0.003818），依自由度（2，12）及顯著水準（0.05）計得臨界 F 值（3.88529）。

Unit　10-8

一因子變異數分析──隨機集區設計(一)

　　完全隨機設計法的一個缺點是每一位參與測驗的員工均僅執行一種方法，或許因個人對於某種方法的了解、認同或偏好不同而產生產量的隨機變異。為消除這種缺失，每一位參與測驗的員工均執行方法 A、方法 B 及方法 C，此時每一位員工在實驗設計上稱為一個集區（Block），所謂隨機集區設計指的是每一位員工執行方法 A、方法 B、方法 C 的順序是隨機指派的。完全隨機設計指派 15 位員工與隨機集區設計指派 6 位員工的區別圖示如下：

完全隨機設計法			隨機集區設計法			
方法 A	方法 B	方法 C		方法 A	方法 B	方法 C
員工 11	員工 2	員工 8	員工 1	③	②	①
員工 5	員工 12	員工 4	員工 2	①	③	②
員工 14	員工 7	員工 6	員工 3	①	②	③
員工 13	員工 9	員工 1	員工 4	②	①	③
員工 10	員工 15	員工 3	員工 5	③	②	①
			員工 6	②	③	①

　　搜集隨機集區設計法的一週員工生產量，可得如下的樣本資料表。

集區	方法 A	方法 B	方法 C	集區平均數	集區變異數
員工 1	59	59	62	60	3
員工 2	64	67	64	65	3
員工 3	71	69	67	69	4
員工 4	67	61	64	64	9
員工 5	69	65	58	64	31
員工 6	75	66	57	66	81
樣本平均數	67.5	64.5	62		
樣本變異數	31.1	14.3	14.8		

　　以該資料表為隨機集區設計的模式，說明各項變異的計算公式。

　　以上資料有 3 個處理（$k=3$），6 個集區（$b=6$），y_{ij} 為第 i 個集區第 j 個處理的樣本資料，如 y_{23} 的值為 64。$\bar{y}_{\cdot j}$ 代表第 j 個處理的平均數，如 $\bar{y}_{\cdot 2}$ 等於 64.5。$\bar{y}_{i \cdot}$ 代表

集區 i 的平均數，如 $\bar{y}_{2.}$ 等於 65。推算總平均數 $\bar{\bar{y}}$ 公式如下：

$$\bar{\bar{y}} = \frac{\sum\limits_{i=1}^{b} \sum\limits_{j=1}^{k} y_{ij}}{b \times k} \text{，或 } \bar{\bar{y}} = \frac{\sum\limits_{i=1}^{b} \bar{y}_{i.}}{b} \text{ 或 } \bar{\bar{y}} = \frac{\sum\limits_{j=1}^{k} \bar{y}_{j}}{k}$$

總變異 SST 與處理間變異 SSTR、集區間變異 SSBK、隨機變異間的關係如下：

總變異 SST ＝處理間變異 SSTR ＋集區間變異 SSBK ＋隨機變異 SSE

總變異 SST ＝ $\sum\limits_{i=1}^{b} \sum\limits_{j=1}^{k} \left(y_{ij} - \bar{\bar{y}} \right)^2$

處理間變異（因子變異）SSTR ＝ $\sum\limits_{i=1}^{b} \sum\limits_{j=1}^{k} \left(\bar{y}_{j} - \bar{\bar{y}} \right)^2 = b \sum\limits_{j=1}^{k} \left(\bar{y}_{j} - \bar{\bar{y}} \right)^2$

集區間變異 SSBK ＝ $\sum\limits_{i=1}^{b} \sum\limits_{j=1}^{k} \left(\bar{y}_{i.} - \bar{\bar{y}} \right)^2 = k \sum\limits_{i=1}^{b} \left(\bar{y}_{i.} - \bar{\bar{y}} \right)^2$

隨機變異 SSE ＝ SST － SSTR － SSBK

將各變異除以其自由度即得其相當的平均變異。

處理間平均變異 MSTR ＝ SSTR/ $(k-1)$，自由度＝ $k-1$

集區間平均變異 MSBK ＝ SSBK/ $(b-1)$，自由度＝ $b-1$

隨機平均變異 MSE ＝ SSE/ $(b-1)$/ $(k-1)$，自由度＝ $(b-1) \times (k-1)$

因子對應變數的檢定統計量 F_{TR} ＝ MSTR/MSE ～ $F_{k-1, (k-1)(b-1)}$

集區對應變數的檢定統計量 F_{BK} ＝ MSBK/MSE ～ $F_{b-1, (k-1)(b-1)}$

以上結果可以變異數分析（ANOVA）表表示如下：

變異來源	平方和（SS）	自由度	平均平方和（MS）	F 值
處理（因子）	SSTR	k − 1	MSTR = SSTR/(k − 1)	MSTR/MSE
集區	SSBK	b − 1	MSBK = SSBK/(b − 1)	MSBK/MSE
隨機（組內）	SSE	(b − 1)(k − 1)	MSE = SSE/(k − 1)/(b − 1)	
總和	SST	bk − 1		

在選定顯著水準 α 下的決策準則為：

若 $F_{TR} > F_{k-1, (k-1)(b-1), \alpha}$，則拒絕虛無假設 H0（即所有集區平均數不全相等）

若 $F_{TR} \leq F_{k-1, (k-1)(b-1), \alpha}$，則接受虛無假設 H0（即所有集區平均數均相等）

$F_{k-1, (k-1)(b-1), \alpha}$ 為集區臨界 F_{TR} 值，為右尾機率面積等於顯著水準 α 時的 F 值。

若 $F_{BK} > F_{b-1, (k-1)(b-1), \alpha}$，則拒絕虛無假設 H0（即所有處理平均數不全相等）

若 $F_{BK} \leq F_{b-1, (k-1)(b-1), \alpha}$，則接受虛無假設 H0（即所有處理平均數均相等）

$F_{b-1, (k-1)(b-1), \alpha}$ 為處理臨界 F_{BK} 值，為右尾機率面積等於顯著水準 α 時的 F 值。

Unit 10-9

一因子變異數分析——隨機集區設計(二)

由單元 10-8 的樣本資料表知，$b = 6$，$k = 3$，$n = b \times k = 6 \times 3 = 18$，各集區的平均數依序為 60、65、69、64、64、66，各處理的平均數依序為 67.5、64.5、62，總平均數則為 $= (67.5 + 64.5 + 62)/3 = 64.667$。各項變異計算如下：

總變異 $SST = (59 - 64.667)^2 + (59 - 64.667)^2 + \cdots + (57 - 64.667)^2 = 392$

$SSTR = b \sum\limits_{j=1}^{k} (\bar{y}_j - \bar{\bar{y}})^2 = 6 \times [(67.5 - 64.667)^2 + (64.5 - 64.667)^2 + (62.0 - 64.667)^2]$
$\quad = 91$

$SSBK = k \sum\limits_{i=1}^{b} (\bar{y}_{i.} - \bar{\bar{y}})^2 = 3 \times [(60.0 - 64.667)^2 + (65.0 - 64.667)^2 + (69.0 - 64.667)^2 +$
$\quad (64.0 - 64.667)^2 + (64.0 - 64.667)^2 + (66.0 - 64.667)^2] = 130$

$SSE = SST - SSTR - SSBK = 392 - 91 - 130 = 171$

依據各變異的自由度，推算平均變異及檢定統計量如下：

處理間變異的自由度 $= k - 1 = 3 - 1 = 2$，故 $MSTR = SSTR/(k - 1) = 91/2 = 45.5$

集區間變異的自由度 $= b - 1 = 6 - 1 = 5$，故 $MSBK = SSBK/(b - 1) = 130/5 = 26.0$

隨機變異的自由度 $= (b - 1) \times (k - 1) = 5 \times 2 = 10$，故 $MSE = SSE/10 = 171/10 = 17.1$

處理間的檢定統計量 $F_{TR} = MSTR/MSE = 45.5/17.1 = 2.660819$

集區間的檢定統計量 $F_{BK} = MSBK/MSE = 26.0/17.1 = 1.520468$

整理得變異數分析（ANOVA）表如下：

變異來源	平方和（SS）	自由度	平均平方和（MS）	F 值
處理（因子）	91	2	45.5	2.660819
集區	130	5	26.0	1.520468
隨機（組內）	171	10	17.1	
總和	392	17		

在選定顯著水準 $\alpha = 0.05$ 下，處理間的臨界 F 值以函數 $= \text{FINV}(0.05,2,10)$ 查得 $F_{2,10,0.05}$ 值為 4.102816，因為大於處理間的檢定統計量 F_{TR} 的 2.660819，故不拒絕虛無假設 H0：各處理的平均產量均相等。集區間的臨界 F 值以函數 $= \text{FINV}(0.05,5,10)$ 查得 $F_{5,10,0.05}$ 值為 3.325837，因為大於集區間的檢定統計量 F_{BK} 的 1.520468，故不拒絕虛無假設 H0：各集區的平均產量均相等。

隨機集區設計的變異數分析屬於二因子的變異數分析，可使用資料分析工具中的雙因子變異數分析的無重複試驗推算之。

使用隨機集區設計程式時先點選 ☞ 統計/變異數分析（ANOVA）/一因子變異數

分析/建立一因子 ANOVA 隨機集區設計試算表 ☜ 即出現如下畫面：

建立一因子變異數分析--隨機集區設計	☒
處理個數(行) 3	集區個數(列) 6
確定	取消

經輸入處理個數（3）與集區個數（5）後，單擊「確定」鈕後即得如下畫面。在淡黃色儲存格可以修改試算表標題、資料標題、樣本資料及顯著水準如下圖。圖中白色儲存格的數值是點選 ☜ 統計/變異數分析（ANOVA）/一因子變異數分析/進行一因子 ANOVA 隨機集區設計 ☜ 後所得部份結果。

	A	B	C	D	E	F	G
3	一因子變異數分析--隨機集區設計						
4		方法A	方法B	方法C	樣本個數	樣本平均數	樣本變異數
5	員工1	59.000	59.000	62.000	3	60.000	3.000
6	員工2	64.000	67.000	64.000	3	65.000	3.000
7	員工3	71.000	69.000	67.000	3	69.000	4.000
8	員工4	67.000	61.000	64.000	3	64.000	9.000
9	員工5	69.000	65.000	58.000	3	64.000	31.000
10	員工6	75.000	66.000	57.000	3	66.000	81.000
11	樣本個數	6	6	6			
12	樣本平均數	67.500	64.500	62.000	64.667		
13	樣本變異數	31.100	14.300	14.800			
14	顯著水準	0.050					
15	虛無假設 H0:各處理(各集區)的平均值均相等						
16	對立假設 H1:各處理(各集區)的平均值不全相等						

變異數分析表及檢定結論如下圖，以試算表函數 =FINV(0.05,2,10)計得臨界 F 值為 4.102816，因為大於 F_{TR} 值（2.660818）故不拒絕虛無假設 H0，換言之，沒有證據可拒絕各處理（裝配方法）的平均產量均相同。集區 F_{BK} 值（1.520467）小於以試算表函數 =FINV(0.05,5,10)計得的集區臨界 F 值（3.325837） 如圖，檢定結論也是不拒絕虛無假設 H0，換言之，沒有證據顯示可以拒絕各集區間的平均產量均相同。

	A	B	C	D	E	F	G
17	一因子變異數分析表 ANOVA - 隨機集區設計						
18	變異源	平方和(SS)	自由度	均方和(MS)	F值	F臨界值	P值
19	因子變異	91.000	2	45.500	2.660818	4.102816	0.118433
20	集區變異	130.000	5	26.000	1.520467	3.325837	0.267492
21	隨機變異	171.000	10	17.100			
22	總和	392.000	17				
23	處理間 檢定結論			不 拒絕 H0 各處理的平均數均相等			
24	集區間 檢定結論			不 拒絕 H0 各集區的平均數均相等			

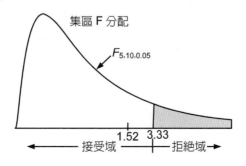

集區 F 分配

$F_{5,10,0.05}$

1.52 3.33

◄─── 接受域 ───── 拒絕域 ──►

二因子變異數分析

許多變數都受到二個或二個以上因素的影響，例如薪資受到教育程度、性別、工作重要性、個人特質等多個有形或無形的因子影響；作物的產量也受水源、肥料、氣溫、土地肥沃度因素的影響；產品的品質也受到零組件品質、裝配方法、裝配員的素質、品管方法等因素的影響。如果僅挑選最重要的二個因素來分析其影響程度的方法就是二因子變異數分析（Two-way Analysis of Variance）。

下圖示意二因子實驗的樣本資料結構。因子 A 又分成 r 個處理，因子 B 也分成 c 個處理，其中細項 11 是 A 因子處理 1 與 B 因子處理 1 的樣本資料，同理，細項 23 是 A 因子處理 2 與 B 因子處理 3 的樣本資料。

	因子 B		
	處理 1	處理 2	處理 c
因子 A 處理 1	細項 11	細項 12 •••	細項 1c
處理 2	細項 21	細項 22 •••	細項 2c
⋮	⋮	⋮	⋮
處理 r	細項 r1	細項 r1 •••	細項 rc

二因子變異數分析依每個細項僅含有 1 個樣本資料或 2 個樣本資料以上而有無交叉影響與有交叉影響兩種二因子變異數分析，其差異也是總差異（SST）如何分解成各種不同的變異，下表為有交叉影響的總變異分解項目，如果去除 A、B 因子交叉變異 SSAB 項就變成無交叉影響的二因子變異數分析。

有交叉影響的二因子變異數分析總變異分解		
二因子總變異 SST	處理間變異	A 因子變異 SSFA
		B 因子變異 SSFB
		AB 因子交叉變異 SSAB
	隨機變異	隨機變異 SSE

1. 無交叉影響的樣本資料結構

無交叉影響的二因子變異數分析的每一個細項僅有一個樣本資料，因此以 y_{ij} 代表 A 因子第 i 個處理與 B 因子第 j 個處理的樣本資料。則相關平均數計算如下：

A 因子第 i 個處理的平均數 $\bar{y}_{i\cdot} = \dfrac{\sum\limits_{j=1}^{c} y_{ij}}{c}$

B 因子第 j 個處理的平均數 $\bar{y}_{.j} = \dfrac{\sum\limits_{i=1}^{r} y_{ij}}{r}$

整個樣本平均數 $\bar{\bar{y}} = \dfrac{\sum\limits_{i=1}^{r}\sum\limits_{j=1}^{c} y_{ij}}{r \times c}$

2. 無交叉影響總變異的分解

無交叉影響的總變異 SST 可分解成因 A 因子引起的變異 SSFA，B 因子引起的變異 SSFB 及隨機變異 SSE 也有如下的關係：

SST = SSFA + SSFB + SSE

以 $n = r \times c$ 則各種變異的計算公式為：

A 因子引起的變異 $SSFA = \sum\limits_{i=1}^{r}\sum\limits_{j=1}^{c}(\bar{y}_{i.} - \bar{\bar{y}})^2 = \sum\limits_{i=1}^{r} c\bar{y}_{i.}^2 - n\bar{\bar{y}}^2$

B 因子引起的變異 $SSFB = \sum\limits_{i=1}^{r}\sum\limits_{j=1}^{c}(\bar{y}_{.j} - \bar{\bar{y}})^2 = \sum\limits_{j=1}^{c} r\bar{y}_{.j}^2 - n\bar{\bar{y}}^2$

總變異 $SST = \sum\limits_{i=1}^{r}\sum\limits_{j=1}^{c}(y_{ij} - \bar{\bar{y}})^2$

隨機變異 SSE = SST − SSFA − SSFB

以對應的自由度為 $rc - 1 = (r-1) + (c-1) + (r-1)(c-1)$ 求算平均變異如下：

$$MSFA = SSFA/(r-1)$$
$$MSFB = SSFB/(c-1)$$
$$MSE = SSE/[(r-1) \times (c-1)]$$

檢定 A 因子各處理的平均數是否相等的檢定統計量為 FA = MSFA/MSE

檢定 B 因子各處理的平均數是否相等的檢定統計量為 FB = MSFB/MSE

依據各項變異可整理得二因子無交叉影響的變異數分析表如下：

變異來源	平方和（SS）	自由度	平均平方和(MS)	F 值
A 因子	SSFA	r − 1	MSFA = SSFA/(r − 1)	MSFA/MSE
B 因子	SSFB	c − 1	MSFB = SSFB/(c − 1)	MSFB/MSE
隨機	SSE	(r − 1)(c − 1)	MSE = SSE/(r − 1)/(c − 1)	
總和	SST	rc − 1		

在選定顯著水準 α 下的決策準則為：

若 $F_A > F_{r-1,(r-1)(c-1),\alpha}$，則拒絕虛無假設 H0（即 A 因子各處理平均數不全相等）

若 $F_A \leq F_{r-1,(r-1)(c-1),\alpha}$，則接受虛無假設 H0（即 A 因子各處理平均數均相等）

其中 $F_{r-1,(r-1)(c-1),\alpha}$ 為 A 因子臨界 F 值，即右尾機率面積等於顯著水準 α 時的 F 值。

233

Unit 10-11
無交叉影響二因子變異數分析

若 $F_B > F_{c-1,(r-1)(c-1),\alpha}$，則拒絕虛無假設 H0（即 B 因子各處理平均數不全相等）

若 $F_B \leq F_{c-1,(r-1)(c-1),\alpha}$，則接受虛無假設 H0（即 B 因子各處理平均數均相等）

其中 $F_{c-1,(r-1)(c-1),\alpha}$ 為 B 因子臨界 F 值，即右尾機率面積等於顯著水準 α 時的 F 值。

1. 實例演算

假設有 A、B、C、D 四種品牌咖啡由五位專家就四種評審項目(每項最高 7 分)給予評分如下表，試分析該五位專家評分結果，這四種咖啡是否有差異？

	A 品牌	B 品牌	C 品牌	D 品牌	平均數
專家 1	26	26	25	27	26
專家 2	27	27	26	26	26.5
專家 3	26	27	26	25	26
專家 4	26	26	26	24	25.5
專家 5	25	27	26	26	26
平均數	26	26.6	25.8	25.6	26

依據題意設立檢定假設如下：

虛無假設 H0：專家給各品牌咖啡（B 因子）的評分平均數相同

對立假設 H1：專家給各品牌咖啡（B 因子）的評分平均數不全相同

各品牌評分平均數如最後一列，各位專家評分平均數如最右一欄，樣本評分總平均數 $\overline{\overline{y}} = (26 \times 5 + 26.6 \times 5 + 25.8 \times 5 + 25.6 \times 5)/20 = 26.0$

$$SSFA = \sum_{i=1}^{r} c\overline{y}_{i.}^2 - n\overline{\overline{y}}^2 = 4 \times (26^2 + 26.5^2 + 26^2 + 25.5^2 + 26^2) - 20 \times 26^2 = 2$$

$$SSFB = \sum_{j=1}^{c} r\overline{y}_{.j}^2 - n\overline{\overline{y}}^2 = 5 \times (26^2 + 26.6^2 + 25.8^2 + 25.6^2) - 20 \times 26^2 = 2.8$$

$$SST = \sum_{i=1}^{r}\sum_{j=1}^{c} y_{ij}^2 - n\overline{\overline{y}}^2 = 26^2 + 26^2 + 25^2 + 27^2 + 27^2 + \cdots + 26^2 + 26^2 - 20 \times 26^2 = 12$$

隨機變異 SSE = 12 − 2 − 2.8 = 7.2，以對應的自由度 4、3、12 求算平均變異如下：

MSFA = 2/4 = 0.5；MSFB = 2.8/3 = 9.3333；MSE = 7.2/12 = 0.6

計得檢定統計量為 $FA = 0.5/0.6 = 0.8333$，$FB = 9.3333/0.6 = 1.5556$，整理得變異分析表為：

變異來源	平方和（SS）	自由度	平均平方和（MS）	F 值
A 因子	2	4	0.5	0.8333
B 因子	2.8	3	9.3333	1.5556
隨機	7.2	12	0.6	
總和	12	19		

在選定顯著水準 $\alpha = 0.05$ 下，各品牌咖啡（B 因子）的 F 值為 1.5556，小於以函數 =FINV(0.05,3,12) 查得之臨界 F 值 $F_{3,12,0.05}$ 的 3.4903，故不拒絕 B 因子的虛無假設，換言之，專家給各品牌咖啡的評分平均數沒有差異。

2. 二因子無交叉影響變異數分析程式使用說明

使用二因子無交叉影響變異數分析程式時先點選 ☞ 統計/變異數分析（ANO-VA）/二因子變異數分析/建立二因子 ANOVA 無交叉影響試算表 ☜ 即出現如下畫面：

```
建立二因子變異數分析--無交叉影響              [X]
列(A)因子處理數R        5      行(B)因子處理數C(<=9)       4
            確定            取消
```

經輸入列（A）因子處理數（5）與行（B）因子處理數（4）後，單擊「確定」鈕後即得如下畫面。在淡黃色儲存格可以修改試算表標題、資料標題、樣本資料及顯著水準如下圖。圖中白色儲存格的數值是點選 ☞ 統計/變異數分析（ANOVA）/二因子變異數分析/進行二因子 ANOVA 無交叉影響 ☜ 後所得結果。

	A	B	C	D	E	F	G
3	二因子變異數分析--無交叉影響(咖啡品評)						
4		A品牌	B品牌	C品牌	D品牌	平均數	
5	專家1	26.000	26.000	25.000	27.000	26.000	
6	專家2	27.000	27.000	26.000	26.000	26.500	
7	專家3	26.000	27.000	26.000	25.000	26.000	
8	專家4	26.000	26.000	26.000	24.000	25.500	
9	專家5	25.000	27.000	26.000	26.000	26.000	
10	平均數	26.000	26.600	25.800	25.600	26.000	
11	顯著水準	0.050					
12	虛無假設 H0:A因子(B因子)各處理平均數均相等						
13	對立假設 H1:A因子(B因子)各處理平均數未必全相等						
14	二因子變異數分析表 ANOVA - 無交叉影響						
15	變異源	平方和(SS)	自由度	均方和(MS)	F值	F臨界值	P值
16	A因子	2.000	4	0.500	0.83337	3.25916	0.52942
17	B因子	2.800	3	0.933	1.55578	3.49030	0.25119
18	隨機	7.200	12	0.600			
19	總和	12.000	19				
20	A因子檢定結論	不 拒絕 H0 A因子各處理平均數均相等					
21	B因子檢定結論	不 拒絕 H0 B因子各處理平均數均相等					

報表的變異數分析表及檢定結論如上圖，以 Excel 試算表函數 =FINV(0.05,3,12) 計得臨界 F 值為 3.49030。因為 B 因子（專家）的 F 值（1.55578）小於臨界 F 值 (3.49030)故不拒絕B因子的虛無假設 H0，換言之，沒有證據顯示專家的評分平均數不相同。另又根據B因子（專家）的 F 值以試算表函數 =FDIST(1.55578,3,12)計得機率 p 值為 0.25119，也因大於顯著水準而不拒絕 B 因子的虛無假設 H0。A 因子也可以相同方式推論。Excel 試算表也提供無交叉影響的二因子變異數分析，請點選 ☞ 工具/資料分析 ☜ 後再點選「雙因子變異數分析：無重複試驗」後，再指定樣本資料的儲存格範圍及輸出試算表或儲存格範圍即可獲得相同的結果。

Unit 10-12
有交叉影響二因子變異數分析(一)

1. 變異的分解

在單元 10-10 中已經述及二因子實驗的樣本資料結構表中，如果每個細項均含 2 個或以上樣本資料時，則必須按照有交叉影響的方法進行變異數分析。

因為每個細項均有 2 個或以上的樣本資料，因此每個細項也有其平均數。假若 $\bar{a}_{ij}$ 代表 A 因子第 i 個處理與 B 因子第 j 個處理的細項內樣本資料的平均數，則可將無交叉影響的隨機變異再分解出 A、B 因子交叉影響的變異如下：

無交叉影響的隨機變異 $SSE = \sum\limits_{i=1}^{r} \sum\limits_{j=1}^{c} (y_{ij} - \bar{y}_i - \bar{y}_j + \bar{\bar{y}})^2$ 中的細項樣本資料 y_{ij} 改為細項樣本資料平均數 $\bar{a}_{ij}$，再分解出有交叉影響的 A、B 因子交叉影響變異 $SSAB = \sum\limits_{i=1}^{r} \sum\limits_{j=1}^{c} (\bar{a}_{ij} - \bar{y}_i - \bar{y}_j + \bar{\bar{y}})^2$。有交叉影響的變異結構如下列方程式：

總變異＝A 因子變異＋B 因子變異＋AB 因子交互影響變異＋隨機變異

若每一細項有 m 個樣本資料，則總樣本數 $n = r \times c \times m$，各種變異的計算公式為：

A 因子引起的變異 $SSA = \sum\limits_{i=1}^{r} \sum\limits_{j=1}^{c} (\bar{y}_{i.} - \bar{\bar{y}})^2 = \sum\limits_{i=1}^{r} c\bar{y}_{i.}^2 - n\bar{\bar{y}}^2$

B 因子引起的變異 $SSB = \sum\limits_{i=1}^{r} \sum\limits_{j=1}^{c} (\bar{y}_{.j} - \bar{\bar{y}})^2 = \sum\limits_{j=1}^{c} r\bar{y}_{.j}^2 - n\bar{\bar{y}}^2$

AB 因子交叉影響的變異 $SSAB = \sum\limits_{i=1}^{r} \sum\limits_{j=1}^{c} (\bar{a}_{ij} - \bar{y}_{i.} - \bar{y}_{.j} + \bar{\bar{y}})^2$

總變異 $SST = \sum\limits_{i=1}^{r} \sum\limits_{j=1}^{c} \sum\limits_{k=1}^{m} (y_{ijk} - \bar{\bar{y}})^2$，$y_{ijk}$ 代表 A 因子第 i 個處理與 B 因子第 j 個處理的細項內的第 k 個樣本資料。

隨機變異 $SSE = SST - SSA - SSB - SSAB$

各變異的自由度為 $rcm - 1 = (r-1) + (c-1) + (r-1)(c-1) + rc(m-1)$，則

A 因子的平均變異 $MSA = SSA/(r-1)$

B 因子的平均變異 $MSB = SSB/(c-1)$

AB 因子交叉影響的平均變異 $MSAB = SSAB/[(r-1) \times (c-1)]$

隨機平均變異 $MSE = SSE/[rc \times (m-1)]$

檢定 A 因子各處理的平均數是否相等的檢定統計量為 $FA = MSA/MSE$

檢定 B 因子各處理的平均數是否相等的檢定統計量為 $FB = MSB/MSE$

檢定 AB 因子是否有交叉作用的檢定統計量為 $FAB = MSAB/MSE$

依據各項變異可整理得二因子有交叉影響的變異數分析表如下：

變異來源	平方和（SS）	自由度	平均平方和（MS）	F 值
A 因子	SSA	r − 1	MSA = SSA/(r − 1)	MSA/MSE
B 因子	SSB	c − 1	MSB = SSB/(c − 1)	MSB/MSE
AB 交叉	SSAB	(r − 1)(c − 1)	MSAB = SSAB/(r − 1)/(c − 1)	MSAB/MSE
隨機	SSE	rc(m − 1)	MSE = SSE/rc(m − 1)	
總和	SST	rcm − 1		

在選定顯著水準 α 下的決策準則為先檢定 A、B 因子是否有交叉作用：

如果 AB 因子間並無交叉影響，則可以 A 因子及 B 因子檢定其各處理的平均數是否全相等，如果 A、B 因子間有交叉影響，則完全以 A 因子或 B 因子檢定其各處理的平均數是否全相等是不恰當的。

2. 實例的解析

一項試驗以檢定三種藥丸的溶解時間（分）與水溫的關係。下表為三種藥丸各取 4 顆在冷水與熱水溶解時間的樣本資料。

	藥丸 A	藥丸 B	藥丸 C		藥丸 A	藥丸 B	藥丸 C
冷水	85.87	75.98	100.11	熱水	21.53	24.10	23.80
	78.69	87.66	99.65		26.26	25.83	21.29
	76.42	85.71	100.83		24.95	26.32	20.82
	74.43	86.31	94.16		21.52	22.91	23.21

將樣本資料安置於儲存格$A$1：$D$9，並點選 ☞ 工具/資料分析 ☜ 後在出現的畫面選擇「雙因子變異數分析：重複試驗」後指定樣本資料儲存格$A$1：$D$9 及顯著水準與輸出位置後，單擊「確定」鈕後即可獲得如下畫面（經修飾）

	A	B	C	D	E	F	G	H	I	J	K	L
1		藥丸A	藥丸B	藥丸C		雙因子變異數分析：重複試驗						
2		85.87	75.98	100.11		摘要	藥丸A	藥丸B	藥丸C	總和		
3	冷水	78.69	87.66	99.65		冷水						
4		76.42	85.71	100.83		個數	4	4	4	12		
5		74.43	86.31	94.16		總和	315.41	335.66	394.75	1045.82		
6		21.53	24.1	23.8		平均	78.8525	83.915	98.6875	87.15167		
7	熱水	26.26	25.83	21.29		變異數	24.91576	28.6491	9.346158	94.40396		
8		24.95	26.32	20.82								
9		21.52	22.91	23.21		熱水						
10						個數	4	4	4	12		
11		冷水	熱水			總和	94.26	99.16	89.12	282.54		
12	藥丸A	78.8525	23.565			平均	23.565	24.79	22.28	23.545		
13	藥丸B	83.915	24.79			變異數	5.834833	2.477667	2.095667	3.984282		
14	藥丸C	98.6875	22.28									
15						ANOVA						
16						變源	SS	自由度	MS	F	P-值	臨界值
17						樣本	24274.85	1	24274.85	1986.507	7.07E-20	4.413863
18						欄	356.0027	2	178.0014	14.56656	0.000173	3.554561
19						交互作用	506.3104	2	253.1552	20.7167	2.14E-05	3.554561
20						組內	219.9576	18	12.21986			
21						總和	25357.12	23				

依據儲存格$F$16：$L$21 的變異數分析表閱讀與解釋時，應先檢定藥丸與水溫是否有交叉影響。A、B 因子的交互作用檢定統計量 F 為 20.7167 大於臨界 F 值 3.554561，故可拒絕虛無假設 H0，換言之，A、B 因子間是有交叉影響的。

Unit **10-13**

有交叉影響二因子變異數分析(二)

由上表可讀得藥丸 A 在冷水融解的平均時間（分）是 78.8525，在熱水是 23.565；藥丸 B 在冷水融解是 83.915，在熱水是 24.79；藥丸 C 在冷水融解是 98.6875，在熱水是 22.28，其關係如下圖。三種藥丸在冷水與熱水溶解時間的連線是不平行的，也表示藥丸溶解時間與水溫是有交互作用的。

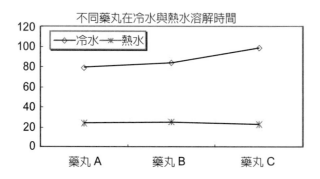

檢視 A 因子（水溫）的 F 值（1986.507）大於臨界 F 值（4.413863）；B 因子（藥丸）的 F 值（14.56656）大於臨界 F 值（3.554561），故 A 因子與 B 因子的虛無假設均遭拒絕。

3. 二因子有交叉影響變異數分析程式使用說明

使用二因子有交叉影響變異數分析程式時先點選☞統計/變異數分析（ANOVA）/二因子變異數分析/建立二因子 ANOVA 有交叉影響試算表 ☜ 即出現如下畫面：

經輸入列（A）因子處理數（2）、行（B）因子處理數（3）及行列細項的樣本數（4）後，單擊「確定」鈕後即得如下畫面。在淡黃色儲存格可以修改試算表標題、資料標題、樣本資料及顯著水準如下圖。

	A	B	C	D	E	F	G
3		二因子變異數分析--有交叉影響					
4		藥丸A	藥丸B	藥丸C			
5		85.87	75.98	100.11			
6	冷水	78.69	87.66	99.65			
7		76.42	85.71	100.83			
8		74.43	86.31	94.16			
9		21.53	24.10	23.80			
10	熱水	26.26	25.83	21.29			
11		24.95	26.32	20.82			
12		21.52	22.91	23.21			
13	顯著水準	0.050					

資料輸入後點選 ☞ 統計/變異數分析（ANOVA）/二因子變異數分析/進行二因子 ANOVA 有交叉影響 ☜ 後即得分析結果如下。

	A	B	C	D	E	F	G
14	各細項各處理的平均數						
15		藥丸A	藥丸B	藥丸C	平均數		
16	冷水	78.8525	83.9150	98.6875	87.1517		
17	熱水	23.5650	24.7900	22.2800	23.5450		
18	平均數	51.2088	54.3525	60.4837	55.3483		
19	虛無假設 H0:A因子各處理的平均數均相同						
20	對立假設 H1:A因子各處理的平均數不全相同						
21	虛無假設 H0:B因子各處理的平均數均相同						
22	對立假設 H1:B因子各處理的平均數不全相同						
23	虛無假設 H0:A因子及B因子間沒有交互作用						
24	對立假設 H1:A因子或B因子間有交互作用						
25	變異源	平方和(SS)	自由度	均方和(MS)	F值	F臨界值	P值
26	A因子	24,274.848	1	24,274.848	1,986.47986	4.41386	0.00000
27	B因子	356.003	2	178.001	14.56635	3.55456	0.00017
28	A,B因子交互	506.310	2	253.155	20.71641	3.55456	0.00002
29	隨機	219.961	18	12.220			
30	總和	25,357.121	23				
31	A因子結論	拒絕 H0 A因子各處理的平均數均相同					
32	B因子結論	拒絕 H0 B因子各處理的平均數均相同					
33	A,B因子交互結論	拒絕 H0 A因子及B因子間沒有交互作用					

依據如上報表的變異數分析表及檢定結論，A、B因子沒有交叉影響的虛無假設也被拒絕，換言之，沒有證據顯示 A、B 因子沒有交叉影響。

如果刻意將三種藥丸在冷水與熱水溶解時間調整如下表，使代表冷水與熱水溶解時間的線條變成直線且平行，則利用試算表的資料分析工具的二因子變異數分析：重複試驗可得如下結果（部份省略），則其 A、B 因子交叉影響的 F 值為 0，其值在 3.555 以前尚屬無交叉影響的範圍，超過臨界 F 值就有交叉影響。

	A	B	C	D	E	F	G	H	I	J	K	L
1		藥丸A	藥丸B	藥丸C		雙因子變異數分析：重複試驗						
2		85.87	80.46	83.28		ANOVA						
3	冷水	78.69	83.38	86.45		變源	SS	自由度	MS	F	P-值	臨界值
4		76.45	82.17	86.28		樣本	18241.41	1	18241.41	2862.653	2.7E-21	4.413863
5		74.43	83.47	87.51		欄	197.1216	2	98.56082	15.4673	0.000123	3.554561
6		21.53	27.84	30.55		交互作用	0.00003	2	0.00002	0.00000	0.999997	3.554561
7	熱水	26.26	25.83	32.14		組內	114.6997	18	6.37221			
8		24.95	27.72	31.48		總和	18553.24	23				
9		22.14	27.55	28.79						藥丸A	藥丸B	藥丸C
10									冷水	78.86	82.37	85.88
11									熱水	23.72	27.235	30.74

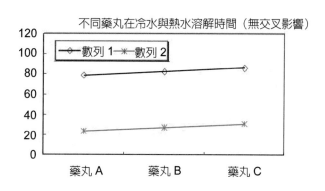

不同藥丸在冷水與熱水溶解時間（無交叉影響）

第 11 章

卡方檢定

●●●●●●●●●●●●●●●●●●●●●●●●●● 章節體系架構 ▼

Unit **11-1**
卡方檢定的意義

1. 觀察次數與期望次數

從母體隨機抽樣的樣本資料未必與母體的機率分配相吻合是一個實務的經驗。例如投擲一個銅板 200 次,而出現銅板正面 115 次,反面 85 次,這些次數就稱為觀察次數(Observed Frequency);但如果銅板是勻質的,則其正面與反面出現的機率是相同的,因此在 200 次的投擲試驗中,可以期望正面出現 100 次,反面也應出現 100 次,這種依據某種假設而應該出現的次數就稱為期望次數(Expected Frequency)。將這種觀察次數與期望次數表列如下:

	正面	反面	合計
觀察次數	115	85	200
期望次數	100	100	200

如果觀察次數越接近期望次數,則表示試驗的結果吻合母體的機率分配;反之,如果觀察次數越偏離期望次數,則表示試驗的結果越不吻合母體的機率分配。如何數值化來衡量觀察次數與期望次數的吻合程度或觀察次數遵循母體的機率分配是卡方檢定(Chi-Square Test)的重要任務。

2. 卡方值 χ^2

卡方值是一個衡量觀察次數與期望次數接近或偏離程度的檢定統計量;其定義是所有觀察次數與期望次數差數的平方除以期望次數的總和,亦即:

$$\chi^2 = \frac{(o_1 - e_1)^2}{e_1} + \frac{(o_2 - e_2)^2}{e_2} + \cdots + \frac{(o_n - e_n)^2}{e_n} = \sum_{i=1}^{k} \frac{(o_i - e_i)^2}{e_i}$$

其中,o_i、e_i 是第 i 種事件或類別的觀察次數、期望次數,k 代表事件或類別的個數,$N = \sum_{i=1}^{k} o_i = \sum_{i=1}^{k} e_i$ 代表觀察總次數,χ^2 即為卡方值,也是卡方檢定的檢定統計量。

$$\chi^2 = \sum_{i=1}^{k} \frac{(o_i - e_i)^2}{e_i} = \sum_{i=1}^{k} \left(\frac{o_i^2 - 2o_i e_i + e_i^2}{e_i} \right) = \sum_{i=1}^{k} \left(\frac{o_i^2}{e_i} - 2o_i + e_i \right)$$

$$\chi^2 = \sum_{i=1}^{k} \frac{o_i^2}{e_i} - 2 \sum_{i=1}^{k} o_i + \sum_{i=1}^{k} e_i = \sum_{i=1}^{k} \frac{o_i^2}{e_i} - 2N + N = \sum_{i=1}^{k} \frac{o_i^2}{e_i} - N \ 或 \ \chi^2 = \sum_{i=1}^{k} \frac{o_i^2}{e_i} - N$$

如果計得的卡方值 χ^2 等於 0,表示觀察次數與期望次數完全吻合,反之,若卡方值 χ^2 值大於 0(不可能為負值),則表示觀察次數與期望次數不完全吻合。卡方值 χ^2 值愈大,表示觀察次數愈偏離期望次數;反之,觀察次數愈趨近期望次數。

前述投擲 200 次銅板的卡方值 χ^2 計算如下:

$$\chi^2 = \frac{(115-100)^2}{100} + \frac{(85-100)^2}{100} = 2.25 + 2.25 = 4.5 \text{ 或}$$

$$\chi^2 = \sum_{i=1}^{k} \frac{o_i^2}{e_i} - N = \frac{115^2}{100} + \frac{85^2}{100} - 200 = 4.5$$

3. 卡方檢定

如果每個期望次數均不小於 5 次，則卡方值吻合卡方分配。卡方分配的形狀隨自由度而有變化。自由度越小，χ^2 分布的正偏態情形越明顯；自由度越大，χ^2 分布越接近常態分配，如下圖。

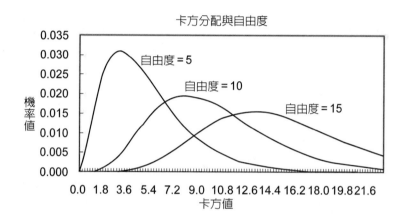

卡方檢定的自由度是事件或類別個數（k）減 1，再減推估期望次數的參數數 m，亦即自由度 $= k - 1 - m$。自由度確定後，卡方分配的形狀即告確定，則依據顯著水準（α）查表得卡方臨界值 $\chi^2_{k-1,\alpha}$，如下圖。

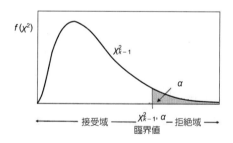

如果卡方值大於卡方臨界值，$\chi^2 > \chi^2_{k-1,\alpha}$，則拒絕原來虛無假設（即推算期望次數的假設）；若 $\chi^2 \leq \chi^2_{k-1,\alpha}$，則不拒絕原來虛無假設。

若顯著水準 α 為 0.05，自由度為 1，則卡方臨界值為 3.84，因為卡方值(4.5)大於卡方臨界值(3.84)，故拒絕接受原來銅板為勻質銅板的假設。卡方值(4.5)的機率值為 0.034，也落入上圖的拒絕區域，因此從機率的角度也應拒絕原來假設。

自由度為 1 的卡方臨界值可用 Excel 函數 CHIINV(0.05,1)求得，卡方值 4.5 的機率值可用 Excel 函數 CHIDIST(4.5,1)求得。

Unit **11-2**

適合度檢定──均等分配

1. 適合度檢定的意義

　　檢查一組抽樣資料（包括離散型與連續型資料）是否滿足某種分配的問題稱爲適合度檢定（Goodness of Fit），換言之，適合度檢定指接受或拒絕母體所假設的機率分配之統計檢定。

2. 離散型適合度檢定

　　實例一：某人投擲一顆骰子 120 次，其僅能出現離散型資料 1、2、3、4、5、6點，且各出現 25、17、15、23、24、16 次，試在顯著水準 0.05 下檢定該骰子是否勻質不偏的？

　　【解】先設定下列的檢定假設

　　虛無假設 H0：投擲的骰子是勻質的，亦即各點出現的機率均爲 1/6

　　對立假設 H1：投擲的骰子不是勻質的

　　依據虛無假設 H0，各點出現的機率相同，故各點的期望次數均爲 20 次，將觀察次數與期望次數列表如下：

正面點數	1	2	3	4	5	6	合計
觀察次數	25	17	15	23	24	16	120
期望次數	20	20	20	20	20	20	120

計得卡方值爲 $\chi^2 = \dfrac{25^2}{20} + \dfrac{17^2}{20} + \dfrac{15^2}{20} + \dfrac{23^2}{20} + \dfrac{24^2}{20} + \dfrac{16^2}{20} - 120 = 5.00$ 或

$$\chi^2 = \frac{(25-20)^2}{20} + \frac{(17-20)^2}{20} + \frac{(15-20)^2}{20} + \frac{(23-20)^2}{20} + \frac{(24-20)^2}{20} + \frac{(16-20)^2}{20} = 5.00$$

自由度 $= k - 1 = 5$，$\alpha = 0.05$　得 $\chi^2_{5,\,0.05} = 11.07$，因 $\chi^2 < \chi^2_{5,\,0.05}$ 而不能拒絕虛無假設 H0，如下圖。換言之，認定該骰子是各點出現的機率相同或是勻質骰子。

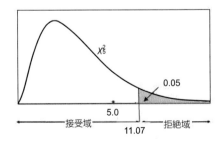

　　實例二：某亂數表的其中 250 個數，數字 0,1,2,3,……,9 出現的次數如下表，試在顯著水準 0.01 下檢定該亂數表中各數字出現的機率是否相同？

【解】設立檢定假設如下：

H0：亂數表中各數字出現的機率均為 1/10

H1：亂數表中各數字出現的機率非均為 1/10

依據虛無假設 H0 知，250 個數字中數字 0,1,2,……,9 應各出現 25 次，如下表：

數字	0	1	2	3	4	5	6	7	8	9	合計
觀察次數	17	31	29	18	14	20	35	30	20	36	250
期望次數	25	25	25	25	25	25	25	25	25	25	250

依據上表計得卡方值 $\chi^2 = \dfrac{(25-17)^2}{25} + \dfrac{(25-31)^2}{25} + \cdots + \dfrac{(25-36)^2}{25} = 23.28$

自由度 $= k - 1 = 9$，$\alpha = 0.01$ 得 $\chi^2_{0.01,9} = 21.67$，因 $\chi^2 > \chi^2_{0.01,9}$ 而拒絕虛無假設 H0，如下圖。換言之，認定該亂數表的數字出現的機率並非完全相同。

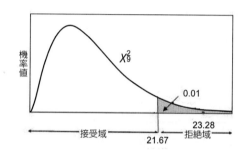

顯著水準 0.01 的卡方值 23.28 及自由度為 9 的卡方臨界值可用 Excel 函數 CHIINV (0.01,9) 求得，其機率值 0.00559718 可用 Excel 函數 CHIDIST(23.28,9) 求得。

實例三：某箱子內含許多紅、白、藍、綠色球。今從中隨機抽出 12 個球，紅、白、藍、綠各有 2、5、4、1 個。試在顯著水準 0.10 下檢定該箱中比例是否相同？

【解】設立檢定假設如下：

H0：箱中各色球比例均相同

H1：箱中各色球比例未必均相同

依據虛無假設 H0，建立觀察次數與期望次數如下左表：

球色	紅	白	藍	綠
觀察次數	2	5	4	1
期望次數	3	3	3	3

組合球色	紅與白	藍與綠
觀察次數	7	5
期望次數	6	6

左表中期望次數均小於 5，且因期望次數出現在卡方值計算式的分母，太小的期望次數會使卡方值增大；如將紅球與白球合併、藍球與綠球合併成兩組如右表，則期望次數均大於 5。計得的卡方值為 $\chi^2 = 49/6 + 25/6 - 12 = 0.333$。$\chi^2_{1,0.1} = 2.71$，因大於 0.333 而接受各色球比例相同的假設；但如果紅球與綠球合併、藍球與白球合併則得 $\chi^2 = 9/6 + 81/6 - 12 = 3.00$，因大於 2.71 而拒絕原假設，因此觀測次數宜大以免隨機以外因素操控。

Unit **11-3**

適合度檢定——實驗機率分配

實驗機率分配係指依據過去實務經驗所得的機率分配，卡方檢定的主要目的是檢查此項比例是否有所改變。實例說明如下：

實例一：在一項市場調查分析中，研究某一產品市場佔有率的情形。根據過去資料顯示，A、B、C 三家公司對某一產品市場佔有率為 1：2：1，今調查 100 位購買該產品的顧客，結果發現購自 A、B、C 三家公司的人數為 18、55、27 人，試在顯著水準 α 為 0.05 下檢定其市場佔有率是否改變？

【解】先設立下列的檢定假設：

H0：A、B、C 公司市場佔有率仍維持 1：2：1

H1：A、B、C 公司市場佔有率已經不是 1：2：1

依據虛無假設推估期望次數並與觀察次數列表如下：

公司	A 公司	B 公司	C 公司	合計
觀察人數	18	55	27	100
期望人數	25	50	25	100

卡方值 $\chi^2 = \dfrac{(18-25)^2}{25} + \dfrac{(55-50)^2}{50} + \dfrac{(27-25)^2}{25} = 2.62$ ；而在自由度 $=k-1=3-1=2$，顯著水準 $\alpha = 0.05$ 的卡方臨界值 $\chi^2_{2,\,0.05} = 5.99$ 如下圖，因 $\chi^2 < \chi^2_{2,\,0.05}$ 而接受原虛無假設，換言之，A、B、C 公司市場佔有率仍維持 1：2：1。

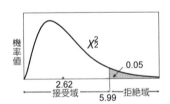

實例二：某工廠有五台功能相同的機器，在某一段時間內其故障次數為 18、12、13、15 及 7 次，試問在顯著水準 0.05 下該五台機器的故障率是否相同？

【解】先設立下列的檢定假設：

H0：五台機器有相同的故障率

H1：五台機器的故障率並不是完全相同

在某段時間內五部機器的觀察總次數為 $18+12+13+15+17=75$ 次，如果五台機器有相同的故障率，則每一部機器的期望故障次數為 $75 \div 5 = 15$ 次，可得五部機器的觀察次數與期望次數表如下：

機器	機器 A	機器 B	機器 C	機器 D	機器 E	合計
觀察次數	18	12	13	15	17	65
期望次數	15	15	15	15	15	65

檢定統計量 $\chi^2 = \dfrac{(18-15)^2 + (12-15)^2 + (13-15)^2 + (15-15)^2 + (17-15)^2}{15} = 1.73$

在顯著水準 $\alpha = 0.05$，自由度 $= 5 - 1 = 4$ 的卡方臨界值 $\chi^2_{4,\,0.05} = 9.49$。因為 $\chi^2 <$ $\chi^2_{4,\,0.05}$，故得檢定結果是接受原來的虛無假設 H0，換言之，五台機器間是存有相同的故障率的。

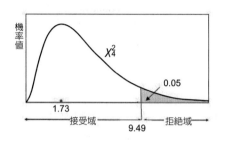

實例三：某大學統計課程的成績分配準則為：10%得 A，30%得 B，40%得 C，15%得 D，以及 5%得 F。今於學期末取 120 個統計學成績為一樣本，其中有 18 個 A，30 個 B，40 個 C，22 個 D，以及 10 個 F。試以顯著水準 $\alpha = 0.05$ 檢定真正的成績是否顯著地偏離成績分配準則？

【解】 先設立下列的檢定假設：

H0：真正的成績完全符合成績分配準則

H1：真正的成績不完全符合成績分配準則

120 個取樣成績如果完全符合成績分配準則，則期望的成績分配次數應該是有 $120 \times 10\% = 12$ 個得 A，$120 \times 30\% = 36$ 個得 B，$120 \times 40\% = 48$ 個得 C，$120 \times 15\% = 18$ 個得 D，$120 \times 5\% = 6$ 個得 F，整理得觀察次數與期望次數如下表：

統計成績	A	B	C	D	F	合計
觀察次數	18	30	40	22	10	120
期望次數	12	36	48	18	6	120

檢定統計量(卡方值)

$$\chi^2 = \frac{(18-12)^2}{12} + \frac{(30-36)^2}{36} + \frac{(40-48)^2}{48} + \frac{(22-18)^2}{18} + \frac{(10-6)^2}{6} = 8.89$$

在顯著水準 $\alpha = 0.05$，自由度 $= 5 - 1 = 4$ 的卡方臨界值 $\chi^2_{4,\,0.05} = 9.49$，如下圖。因為 $\chi^2 < \chi^2_{4,\,0.05}$，故得檢定結果是接受原來的虛無假設 H0，換言之，真正的成績完全符合成績分配準則。

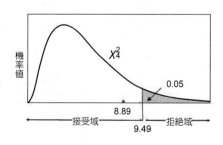

Unit 11-4

適合度檢定——二項機率分配

檢定抽樣母體二項機率分配的成功機率是否為某一機率時，可用二項機率分配的適合度檢定。實例說明如下：

實例一：調查 320 個有 5 位小孩的家庭，其中不同男孩與女孩組合的家庭數如下表。（男孩以 B 表示，女孩以 G 表示）

男女孩數	5B0G	4B1G	3B2G	2B3G	1B4G	0B5G	合計
家庭數	18	56	110	88	40	8	320

試以顯著水準 $\alpha=0.05$ 檢定男孩與女孩的出生機率是否相等？

【解】先設定檢定假設如下：

H0：男孩與女孩的出生機率均是 0.5

H1：男孩與女孩的出生機率未必是 0.5

5 位孩子中有 5 位男孩 0 位女孩的機率＝BINOMDIST(5,5,0.5,FALSE)＝0.03125

5 位孩子中有 4 位男孩 1 位女孩的機率＝BINOMDIST(4,5,0.5,FALSE)＝0.15625

5 位孩子中有 3 位男孩 2 位女孩的機率＝BINOMDIST(3,5,0.5,FALSE)＝0.3125

5 位孩子中有 2 位男孩 3 位女孩的機率＝BINOMDIST(2,5,0.5,FALSE)＝0.3125

5 位孩子中有 1 位男孩 4 位女孩的機率＝BINOMDIST(1,5,0.5,FALSE)＝0.15625

5 位孩子中有 0 位男孩 5 位女孩的機率＝BINOMDIST(0,5,0.5,FALSE)＝0.03125

320 個家庭中有 5 位男孩 0 位女孩的期望家庭數＝320×0.03125＝10 個，同理類推可得 320 個家庭的男孩與女孩不同組合的觀察家庭數與期望家庭數如下表。

男女孩數	5B0G	4B1G	3B2G	2B3G	1B4G	0B5G	合計
觀察家數	18	56	110	88	40	8	320
期望家數	10	50	100	100	50	10	320

檢定統計量（卡方值）

$$\chi^2 = \frac{(18-10)^2}{10} + \frac{(56-50)^2}{50} + \frac{(110-100)^2}{100} + \frac{(88-100)^2}{100} + \frac{(40-50)^2}{50} + \frac{(8-10)^2}{10} = 12$$

在顯著水準 $\alpha=0.05$，自由度＝6－1＝5 的卡方臨界值 $\chi^2_{5,\,0.05}=11.07$，如下圖。因為 $\chi^2 > \chi^2_{5,\,0.05}$，故得檢定結果是不接受原來的虛無假設 H0。

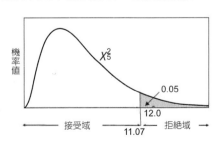

實例二：某公司業務員每營業日查訪三家客戶，記錄該業務員 100 個營業日查訪成功次數如下表。

成功次數	0	1	2	3	合計
觀察次數	18	37	40	5	100

試以顯著水準 $\alpha = 0.05$ 檢定該業務員成功訪客的機率是否符合二項分配？

【解】先設定檢定假設如下：

H0：業務員成功訪客的機率是符合二項分配

H1：業務員成功訪客的機率不符合二項分配

首先依據前述記錄表計算該業務員訪客的成功機率為：

$$p = \frac{0 \times 18 + 1 \times 37 + 2 \times 40 + 3 \times 5}{3 \times 100} = \frac{132}{300} = 0.44$$

則依據二項分配求得不同成功次數的期望次數如下表：

成功次數	Excel 函數	機率	期望次數
0	BINOMDIST(0,3,0.44,FALSE)	0.175616	17.5616
1	BINOMDIST(1,3,0.44,FALSE)	0.413952	41.3952
2	BINOMDIST(2,3,0.44,FALSE)	0.325248	32.5248
3	BINOMDIST(3,3,0.44,FALSE)	0.085184	8.5184

則檢定統計量計算如下表：

觀察次數	期望次數	次數之差	差之平方	平方/期望次數
18	17.5616	0.4384	0.19219456	0.010944023
37	41.3952	−4.3952	19.31778304	0.466667223
40	32.5248	7.4752	55.87861504	1.718031011
5	8.5184	−3.5184	12.37913856	1.453223441
合計			檢定統計量 ☞	3.648865699

檢定統計量 $\chi^2 = 3.65$，在顯著水準 $\alpha = 0.05$，成功機率 p 是推估期望次數的參數（m＝1），故自由度自由度＝4－1－1＝2 的卡方臨界值 $\chi^2_{2,0.05} = 5.99$。因為 $\chi^2 < \chi^2_{2,0.05}$，故得檢定結果是接受原來的虛無假設H0，換言之，業務員成功訪客的機率是符合二項分配。

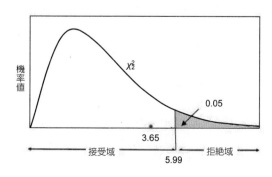

Unit **11-5**

適合度檢定——卜瓦松機率分配

實例一：某航空公司欲檢定每航班遺失行李數是否服從卜瓦松分配，航空公司隨機抽取並紀錄 1000 個航班中每航班遺失行李數如下表，試在顯著水準 0.05 下檢定遺失行李數是否服從卜瓦松分配？

遺失件數	0 件	1 件	2 件	大於 2 件	合計
觀察班數	645	320	25	10	1,000

【解】先設立檢定假設如下：

H0：每航班遺失行李數服從卜瓦松分配

H1：每航班遺失行李數不服從卜瓦松分配

如將大於 2 件視同 3 件，則估計卜瓦松分配之平均數 $\lambda = (0\times645 + 1\times320 + 2\times25 + 3\times30)/1000 = 0.4$，使用一個估計值 λ，自由度應該減 1，所以 $m = 1$。因此在此例中的卡方檢定統計量之自由度為 $k - 1 - m = 4 - 1 - 1 = 2$。

以試算表函數 POISSON(0,0.4,FALSE) 計得發生 0 件行李遺失的機率為 0.6703

以試算表函數 POISSON(1,0.4,FALSE) 計得發生 1 件行李遺失的機率為 0.2681

以試算表函數 POISSON(2,0.4,FALSE) 計得發生 2 件行李遺失的機率為 0.0536

所以大於 2 件行李遺失的機率為 $1 - 0.6703 - 0.2681 - 0.0536 = 0.008$

得 1000 個航班中遺失 0 件行李的期望航班數為 $1000\times0.6703 = 670.3$ 班，以同樣方式整理得 1000 個航班行李遺失件數的觀察航班與期望航班表如下：

遺失件數	0 件	1 件	2 件	大於 2 件	合計
觀察班數	645	320	25	10	1,000
期望班數	670.3	268.1	53.6	8	1,000

檢定統計量（卡方值）

$$\chi^2 = \frac{(645-670.3)^2}{670.3} + \frac{(320-268.1)^2}{268.1} + \frac{(25-53.6)^2}{53.6} + \frac{(10-8)^2}{8} = 26.76$$

在顯著水準 $\alpha = 0.05$，自由度 $= 4 - 1 = 3$ 的卡方臨界值 $\chi^2_{3,0.05} = 7.81$，如下圖。因為 $\chi^2 > \chi^2_{3,0.05}$，故得檢定結果是不接受原來的虛無假設 H0，換言之，每航班遺失行李數不服從平均數 $\lambda = 0.4$ 的卜瓦松分配。

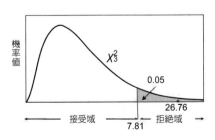

實例二：某房屋仲介商在 100 個營業日中銷售不同件數的觀察日數如下表：

售屋件數	0 件	1 件	2 件	3 件	4 件	≥5 件	合計
觀察日數	11	15	48	18	5	3	100

【解】先設立檢定的假設為：

H0：仲介公司售屋件數是遵循卜瓦松分配

H1：仲介公司售屋件數不是遵循卜瓦松分配

首先依據上表資料推估卜瓦松分配的平均數

$\lambda = \dfrac{11 \times 0 + 15 \times 1 + 48 \times 2 + 18 \times 3 + 4 \times 5 + 3 \times 5}{100} = 2.0$，推得如下的期望次數：

每日銷售件數	使用 Excel 函數	機率值	期望件數
0	POISSON(0,2,FALSE)	0.135335283	13.53
1	POISSON(1,2,FALSE)	0.270670566	27.07
2	POISSON(2,2,FALSE)	0.270670566	27.07
3	POISSON(3,2,FALSE)	0.180447044	18.05
4	POISSON(4,2,FALSE)	0.090223522	9.00
≥5	=1 減 0 件至 4 件機率和	0.052653019	5.28

合併觀察日數與期望日數得下表：

售屋件數	0 件	1 件	2 件	3 件	4 件	≥5 件	合計
觀察日數	11	15	48	18	5	3	100
期望日數	13.53	27.07	27.07	18.05	9.00	5.28	100

檢定統計量（卡方值）$\chi^2 = \dfrac{(11-13.53)^2}{13.53} + \dfrac{(15-27.07)^2}{27.07} + \dfrac{(48-27.07)^2}{27.07} + \dfrac{(18-18.05)^2}{18.05}$

$+ \dfrac{(5-9)^2}{9} + \dfrac{(3-5.28)^2}{5.28} = 24.8$

在顯著水準 $\alpha = 0.05$，因為利用觀察資料來計算卜瓦松分配的平均數，故 $m=1$，得自由度 $= 6-1-m = 6-1-1 = 4$ 的卡方臨界值 $\chi^2_{4,0.05} = 9.49$，如下圖。因為 $\chi^2 > \chi^2_{4,0.05}$，故得檢定結果是不接受原來的虛無假設 H0。

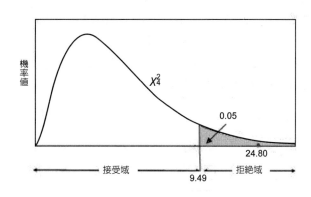

Unit **11-6**

適合度檢定──常態機率分配

1. 實例演算

適合度檢定的母體如呈常態機率分配,則期望次數的計算應依常態分配推算之。茲以實例說明之。

實例一:某飯店為檢定其房客之平均年齡是否為常態分配,隨機蒐集了 100 位房客之年齡資料如下表:試以顯著水準 0.05 檢定之?

年齡	<20	20～30	30～40	40～50	50～60	≧60	合計
觀察人數	5	21	30	25	15	4	100

【解】設定檢定假設如下:

H0:旅館旅客年齡之分配為常態分配

H1:旅館旅客年齡之分配不為常態分配

在計算期望次數前,假設依據上表已經估算得常態母體之平均年齡為 40 歲,標準差為 15 歲,所以 $m = 2$。因此卡方檢定統計量之自由度為 $k - 1 - m = 3$。

年齡	累積機率	累積機率(Excel 函數)	發生機率
不足 20 歲	0.091211282	=NORMDIST(20,40,15,TRUE)	0.091211282
20～不足 30	0.252492467	=NORMDIST(30,40,15,TRUE)	0.161281185
30～不足 40	0.500000000	=NORMDIST(40,40,15,TRUE)	0.247507532
40～不足 50	0.747507533	=NORMDIST(50,40,15,TRUE)	0.247507533
50～不足 60	0.908788718	=NORMDIST(60,40,15,TRUE)	0.161281185
60 歲以上			0.091211282

以試算表函數 NORMDIST(20,40,15,TRUE)可以計得不足 20 歲的累積機率為 0.091211282,故不足 20 歲的發生機率為 0.091211282;以試算表函數 NORMDIST(30,40,15,TRUE)可以計得不足 30 歲的累積機率為 0.252492467,故 20 歲以上不足 30 歲的發生機率為 0.252492467 − 0.091211282 = 0.161281185;其餘除 60 歲以上外均可類推之;60 歲以上發生的機率是 1.0 減去不足 60 歲的累積機率 1.0 − 0.908788718 = 0.091211282。

依據上表各年齡層發生機率可以推算 100 位房客中,不足 20 歲房客的期望人數為 100×0.091211282 = 9.12 人;20 歲至不足 30 歲的期望人數為 100×0.161281185 = 16.13 人等等,與觀察人數整理如下表:

年齡	<20	20～30	30～40	40～50	50～60	≧60	合計
觀察人數	5	21	30	25	15	4	100
期望人數	9.12	16.13	24.75	24.75	16.13	9.12	100

統計學與 Excel

檢定統計量（卡方值）$\chi^2 = \dfrac{(5-9.12)^2}{9.12} + \dfrac{(21-16.13)^2}{16.13} + \cdots + \dfrac{(4-9.12)^2}{9.12} = 7.40$

在顯著水準 $\alpha = 0.05$，因為利用觀察資料來計算常態分配的平均數及標準差，故 $m = 2$，得自由度 $= 6 - 1 - m = 6 - 1 - 2 = 3$ 的卡方臨界值 $\chi^2_{3,\,0.05} = 7.81$，如下圖。因 $\chi^2 < \chi^2_{3,\,0.05}$，故得檢定結果是接受原來的虛無假設 H0，換言之，旅館旅客年齡之分配為常態分配。

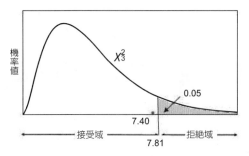

2. 區間的劃分

任何卡方檢定的期望次數均必須大於 5，否則會增加檢定統計量而提升虛無假設 H0 被拒絕的可能。母體為常態分配的卡方檢定由應注意區間的劃分以免某些區間的期望次數小於 5 的困難。區間劃分的兩個問題是要劃分為幾個區間及區間的上下限值的設定問題。下圖為將一個標準化常態分配的區間畫分成 8 個等分。如果隨機抽取的樣本數少於 40 個，則每個區間的期望次數可能有少於 5 個的可能，因此區間數很容易決定，大約是樣本數除以 5，再取整數就是。

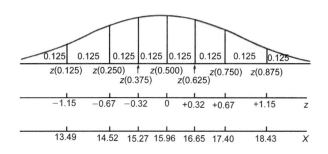

一個標準化常態分配的曲線下總機率（總面積）為 1，如將之區分為 8 個等分，則每個等分的面積（機率）為 0.125；故由左而右各區分點的累積機率分別為 0.125、0.250、0.375、0.500、0.625、0.750、0.875（圖上標示 $z(0.125)$、$z(0.250)$ 等）；則各區分點的標準化變數 z 的值可以試算表函數 NORMSINV 推算之如下表：

累積機率	Z	Excel 函數	隨機變數	隨機變數計算
0.125	-1.15	=NORMSINV(0.125)	13.49	=15.96+Z*2.144
0.250	-0.67	=NORMSINV(0.250)	14.52	=15.96+Z*2.144
0.375	-0.32	=NORMSINV(0.375)	15.27	=15.96+Z*2.144
0.500	0.00	=NORMSINV(0.500)	15.96	=15.96+Z*2.144
0.625	0.32	=NORMSINV(0.625)	16.65	=15.96+Z*2.144
0.750	0.67	=NORMSINV(0.750)	17.40	=15.96+Z*2.144
0.875	1.15	=NORMSINV(0.875)	18.43	=15.96+Z*2.144

Unit **11-7**
適合度檢定——常態分配區間劃分

統計學與 Excel

1. 區間的劃分

依據前述結果，則常態分配的區間劃分應如下表規劃之。

區間	下限值（含）	上限值（不含）
1	-∞	13.49
2	13.49	14.52
3	14.52	15.27
4	15.27	15.96
5	15.96	16.65
6	16.65	17.40
7	17.40	18.43
8	18.43	+∞

　　實務上做常態分配的卡方檢定時，應先依據樣本數規劃區間數以保證每個區間的期望次數不小於 5；區間數乘以 5 應小於樣本數，否則應調整樣本數或區間數。區間數確定後，即可依據前述方法計算每一區間的上下限值，再依據觀察值按前述區間上下限計數觀察次數。

2. 常態分配區間規劃程式

　　隨書提供的卡方檢定常態分配區間畫分程式可以計算區間的上下限值。執行時請點選 ☞ 統計/卡方檢定/卡方適合度檢定/常態分配區間劃分 ☜ 即出現如下畫面。

　　經輸入常態分配平均數(15.96)，常態分配標準差(2.144)，樣本數(40)及變數劃分區間數(8)後，單擊「取消」鈕即停止程式的執行；單擊「確定」鈕即開始估算各區間的上下限。上圖畫面下方也顯示各區間的上下限值。如果樣本數不足以讓每個區間至少有 5 個期望次數，則會有如下的訊息，請修改樣本數或區間數。

單擊「列印」鈕可將演算結果列印出來，如下圖：

	A	B	C	D	E	F
3	卡方檢定--常態分配區間劃分					
4	區間數	8	平均數	15.9600	標準差	2.1440
5	樣本數	40	區間機率	0.125000		
6	區間	累積機率	標準變數Z	區間點	下限(含)	上限(不含)
7	1	0.1250	-1.1503	13.4937	-∞	13.49
8	2	0.2500	-0.6745	14.5139	13.49	14.51
9	3	0.3750	-0.3186	15.2768	14.51	15.28
10	4	0.5000	0.0000	15.9600	15.28	15.96
11	5	0.6250	0.3186	16.6432	15.96	16.64
12	6	0.7500	0.6745	17.4061	16.64	17.41
13	7	0.8750	1.1503	18.4263	17.41	18.43
14	8	1.0000	0.0000	0.0000	18.43	+∞

　　隨機抽樣的樣本資料應依據報表上的各區間上下限值來計數各區間的觀察次數，報表上的區間機率（如上表儲存格 D5）0.125 即可輸入卡方檢定試算表的期望機率各欄。

　　實例一：設有觀察某常態分配母體的隨機變數樣本 25 個如下表，要做卡方檢定，試規劃變數區間數並將這些樣本資料計出其觀察次數。

27.16	18.05	16.32	13.15	21.87
30.15	25.67	19.45	17.87	11.71
21.95	28.42	15.15	18.85	16.77
24.45	19.03	13.44	10.35	23.15
26.03	14.14	24.47	17.35	13.50

　　因為只有 25 個樣本資料，故最多僅能有 5 個區間以免每一區間的期望次數小於 5，依據 5 個區間規劃得如下表：

	A	B	C	D	E	F
3	卡方檢定--常態分配區間劃分					
4	區間數	5	平均數	20.0000	標準差	8.0000
5	樣本數	25	區間機率	0.200000		
6	區間	累積機率	標準變數Z	區間點	下限(含)	上限(不含)
7	1	0.2000	-0.8416	13.2670	-∞	13.27
8	2	0.4000	-0.2533	17.9732	13.27	17.97
9	3	0.6000	0.2533	22.0268	17.97	22.03
10	4	0.8000	0.8416	26.7330	22.03	26.73
11	5	1.0000	0.0000	0.0000	26.73	+∞

　　由上表知第 1 區間是 -∞～13.27，第 2 區間是 13.27～17.97 等等，再將觀察資料按上述區間分類得觀察次數如下；

	13.27 以下	13.27～17.97	17.97～22.03	22.03～26.73	26.73 以上
觀察次數	3	7	6	6	3

Unit 11-8
交叉表檢定

1. 交叉表的意義與期望次數

　　某公司生產 A、B、C 三種男女適用的日用品，市場研究人員想了解男性、女性對於這三種產品的喜好是否有差別，以便釐訂廣告促銷策略。一項研究訪談了 200 位男女顧客，依顧客的男女屬性及其喜好的日用品記錄於如下表格。

觀察次數	喜好 A	喜好 B	喜好 C	合計
男性	50	30	30	110
女性	30	40	20	90
合計	80	70	50	200

　　以上表格稱為交叉表或列聯表（Cross-Table 或 Contingency Table），也可適用卡方檢定的方法來分析。上表為一種觀察次數表，若能推得同樣格式的期望次數表，則卡方檢定的方法是一樣的。前述許多例題中，期望次數均由檢定的虛無假設所推導出來的。所謂獨立性檢定就是指對產品的喜好與性別無關，上表中的 200 人有 80 人喜好 A 產品，則 110 位男性中應該有 110×(80/200)＝44 位喜好產品 A；同理，90 位女性中應該有 90×(80/200)＝36 位喜好產品 A，這 44、36 就是男性、女性喜好產品 A 的期望次數。其他期望次數的計算如下表：

期望次數	喜好 A 產品	喜好 B 產品	喜好 C 產品	合計
男性	110×(80/200)＝44	110×(70/200)＝38.5	110×(50/200)＝27.5	110
女性	90×(80/200)＝36	90×(70/200)＝31.5	90×(50/200)＝22.5	90
合計	80	70	50	200

　　因此只要檢定的虛無假設是兩個屬性是獨立的、無關的或是比例一致的，則交叉表的期望次數可由觀察次數依下列公式推算之。

　　期望次數（i 列，j 行）＝第 i 列合計數×第 j 行合計數 ÷ 行列合計數

　　上表中第 1 列的合計數是 110，第 3 行的合計數是 50，行列合計數或樣本數是 200。

2.交叉表卡方檢定統計量與自由度

　　交叉表的卡方檢定統計量為 $\chi^2 = \sum\limits_{i=1}^{r} \sum\limits_{j=1}^{c} \dfrac{(o_{ij} - e_{ij})^2}{e_{ij}}$ 或 $\chi^2 = \sum\limits_{i=1}^{r} \sum\limits_{j=1}^{c} \dfrac{o_{ij}^2}{e_{ij}} - N$，其中

o_{ij} 是交叉表中第 i 列第 j 行的觀察次數

e_{ij} 是在獨立性假設下，交叉表中第 i 列第 j 行的期望次數

r 是交叉表的列數，c 是交叉表的行數，N 是樣本數

交叉表的自由度爲 $v = (r-1)(c-1) - m$

		100
		100
140	60	200

			157
			43
57	88	55	200

上面左表爲 2×2 合計數已知的交叉表，雖有 4 個空格，但是只有 1 格可以自由填入合理數值，則其他 3 格的數值即告確定，故自由度 $=(2-1)\times(2-1)=1$；上面右表爲 3×3 合計數已知的交叉表，雖然有 6 個空格，但是只有 2 格可以自由填入合理數值，則其他 4 格的數值即告確定，故自由度 $=(3-1)\times(2-1)=2$。

在顯著水準 α 下及自由度 v 的卡方臨界值 $\chi^2_{v,\alpha}$，則決策原則爲：

$\chi^2 > \chi^2_{v,\alpha}$ 拒絕虛無假設 H0

$\chi^2 \leq \chi^2_{v,\alpha}$ 接受虛無假設 H0

3. 獨立性檢定與齊一性檢定

交叉表卡方檢定雖有獨立性檢定與齊一性檢定兩種，但其檢定統計量計算方法及決策原則則是相同的。獨立性卡方檢定則是檢定同一母體樣本的兩個屬性或變數間是否相互獨立。例如，訪問 500 位民眾對某項政策的意見交叉表如下：

	政策			
	贊成	反對	沒意見	合計
男性	128	32	115	275
女性	117	73	35	225
合計	245	105	150	500

上表就是要問此政策的意見（屬性 B）與性別（屬性 A）是否有關？即兩種屬性是否獨立，故稱獨立性檢定。

齊一性卡方檢定則是檢定兩個母體對於某個議題的意見是否一致的檢定，例如下面交叉表就是檢視高雄市與台北市市民對於捷運系統的意見表。

台北市民與高雄市民對捷運系統的意見			
滿意程度	台北市	高雄市	合計數
很滿意	457	293	750
滿意	287	70	357
不滿意	78	49	127
很不滿意	28	38	66
合計數	850	450	1,300

上表就是針對高雄市與台北市兩個母體的樣本對於捷運系統的滿意度調查。齊一性檢定就是檢視該兩母體對捷運滿意程度是否一致。在假設比例一致的假設檢定下，就可依據觀察次數來推測期望次數，再以卡方檢定之。

Unit 11-9

交叉表檢定——獨立性檢定

實例一：一項對運動偏好的調查獲得如下的結果：

性別對棒球、籃球、足球偏好調查			
觀察次數	棒球	籃球	足球	合計
男性	34	31	25	90
女性	28	18	8	54
合計	62	49	33	144

試以顯著水準 $\alpha = 0.05$ 檢定男性與女性對三項球類運動偏好是否相同？

【解】先設立卡方檢定假設如下：

H0：男性與女性對三項球類運動有相同的偏好

H1：男性與女性對三項球類運動沒有相同的偏好

上表中受調查的 144 位中有 62 位偏好棒球，如果男性與女性對棒球運動有相同的偏好，則 90 位男性中應該有 $90 \times 62/144 = 38.75$ 位偏好棒球，54 位女性中應該有 $54 \times 62/144 = 23.25$ 位偏好棒球。換言之，如果男性與女性對棒球運動有相同的偏好，則男性、女性對棒球偏好的期望次數為 38.75、23.25 次。依相同推理，也可推得男性、女性對籃球、足球偏好的期望次數，整理得下表：

性別對棒球、籃球、足球偏好調查			
期望次數	棒球	籃球	足球	合計
男性	38.75	30.625	20.625	90
女性	23.25	18.375	12.375	54
合計	62	49	33	144

檢定統計量（卡方值）$\chi^2 = \dfrac{(34-38.75)^2}{38.75} + \dfrac{(31-30.625)^2}{30.625} + \cdots + \dfrac{(8-12.375)^2}{12.375} = 4.04$

在顯著水準 $\alpha = 0.05$，自由度 $= (2-1) \times (3-1) = 2$ 的卡方臨界值 $\chi^2_{2, 0.05} = 5.99$，如下圖。因 $\chi^2 < \chi^2_{2, 0.05}$，故得檢定結果是接受原來的虛無假設 H0，換言之，男性與女性對三項球類運動有相同的偏好。

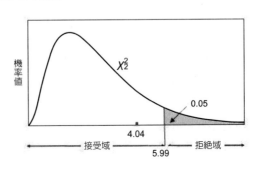

實例二：一項研究抽菸是否與壽命有關的研究中，隨機抽取 400 位非意外死亡的民眾，就其是否抽菸與壽命得如下的結果：

抽菸與壽命調查表						
觀察次數	50 以下	50-60	60-70	70-80	80 以上	合計
抽菸	36	64	70	51	39	260
不抽菸	24	40	44	25	7	140
合計	60	104	114	76	46	400

試以顯著水準 $\alpha = 0.05$ 檢定抽菸是否與壽命長短有關？

【解】 先設立卡方檢定假設如下：

H0：抽菸與壽命長短無關

H1：抽菸與壽命長短有關

上表中受調查的 400 位中有 60 位在 50 歲以下非意外死亡，如果抽菸與壽命長短無關，則 260 位抽菸民眾中應該有 $260 \times 60/400 = 39$ 位在 50 歲以下非意外死亡，則 140 位不抽菸民眾中應該有 $140 \times 60/400 = 21$ 位在 50 歲以下非意外死亡。換言之，如果抽菸與壽命長短無關，則抽菸、不抽菸而在 50 歲以下非意外死亡的期望次數為 39、21 位。依相同推理，也可推得抽菸、不抽菸對各死亡年齡級距的期望次數，整理得下表：

抽菸與壽命調查表						
期望次數	50 以下	50-60	60-70	70-80	80 以上	合計
抽菸	39	67.6	74.1	49.4	29.9	260
不抽菸	21	36.4	39.9	26.6	16.1	140
合計	60	104	114	76	46	400

檢定統計量（卡方值）$\chi^2 = \dfrac{(36-39)^2}{39} + \dfrac{(64-67.6)^2}{67.6} + \cdots + \dfrac{(7-16.1)^2}{16.1} = 9.92$

在顯著水準 $\alpha = 0.05$，自由度 $= (2-1) \times (5-1) = 4$ 的卡方臨界值 $\chi^2_{4,\,0.05} = 9.49$，如下圖。因 $\chi^2 > \chi^2_{4,\,0.05}$，故得檢定結果是不接受原來的虛無假設 H0，換言之，抽菸與壽命長短有關。

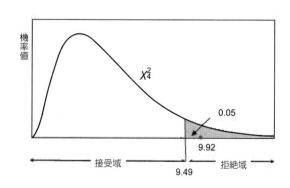

Unit **11-10**

交叉表檢定──齊一性檢定

實例一：某大學物理學課程有三位教授，這個學期他們給班上及格及不及格的人數如下表：

不同教授物理學課程及格調查表				
觀察次數	王教授	李教授	柯教授	合計
及格	50	47	56	153
不及格	5	14	8	27
合計	55	61	64	180

試以顯著水準 $\alpha = 0.05$ 檢定不同教授給予及格的比例是否齊一？

【解】先設立卡方檢定假設如下：

H0：不同教授給予及格的比例是一致的

H1：不同教授給予及格的比例是不一致的

上表中受調查的 180 位學生及格的有 153 位及格，如果三位教授都按這個比例給予及格分數，則王教授班上的 55 位學生中應該有 $55 \times 153/180 = 46.75$ 位及格，李教授班上有 61 位學生中也應該有 $61 \times 153/180 = 51.85$ 位及格，柯教授班上有 64 位學生中也應該有 $64 \times 153/180 = 54.40$ 位及格。換言之，如果不同教授給予及格的比例是一致的，則王教授、李教授、柯教授給予及格的期望次數為 46.75、51.85、54.40位。依相同推理，也可推得三位教授給予不及格的期望次數，整理得下表：

不同教授物理學課程及格調查表				
期望次數	王教授	李教授	柯教授	合計
及格	46.75	51.85	54.4	153
不及格	8.25	9.15	9.6	27
合計	55	61	64	180

檢定統計量（卡方值）為

$$\chi^2 = \frac{(50-46.75)^2}{46.75} + \frac{(47-51.85)^2}{51.85} + \cdots + \frac{(14-9.15)^2}{9.15} + \frac{(8-9.6)^2}{9.6} = 4.84$$

在顯著水準 $\alpha = 0.05$，自由度 $= (2-1) \times (3-1) = 2$ 的卡方臨界值 $\chi^2_{2,\,0.05} = 5.99$，如下圖。因 $\chi^2 < \chi^2_{2,\,0.05}$，故得檢定結果是接受原來的虛無假設H0，換言之，不同教授給予及格的比例是一致的。

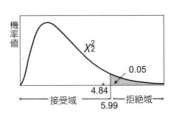

實例二：某兩國民中學資優班數學科期末考試成績如下表：

觀察次數	數學科成績		
	A 國中	B 國中	合計
90〜100 分	12	10	22
80〜90 分	8	18	26
70〜80 分	24	20	44
70 分以下	16	12	28
合計	60	60	120

試以顯著水準 $\alpha = 0.05$ 檢定該兩國民中學教學的齊一性？

【解】先設立卡方檢定假設如下：

H0：兩國民中學教學成績的比例是一致的

H1：兩國民中學教學成績的比例是不一致的

上表中受調查的 120 位學生中得 90〜100 分的共有 22 位，如果兩國民中學教學成績的比例是一致的，則 A 國中的 60 位學生中應該有 $60 \times 22/120 = 11$ 位得 90〜100 分，B 國中的 60 位學生中也應該有 $60 \times 22/120 = 11$ 位得 90〜100 分。依相同推理，也可推得兩國民中學數學科不同分數級距的期望次數，整理得下表：

期望次數	數學科成績		
	A 國中	B 國中	合計
90〜100 分	11	11	22
80〜90 分	13	13	26
70〜80 分	22	22	44
70 分以下	14	14	28
合計	60	60	120

檢定統計量（卡方值）為

$$\chi^2 = \frac{(12-11)^2}{11} + \frac{(8-13)^2}{13} + \cdots + \frac{(20-22)^2}{22} + \frac{(12-14)^2}{14} = 4.96$$

在顯著水準 $\alpha = 0.05$，自由度 $= (4-1) \times (2-1) = 3$ 的卡方臨界值 $\chi^2_{3,\,0.05} = 7.81$，如下圖。因 $\chi^2 < \chi^2_{3,\,0.05}$，故得檢定結果是接受原來的虛無假設 H0，換言之，兩國民中學教學成績的比例是一致的。

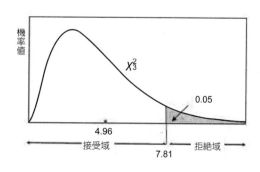

Unit **11-11**
卡方檢定程式使用說明(一)

1. 適合度檢定期望次數已知

卡方適合度檢定程式可以檢定各種機率分配的適合度檢定,先以單元 11-2 均等分配的實例一說明之。使用時先點選 ☞ 統計/卡方檢定/卡方適合度檢定/建立卡方適合度檢定試算表 ☜ 而出現下列畫面:

單元 11-2 實例一已知交叉表的類別數為 6,且期望次數已知,故輸入 6 並勾選期望次數已知如上圖後,單擊「確定」鈕即開始建立一個適合度檢定試算表如下:

	A	B	C	D	E	F	G
3				卡方適合度檢定			
4		類別1	類別2	類別3	類別4	類別5	類別6
5	觀察次數						
6	期望次數						
7	顯著水準α		自由度	5	自由度扣減數m	0	
8	檢定統計量		相當的P值		期望次數總和		
9	依卡方值檢定						
10	依P值檢定						

其中淡黃色底的儲存格是可以修改(如標題)或輸入資料的,可依單元 11-2 實例一的內容修改如下圖:

	A	B	C	D	E	F	G
3				勻質骰子的卡方適合度檢定			
4		1點	2點	3點	4點	5點	6點
5	觀察次數	25.00	17.00	15.00	23.00	24.00	16.00
6	期望次數	20.00	20.00	20.00	20.00	20.00	20.00
7	顯著水準α	0.05	自由度		自由度扣減數m	0	
8	檢定統計量		相當的P值		期望次數總和		
9	依卡方值檢定						
10	依P值檢定						

將觀察次數、期望次數及顯著水準等輸入後,點選 ☞ 統計/卡方檢定/卡方適合度檢定/進行卡方適合度檢定 ☜ 即開始進行卡方檢定工作,而獲得如下的結果:

	A	B	C	D	E	F	G
3				勻質骰子的卡方適合度檢定			
4		1點	2點	3點	4點	5點	6點
5	觀察次數	25.00	17.00	15.00	23.00	24.00	16.00
6	期望次數	20.00	20.00	20.00	20.00	20.00	20.00
7	顯著水準α	0.05	自由度	5	自由度扣減數m	0	
8	檢定統計量	5.0000	相當的P值	0.415879	期望次數總和	120.00	
9	依卡方值檢定		5.0 < 11.0705 結論:接受 虛無假設 H0				
10	依P值檢定		0.415879 > 0.05 結論:接受 虛無假設 H0				

計得檢定統計量 $\chi^2 = 5.0$,相當的 P 值為 0.415879,以自由度 5 查得臨界卡方值為 11.0705,且因檢定統計量小於臨界卡方值而接受虛無假設 H0。

單元 11-2 的實例一、實例二、實例三均可以相似的方法求解之，請參閱第十一章卡方檢定.xls 試算表檔中的試算表卡檢 1、卡檢 2、卡檢 3。

2. 適合度檢定期望機率已知，但自由度折減數為 0

單元 11-3 實例一的期望次數可輕易計得，但也可以輸入期望機率的方式由程式計算期望次數，再進行卡方檢定。點選 ☞ 統計/卡方檢定/卡方適合度檢定/建立卡方適合度檢定試算表 ☜ 而出現下列畫面。輸入類別數 3 並點選「期望機率已知」後，單擊「確定」鈕產生卡方檢定試算表如下：

	A	B	C	D	E	F
3	市場佔有率卡方適合度檢定(單元11-3實例一)					
4		A公司	B公司	C公司		
5	觀察次數	18.00	55.00	27.00		
6	期望機率	0.25000	0.50000	0.25000		
7	期望次數					
8	顯著水準α	0.05	自由度	2	自由度扣減數m	0
9	檢定統計量		相當的P值		期望次數總和	
10	依卡方值檢定					
11	依P值檢定					

因假設 A、B、C 公司市場佔有率仍維持 1：2：1，故輸入期望機率為 0.25、0.50 與 0.25，資料輸入後，點選 ☞ 統計/卡方檢定/卡方適合度檢定/進行卡方適合度檢定 ☜ 即開始進行卡方檢定工作，而獲得如下的結果：

	A	B	C	D	E	F
3	市場佔有率卡方適合度檢定(單元11-3實例一)					
4		A公司	B公司	C公司		
5	觀察次數	18.00	55.00	27.00		
6	期望機率	0.25000	0.50000	0.25000		
7	期望次數	25.00	50.00	25.00		
8	顯著水準α	0.05	自由度	2	自由度扣減數m	0
9	檢定統計量	2.6200	相當的P值	0.269820	期望次數總和	100.00
10	依卡方值檢定		2.620 < 5.9915	結論:接受 虛無假設 H0		
11	依P值檢定		0.26982 > 0.05	結論:接受 虛無假設 H0		

單元 11-3 的實例一、實例二、實例三及單元 11-4 的實例一均可以輸入期望機率的方法求解之，請參閱第十一章卡方檢定.xls 試算表檔中的試算表卡檢 4、卡檢 5、卡檢 11 及卡檢 6。

3. 適合度檢定期望機率已知，但自由度折減數非為 0

如果母體參數須由樣本資料推算之，則推算一個參數，自由度減少 1，類推之。單元 11-4 實例一檢定家庭男孩與女孩數的問題時，二項分配成功機率假設為 0.5，故自由度折減數為 0；但同單元實例二業務員拜訪客戶的成功機率則由樣本資料推算而得，故自由度折減數為 1；單元 11-6 實例一檢定飯店房客的常態分配問題，因由樣本資料推算常態分配的平均數與標準差兩個參數，故自由度折減數為 2。含有非零自由度折減數的問題，僅需注意於輸入資料時，指定自由度折減數即可，其程序與前述方法均同。

Unit 11-12

卡方檢定程式使用說明(二)

求解單元 11-4 實例二時,應在檢定試算表輸入業務員成功拜訪客戶成功 0 次、1 次、2 次及 3 次的機率後,再輸入自由度折減數 1。

	A	B	C	D	E	F
3	業務員成功拜訪卡方適合度檢定(單元11-4實例二)					
4		0次	1次	2次	3次	
5	觀察次數	18.00	37.00	40.00	5.00	
6	期望機率	0.17562	0.41395	0.32525	0.08518	
7	期望次數					
8	顯著水準α	0.05	自由度		3	自由度扣減數m	1
9	檢定統計量		相當的P值		期望次數總和	
10	依卡方值檢定					
11	依P值檢定					

點選 ☞ 統計/卡方檢定/卡方適合度檢定/進行卡方適合度檢定 ☜ 即開始進行卡方檢定工作,而獲得如下的結果:

	A	B	C	D	E	F
3	業務員成功拜訪卡方適合度檢定(單元11-4實例二)					
4		0次	1次	2次	3次	
5	觀察次數	18.00	37.00	40.00	5.00	
6	期望機率	0.17562	0.41395	0.32525	0.08518	
7	期望次數	17.56	41.40	32.52	8.52	
8	顯著水準α	0.05	自由度	2	自由度扣減數m	1
9	檢定統計量	3.6489	相當的P值	0.161309	期望次數總和	100.00
10	依卡方值檢定		3.6489 < 5.9915 結論:接受 虛無假設 H0			
11	依P值檢定		0.161309 > 0.05 結論:接受 虛無假設 H0			

求解單元 11-4 實例二時,應在檢定試算表輸入業務員成功拜訪客戶成功 0 次、1 次、2 次及 3 次的機率後,再輸入自由度折減數 1。

單元 11-6 實例一檢定飯店房客的常態分配問題時,則應輸入自由度折減數 2,其結果如下:

	A	B	C	D	E	F	G
3	房客平均年齡 卡方適合度檢定(單元11-6實例一)						
4		<20	20~30	30~40	40~50	50~60	≧60
5	觀察次數	5.00	21.00	30.00	25.00	15.00	4.00
6	期望機率	0.09121	0.16128	0.24751	0.24751	0.16128	0.09121
7	期望次數	9.12	16.13	24.75	24.75	16.13	9.12
8	顯著水準α	0.05	自由度	3	自由度扣減數m	2	
9	檢定統計量	7.4037	相當的P值	0.060086	期望次數總和	100.00	
10	依卡方值檢定		7.4037 < 7.8147 結論:接受 虛無假設 H0				
11	依P值檢定		0.060086 > 0.05 結論:接受 虛無假設 H0				

單元 11-4 的實例二,單元 11-5 的實例一、實例二及單元 11-6 的實例一均可以輸入期望機率再輸入自由度折減數的方法求解之,請參閱第十一章卡方檢定.xls試算表檔中的試算表卡檢 10、卡檢 7、卡檢 8 及卡檢 9。

4. 常態分配區間劃分程式

常態分配母體樣本資料的區間劃分是一個重要的議題,其目的是爲避免不當的

區間畫分可能使期望次數小於 5 而使檢定統計量增大,影響拒絕虛無假設的可能。使用常態分配區間劃分程式時,請詳單元 11-7 適合度檢定——常態分配區間劃分。

5. 卡方交叉表檢定程式

在論述交叉表卡方檢定時,雖然區分獨立性檢定與齊一性檢定,但在計算程序上並無二致,故程式就無獨立性與齊一性的區分。使用時,先點選 ☞ 統計/卡方檢定/卡方交叉表檢定/建立卡方交叉表檢定試算表 ☜ 而出現下列畫面:

建立卡方交叉表檢定		X
交叉表的屬性(Rows)數	2	確 定
交叉表的類別(Columns)數	3	取 消

單元 11-9 實例一的交叉表有 2 個列 3 個行,輸入如上圖後,單擊「確定」鈕即可建立如下的卡方交叉檢定試算表。

	A	B	C	D	E	F
3	運度偏好調查卡方交叉表度檢定(單元11-9實例一)					
4	原交叉表	棒球	籃球	足球	合計	
5	男性	34.00	31.00	25.00		
6	女性	28.00	18.00	8.00		
7	合計					
8	期望交叉表	類別1	類別2	類別3	合計	
9	屬性1					
10	屬性2					
11	合計					
12	顯著水準α	0.05	自由度	2		
13	檢定統計量		相當的P值			
14	依卡方值檢定					
15	依P值檢定					

修改標題(期望交叉表部份的標題不必修改,由程式自動從原交叉表抄錄之)及輸入交叉表資料後,點選 ☞ 統計/卡方檢定/卡方交叉表檢定/進行卡方交叉表檢定 ☜ 而出現下列試算表。

	A	B	C	D	E	F
3	運度偏好調查卡方交叉表度檢定(單元11-9實例一)					
4	原交叉表	棒球	籃球	足球	合計	
5	男性	34.00	31.00	25.00	90.00	
6	女性	28.00	18.00	8.00	54.00	
7	合計	62.00	49.00	33.00	144.00	
8	期望交叉表	棒球	籃球	足球	合計	
9	男性	38.7500	30.6250	20.6250	90	
10	女性	23.2500	18.3750	12.3750	54.00	
11	合計	62.00	49.00	33.00	144.00	
12	顯著水準α	0.05	自由度	2		
13	檢定統計量	4.0397	相當的P值	0.132677		
14	依卡方值檢定		4.0397 < 5.9915	結論接受 虛無假設 H0		
15	依P值檢定		0.132677 > 0.05	結論接受 虛無假設 H0		

期望交叉表的標題(儲存格 B8:D8,A8:A9)已經抄錄過來。單元 11-9 的實例一、實例二,單元 11-10 的實例一、實例二請參閱第十一章卡方檢定.xls 試算表檔中的試算表卡交 1、卡交 2、卡交 3 及卡交 4。

附錄 A

●●●●●●●●●●●●●●●●●●●●●●●●●●●● 章節體系架構 ▼

附錄 **A-1**
機率分配表查詢

1. 機率分配表是統計學的基石

　　統計學是一門處理不確定事務的數學,由於母體個數的龐大或具破壞性試驗而無法全面計數、量測或試驗,因此母體的參數多由樣本抽樣來做母體參數的區間估計或假設檢定,凡此均築基於機率理論。機率理論衍生許多的機率分配表備供區間估計或假設檢定及其他相關應用。統計學書上均附有相關的各種機率分配表備查,但是許多的機率分配表在使用上尚有(1)無法充分列舉:如二項機率分配表的成功次數,t 分配及 F 分配的自由度;(2)需要內插估算:如二項機率分配的成功機率僅能列舉 0.01、0.05、0.10、…、0.95 至 0.99,如需推求成功機率 0.12 的事件發生機率則需查表查得成功機率為 0.10 與 0.20 的事件發生機率內插估算之;其他尚有標準變數 Z 值或尾端機率值　均有列舉不夠或無法完備而時須內插估算等些許的困難。

2. 微軟 Excel 試算表提供準確的機率分配函數

　　電腦發展至今,不論在大小電腦的各式通用或統計軟體均附有相關的機率分配函數備用。Excel 試算表提供下列機率分配函數:

函數名稱及參數	功能
CHIDIST(x,自由度)	傳回單尾卡方分配的機率值。
CHIINV(機率值,自由度)	傳回單尾卡方分配的反函數值。使用此功能進行觀察值與預測值的比較,來決定原始的假設是否有效。
EXPONDIST (x,lambda,cumulative)	傳回指數分配之機率值(第 3 參數為 TRUE)或 X 處的縱軸高(第 3 參數為 FALSE)。您可使用 EXPONDIST 建立兩事件間的時間模式,例如銀行自動櫃員機在提款時所花費的時間。
FDIST(x,分子的自由度,分母的自由度)	傳回 F 機率分配。您可以使用這項函數來決定兩組資料是否有不同的變異程度。
FINV(probability,分子的自由度,分母的自由度)	傳回 F 機率分配的反函數值。
HYPGEOMDIST(抽樣中成功的數量,樣本個數,母群體中成功的個數,母群體的大小)	傳回超幾何分配。HYPGEOMDIST 根據已知樣本個數、母群體成功個數和母群體大小等條件,計算某特定抽樣大小的成功機率。
NORMDIST(x,算術平均數,標準差,邏輯值)	根據指定之平均數和標準差,傳回其常態分配函數。本函數廣泛應用於包括假設檢定等統計學之應用。邏輯值是 TRUE,則 NORMDIST 傳回累積分配函數;邏輯值是 FALSE,則傳回機率密度函數。

函數名稱及參數	功能
NORMINV（機率值，算術平均數，標準差）	根據指定的平均數和標準差，傳回其常態累積分配函數之反函數。
NORMSDIST（要分配的數值）	傳回標準常態累積分配函數。此分配的平均值是 0（零）和標準差 1。利用此函數可代替標準常態分配函數曲線之表格。
NORMSINV（機率值）	傳回平均數為 0 且標準差為 1 的標準常態累積分配函數的反函數。
POISSON（x，期望值，邏輯值）	傳回卜瓦松機率分配。卜瓦松分配常見的應用，係在於預測特定時間內事件發生的次數，例如，在一分鐘內到達收費站的汽車數。

3. 統計輔助軟體

本書隨附的統計輔助軟體亦是使用前述各項函數為基礎，設計各種介面以方便使用，請依下列指定即可透過填充式的畫面來查各種機率函數表。

(1)☞ 統計/機率分配/離散機率分配/二項分配/☜

(2)☞ 統計/機率分配/離散機率分配/超級幾何分配/☜

(3)☞ 統計/機率分配/離散機率分配/卜瓦松分配/☜

(4)☞ 統計/機率分配/連續機率分配/均勻分配/☜

(5)☞ 統計/機率分配/連續機率分配/常態分配/☜

(6)☞ 統計/機率分配/連續機率分配/標準常態分配/☜

(7)☞ 統計/機率分配/連續機率分配/常態分配反函數/☜

(8)☞ 統計/機率分配/連續機率分配/標準常態分配反函數/☜

(9)☞ 統計/機率分配/連續機率分配/指數分配/☜

(10)☞ 統計/機率分配查詢/t 分配臨界值查詢/☜

(11)☞ 統計/機率分配查詢/F 分配臨界值查詢/☜

(12)☞ 統計/機率分配查詢/卡方分配臨界值查詢/☜

4. 機率分配表查詢

本書隨附的「機率分配表查詢.XLS」檔中有連續機率分配、離散機率分配、t 分配卡方分配 F 分配等三個試算表。

連續機率分配試算表可以查詢常態分配機率、標準常態機率及指數分配機率等功能，使用說明如下：

(1)標準常態分配機率

下圖為試算表中標準常態分配機率查詢的部份。圖中標題以外的白底儲存格可以輸入資料；淡綠色底的儲存格為求得的答案。

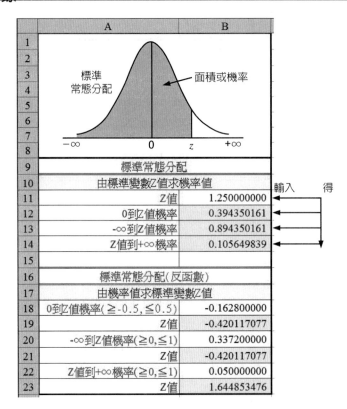

	A	B
9	標準常態分配	
10	由標準變數Z值求機率值	
11	Z值	1.250000000
12	0到Z值機率	0.394350161
13	-∞到Z值機率	0.894350161
14	Z值到+∞機率	0.105649839
15		
16	標準常態分配(反函數)	
17	由機率值求標準變數Z值	
18	0到Z值機率(≧-0.5,≦0.5)	-0.162800000
19	Z值	-0.420117077
20	-∞到Z值機率(≧0,≦1)	0.337200000
21	Z值	-0.420117077
22	Z值到+∞機率(≧0,≦1)	0.050000000
23	Z值	1.644853476

在儲存格 B11 輸入 1.25 立即在儲存格 B12、B13、B14 顯示 0 到 Z 值、-∞到 Z 值、Z 值到+∞的機率值。在儲存格 B18 輸入 −0.1628 立即在儲存格 B19 顯示相當的 Z 值，同理，在儲存格 B20、B22 輸入不同機率值，立即在儲存格 B21、B23 顯示相當的 Z 值。

(2)常態分配機率

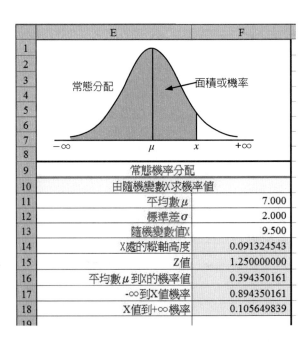

	E	F
9	常態機率分配	
10	由隨機變數X求機率值	
11	平均數 μ	7.000
12	標準差 σ	2.000
13	隨機變數值X	9.500
14	X處的縱軸高度	0.091324543
15	Z值	1.250000000
16	平均數 μ 到X的機率值	0.394350161
17	-∞到X值機率	0.894350161
18	X值到+∞機率	0.105649839
19		

270

統計學與 Excel

上圖是常態機率分配表查詢，圖中僅有三個儲存格 F11、F12、F13 是白底色儲存格，故可輸入平均數μ(7.0)、標準差σ(2.0)、隨機變數 X(9.5)的資料，立即在儲存格 F14：F18 獲得縱軸高度、Z 值、-∞到 X 值、X 值到+∞的機率值。

下圖則是另一部份：

	E	F
20	常態機率分配(反函數)	
21	由機率值求隨機變數X	
22	平均數μ到X值機率(≥-0.5,≤0.5)	0.394350161
23	X值	9.500000000
24	-∞到X值機率(≥0,≤1)	0.894350161
25	X值	9.500000000
26	X值到+∞機率(≥0,≤1)	0.105649839
27	X值	9.500000000

在白色底的三個儲存格 F22、F24、F26 輸入不同的機率值立即在其下面的儲存格顯示其相當的 X 值。

(3)指數分配機率

	H	I
1	指數(Exponential)分配	
2	已知單位時間或距離內事件發生次數	
3	單位時間(距離)事件發生次數 μ(>0)	20
4	事件發生間隔時間(距離)X(>0)	4
5	密度機率(縱軸高)	0.040936538
6	≤X的機率(面積)	0.181269247
7	>X的機率(面積)	0.818730753
8		
9	已知事件發生的平均時間或距離 λ	
10	單位時間(距離)事件發生次數 μ(>0)	0.05
11	事件發生間隔時間(距離)X(>0)	4
12	密度機率(縱軸高)	0.040936538
13	≤X的機率(面積)	0.181269247
14	>X的機率(面積)	0.818730753

在白色底的儲存格I3、I4 輸入單位時間發生 20 次事件及在相同時間內發生 4 次事件，立即得指數分配密度函數高度(儲存格 I5)及小於等於發生 4 次事件的機率是 0.181269247(儲存格 I6)，發生大於 4 次事件的機率是 0.818730753(儲存格 I7)。

白色底儲存格(I10)的 0.05 是 1/20，相當於平均每次事件發生的時間，故在同時間內發生 4 次事件的相關機率均相同，如上圖。

離散機率分配試算表可以查詢二項分配機率、卜瓦松分配機率及超級幾何分配機率等功能，使用說明如下：

(4)二項分配機率

在下圖白底色儲存格B2、B3 輸入樣本數 7 及成功機率 0.1，立即在儲存格B5：B7 顯示該二項分配的平均數(0.7)、變異數(0.63)、標準差(0.793725)。白色儲存格A10：A18 可以輸入小於等於樣本數的正整數；如本例中輸入 3 表示在 7 次試驗中有 3 次成功的密度機率及累加機率分別是 0.0229635、0.997272。

	A	B	C
1	二項機率分配		
2	樣本數(正整數)	7	
3	成功機率p(≧0,≦1)	0.1000	
4	統計量		
5	平均數	0.700000	
6	變異數	0.630000	
7	標準差	0.793725	
8	二項機率分配表		
9	成功次數(正整數)	密度機率	累積機率
10	0	0.478296900	0.478296900
11	1	0.372008700	0.850305600
12	3	0.022963500	0.997272000
13	3	0.022963500	0.997272000
14	4	0.002551500	0.999823500
15	5	0.000170100	0.999993600
16	6	0.000006300	0.999999900
17	7	0.000000100	1.000000000
18	3	0.022963500	0.997272000

(5)卜瓦松分配機率

272

	E	F	G
1	卜瓦松(Poisson)分配		
2	平均單位時間(距離)事件發生次數(正整數)		4
3	卜瓦松(Poisson)機率分配表		
4	發生次數(正整數)	密度機率	累積機率
5	0	0.018315639	0.018315639
6	1	0.073262556	0.091578194
7	2	0.146525111	0.238103306
8	3	0.195366815	0.433470120
9	4	0.195366815	0.628836935
10	5	0.156293452	0.785130387
11	6	0.104195635	0.889326022
12	7	0.059540363	0.948866384
13	8	0.029770181	0.978636566
14	9	0.013231192	0.991867757
15	10	0.005292477	0.997160234
16	11	0.001924537	0.999084771
17	12	0.000641512	0.999726283
18	50	0.000000000	1.000000000

　　白色底儲存格 G2 可以輸入平均單位時間(距離)事件發生次數 4 次，則儲存格 F5：G18 立即顯示儲存格 E5：E18 所指定發生次數的密度機率及累加機率。例如，儲存格 E18 的 50 立即在儲存格 F18，G18 顯示密度機率(0.0)及累加機率(1.0)。

(6)超幾何分配機率

在白色底儲存格K2、K3、K4分別輸入試驗次數(3)、母體中試驗成功次數(3)及母體個數(5)。試驗 3 次中，出現 1、2、3(儲存格I7、I8、I9)次成功的機率如儲存格J7、J8、J9。在儲存格 I10 雖然輸入 4，但是因為試驗 3 次不可能出現 4 次，故其成功機率為空白。

	I	J	K
1	超幾何機率分配		
2	試驗次數n（正整數）		3
3	母體中成功次數K（整數）		3
4	母體個數N（正整數）		5
5	超級幾何機率分配表		
6	成功次數(正整數)	成功機率	
7	1	0.300000000	
8	2	0.600000000	
9	3	0.100000000	
10	4		
11	5		
12	6		
13	7		
14	8		
15	9		
16	10		
17	11		

t 分配卡方分配 F 分配試算表可以查詢 t 分配臨界值、卡方分配臨界值及 F 分配臨界值等功能，使用說明如下：

(7)t 分配臨界值查詢

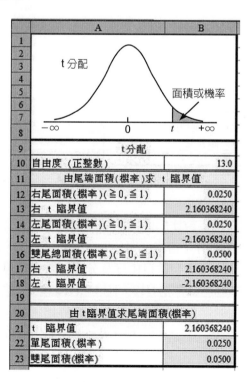

	A	B
9	t分配	
10	自由度（正整數）	13.0
11	由尾端面積(機率)求 t 臨界值	
12	右尾面積(機率)(≧0,≦1)	0.0250
13	右 t 臨界值	2.160368240
14	左尾面積(機率)(≧0,≦1)	0.0250
15	左 t 臨界值	-2.160368240
16	雙尾總面積(機率)(≧0,≦1)	0.0500
17	右 t 臨界值	2.160368240
18	左 t 臨界值	-2.160368240
19		
20	由 t 臨界值求尾端面積(機率)	
21	t 臨界值	2.160368240
22	單尾面積(機率)	0.0250
23	雙尾面積(機率)	0.0500

　　t 分配的形狀取決於自由度，在白底色儲存格(B10)指定自由度 13 後即確定 t 分配的形狀，此時在白底色儲存格B12、B14、B16 輸入右尾、左尾、雙尾總面積或機率後，立即在其下面的儲存格顯示相當的 t 臨界值。在白色底的儲存格 B21 輸入一個 t 臨界值立即在下面的 2 個儲存格顯示相當的機率或面積。

(8)卡方分配臨界值查詢

　　卡方分配也是由自由度決定其分配的形狀，在白底色儲存格(E10)指定自由度 10 後即確定卡方分配的形狀，此時在白底色儲存格 E12、E14、E16 輸入右尾、左尾、雙尾總面積或機率後，立即在其下面的儲存格顯示相當的卡方臨界值。在白色底的儲存格 E21、E23 各輸入一個卡方臨界值立即在下面的儲存格顯示相當的機率或面積。

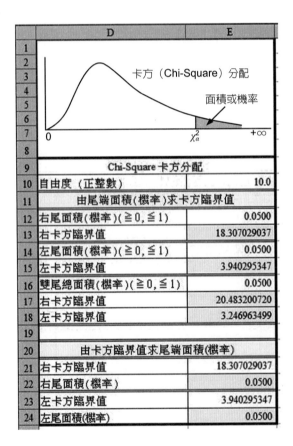

	D	E
9	Chi-Square 卡方分配	
10	自由度（正整數）	10.0
11	由尾端面積(機率)求卡方臨界值	
12	右尾面積(機率)($\geq 0, \leq 1$)	0.0500
13	右卡方臨界值	18.307029037
14	左尾面積(機率)($\geq 0, \leq 1$)	0.0500
15	左卡方臨界值	3.940295347
16	雙尾總面積(機率)($\geq 0, \leq 1$)	0.0500
17	右卡方臨界值	20.483200720
18	左卡方臨界值	3.246963499
19		
20	由卡方臨界值求尾端面積(機率)	
21	右卡方臨界值	18.307029037
22	右尾面積(機率)	0.0500
23	左卡方臨界值	3.940295347
24	左尾面積(機率)	0.0500

(9)F 分配臨界值查詢

　　F 分配適用於兩個母體參數比的區間估計或假設檢定，因此有分子與分母的自由度。F 分配的形狀也取決於分子自由度與分母自由度的大小。在白底色儲存格(H9、H10)分別輸入母體參數比的分子參數自由度及分母參數自由度 8 及 15。

　　形狀確定後，可在白底色儲存格 H12、H14、H16 輸入右尾、左尾、雙尾總面積或機率後，立即在其下面的儲存格顯示相當的 F 臨界值。

　　在白色底的儲存格 H21、H23 各輸入一個一個 F 臨界值立即在下面的儲存格顯示相當的機率或面積。

	G	H
1-7	F 分配 ... 面積或機率 ... 0 ... F_α ... $+\infty$	
8	F 機率分配	
9	自由度(分子)(正整數)	8.0
10	自由度(分母)(正整數)	15.0
11	由尾端面積(機率)求 F 臨界值	
12	右尾面積(機率)($\geq 0, \leq 1$)	0.0500
13	右 F 臨界值	2.640796026
14	左尾面積(機率)($\geq 0, \leq 1$)	0.0500
15	左 F 臨界值	0.310713233
16	雙尾總面積(機率)($\geq 0, \leq 1$)	0.0500
17	右 F 臨界值	3.198735499
18	左 F 臨界值	0.243829845
19		
20	由 F 臨界值求尾端面積(機率)	
21	右 F 臨界值	3.198735499
22	右尾面積(機率)	0.0250
23	左 F 臨界值	0.243829845
24	左尾面積(機率)	0.0250

5. 機率分配表查詢試算表使用說明

　　機率分配表查詢試算表含有巨集指令及保護（Protect），因保護試算表，故僅白色底的儲存格可以輸入資料，因含巨集指定，才能對這些可輸入的儲存格的資料加以檢核其正確性。保護的試算表中出現答案的儲存格不能輸入資料，但是仍可複製該儲存格的資料。

附錄 A-2

亂數表

統計學與 Excel

51772	74640	42331	29044	46621	62898	93582	04186	19640	87056
24033	23491	83587	06568	21960	21387	76105	10863	97453	90581
45939	60173	52078	25424	11645	55870	56974	37428	93507	94271
30586	02133	75797	45406	31041	86707	12973	17169	88116	42187
03585	79353	81938	82322	96799	85659	36081	50884	14070	74950
64937	03355	95863	20797	65304	55189	00745	65253	11822	15804
15630	64759	51135	98527	62586	41889	25439	88036	24034	67283
09448	56301	57683	30277	94623	85418	68829	06652	41982	49159
21631	91157	77331	60710	52290	16835	48653	71590	16159	14676
91097	17480	29414	06829	87843	28195	27279	47152	35683	47280
50532	25496	96552	42457	73547	76652	50020	24819	52984	76168
07136	40876	79971	54195	25708	51817	36832	72484	94923	75936
27989	64728	10744	08396	56242	90985	28868	99431	50995	20507
85184	73949	36601	46253	00477	25234	09908	36574	72139	70185
54398	21154	97810	36764	32869	11785	55261	59009	38714	38723
65544	34371	09591	07839	58892	92843	72828	91341	84821	63886
08263	65952	85762	64236	39238	18776	84306	99247	46149	03229
39817	67906	48236	16057	81812	15815	63700	85915	19219	45943
62257	04077	79443	95203	02479	30763	92486	54083	23631	05825
53298	90276	62545	21944	16530	03878	07516	95715	02526	33537
33884	98653	45953	40977	38410	88723	31583	46125	06826	07366
31958	47806	45373	16031	08582	47492	24607	52614	42836	58048
98366	87395	67691	84507	61952	32968	31265	99654	91325	33119
70626	30088	98247	70939	37328	99545	06203	90452	03659	08769
02377	57486	07150	24776	09444	94615	19483	42810	13368	96021
92713	29267	42626	07076	64769	03873	68403	01639	91858	21813
00123	78186	35028	63932	55777	45294	77794	27328	08227	87663
79901	46845	34953	50094	97868	87764	00171	22158	16884	08573
51635	12759	55782	60982	35637	78315	75773	89146	37465	76751
37384	69113	33945	17237	45257	45275	05966	73642	73766	58229
69336	51000	93409	14567	65534	26740	71353	20593	38745	36852
95630	32629	53577	40103	55721	64634	60242	92565	88141	55648
24949	27993	67766	87780	61545	10929	32542	57431	06886	15924
61840	87034	70895	58556	66812	49079	80716	29144	53619	63226
79632	89978	33377	22999	61611	48895	75091	22917	23198	53788

96483	15172	88675	81209	32072	88392	47154	71577	71577	15771
01057	74236	51625	17352	75394	54687	33005	15716	36842	70439
73056	83641	91316	17423	21496	48314	62364	92157	14053	24365
43361	53914	89824	18314	84251	45578	75895	41032	17948	96042
15147	09324	39457	43128	76034	44386	12847	52764	29674	53475
53476	21486	13284	46195	03186	23974	36415	31258	41635	29574
01687	23641	52786	32019	09547	23578	74159	42569	33258	14968
09541	85470	32957	15680	41269	15748	53402	95301	29478	31548
42365	14578	65987	65930	13547	35648	83214	12698	49687	03598
54862	87051	53409	30587	14530	13540	14695	84250	32514	62159

附錄
A

277

標準常態分配累加機率值表

統計學與 Excel

278

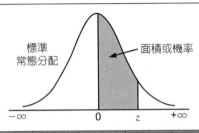

Z	0.00	0.01	0.02	0.03	0.04	0.05	0.06	0.07	0.08	0.09
0.0	0.00000	0.00399	0.00798	0.01197	0.01595	0.01994	0.02392	0.02790	0.03188	0.03586
0.1	0.03983	0.04380	0.04776	0.05172	0.05567	0.05962	0.06356	0.06749	0.07142	0.07535
0.2	0.07926	0.08317	0.08706	0.09095	0.09483	0.09871	0.10257	0.10642	0.11026	0.11409
0.3	0.11791	0.12172	0.12552	0.12930	0.13307	0.13683	0.14058	0.14431	0.14803	0.15173
0.4	0.15542	0.15910	0.16276	0.16640	0.17003	0.17364	0.17724	0.18082	0.18439	0.18793
0.5	0.19146	0.19497	0.19847	0.20194	0.20540	0.20884	0.21226	0.21566	0.21904	0.22240
0.6	0.22575	0.22907	0.23237	0.23565	0.23891	0.24215	0.24537	0.24857	0.25175	0.25490
0.7	0.25804	0.26115	0.26424	0.26730	0.27035	0.27337	0.27637	0.27935	0.28230	0.28524
0.8	0.28814	0.29103	0.29389	0.29673	0.29955	0.30234	0.30511	0.30785	0.31057	0.31327
0.9	0.31594	0.31859	0.32121	0.32381	0.32639	0.32894	0.33147	0.33398	0.33646	0.33891
1.0	0.34134	0.34375	0.34614	0.34849	0.35083	0.35314	0.35543	0.35769	0.35993	0.36214
1.1	0.36433	0.36650	0.36864	0.37076	0.37286	0.37493	0.37698	0.37900	0.38100	0.38298
1.2	0.38493	0.38686	0.38877	0.39065	0.39251	0.39435	0.39617	0.39796	0.39973	0.40147
1.3	0.40320	0.40490	0.40658	0.40824	0.40988	0.41149	0.41308	0.41466	0.41621	0.41774
1.4	0.41924	0.42073	0.42220	0.42364	0.42507	0.42647	0.42785	0.42922	0.43056	0.43189
1.5	0.43319	0.43448	0.43574	0.43699	0.43822	0.43943	0.44062	0.44179	0.44295	0.44408
1.6	0.44520	0.44630	0.44738	0.44845	0.44950	0.45053	0.45154	0.45254	0.45352	0.45449
1.7	0.45543	0.45637	0.45728	0.45818	0.45907	0.45994	0.46080	0.46164	0.46246	0.46327
1.8	0.46407	0.46485	0.46562	0.46638	0.46712	0.46784	0.46856	0.46926	0.46995	0.47062
1.9	0.47128	0.47193	0.47257	0.47320	0.47381	0.47441	0.47500	0.47558	0.47615	0.47670
2.0	0.47725	0.47778	0.47831	0.47882	0.47932	0.47982	0.48030	0.48077	0.48124	0.48169
2.1	0.48214	0.48257	0.48300	0.48341	0.48382	0.48422	0.48461	0.48500	0.48537	0.48574
2.2	0.48610	0.48645	0.48679	0.48713	0.48745	0.48778	0.48809	0.48840	0.48870	0.48899
2.3	0.48928	0.48956	0.48983	0.49010	0.49036	0.49061	0.49086	0.49111	0.49134	0.49158
2.4	0.49180	0.49202	0.49224	0.49245	0.49266	0.49286	0.49305	0.49324	0.49343	0.49361
2.5	0.49379	0.49396	0.49413	0.49430	0.49446	0.49461	0.49477	0.49492	0.49506	0.49520
2.6	0.49534	0.49547	0.49560	0.49573	0.49585	0.49598	0.49609	0.49621	0.49632	0.49643
2.7	0.49653	0.49664	0.49674	0.49683	0.49693	0.49702	0.49711	0.49720	0.49728	0.49736
2.8	0.49744	0.49752	0.49760	0.49767	0.49774	0.49781	0.49788	0.49795	0.49801	0.49807
2.9	0.49813	0.49819	0.49825	0.49831	0.49836	0.49841	0.49846	0.49851	0.49856	0.49861
3.0	0.49865	0.49869	0.49874	0.49878	0.49882	0.49886	0.49889	0.49893	0.49896	0.49900

二項分配機率值表

n	x	p--成功的機率												
		0.01	0.05	0.10	0.20	0.30	0.40	0.50	0.60	0.70	0.80	0.90	0.95	0.99
1	0	0.9900	0.9500	0.9000	0.8000	0.7000	0.6000	0.5000	0.4000	0.3000	0.2000	0.1000	0.0500	0.0100
	1	0.0100	0.0500	0.1000	0.2000	0.3000	0.4000	0.5000	0.6000	0.7000	0.8000	0.9000	0.9500	0.9900
2	0	0.9801	0.9025	0.8100	0.6400	0.4900	0.3600	0.2500	0.1600	0.0900	0.0400	0.0100	0.0025	0.0001
	1	0.0198	0.0950	0.1800	0.3200	0.4200	0.4800	0.5000	0.4800	0.4200	0.3200	0.1800	0.0950	0.0198
	2	0.0001	0.0025	0.0100	0.0400	0.0900	0.1600	0.2500	0.3600	0.4900	0.6400	0.8100	0.9025	0.9801
3	0	0.9703	0.8574	0.7290	0.5120	0.3430	0.2160	0.1250	0.0640	0.0270	0.0080	0.0010	0.0001	0.0000
	1	0.0294	0.1354	0.2430	0.3840	0.4410	0.4320	0.3750	0.2880	0.1890	0.0960	0.0270	0.0071	0.0003
	2	0.0003	0.0071	0.0270	0.0960	0.1890	0.2880	0.3750	0.4320	0.4410	0.3840	0.2430	0.1354	0.0294
	3	0.0000	0.0001	0.0010	0.0080	0.0270	0.0640	0.1250	0.2160	0.3430	0.5120	0.7290	0.8574	0.9703
4	0	0.9606	0.8145	0.6561	0.4096	0.2401	0.1296	0.0625	0.0256	0.0081	0.0016	0.0001	0.0000	0.0000
	1	0.0388	0.1715	0.2916	0.4096	0.4116	0.3456	0.2500	0.1536	0.0756	0.0256	0.0036	0.0005	0.0000
	2	0.0006	0.0135	0.0486	0.1536	0.2646	0.3456	0.3750	0.3456	0.2646	0.1536	0.0486	0.0135	0.0006
	3	0.0000	0.0005	0.0036	0.0256	0.0756	0.1536	0.2500	0.3456	0.4116	0.4096	0.2916	0.1715	0.0388
	4	0.0000	0.0000	0.0001	0.0016	0.0081	0.0256	0.0625	0.1296	0.2401	0.4096	0.6561	0.8145	0.9606
5	0	0.9510	0.7738	0.5905	0.3277	0.1681	0.0778	0.0313	0.0102	0.0024	0.0003	0.0000	0.0000	0.0000
	1	0.0480	0.2036	0.3281	0.4096	0.3602	0.2592	0.1563	0.0768	0.0284	0.0064	0.0005	0.0000	0.0000
	2	0.0010	0.0214	0.0729	0.2048	0.3087	0.3456	0.3125	0.2304	0.1323	0.0512	0.0081	0.0011	0.0000
	3	0.0000	0.0011	0.0081	0.0512	0.1323	0.2304	0.3125	0.3456	0.3087	0.2048	0.0729	0.0214	0.0010
	4	0.0000	0.0000	0.0005	0.0064	0.0284	0.0768	0.1563	0.2592	0.3602	0.4096	0.3281	0.2036	0.0480
	5	0.0000	0.0000	0.0000	0.0003	0.0024	0.0102	0.0313	0.0778	0.1681	0.3277	0.5905	0.7738	0.9510
6	0	0.9415	0.7351	0.5314	0.2621	0.1176	0.0467	0.0156	0.0041	0.0007	0.0001	0.0000	0.0000	0.0000
	1	0.0571	0.2321	0.3543	0.3932	0.3025	0.1866	0.0938	0.0369	0.0102	0.0015	0.0001	0.0000	0.0000
	2	0.0014	0.0305	0.0984	0.2458	0.3241	0.3110	0.2344	0.1382	0.0595	0.0154	0.0012	0.0001	0.0000
	3	0.0000	0.0021	0.0146	0.0819	0.1852	0.2765	0.3125	0.2765	0.1852	0.0819	0.0146	0.0021	0.0000
	4	0.0000	0.0001	0.0012	0.0154	0.0595	0.1382	0.2344	0.3110	0.3241	0.2458	0.0984	0.0305	0.0014
	5	0.0000	0.0000	0.0001	0.0015	0.0102	0.0369	0.0938	0.1866	0.3025	0.3932	0.3543	0.2321	0.0571
	6	0.0000	0.0000	0.0000	0.0001	0.0007	0.0041	0.0156	0.0467	0.1176	0.2621	0.5314	0.7351	0.9415
7	0	0.9321	0.6983	0.4783	0.2097	0.0824	0.0280	0.0078	0.0016	0.0002	0.0000	0.0000	0.0000	0.0000
	1	0.0659	0.2573	0.3720	0.3670	0.2471	0.1306	0.0547	0.0172	0.0036	0.0004	0.0000	0.0000	0.0000
	2	0.0020	0.0406	0.1240	0.2753	0.3177	0.2613	0.1641	0.0774	0.0250	0.0043	0.0002	0.0000	0.0000
	3	0.0000	0.0036	0.0230	0.1147	0.2269	0.2903	0.2734	0.1935	0.0972	0.0287	0.0026	0.0002	0.0000
	4	0.0000	0.0002	0.0026	0.0287	0.0972	0.1935	0.2734	0.2903	0.2269	0.1147	0.0230	0.0036	0.0000
	5	0.0000	0.0000	0.0002	0.0043	0.0250	0.0774	0.1641	0.2613	0.3177	0.2753	0.1240	0.0406	0.0020
	6	0.0000	0.0000	0.0000	0.0004	0.0036	0.0172	0.0547	0.1306	0.2471	0.3670	0.3720	0.2573	0.0659
	7	0.0000	0.0000	0.0000	0.0000	0.0002	0.0016	0.0078	0.0280	0.0824	0.2097	0.4783	0.6983	0.9321

統計學與 Excel

280

n	x	p--成功的機率												
		0.01	0.05	0.10	0.20	0.30	0.40	0.50	0.60	0.70	0.80	0.90	0.95	0.99
8	0	0.9227	0.6634	0.4305	0.1678	0.0576	0.0168	0.0039	0.0007	0.0001	0.0000	0.0000	0.0000	0.0000
	1	0.0746	0.2793	0.3826	0.3355	0.1977	0.0896	0.0313	0.0079	0.0012	0.0001	0.0000	0.0000	0.0000
	2	0.0026	0.0515	0.1488	0.2936	0.2965	0.2090	0.1094	0.0413	0.0100	0.0011	0.0000	0.0000	0.0000
	3	0.0001	0.0054	0.0331	0.1468	0.2541	0.2787	0.2188	0.1239	0.0467	0.0092	0.0004	0.0000	0.0000
	4	0.0000	0.0004	0.0046	0.0459	0.1361	0.2322	0.2734	0.2322	0.1361	0.0459	0.0046	0.0004	0.0000
	5	0.0000	0.0000	0.0004	0.0092	0.0467	0.1239	0.2188	0.2787	0.2541	0.1468	0.0331	0.0054	0.0001
	6	0.0000	0.0000	0.0000	0.0011	0.0100	0.0413	0.1094	0.2090	0.2965	0.2936	0.1488	0.0515	0.0026
	7	0.0000	0.0000	0.0000	0.0001	0.0012	0.0079	0.0313	0.0896	0.1977	0.3355	0.3826	0.2793	0.0746
	8	0.0000	0.0000	0.0000	0.0000	0.0001	0.0007	0.0039	0.0168	0.0576	0.1678	0.4305	0.6634	0.9227
9	0	0.9135	0.6302	0.3874	0.1342	0.0404	0.0101	0.0020	0.0003	0.0000	0.0000	0.0000	0.0000	0.0000
	1	0.0830	0.2985	0.3874	0.3020	0.1556	0.0605	0.0176	0.0035	0.0004	0.0000	0.0000	0.0000	0.0000
	2	0.0034	0.0629	0.1722	0.3020	0.2668	0.1612	0.0703	0.0212	0.0039	0.0003	0.0000	0.0000	0.0000
	3	0.0001	0.0077	0.0446	0.1762	0.2668	0.2508	0.1641	0.0743	0.0210	0.0028	0.0001	0.0000	0.0000
	4	0.0000	0.0006	0.0074	0.0661	0.1715	0.2508	0.2461	0.1672	0.0735	0.0165	0.0008	0.0000	0.0000
	5	0.0000	0.0000	0.0008	0.0165	0.0735	0.1672	0.2461	0.2508	0.1715	0.0661	0.0074	0.0006	0.0000
	6	0.0000	0.0000	0.0001	0.0028	0.0210	0.0743	0.1641	0.2508	0.2668	0.1762	0.0446	0.0077	0.0001
	7	0.0000	0.0000	0.0000	0.0003	0.0039	0.0212	0.0703	0.1612	0.2668	0.3020	0.1722	0.0629	0.0034
	8	0.0000	0.0000	0.0000	0.0000	0.0004	0.0035	0.0176	0.0605	0.1556	0.3020	0.3874	0.2985	0.0830
	9	0.0000	0.0000	0.0000	0.0000	0.0000	0.0003	0.0020	0.0101	0.0404	0.1342	0.3874	0.6302	0.9135
10	0	0.9044	0.5987	0.3487	0.1074	0.0282	0.0060	0.0010	0.0001	0.0000	0.0000	0.0000	0.0000	0.0000
	1	0.0914	0.3151	0.3874	0.2684	0.1211	0.0403	0.0098	0.0016	0.0001	0.0000	0.0000	0.0000	0.0000
	2	0.0042	0.0746	0.1937	0.3020	0.2335	0.1209	0.0439	0.0106	0.0014	0.0001	0.0000	0.0000	0.0000
	3	0.0001	0.0105	0.0574	0.2013	0.2668	0.2150	0.1172	0.0425	0.0090	0.0008	0.0000	0.0000	0.0000
	4	0.0000	0.0010	0.0112	0.0881	0.2001	0.2508	0.2051	0.1115	0.0368	0.0055	0.0001	0.0000	0.0000
	5	0.0000	0.0001	0.0015	0.0264	0.1029	0.2007	0.2461	0.2007	0.1029	0.0264	0.0015	0.0001	0.0000
	6	0.0000	0.0000	0.0001	0.0055	0.0368	0.1115	0.2051	0.2508	0.2001	0.0881	0.0112	0.0010	0.0000
	7	0.0000	0.0000	0.0000	0.0008	0.0090	0.0425	0.1172	0.2150	0.2668	0.2013	0.0574	0.0105	0.0001
	8	0.0000	0.0000	0.0000	0.0001	0.0014	0.0106	0.0439	0.1209	0.2335	0.3020	0.1937	0.0746	0.0042
	9	0.0000	0.0000	0.0000	0.0000	0.0001	0.0016	0.0098	0.0403	0.1211	0.2684	0.3874	0.3151	0.0914
	10	0.0000	0.0000	0.0000	0.0000	0.0000	0.0001	0.0010	0.0060	0.0282	0.1074	0.3487	0.5987	0.9044
11	0	0.8953	0.5688	0.3138	0.0859	0.0198	0.0036	0.0005	0.0000	0.0000	0.0000	0.0000	0.0000	0.0000
	1	0.0995	0.3293	0.3835	0.2362	0.0932	0.0266	0.0054	0.0007	0.0000	0.0000	0.0000	0.0000	0.0000
	2	0.0050	0.0867	0.2131	0.2953	0.1998	0.0887	0.0269	0.0052	0.0005	0.0000	0.0000	0.0000	0.0000
	3	0.0002	0.0137	0.0710	0.2215	0.2568	0.1774	0.0806	0.0234	0.0037	0.0002	0.0000	0.0000	0.0000
	4	0.0000	0.0014	0.0158	0.1107	0.2201	0.2365	0.1611	0.0701	0.0173	0.0017	0.0000	0.0000	0.0000
	5	0.0000	0.0001	0.0025	0.0388	0.1321	0.2207	0.2256	0.1471	0.0566	0.0097	0.0003	0.0000	0.0000
	6	0.0000	0.0000	0.0003	0.0097	0.0566	0.1471	0.2256	0.2207	0.1321	0.0388	0.0025	0.0001	0.0000
	7	0.0000	0.0000	0.0000	0.0017	0.0173	0.0701	0.1611	0.2365	0.2201	0.1107	0.0158	0.0014	0.0000
	8	0.0000	0.0000	0.0000	0.0002	0.0037	0.0234	0.0806	0.1774	0.2568	0.2215	0.0710	0.0137	0.0002
	9	0.0000	0.0000	0.0000	0.0000	0.0005	0.0052	0.0269	0.0887	0.1998	0.2953	0.2131	0.0867	0.0050
	10	0.0000	0.0000	0.0000	0.0000	0.0000	0.0007	0.0054	0.0266	0.0932	0.2362	0.3835	0.3293	0.0995
	11	0.0000	0.0000	0.0000	0.0000	0.0000	0.0000	0.0005	0.0036	0.0198	0.0859	0.3138	0.5688	0.8953
12	0	0.8864	0.5404	0.2824	0.0687	0.0138	0.0022	0.0002	0.0000	0.0000	0.0000	0.0000	0.0000	0.0000

n	x	p--成功的機率												
		0.01	0.05	0.10	0.20	0.30	0.40	0.50	0.60	0.70	0.80	0.90	0.95	0.99
	1	0.1074	0.3413	0.3766	0.2062	0.0712	0.0174	0.0029	0.0003	0.0000	0.0000	0.0000	0.0000	0.0000
	2	0.0060	0.0988	0.2301	0.2835	0.1678	0.0639	0.0161	0.0025	0.0002	0.0000	0.0000	0.0000	0.0000
	3	0.0002	0.0173	0.0852	0.2362	0.2397	0.1419	0.0537	0.0125	0.0015	0.0001	0.0000	0.0000	0.0000
	4	0.0000	0.0021	0.0213	0.1329	0.2311	0.2128	0.1208	0.0420	0.0078	0.0005	0.0000	0.0000	0.0000
	5	0.0000	0.0002	0.0038	0.0532	0.1585	0.2270	0.1934	0.1009	0.0291	0.0033	0.0000	0.0000	0.0000
	6	0.0000	0.0000	0.0005	0.0155	0.0792	0.1766	0.2256	0.1766	0.0792	0.0155	0.0005	0.0000	0.0000
	7	0.0000	0.0000	0.0000	0.0033	0.0291	0.1009	0.1934	0.2270	0.1585	0.0532	0.0038	0.0002	0.0000
	8	0.0000	0.0000	0.0000	0.0005	0.0078	0.0420	0.1208	0.2128	0.2311	0.1329	0.0213	0.0021	0.0000
	9	0.0000	0.0000	0.0000	0.0001	0.0015	0.0125	0.0537	0.1419	0.2397	0.2362	0.0852	0.0173	0.0002
	10	0.0000	0.0000	0.0000	0.0000	0.0002	0.0025	0.0161	0.0639	0.1678	0.2835	0.2301	0.0988	0.0060
	11	0.0000	0.0000	0.0000	0.0000	0.0000	0.0003	0.0029	0.0174	0.0712	0.2062	0.3766	0.3413	0.1074
	12	0.0000	0.0000	0.0000	0.0000	0.0000	0.0000	0.0002	0.0022	0.0138	0.0687	0.2824	0.5404	0.8864
13	0	0.8775	0.5133	0.2542	0.0550	0.0097	0.0013	0.0001	0.0000	0.0000	0.0000	0.0000	0.0000	0.0000
	1	0.1152	0.3512	0.3672	0.1787	0.0540	0.0113	0.0016	0.0001	0.0000	0.0000	0.0000	0.0000	0.0000
	2	0.0070	0.1109	0.2448	0.2680	0.1388	0.0453	0.0095	0.0012	0.0001	0.0000	0.0000	0.0000	0.0000
	3	0.0003	0.0214	0.0997	0.2457	0.2181	0.1107	0.0349	0.0065	0.0006	0.0000	0.0000	0.0000	0.0000
	4	0.0000	0.0028	0.0277	0.1535	0.2337	0.1845	0.0873	0.0243	0.0034	0.0001	0.0000	0.0000	0.0000
	5	0.0000	0.0003	0.0055	0.0691	0.1803	0.2214	0.1571	0.0656	0.0142	0.0011	0.0000	0.0000	0.0000
	6	0.0000	0.0000	0.0008	0.0230	0.1030	0.1968	0.2095	0.1312	0.0442	0.0058	0.0001	0.0000	0.0000
	7	0.0000	0.0000	0.0001	0.0058	0.0442	0.1312	0.2095	0.1968	0.1030	0.0230	0.0008	0.0000	0.0000
	8	0.0000	0.0000	0.0000	0.0011	0.0142	0.0656	0.1571	0.2214	0.1803	0.0691	0.0055	0.0003	0.0000
	9	0.0000	0.0000	0.0000	0.0001	0.0034	0.0243	0.0873	0.1845	0.2337	0.1535	0.0277	0.0028	0.0000
	10	0.0000	0.0000	0.0000	0.0000	0.0006	0.0065	0.0349	0.1107	0.2181	0.2457	0.0997	0.0214	0.0003
	11	0.0000	0.0000	0.0000	0.0000	0.0001	0.0012	0.0095	0.0453	0.1388	0.2680	0.2448	0.1109	0.0070
	12	0.0000	0.0000	0.0000	0.0000	0.0000	0.0001	0.0016	0.0113	0.0540	0.1787	0.3672	0.3512	0.1152
	13	0.0000	0.0000	0.0000	0.0000	0.0000	0.0000	0.0001	0.0013	0.0097	0.0550	0.2542	0.5133	0.8775
14	0	0.8687	0.4877	0.2288	0.0440	0.0068	0.0008	0.0001	0.0000	0.0000	0.0000	0.0000	0.0000	0.0000
	1	0.1229	0.3593	0.3559	0.1539	0.0407	0.0073	0.0009	0.0001	0.0000	0.0000	0.0000	0.0000	0.0000
	2	0.0081	0.1229	0.2570	0.2501	0.1134	0.0317	0.0056	0.0005	0.0000	0.0000	0.0000	0.0000	0.0000
	3	0.0003	0.0259	0.1142	0.2501	0.1943	0.0845	0.0222	0.0033	0.0002	0.0000	0.0000	0.0000	0.0000
	4	0.0000	0.0037	0.0349	0.1720	0.2290	0.1549	0.0611	0.0136	0.0014	0.0000	0.0000	0.0000	0.0000
	5	0.0000	0.0004	0.0078	0.0860	0.1963	0.2066	0.1222	0.0408	0.0066	0.0003	0.0000	0.0000	0.0000
	6	0.0000	0.0000	0.0013	0.0322	0.1262	0.2066	0.1833	0.0918	0.0232	0.0020	0.0000	0.0000	0.0000
	7	0.0000	0.0000	0.0002	0.0092	0.0618	0.1574	0.2095	0.1574	0.0618	0.0092	0.0002	0.0000	0.0000
	8	0.0000	0.0000	0.0000	0.0020	0.0232	0.0918	0.1833	0.2066	0.1262	0.0322	0.0013	0.0000	0.0000
	9	0.0000	0.0000	0.0000	0.0003	0.0066	0.0408	0.1222	0.2066	0.1963	0.0860	0.0078	0.0004	0.0000
	10	0.0000	0.0000	0.0000	0.0000	0.0014	0.0136	0.0611	0.1549	0.2290	0.1720	0.0349	0.0037	0.0000
	11	0.0000	0.0000	0.0000	0.0000	0.0002	0.0033	0.0222	0.0845	0.1943	0.2501	0.1142	0.0259	0.0003
	12	0.0000	0.0000	0.0000	0.0000	0.0000	0.0005	0.0056	0.0317	0.1134	0.2501	0.2570	0.1229	0.0081
	13	0.0000	0.0000	0.0000	0.0000	0.0000	0.0001	0.0009	0.0073	0.0407	0.1539	0.3559	0.3593	0.1229
	14	0.0000	0.0000	0.0000	0.0000	0.0000	0.0000	0.0001	0.0008	0.0068	0.0440	0.2288	0.4877	0.8687
15	0	0.8601	0.4633	0.2059	0.0352	0.0047	0.0005	0.0000	0.0000	0.0000	0.0000	0.0000	0.0000	0.0000
	1	0.1303	0.3658	0.3432	0.1319	0.0305	0.0047	0.0005	0.0000	0.0000	0.0000	0.0000	0.0000	0.0000

n	x	0.01	0.05	0.10	0.20	0.30	0.40	0.50	0.60	0.70	0.80	0.90	0.95	0.99
							p--成功的機率							
	2	0.0092	0.1348	0.2669	0.2309	0.0916	0.0219	0.0032	0.0003	0.0000	0.0000	0.0000	0.0000	0.0000
	3	0.0004	0.0307	0.1285	0.2501	0.1700	0.0634	0.0139	0.0016	0.0001	0.0000	0.0000	0.0000	0.0000
	4	0.0000	0.0049	0.0428	0.1876	0.2186	0.1268	0.0417	0.0074	0.0006	0.0000	0.0000	0.0000	0.0000
	5	0.0000	0.0006	0.0105	0.1032	0.2061	0.1859	0.0916	0.0245	0.0030	0.0001	0.0000	0.0000	0.0000
	6	0.0000	0.0000	0.0019	0.0430	0.1472	0.2066	0.1527	0.0612	0.0116	0.0007	0.0000	0.0000	0.0000
	7	0.0000	0.0000	0.0003	0.0138	0.0811	0.1771	0.1964	0.1181	0.0348	0.0035	0.0000	0.0000	0.0000
	8	0.0000	0.0000	0.0000	0.0035	0.0348	0.1181	0.1964	0.1771	0.0811	0.0138	0.0003	0.0000	0.0000
	9	0.0000	0.0000	0.0000	0.0007	0.0116	0.0612	0.1527	0.2066	0.1472	0.0430	0.0019	0.0000	0.0000
	10	0.0000	0.0000	0.0000	0.0001	0.0030	0.0245	0.0916	0.1859	0.2061	0.1032	0.0105	0.0006	0.0000
	11	0.0000	0.0000	0.0000	0.0000	0.0006	0.0074	0.0417	0.1268	0.2186	0.1876	0.0428	0.0049	0.0000
	12	0.0000	0.0000	0.0000	0.0000	0.0001	0.0016	0.0139	0.0634	0.1700	0.2501	0.1285	0.0307	0.0004
	13	0.0000	0.0000	0.0000	0.0000	0.0000	0.0003	0.0032	0.0219	0.0916	0.2309	0.2669	0.1348	0.0092
	14	0.0000	0.0000	0.0000	0.0000	0.0000	0.0000	0.0005	0.0047	0.0305	0.1319	0.3432	0.3658	0.1303
	15	0.0000	0.0000	0.0000	0.0000	0.0000	0.0000	0.0000	0.0005	0.0047	0.0352	0.2059	0.4633	0.8601
	0	0.8515	0.4401	0.1853	0.0281	0.0033	0.0003	0.0000	0.0000	0.0000	0.0000	0.0000	0.0000	0.0000
	1	0.1376	0.3706	0.3294	0.1126	0.0228	0.0030	0.0002	0.0000	0.0000	0.0000	0.0000	0.0000	0.0000
	2	0.0104	0.1463	0.2745	0.2111	0.0732	0.0150	0.0018	0.0001	0.0000	0.0000	0.0000	0.0000	0.0000
	3	0.0005	0.0359	0.1423	0.2463	0.1465	0.0468	0.0085	0.0008	0.0000	0.0000	0.0000	0.0000	0.0000
	4	0.0000	0.0061	0.0514	0.2001	0.2040	0.1014	0.0278	0.0040	0.0002	0.0000	0.0000	0.0000	0.0000
	5	0.0000	0.0008	0.0137	0.1201	0.2099	0.1623	0.0667	0.0142	0.0013	0.0000	0.0000	0.0000	0.0000
	6	0.0000	0.0001	0.0028	0.0550	0.1649	0.1983	0.1222	0.0392	0.0056	0.0002	0.0000	0.0000	0.0000
	7	0.0000	0.0000	0.0004	0.0197	0.1010	0.1889	0.1746	0.0840	0.0185	0.0012	0.0000	0.0000	0.0000
16	8	0.0000	0.0000	0.0001	0.0055	0.0487	0.1417	0.1964	0.1417	0.0487	0.0055	0.0001	0.0000	0.0000
	9	0.0000	0.0000	0.0000	0.0012	0.0185	0.0840	0.1746	0.1889	0.1010	0.0197	0.0004	0.0000	0.0000
	10	0.0000	0.0000	0.0000	0.0002	0.0056	0.0392	0.1222	0.1983	0.1649	0.0550	0.0028	0.0001	0.0000
	11	0.0000	0.0000	0.0000	0.0000	0.0013	0.0142	0.0667	0.1623	0.2099	0.1201	0.0137	0.0008	0.0000
	12	0.0000	0.0000	0.0000	0.0000	0.0002	0.0040	0.0278	0.1014	0.2040	0.2001	0.0514	0.0061	0.0000
	13	0.0000	0.0000	0.0000	0.0000	0.0000	0.0008	0.0085	0.0468	0.1465	0.2463	0.1423	0.0359	0.0005
	14	0.0000	0.0000	0.0000	0.0000	0.0000	0.0001	0.0018	0.0150	0.0732	0.2111	0.2745	0.1463	0.0104
	15	0.0000	0.0000	0.0000	0.0000	0.0000	0.0000	0.0002	0.0030	0.0228	0.1126	0.3294	0.3706	0.1376
	16	0.0000	0.0000	0.0000	0.0000	0.0000	0.0000	0.0000	0.0003	0.0033	0.0281	0.1853	0.4401	0.8515
	0	0.8429	0.4181	0.1668	0.0225	0.0023	0.0002	0.0000	0.0000	0.0000	0.0000	0.0000	0.0000	0.0000
	1	0.1447	0.3741	0.3150	0.0957	0.0169	0.0019	0.0001	0.0000	0.0000	0.0000	0.0000	0.0000	0.0000
	2	0.0117	0.1575	0.2800	0.1914	0.0581	0.0102	0.0010	0.0001	0.0000	0.0000	0.0000	0.0000	0.0000
	3	0.0006	0.0415	0.1556	0.2393	0.1245	0.0341	0.0052	0.0004	0.0000	0.0000	0.0000	0.0000	0.0000
	4	0.0000	0.0076	0.0605	0.2093	0.1868	0.0796	0.0182	0.0021	0.0001	0.0000	0.0000	0.0000	0.0000
17	5	0.0000	0.0010	0.0175	0.1361	0.2081	0.1379	0.0472	0.0081	0.0006	0.0000	0.0000	0.0000	0.0000
	6	0.0000	0.0001	0.0039	0.0680	0.1784	0.1839	0.0944	0.0242	0.0026	0.0001	0.0000	0.0000	0.0000
	7	0.0000	0.0000	0.0007	0.0267	0.1201	0.1927	0.1484	0.0571	0.0095	0.0004	0.0000	0.0000	0.0000
	8	0.0000	0.0000	0.0001	0.0084	0.0644	0.1606	0.1855	0.1070	0.0276	0.0021	0.0000	0.0000	0.0000
	9	0.0000	0.0000	0.0000	0.0021	0.0276	0.1070	0.1855	0.1606	0.0644	0.0084	0.0001	0.0000	0.0000
	10	0.0000	0.0000	0.0000	0.0004	0.0095	0.0571	0.1484	0.1927	0.1201	0.0267	0.0007	0.0000	0.0000
	11	0.0000	0.0000	0.0000	0.0001	0.0026	0.0242	0.0944	0.1839	0.1784	0.0680	0.0039	0.0001	0.0000

n	x	0.01	0.05	0.10	0.20	0.30	0.40	0.50	0.60	0.70	0.80	0.90	0.95	0.99
							p--成功的機率							
	12	0.0000	0.0000	0.0000	0.0000	0.0006	0.0081	0.0472	0.1379	0.2081	0.1361	0.0175	0.0010	0.0000
	13	0.0000	0.0000	0.0000	0.0000	0.0001	0.0021	0.0182	0.0796	0.1868	0.2093	0.0605	0.0076	0.0000
	14	0.0000	0.0000	0.0000	0.0000	0.0000	0.0004	0.0052	0.0341	0.1245	0.2393	0.1556	0.0415	0.0006
	15	0.0000	0.0000	0.0000	0.0000	0.0000	0.0001	0.0010	0.0102	0.0581	0.1914	0.2800	0.1575	0.0117
	16	0.0000	0.0000	0.0000	0.0000	0.0000	0.0000	0.0001	0.0019	0.0169	0.0957	0.3150	0.3741	0.1447
	17	0.0000	0.0000	0.0000	0.0000	0.0000	0.0000	0.0000	0.0002	0.0023	0.0225	0.1668	0.4181	0.8429
18	0	0.8345	0.3972	0.1501	0.0180	0.0016	0.0001	0.0000	0.0000	0.0000	0.0000	0.0000	0.0000	0.0000
	1	0.1517	0.3763	0.3002	0.0811	0.0126	0.0012	0.0001	0.0000	0.0000	0.0000	0.0000	0.0000	0.0000
	2	0.0130	0.1683	0.2835	0.1723	0.0458	0.0069	0.0006	0.0000	0.0000	0.0000	0.0000	0.0000	0.0000
	3	0.0007	0.0473	0.1680	0.2297	0.1046	0.0246	0.0031	0.0002	0.0000	0.0000	0.0000	0.0000	0.0000
	4	0.0000	0.0093	0.0700	0.2153	0.1681	0.0614	0.0117	0.0011	0.0000	0.0000	0.0000	0.0000	0.0000
	5	0.0000	0.0014	0.0218	0.1507	0.2017	0.1146	0.0327	0.0045	0.0002	0.0000	0.0000	0.0000	0.0000
	6	0.0000	0.0002	0.0052	0.0816	0.1873	0.1655	0.0708	0.0145	0.0012	0.0000	0.0000	0.0000	0.0000
	7	0.0000	0.0000	0.0010	0.0350	0.1376	0.1892	0.1214	0.0374	0.0046	0.0001	0.0000	0.0000	0.0000
	8	0.0000	0.0000	0.0002	0.0120	0.0811	0.1734	0.1669	0.0771	0.0149	0.0008	0.0000	0.0000	0.0000
	9	0.0000	0.0000	0.0000	0.0033	0.0386	0.1284	0.1855	0.1284	0.0386	0.0033	0.0000	0.0000	0.0000
	10	0.0000	0.0000	0.0000	0.0008	0.0149	0.0771	0.1669	0.1734	0.0811	0.0120	0.0002	0.0000	0.0000
	11	0.0000	0.0000	0.0000	0.0001	0.0046	0.0374	0.1214	0.1892	0.1376	0.0350	0.0010	0.0000	0.0000
	12	0.0000	0.0000	0.0000	0.0000	0.0012	0.0145	0.0708	0.1655	0.1873	0.0816	0.0052	0.0002	0.0000
	13	0.0000	0.0000	0.0000	0.0000	0.0002	0.0045	0.0327	0.1146	0.2017	0.1507	0.0218	0.0014	0.0000
	14	0.0000	0.0000	0.0000	0.0000	0.0000	0.0011	0.0117	0.0614	0.1681	0.2153	0.0700	0.0093	0.0000
	15	0.0000	0.0000	0.0000	0.0000	0.0000	0.0002	0.0031	0.0246	0.1046	0.2297	0.1680	0.0473	0.0007
	16	0.0000	0.0000	0.0000	0.0000	0.0000	0.0000	0.0006	0.0069	0.0458	0.1723	0.2835	0.1683	0.0130
	17	0.0000	0.0000	0.0000	0.0000	0.0000	0.0000	0.0001	0.0012	0.0126	0.0811	0.3002	0.3763	0.1517
	18	0.0000	0.0000	0.0000	0.0000	0.0000	0.0000	0.0000	0.0001	0.0016	0.0180	0.1501	0.3972	0.8345
19	0	0.8262	0.3774	0.1351	0.0144	0.0011	0.0001	0.0000	0.0000	0.0000	0.0000	0.0000	0.0000	0.0000
	1	0.1586	0.3774	0.2852	0.0685	0.0093	0.0008	0.0000	0.0000	0.0000	0.0000	0.0000	0.0000	0.0000
	2	0.0144	0.1787	0.2852	0.1540	0.0358	0.0046	0.0003	0.0000	0.0000	0.0000	0.0000	0.0000	0.0000
	3	0.0008	0.0533	0.1796	0.2182	0.0869	0.0175	0.0018	0.0001	0.0000	0.0000	0.0000	0.0000	0.0000
	4	0.0000	0.0112	0.0798	0.2182	0.1491	0.0467	0.0074	0.0005	0.0000	0.0000	0.0000	0.0000	0.0000
	5	0.0000	0.0018	0.0266	0.1636	0.1916	0.0933	0.0222	0.0024	0.0001	0.0000	0.0000	0.0000	0.0000
	6	0.0000	0.0002	0.0069	0.0955	0.1916	0.1451	0.0518	0.0085	0.0005	0.0000	0.0000	0.0000	0.0000
	7	0.0000	0.0000	0.0014	0.0443	0.1525	0.1797	0.0961	0.0237	0.0022	0.0000	0.0000	0.0000	0.0000
	8	0.0000	0.0000	0.0002	0.0166	0.0981	0.1797	0.1442	0.0532	0.0077	0.0003	0.0000	0.0000	0.0000
	9	0.0000	0.0000	0.0000	0.0051	0.0514	0.1464	0.1762	0.0976	0.0220	0.0013	0.0000	0.0000	0.0000
	10	0.0000	0.0000	0.0000	0.0013	0.0220	0.0976	0.1762	0.1464	0.0514	0.0051	0.0000	0.0000	0.0000
	11	0.0000	0.0000	0.0000	0.0003	0.0077	0.0532	0.1442	0.1797	0.0981	0.0166	0.0002	0.0000	0.0000
	12	0.0000	0.0000	0.0000	0.0000	0.0022	0.0237	0.0961	0.1797	0.1525	0.0443	0.0014	0.0000	0.0000
	13	0.0000	0.0000	0.0000	0.0000	0.0005	0.0085	0.0518	0.1451	0.1916	0.0955	0.0069	0.0002	0.0000
	14	0.0000	0.0000	0.0000	0.0000	0.0001	0.0024	0.0222	0.0933	0.1916	0.1636	0.0266	0.0018	0.0000
	15	0.0000	0.0000	0.0000	0.0000	0.0000	0.0005	0.0074	0.0467	0.1491	0.2182	0.0798	0.0112	0.0000
	16	0.0000	0.0000	0.0000	0.0000	0.0000	0.0001	0.0018	0.0175	0.0869	0.2182	0.1796	0.0533	0.0008
	17	0.0000	0.0000	0.0000	0.0000	0.0000	0.0000	0.0003	0.0046	0.0358	0.1540	0.2852	0.1787	0.0144

附
錄
A

統計學與 Excel

n	x	0.01	0.05	0.10	0.20	0.30	0.40	0.50	0.60	0.70	0.80	0.90	0.95	0.99
								p--成功的機率						
	18	0.0000	0.0000	0.0000	0.0000	0.0000	0.0000	0.0000	0.0008	0.0093	0.0685	0.2852	0.3774	0.1586
	19	0.0000	0.0000	0.0000	0.0000	0.0000	0.0000	0.0000	0.0001	0.0011	0.0144	0.1351	0.3774	0.8262
20	0	0.8179	0.3585	0.1216	0.0115	0.0008	0.0000	0.0000	0.0000	0.0000	0.0000	0.0000	0.0000	0.0000
	1	0.1652	0.3774	0.2702	0.0576	0.0068	0.0005	0.0000	0.0000	0.0000	0.0000	0.0000	0.0000	0.0000
	2	0.0159	0.1887	0.2852	0.1369	0.0278	0.0031	0.0002	0.0000	0.0000	0.0000	0.0000	0.0000	0.0000
	3	0.0010	0.0596	0.1901	0.2054	0.0716	0.0123	0.0011	0.0000	0.0000	0.0000	0.0000	0.0000	0.0000
	4	0.0000	0.0133	0.0898	0.2182	0.1304	0.0350	0.0046	0.0003	0.0000	0.0000	0.0000	0.0000	0.0000
	5	0.0000	0.0022	0.0319	0.1746	0.1789	0.0746	0.0148	0.0013	0.0000	0.0000	0.0000	0.0000	0.0000
	6	0.0000	0.0003	0.0089	0.1091	0.1916	0.1244	0.0370	0.0049	0.0002	0.0000	0.0000	0.0000	0.0000
	7	0.0000	0.0000	0.0020	0.0545	0.1643	0.1659	0.0739	0.0146	0.0010	0.0000	0.0000	0.0000	0.0000
	8	0.0000	0.0000	0.0004	0.0222	0.1144	0.1797	0.1201	0.0355	0.0039	0.0001	0.0000	0.0000	0.0000
	9	0.0000	0.0000	0.0001	0.0074	0.0654	0.1597	0.1602	0.0710	0.0120	0.0005	0.0000	0.0000	0.0000
	10	0.0000	0.0000	0.0000	0.0020	0.0308	0.1171	0.1762	0.1171	0.0308	0.0020	0.0000	0.0000	0.0000
	11	0.0000	0.0000	0.0000	0.0005	0.0120	0.0710	0.1602	0.1597	0.0654	0.0074	0.0001	0.0000	0.0000
	12	0.0000	0.0000	0.0000	0.0001	0.0039	0.0355	0.1201	0.1797	0.1144	0.0222	0.0004	0.0000	0.0000
	13	0.0000	0.0000	0.0000	0.0000	0.0010	0.0146	0.0739	0.1659	0.1643	0.0545	0.0020	0.0000	0.0000
	14	0.0000	0.0000	0.0000	0.0000	0.0002	0.0049	0.0370	0.1244	0.1916	0.1091	0.0089	0.0003	0.0000
	15	0.0000	0.0000	0.0000	0.0000	0.0000	0.0013	0.0148	0.0746	0.1789	0.1746	0.0319	0.0022	0.0000
	16	0.0000	0.0000	0.0000	0.0000	0.0000	0.0003	0.0046	0.0350	0.1304	0.2182	0.0898	0.0133	0.0000
	17	0.0000	0.0000	0.0000	0.0000	0.0000	0.0000	0.0011	0.0123	0.0716	0.2054	0.1901	0.0596	0.0010
	18	0.0000	0.0000	0.0000	0.0000	0.0000	0.0000	0.0002	0.0031	0.0278	0.1369	0.2852	0.1887	0.0159
	19	0.0000	0.0000	0.0000	0.0000	0.0000	0.0000	0.0000	0.0005	0.0068	0.0576	0.2702	0.3774	0.1652
	20	0.0000	0.0000	0.0000	0.0000	0.0000	0.0000	0.0000	0.0000	0.0008	0.0115	0.1216	0.3585	0.8179
21	0	0.8097	0.3406	0.1094	0.0092	0.0006	0.0000	0.0000	0.0000	0.0000	0.0000	0.0000	0.0000	0.0000
	1	0.1718	0.3764	0.2553	0.0484	0.0050	0.0003	0.0000	0.0000	0.0000	0.0000	0.0000	0.0000	0.0000
	2	0.0173	0.1981	0.2837	0.1211	0.0215	0.0020	0.0001	0.0000	0.0000	0.0000	0.0000	0.0000	0.0000
	3	0.0011	0.0660	0.1996	0.1917	0.0585	0.0086	0.0006	0.0000	0.0000	0.0000	0.0000	0.0000	0.0000
	4	0.0001	0.0156	0.0998	0.2156	0.1128	0.0259	0.0029	0.0001	0.0000	0.0000	0.0000	0.0000	0.0000
	5	0.0000	0.0028	0.0377	0.1833	0.1643	0.0588	0.0097	0.0007	0.0000	0.0000	0.0000	0.0000	0.0000
	6	0.0000	0.0004	0.0112	0.1222	0.1878	0.1045	0.0259	0.0027	0.0001	0.0000	0.0000	0.0000	0.0000
	7	0.0000	0.0000	0.0027	0.0655	0.1725	0.1493	0.0554	0.0087	0.0005	0.0000	0.0000	0.0000	0.0000
	8	0.0000	0.0000	0.0005	0.0286	0.1294	0.1742	0.0970	0.0229	0.0019	0.0000	0.0000	0.0000	0.0000
	9	0.0000	0.0000	0.0001	0.0103	0.0801	0.1677	0.1402	0.0497	0.0063	0.0002	0.0000	0.0000	0.0000
	10	0.0000	0.0000	0.0000	0.0031	0.0412	0.1342	0.1682	0.0895	0.0176	0.0008	0.0000	0.0000	0.0000
	11	0.0000	0.0000	0.0000	0.0008	0.0176	0.0895	0.1682	0.1342	0.0412	0.0031	0.0000	0.0000	0.0000
	12	0.0000	0.0000	0.0000	0.0002	0.0063	0.0497	0.1402	0.1677	0.0801	0.0103	0.0001	0.0000	0.0000
	13	0.0000	0.0000	0.0000	0.0000	0.0019	0.0229	0.0970	0.1742	0.1294	0.0286	0.0005	0.0000	0.0000
	14	0.0000	0.0000	0.0000	0.0000	0.0005	0.0087	0.0554	0.1493	0.1725	0.0655	0.0027	0.0000	0.0000
	15	0.0000	0.0000	0.0000	0.0000	0.0001	0.0027	0.0259	0.1045	0.1878	0.1222	0.0112	0.0004	0.0000
	16	0.0000	0.0000	0.0000	0.0000	0.0000	0.0007	0.0097	0.0588	0.1643	0.1833	0.0377	0.0028	0.0000
	17	0.0000	0.0000	0.0000	0.0000	0.0000	0.0001	0.0029	0.0259	0.1128	0.2156	0.0998	0.0156	0.0001
	18	0.0000	0.0000	0.0000	0.0000	0.0000	0.0000	0.0006	0.0086	0.0585	0.1917	0.1996	0.0660	0.0011
	19	0.0000	0.0000	0.0000	0.0000	0.0000	0.0000	0.0001	0.0020	0.0215	0.1211	0.2837	0.1981	0.0173

n	x	0.01	0.05	0.10	0.20	0.30	0.40	0.50	0.60	0.70	0.80	0.90	0.95	0.99
							p--成功的機率							
	20	0.0000	0.0000	0.0000	0.0000	0.0000	0.0000	0.0000	0.0003	0.0050	0.0484	0.2553	0.3764	0.1718
	21	0.0000	0.0000	0.0000	0.0000	0.0000	0.0000	0.0000	0.0000	0.0006	0.0092	0.1094	0.3406	0.8097
22	0	0.8016	0.3235	0.0985	0.0074	0.0004	0.0000	0.0000	0.0000	0.0000	0.0000	0.0000	0.0000	0.0000
	1	0.1781	0.3746	0.2407	0.0406	0.0037	0.0002	0.0000	0.0000	0.0000	0.0000	0.0000	0.0000	0.0000
	2	0.0189	0.2070	0.2808	0.1065	0.0166	0.0014	0.0001	0.0000	0.0000	0.0000	0.0000	0.0000	0.0000
	3	0.0013	0.0726	0.2080	0.1775	0.0474	0.0060	0.0004	0.0000	0.0000	0.0000	0.0000	0.0000	0.0000
	4	0.0001	0.0182	0.1098	0.2108	0.0965	0.0190	0.0017	0.0001	0.0000	0.0000	0.0000	0.0000	0.0000
	5	0.0000	0.0034	0.0439	0.1898	0.1489	0.0456	0.0063	0.0004	0.0000	0.0000	0.0000	0.0000	0.0000
	6	0.0000	0.0005	0.0138	0.1344	0.1808	0.0862	0.0178	0.0015	0.0000	0.0000	0.0000	0.0000	0.0000
	7	0.0000	0.0001	0.0035	0.0768	0.1771	0.1314	0.0407	0.0051	0.0002	0.0000	0.0000	0.0000	0.0000
	8	0.0000	0.0000	0.0007	0.0360	0.1423	0.1642	0.0762	0.0144	0.0009	0.0000	0.0000	0.0000	0.0000
	9	0.0000	0.0000	0.0001	0.0140	0.0949	0.1703	0.1186	0.0336	0.0032	0.0001	0.0000	0.0000	0.0000
	10	0.0000	0.0000	0.0000	0.0046	0.0529	0.1476	0.1542	0.0656	0.0097	0.0003	0.0000	0.0000	0.0000
	11	0.0000	0.0000	0.0000	0.0012	0.0247	0.1073	0.1682	0.1073	0.0247	0.0012	0.0000	0.0000	0.0000
	12	0.0000	0.0000	0.0000	0.0003	0.0097	0.0656	0.1542	0.1476	0.0529	0.0046	0.0000	0.0000	0.0000
	13	0.0000	0.0000	0.0000	0.0001	0.0032	0.0336	0.1186	0.1703	0.0949	0.0140	0.0001	0.0000	0.0000
	14	0.0000	0.0000	0.0000	0.0000	0.0009	0.0144	0.0762	0.1642	0.1423	0.0360	0.0007	0.0000	0.0000
	15	0.0000	0.0000	0.0000	0.0000	0.0002	0.0051	0.0407	0.1314	0.1771	0.0768	0.0035	0.0001	0.0000
	16	0.0000	0.0000	0.0000	0.0000	0.0000	0.0015	0.0178	0.0862	0.1808	0.1344	0.0138	0.0005	0.0000
	17	0.0000	0.0000	0.0000	0.0000	0.0000	0.0004	0.0063	0.0456	0.1489	0.1898	0.0439	0.0034	0.0000
	18	0.0000	0.0000	0.0000	0.0000	0.0000	0.0001	0.0017	0.0190	0.0965	0.2108	0.1098	0.0182	0.0001
	19	0.0000	0.0000	0.0000	0.0000	0.0000	0.0000	0.0004	0.0060	0.0474	0.1775	0.2080	0.0726	0.0013
	20	0.0000	0.0000	0.0000	0.0000	0.0000	0.0000	0.0001	0.0014	0.0166	0.1065	0.2808	0.2070	0.0189
	21	0.0000	0.0000	0.0000	0.0000	0.0000	0.0000	0.0000	0.0002	0.0037	0.0406	0.2407	0.3746	0.1781
	22	0.0000	0.0000	0.0000	0.0000	0.0000	0.0000	0.0000	0.0000	0.0004	0.0074	0.0985	0.3235	0.8016
23	0	0.7936	0.3074	0.0886	0.0059	0.0003	0.0000	0.0000	0.0000	0.0000	0.0000	0.0000	0.0000	0.0000
	1	0.1844	0.3721	0.2265	0.0339	0.0027	0.0001	0.0000	0.0000	0.0000	0.0000	0.0000	0.0000	0.0000
	2	0.0205	0.2154	0.2768	0.0933	0.0127	0.0009	0.0000	0.0000	0.0000	0.0000	0.0000	0.0000	0.0000
	3	0.0014	0.0794	0.2153	0.1633	0.0382	0.0041	0.0002	0.0000	0.0000	0.0000	0.0000	0.0000	0.0000
	4	0.0001	0.0209	0.1196	0.2042	0.0818	0.0138	0.0011	0.0000	0.0000	0.0000	0.0000	0.0000	0.0000
	5	0.0000	0.0042	0.0505	0.1940	0.1332	0.0350	0.0040	0.0002	0.0000	0.0000	0.0000	0.0000	0.0000
	6	0.0000	0.0007	0.0168	0.1455	0.1712	0.0700	0.0120	0.0008	0.0000	0.0000	0.0000	0.0000	0.0000
	7	0.0000	0.0001	0.0045	0.0883	0.1782	0.1133	0.0292	0.0029	0.0001	0.0000	0.0000	0.0000	0.0000
	8	0.0000	0.0000	0.0010	0.0442	0.1527	0.1511	0.0584	0.0088	0.0004	0.0000	0.0000	0.0000	0.0000
	9	0.0000	0.0000	0.0002	0.0184	0.1091	0.1679	0.0974	0.0221	0.0016	0.0000	0.0000	0.0000	0.0000
	10	0.0000	0.0000	0.0000	0.0064	0.0655	0.1567	0.1364	0.0464	0.0052	0.0001	0.0000	0.0000	0.0000
	11	0.0000	0.0000	0.0000	0.0019	0.0332	0.1234	0.1612	0.0823	0.0142	0.0005	0.0000	0.0000	0.0000
	12	0.0000	0.0000	0.0000	0.0005	0.0142	0.0823	0.1612	0.1234	0.0332	0.0019	0.0000	0.0000	0.0000
	13	0.0000	0.0000	0.0000	0.0001	0.0052	0.0464	0.1364	0.1567	0.0655	0.0064	0.0000	0.0000	0.0000
	14	0.0000	0.0000	0.0000	0.0000	0.0016	0.0221	0.0974	0.1679	0.1091	0.0184	0.0002	0.0000	0.0000
	15	0.0000	0.0000	0.0000	0.0000	0.0004	0.0088	0.0584	0.1511	0.1527	0.0442	0.0010	0.0000	0.0000
	16	0.0000	0.0000	0.0000	0.0000	0.0001	0.0029	0.0292	0.1133	0.1782	0.0883	0.0045	0.0001	0.0000
	17	0.0000	0.0000	0.0000	0.0000	0.0000	0.0008	0.0120	0.0700	0.1712	0.1455	0.0168	0.0007	0.0000

統計學與 Excel

n	x	0.01	0.05	0.10	0.20	0.30	0.40	0.50	0.60	0.70	0.80	0.90	0.95	0.99
								p--成功的機率						
	18	0.0000	0.0000	0.0000	0.0000	0.0000	0.0002	0.0040	0.0350	0.1332	0.1940	0.0505	0.0042	0.0000
	19	0.0000	0.0000	0.0000	0.0000	0.0000	0.0000	0.0011	0.0138	0.0818	0.2042	0.1196	0.0209	0.0001
	20	0.0000	0.0000	0.0000	0.0000	0.0000	0.0000	0.0002	0.0041	0.0382	0.1633	0.2153	0.0794	0.0014
	21	0.0000	0.0000	0.0000	0.0000	0.0000	0.0000	0.0000	0.0009	0.0127	0.0933	0.2768	0.2154	0.0205
	22	0.0000	0.0000	0.0000	0.0000	0.0000	0.0000	0.0000	0.0001	0.0027	0.0339	0.2265	0.3721	0.1844
	23	0.0000	0.0000	0.0000	0.0000	0.0000	0.0000	0.0000	0.0000	0.0003	0.0059	0.0886	0.3074	0.7936
24	0	0.7857	0.2920	0.0798	0.0047	0.0002	0.0000	0.0000	0.0000	0.0000	0.0000	0.0000	0.0000	0.0000
	1	0.1905	0.3688	0.2127	0.0283	0.0020	0.0001	0.0000	0.0000	0.0000	0.0000	0.0000	0.0000	0.0000
	2	0.0221	0.2232	0.2718	0.0815	0.0097	0.0006	0.0000	0.0000	0.0000	0.0000	0.0000	0.0000	0.0000
	3	0.0016	0.0862	0.2215	0.1493	0.0305	0.0028	0.0001	0.0000	0.0000	0.0000	0.0000	0.0000	0.0000
	4	0.0001	0.0238	0.1292	0.1960	0.0687	0.0099	0.0006	0.0000	0.0000	0.0000	0.0000	0.0000	0.0000
	5	0.0000	0.0050	0.0574	0.1960	0.1177	0.0265	0.0025	0.0001	0.0000	0.0000	0.0000	0.0000	0.0000
	6	0.0000	0.0008	0.0202	0.1552	0.1598	0.0560	0.0080	0.0004	0.0000	0.0000	0.0000	0.0000	0.0000
	7	0.0000	0.0001	0.0058	0.0998	0.1761	0.0960	0.0206	0.0017	0.0000	0.0000	0.0000	0.0000	0.0000
	8	0.0000	0.0000	0.0014	0.0530	0.1604	0.1360	0.0438	0.0053	0.0002	0.0000	0.0000	0.0000	0.0000
	9	0.0000	0.0000	0.0003	0.0236	0.1222	0.1612	0.0779	0.0141	0.0008	0.0000	0.0000	0.0000	0.0000
	10	0.0000	0.0000	0.0000	0.0088	0.0785	0.1612	0.1169	0.0318	0.0026	0.0000	0.0000	0.0000	0.0000
	11	0.0000	0.0000	0.0000	0.0028	0.0428	0.1367	0.1488	0.0608	0.0079	0.0002	0.0000	0.0000	0.0000
	12	0.0000	0.0000	0.0000	0.0008	0.0199	0.0988	0.1612	0.0988	0.0199	0.0008	0.0000	0.0000	0.0000
	13	0.0000	0.0000	0.0000	0.0002	0.0079	0.0608	0.1488	0.1367	0.0428	0.0028	0.0000	0.0000	0.0000
	14	0.0000	0.0000	0.0000	0.0000	0.0026	0.0318	0.1169	0.1612	0.0785	0.0088	0.0000	0.0000	0.0000
	15	0.0000	0.0000	0.0000	0.0000	0.0008	0.0141	0.0779	0.1612	0.1222	0.0236	0.0003	0.0000	0.0000
	16	0.0000	0.0000	0.0000	0.0000	0.0002	0.0053	0.0438	0.1360	0.1604	0.0530	0.0014	0.0000	0.0000
	17	0.0000	0.0000	0.0000	0.0000	0.0000	0.0017	0.0206	0.0960	0.1761	0.0998	0.0058	0.0001	0.0000
	18	0.0000	0.0000	0.0000	0.0000	0.0000	0.0004	0.0080	0.0560	0.1598	0.1552	0.0202	0.0008	0.0000
	19	0.0000	0.0000	0.0000	0.0000	0.0000	0.0001	0.0025	0.0265	0.1177	0.1960	0.0574	0.0050	0.0000
	20	0.0000	0.0000	0.0000	0.0000	0.0000	0.0000	0.0006	0.0099	0.0687	0.1960	0.1292	0.0238	0.0001
	21	0.0000	0.0000	0.0000	0.0000	0.0000	0.0000	0.0001	0.0028	0.0305	0.1493	0.2215	0.0862	0.0016
	22	0.0000	0.0000	0.0000	0.0000	0.0000	0.0000	0.0000	0.0006	0.0097	0.0815	0.2718	0.2232	0.0221
	23	0.0000	0.0000	0.0000	0.0000	0.0000	0.0000	0.0000	0.0001	0.0020	0.0283	0.2127	0.3688	0.1905
	24	0.0000	0.0000	0.0000	0.0000	0.0000	0.0000	0.0000	0.0000	0.0002	0.0047	0.0798	0.2920	0.7857
25	0	0.7778	0.2774	0.0718	0.0038	0.0001	0.0000	0.0000	0.0000	0.0000	0.0000	0.0000	0.0000	0.0000
	1	0.1964	0.3650	0.1994	0.0236	0.0014	0.0000	0.0000	0.0000	0.0000	0.0000	0.0000	0.0000	0.0000
	2	0.0238	0.2305	0.2659	0.0708	0.0074	0.0004	0.0000	0.0000	0.0000	0.0000	0.0000	0.0000	0.0000
	3	0.0018	0.0930	0.2265	0.1358	0.0243	0.0019	0.0001	0.0000	0.0000	0.0000	0.0000	0.0000	0.0000
	4	0.0001	0.0269	0.1384	0.1867	0.0572	0.0071	0.0004	0.0000	0.0000	0.0000	0.0000	0.0000	0.0000
	5	0.0000	0.0060	0.0646	0.1960	0.1030	0.0199	0.0016	0.0000	0.0000	0.0000	0.0000	0.0000	0.0000
	6	0.0000	0.0010	0.0239	0.1633	0.1472	0.0442	0.0053	0.0002	0.0000	0.0000	0.0000	0.0000	0.0000
	7	0.0000	0.0001	0.0072	0.1108	0.1712	0.0800	0.0143	0.0009	0.0000	0.0000	0.0000	0.0000	0.0000
	8	0.0000	0.0000	0.0018	0.0623	0.1651	0.1200	0.0322	0.0031	0.0001	0.0000	0.0000	0.0000	0.0000
	9	0.0000	0.0000	0.0004	0.0294	0.1336	0.1511	0.0609	0.0088	0.0004	0.0000	0.0000	0.0000	0.0000
	10	0.0000	0.0000	0.0001	0.0118	0.0916	0.1612	0.0974	0.0212	0.0013	0.0000	0.0000	0.0000	0.0000
	11	0.0000	0.0000	0.0000	0.0040	0.0536	0.1465	0.1328	0.0434	0.0042	0.0001	0.0000	0.0000	0.0000

n	x	p--成功的機率												
		0.01	0.05	0.10	0.20	0.30	0.40	0.50	0.60	0.70	0.80	0.90	0.95	0.99
	12	0.0000	0.0000	0.0000	0.0012	0.0268	0.1140	0.1550	0.0760	0.0115	0.0003	0.0000	0.0000	0.0000
	13	0.0000	0.0000	0.0000	0.0003	0.0115	0.0760	0.1550	0.1140	0.0268	0.0012	0.0000	0.0000	0.0000
	14	0.0000	0.0000	0.0000	0.0001	0.0042	0.0434	0.1328	0.1465	0.0536	0.0040	0.0000	0.0000	0.0000
	15	0.0000	0.0000	0.0000	0.0000	0.0013	0.0212	0.0974	0.1612	0.0916	0.0118	0.0001	0.0000	0.0000
	16	0.0000	0.0000	0.0000	0.0000	0.0004	0.0088	0.0609	0.1511	0.1336	0.0294	0.0004	0.0000	0.0000
	17	0.0000	0.0000	0.0000	0.0000	0.0001	0.0031	0.0322	0.1200	0.1651	0.0623	0.0018	0.0000	0.0000
	18	0.0000	0.0000	0.0000	0.0000	0.0000	0.0009	0.0143	0.0800	0.1712	0.1108	0.0072	0.0001	0.0000
	19	0.0000	0.0000	0.0000	0.0000	0.0000	0.0002	0.0053	0.0442	0.1472	0.1633	0.0239	0.0010	0.0000
	20	0.0000	0.0000	0.0000	0.0000	0.0000	0.0000	0.0016	0.0199	0.1030	0.1960	0.0646	0.0060	0.0000
	21	0.0000	0.0000	0.0000	0.0000	0.0000	0.0000	0.0004	0.0071	0.0572	0.1867	0.1384	0.0269	0.0001
	22	0.0000	0.0000	0.0000	0.0000	0.0000	0.0000	0.0001	0.0019	0.0243	0.1358	0.2265	0.0930	0.0018
	23	0.0000	0.0000	0.0000	0.0000	0.0000	0.0000	0.0000	0.0004	0.0074	0.0708	0.2659	0.2305	0.0238
	24	0.0000	0.0000	0.0000	0.0000	0.0000	0.0000	0.0000	0.0000	0.0014	0.0236	0.1994	0.3650	0.1964
	25	0.0000	0.0000	0.0000	0.0000	0.0000	0.0000	0.0000	0.0000	0.0001	0.0038	0.0718	0.2774	0.7778

附錄 **A-5**

卜瓦松（Poisson）機率分配表

288

x	λ									
	0.1	0.2	0.3	0.4	0.5	0.6	0.7	0.8	0.9	1.0
0	0.9048	0.8187	0.7408	0.6703	0.6065	0.5488	0.4966	0.4493	0.4066	0.3679
1	0.0905	0.1637	0.2222	0.2681	0.3033	0.3293	0.3476	0.3595	0.3659	0.3679
2	0.0045	0.0164	0.0333	0.0536	0.0758	0.0988	0.1217	0.1438	0.1647	0.1839
3	0.0002	0.0011	0.0033	0.0072	0.0126	0.0198	0.0284	0.0383	0.0494	0.0613
4	0.0000	0.0001	0.0003	0.0007	0.0016	0.0030	0.0050	0.0077	0.0111	0.0153
5	0.0000	0.0000	0.0000	0.0001	0.0002	0.0004	0.0007	0.0012	0.0020	0.0031
6	0.0000	0.0000	0.0000	0.0000	0.0000	0.0000	0.0001	0.0002	0.0003	0.0005
7	0.0000	0.0000	0.0000	0.0000	0.0000	0.0000	0.0000	0.0000	0.0000	0.0001

x	λ									
	1.1	1.2	1.3	1.4	1.5	1.6	1.7	1.8	1.9	2.0
0	0.33287	0.30119	0.27253	0.24660	0.22313	0.20190	0.18268	0.16530	0.14957	0.13534
1	0.36616	0.36143	0.35429	0.34524	0.33470	0.32303	0.31056	0.29754	0.28418	0.27067
2	0.20139	0.21686	0.23029	0.24167	0.25102	0.25843	0.26398	0.26778	0.26997	0.27067
3	0.07384	0.08674	0.09979	0.11278	0.12551	0.13783	0.14959	0.16067	0.17098	0.18045
4	0.02031	0.02602	0.03243	0.03947	0.04707	0.05513	0.06357	0.07230	0.08122	0.09022
5	0.00447	0.00625	0.00843	0.01105	0.01412	0.01764	0.02162	0.02603	0.03086	0.03609
6	0.00082	0.00125	0.00183	0.00258	0.00353	0.00470	0.00612	0.00781	0.00977	0.01203
7	0.00013	0.00021	0.00034	0.00052	0.00076	0.00108	0.00149	0.00201	0.00265	0.00344
8	0.00002	0.00003	0.00006	0.00009	0.00014	0.00022	0.00032	0.00045	0.00063	0.00086
9	0.00000	0.00000	0.00001	0.00001	0.00002	0.00004	0.00006	0.00009	0.00013	0.00019

x	λ									
	2.1	2.2	2.3	2.4	2.5	2.6	2.7	2.8	2.9	3.0
0	0.12246	0.11080	0.10026	0.09072	0.08208	0.07427	0.06721	0.06081	0.05502	0.04979
1	0.25716	0.24377	0.23060	0.21772	0.20521	0.19311	0.18145	0.17027	0.15957	0.14936
2	0.27002	0.26814	0.26518	0.26127	0.25652	0.25104	0.24496	0.23838	0.23137	0.22404
3	0.18901	0.19664	0.20331	0.20901	0.21376	0.21757	0.22047	0.22248	0.22366	0.22404
4	0.09923	0.10815	0.11690	0.12541	0.13360	0.14142	0.14882	0.15574	0.16215	0.16803
5	0.04168	0.04759	0.05378	0.06020	0.06680	0.07354	0.08036	0.08721	0.09405	0.10082
6	0.01459	0.01745	0.02061	0.02408	0.02783	0.03187	0.03616	0.04070	0.04546	0.05041
7	0.00438	0.00548	0.00677	0.00826	0.00994	0.01184	0.01395	0.01628	0.01883	0.02160
8	0.00115	0.00151	0.00195	0.00248	0.00311	0.00385	0.00471	0.00570	0.00683	0.00810
9	0.00027	0.00037	0.00050	0.00066	0.00086	0.00111	0.00141	0.00177	0.00220	0.00270
10	0.00006	0.00008	0.00011	0.00016	0.00022	0.00029	0.00038	0.00050	0.00064	0.00081
11	0.00001	0.00002	0.00002	0.00003	0.00005	0.00007	0.00009	0.00013	0.00017	0.00022
12	0.00000	0.00000	0.00000	0.00001	0.00001	0.00001	0.00002	0.00003	0.00004	0.00006

x	λ									
	3.1	3.2	3.3	3.4	3.5	3.6	3.7	3.8	3.9	4.0
0	0.04505	0.04076	0.03688	0.03337	0.03020	0.02732	0.02472	0.02237	0.02024	0.01832
1	0.13965	0.13044	0.12171	0.11347	0.10569	0.09837	0.09148	0.08501	0.07894	0.07326
2	0.21646	0.20870	0.20083	0.19290	0.18496	0.17706	0.16923	0.16152	0.15394	0.14653
3	0.22368	0.22262	0.22091	0.21862	0.21579	0.21247	0.20872	0.20459	0.20012	0.19537
4	0.17335	0.17809	0.18225	0.18582	0.18881	0.19122	0.19307	0.19436	0.19512	0.19537
5	0.10748	0.11398	0.12029	0.12636	0.13217	0.13768	0.14287	0.14771	0.15219	0.15629
6	0.05553	0.06079	0.06616	0.07160	0.07710	0.08261	0.08810	0.09355	0.09893	0.10420
7	0.02459	0.02779	0.03119	0.03478	0.03855	0.04248	0.04657	0.05079	0.05512	0.05954
8	0.00953	0.01112	0.01287	0.01478	0.01687	0.01912	0.02154	0.02412	0.02687	0.02977
9	0.00328	0.00395	0.00472	0.00558	0.00656	0.00765	0.00885	0.01019	0.01164	0.01323
10	0.00102	0.00126	0.00156	0.00190	0.00230	0.00275	0.00328	0.00387	0.00454	0.00529
11	0.00029	0.00037	0.00047	0.00059	0.00073	0.00090	0.00110	0.00134	0.00161	0.00192
12	0.00007	0.00010	0.00013	0.00017	0.00021	0.00027	0.00034	0.00042	0.00052	0.00064
13	0.00002	0.00002	0.00003	0.00004	0.00006	0.00007	0.00010	0.00012	0.00016	0.00020
14	0.00000	0.00001	0.00001	0.00001	0.00001	0.00002	0.00003	0.00003	0.00004	0.00006

x	λ									
	4.1	4.2	4.3	4.4	4.5	4.6	4.7	4.8	4.9	5.0
0	0.01657	0.01500	0.01357	0.01228	0.01111	0.01005	0.00910	0.00823	0.00745	0.00674
1	0.06795	0.06298	0.05834	0.05402	0.04999	0.04624	0.04275	0.03950	0.03649	0.03369
2	0.13929	0.13226	0.12544	0.11884	0.11248	0.10635	0.10046	0.09481	0.08940	0.08422
3	0.19037	0.18517	0.17980	0.17431	0.16872	0.16307	0.15738	0.15169	0.14601	0.14037
4	0.19513	0.19442	0.19328	0.19174	0.18981	0.18753	0.18493	0.18203	0.17887	0.17547
5	0.16000	0.16332	0.16622	0.16873	0.17083	0.17253	0.17383	0.17475	0.17529	0.17547
6	0.10934	0.11432	0.11913	0.12373	0.12812	0.13227	0.13617	0.13980	0.14315	0.14622
7	0.06404	0.06859	0.07318	0.07778	0.08236	0.08692	0.09143	0.09586	0.10021	0.10444
8	0.03282	0.03601	0.03933	0.04278	0.04633	0.04998	0.05371	0.05752	0.06138	0.06528
9	0.01495	0.01681	0.01879	0.02091	0.02316	0.02554	0.02805	0.03068	0.03342	0.03627
10	0.00613	0.00706	0.00808	0.00920	0.01042	0.01175	0.01318	0.01472	0.01637	0.01813
11	0.00228	0.00269	0.00316	0.00368	0.00426	0.00491	0.00563	0.00643	0.00729	0.00824
12	0.00078	0.00094	0.00113	0.00135	0.00160	0.00188	0.00221	0.00257	0.00298	0.00343
13	0.00025	0.00030	0.00037	0.00046	0.00055	0.00067	0.00080	0.00095	0.00112	0.00132
14	0.00007	0.00009	0.00011	0.00014	0.00018	0.00022	0.00027	0.00033	0.00039	0.00047
15	0.00002	0.00003	0.00003	0.00004	0.00005	0.00007	0.00008	0.00010	0.00013	0.00016

x	λ									
	5.1	5.2	5.3	5.4	5.5	5.6	5.7	5.8	5.9	6.0
0	0.00610	0.00552	0.00499	0.00452	0.00409	0.00370	0.00335	0.00303	0.00274	0.00248
1	0.03109	0.02869	0.02646	0.02439	0.02248	0.02071	0.01907	0.01756	0.01616	0.01487
2	0.07929	0.07458	0.07011	0.06585	0.06181	0.05798	0.05436	0.05092	0.04768	0.04462
3	0.13479	0.12928	0.12386	0.11853	0.11332	0.10823	0.10327	0.09845	0.09377	0.08924
4	0.17186	0.16806	0.16411	0.16002	0.15582	0.15153	0.14717	0.14276	0.13831	0.13385
5	0.17529	0.17479	0.17396	0.17282	0.17140	0.16971	0.16777	0.16560	0.16321	0.16062
6	0.14900	0.15148	0.15366	0.15554	0.15712	0.15840	0.15938	0.16008	0.16049	0.16062
7	0.10856	0.11253	0.11634	0.11999	0.12345	0.12672	0.12978	0.13263	0.13527	0.13768
8	0.06921	0.07314	0.07708	0.08099	0.08487	0.08870	0.09247	0.09616	0.09976	0.10326
9	0.03922	0.04226	0.04539	0.04859	0.05187	0.05519	0.05856	0.06197	0.06540	0.06884
10	0.02000	0.02198	0.02406	0.02624	0.02853	0.03091	0.03338	0.03594	0.03859	0.04130
11	0.00927	0.01039	0.01159	0.01288	0.01426	0.01573	0.01730	0.01895	0.02070	0.02253
12	0.00394	0.00450	0.00512	0.00580	0.00654	0.00734	0.00822	0.00916	0.01018	0.01126
13	0.00155	0.00180	0.00209	0.00241	0.00277	0.00316	0.00360	0.00409	0.00462	0.00520
14	0.00056	0.00067	0.00079	0.00093	0.00109	0.00127	0.00147	0.00169	0.00195	0.00223
15	0.00019	0.00023	0.00028	0.00033	0.00040	0.00047	0.00056	0.00065	0.00077	0.00089
16	0.00006	0.00008	0.00009	0.00011	0.00014	0.00017	0.00020	0.00024	0.00028	0.00033
17	0.00002	0.00002	0.00003	0.00004	0.00004	0.00005	0.00007	0.00008	0.00010	0.00012

統計學與 Excel

x	λ									
	6.1	6.2	6.3	6.4	6.5	6.6	6.7	6.8	6.9	7.0
0	0.00224	0.00203	0.00184	0.00166	0.00150	0.00136	0.00123	0.00111	0.00101	0.00091
1	0.01368	0.01258	0.01157	0.01063	0.00977	0.00898	0.00825	0.00757	0.00695	0.00638
2	0.04173	0.03901	0.03644	0.03403	0.03176	0.02963	0.02763	0.02575	0.02399	0.02234
3	0.08485	0.08061	0.07653	0.07259	0.06881	0.06518	0.06170	0.05837	0.05518	0.05213
4	0.12939	0.12495	0.12053	0.11615	0.11182	0.10755	0.10335	0.09923	0.09518	0.09123
5	0.15786	0.15494	0.15187	0.14867	0.14537	0.14197	0.13849	0.13495	0.13135	0.12772
6	0.16049	0.16010	0.15946	0.15859	0.15748	0.15617	0.15465	0.15294	0.15105	0.14900
7	0.13986	0.14180	0.14352	0.14499	0.14623	0.14724	0.14802	0.14857	0.14890	0.14900
8	0.10664	0.10990	0.11302	0.11599	0.11882	0.12148	0.12397	0.12628	0.12842	0.13038
9	0.07228	0.07571	0.07911	0.08248	0.08581	0.08908	0.09229	0.09541	0.09846	0.10140
10	0.04409	0.04694	0.04984	0.05279	0.05578	0.05879	0.06183	0.06488	0.06794	0.07098
11	0.02445	0.02646	0.02855	0.03071	0.03296	0.03528	0.03766	0.04011	0.04261	0.04517
12	0.01243	0.01367	0.01499	0.01638	0.01785	0.01940	0.02103	0.02273	0.02450	0.02635
13	0.00583	0.00652	0.00726	0.00806	0.00893	0.00985	0.01084	0.01189	0.01301	0.01419
14	0.00254	0.00289	0.00327	0.00369	0.00414	0.00464	0.00519	0.00577	0.00641	0.00709
15	0.00103	0.00119	0.00137	0.00157	0.00180	0.00204	0.00232	0.00262	0.00295	0.00331
16	0.00039	0.00046	0.00054	0.00063	0.00073	0.00084	0.00097	0.00111	0.00127	0.00145
17	0.00014	0.00017	0.00020	0.00024	0.00028	0.00033	0.00038	0.00045	0.00052	0.00060
18	0.00005	0.00006	0.00007	0.00008	0.00010	0.00012	0.00014	0.00017	0.00020	0.00023
19	0.00002	0.00002	0.00002	0.00003	0.00003	0.00004	0.00005	0.00006	0.00007	0.00009

x	λ									
	7.1	7.2	7.3	7.4	7.5	7.6	7.7	7.8	7.9	8.0
0	0.00083	0.00075	0.00068	0.00061	0.00055	0.00050	0.00045	0.00041	0.00037	0.00034
1	0.00586	0.00538	0.00493	0.00452	0.00415	0.00380	0.00349	0.00320	0.00293	0.00268
2	0.02080	0.01935	0.01800	0.01674	0.01556	0.01445	0.01342	0.01246	0.01157	0.01073
3	0.04922	0.04644	0.04380	0.04128	0.03889	0.03661	0.03446	0.03241	0.03047	0.02863
4	0.08736	0.08360	0.07993	0.07637	0.07292	0.06957	0.06633	0.06319	0.06017	0.05725
5	0.12406	0.12038	0.11670	0.11303	0.10937	0.10574	0.10214	0.09858	0.09507	0.09160
6	0.14680	0.14446	0.14199	0.13941	0.13672	0.13394	0.13108	0.12816	0.12517	0.12214
7	0.14890	0.14859	0.14807	0.14737	0.14648	0.14542	0.14419	0.14280	0.14126	0.13959
8	0.13215	0.13373	0.13512	0.13632	0.13733	0.13815	0.13878	0.13923	0.13950	0.13959
9	0.10425	0.10698	0.10960	0.11208	0.11444	0.11666	0.11874	0.12067	0.12245	0.12408
10	0.07402	0.07703	0.08000	0.08294	0.08583	0.08866	0.09143	0.09412	0.09673	0.09926
11	0.04777	0.05042	0.05309	0.05580	0.05852	0.06126	0.06400	0.06674	0.06947	0.07219
12	0.02827	0.03025	0.03230	0.03441	0.03658	0.03880	0.04107	0.04338	0.04574	0.04813
13	0.01544	0.01675	0.01814	0.01959	0.02110	0.02268	0.02432	0.02603	0.02779	0.02962
14	0.00783	0.00862	0.00946	0.01035	0.01130	0.01231	0.01338	0.01450	0.01568	0.01692
15	0.00371	0.00414	0.00460	0.00511	0.00565	0.00624	0.00687	0.00754	0.00826	0.00903
16	0.00164	0.00186	0.00210	0.00236	0.00265	0.00296	0.00330	0.00368	0.00408	0.00451
17	0.00069	0.00079	0.00090	0.00103	0.00117	0.00132	0.00150	0.00169	0.00190	0.00212
18	0.00027	0.00032	0.00037	0.00042	0.00049	0.00056	0.00064	0.00073	0.00083	0.00094
19	0.00010	0.00012	0.00014	0.00016	0.00019	0.00022	0.00026	0.00030	0.00035	0.00040
20	0.00004	0.00004	0.00005	0.00006	0.00007	0.00009	0.00010	0.00012	0.00014	0.00016
21	0.00001	0.00001	0.00002	0.00002	0.00003	0.00003	0.00004	0.00004	0.00005	0.00006

x	λ									
	8.1	8.2	8.3	8.4	8.5	8.6	8.7	8.8	8.9	9.0
0	0.00030	0.00027	0.00025	0.00022	0.00020	0.00018	0.00017	0.00015	0.00014	0.00012
1	0.00246	0.00225	0.00206	0.00189	0.00173	0.00158	0.00145	0.00133	0.00121	0.00111
2	0.00996	0.00923	0.00856	0.00793	0.00735	0.00681	0.00630	0.00584	0.00540	0.00500
3	0.02689	0.02524	0.02368	0.02221	0.02083	0.01952	0.01828	0.01712	0.01602	0.01499
4	0.05444	0.05174	0.04914	0.04665	0.04425	0.04196	0.03977	0.03766	0.03566	0.03374
5	0.08820	0.08485	0.08158	0.07837	0.07523	0.07217	0.06919	0.06629	0.06347	0.06073
6	0.11907	0.11597	0.11285	0.10972	0.10658	0.10345	0.10033	0.09722	0.09414	0.09109
7	0.13778	0.13585	0.13380	0.13166	0.12942	0.12709	0.12469	0.12222	0.11970	0.11712
8	0.13950	0.13924	0.13882	0.13824	0.13751	0.13663	0.13560	0.13445	0.13316	0.13176
9	0.12555	0.12687	0.12803	0.12903	0.12987	0.13055	0.13108	0.13146	0.13168	0.13176
10	0.10170	0.10403	0.10626	0.10838	0.11039	0.11228	0.11404	0.11568	0.11720	0.11858
11	0.07488	0.07755	0.08018	0.08276	0.08530	0.08778	0.09020	0.09255	0.09482	0.09702
12	0.05055	0.05299	0.05546	0.05793	0.06042	0.06291	0.06539	0.06787	0.07033	0.07277
13	0.03149	0.03343	0.03541	0.03743	0.03951	0.04162	0.04376	0.04594	0.04815	0.05038
14	0.01822	0.01958	0.02099	0.02246	0.02399	0.02556	0.02720	0.02888	0.03061	0.03238
15	0.00984	0.01070	0.01162	0.01258	0.01359	0.01466	0.01577	0.01694	0.01816	0.01943

統計學與 Excel

x	λ									
	8.1	8.2	8.3	8.4	8.5	8.6	8.7	8.8	8.9	9.0
16	0.00498	0.00549	0.00603	0.00660	0.00722	0.00788	0.00858	0.00932	0.01010	0.01093
17	0.00237	0.00265	0.00294	0.00326	0.00361	0.00399	0.00439	0.00482	0.00529	0.00579
18	0.00107	0.00121	0.00136	0.00152	0.00170	0.00190	0.00212	0.00236	0.00261	0.00289
19	0.00046	0.00052	0.00059	0.00067	0.00076	0.00086	0.00097	0.00109	0.00122	0.00137
20	0.00018	0.00021	0.00025	0.00028	0.00032	0.00037	0.00042	0.00048	0.00055	0.00062
21	0.00007	0.00008	0.00010	0.00011	0.00013	0.00015	0.00018	0.00020	0.00023	0.00026
22	0.00003	0.00003	0.00004	0.00004	0.00005	0.00006	0.00007	0.00008	0.00009	0.00011

x	λ									
	9.1	9.2	9.3	9.4	9.5	9.6	9.7	9.8	9.9	10.0
0	0.00011	0.00010	0.00009	0.00008	0.00007	0.00007	0.00006	0.00006	0.00005	0.00005
1	0.00102	0.00093	0.00085	0.00078	0.00071	0.00065	0.00059	0.00054	0.00050	0.00045
2	0.00462	0.00428	0.00395	0.00365	0.00338	0.00312	0.00288	0.00266	0.00246	0.00227
3	0.01402	0.01311	0.01226	0.01145	0.01070	0.00999	0.00932	0.00870	0.00811	0.00757
4	0.03191	0.03016	0.02850	0.02691	0.02540	0.02397	0.02261	0.02131	0.02008	0.01892
5	0.05807	0.05549	0.05300	0.05059	0.04827	0.04602	0.04386	0.04177	0.03976	0.03783
6	0.08807	0.08509	0.08215	0.07926	0.07642	0.07363	0.07090	0.06822	0.06561	0.06306
7	0.11449	0.11183	0.10915	0.10644	0.10371	0.10098	0.09825	0.09551	0.09279	0.09008
8	0.13024	0.12861	0.12688	0.12506	0.12316	0.12118	0.11912	0.11700	0.11483	0.11260
9	0.13168	0.13147	0.13111	0.13062	0.13000	0.12926	0.12839	0.12740	0.12631	0.12511
10	0.11983	0.12095	0.12193	0.12279	0.12350	0.12409	0.12454	0.12486	0.12505	0.12511
11	0.09913	0.10116	0.10309	0.10493	0.10666	0.10829	0.10982	0.11124	0.11254	0.11374
12	0.07518	0.07755	0.07990	0.08219	0.08444	0.08663	0.08877	0.09084	0.09285	0.09478
13	0.05262	0.05488	0.05716	0.05943	0.06171	0.06398	0.06624	0.06848	0.07071	0.07291
14	0.03421	0.03607	0.03797	0.03990	0.04187	0.04387	0.04589	0.04794	0.05000	0.05208
15	0.02075	0.02212	0.02354	0.02501	0.02652	0.02808	0.02968	0.03132	0.03300	0.03472
16	0.01180	0.01272	0.01368	0.01469	0.01575	0.01685	0.01799	0.01918	0.02042	0.02170
17	0.00632	0.00688	0.00749	0.00812	0.00880	0.00951	0.01027	0.01106	0.01189	0.01276
18	0.00319	0.00352	0.00387	0.00424	0.00464	0.00507	0.00553	0.00602	0.00654	0.00709
19	0.00153	0.00170	0.00189	0.00210	0.00232	0.00256	0.00282	0.00311	0.00341	0.00373
20	0.00070	0.00078	0.00088	0.00099	0.00110	0.00123	0.00137	0.00152	0.00169	0.00187
21	0.00030	0.00034	0.00039	0.00044	0.00050	0.00056	0.00063	0.00071	0.00080	0.00089
22	0.00012	0.00014	0.00016	0.00019	0.00022	0.00025	0.00028	0.00032	0.00036	0.00040
23	0.00005	0.00006	0.00007	0.00008	0.00009	0.00010	0.00012	0.00013	0.00015	0.00018
24	0.00002	0.00002	0.00003	0.00003	0.00004	0.00004	0.00005	0.00006	0.00006	0.00007

t 分配臨界值表

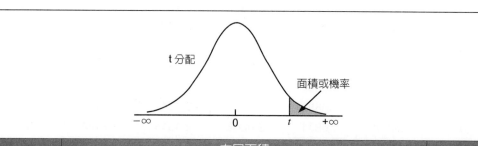

t 分配

面積或機率

$-\infty$ 0   t $+\infty$

自由度	右尾面積					自由度
	0.100	0.050	0.025	0.010	0.005	
1	3.0777	6.3137	12.7062	31.8210	63.6559	1
2	1.8856	2.9200	4.3027	6.9645	9.9250	2
3	1.6377	2.3534	3.1824	4.5407	5.8408	3
4	1.5332	2.1318	2.7765	3.7469	4.6041	4
5	1.4759	2.0150	2.5706	3.3649	4.0321	5
6	1.4398	1.9432	2.4469	3.1427	3.7074	6
7	1.4149	1.8946	2.3646	2.9979	3.4995	7
8	1.3968	1.8595	2.3060	2.8965	3.3554	8
9	1.3830	1.8331	2.2622	2.8214	3.2498	9
10	1.3722	1.8125	2.2281	2.7638	3.1693	10
11	1.3634	1.7959	2.2010	2.7181	3.1058	11
12	1.3562	1.7823	2.1788	2.6810	3.0545	12
13	1.3502	1.7709	2.1604	2.6503	3.0123	13
14	1.3450	1.7613	2.1448	2.6245	2.9768	14
15	1.3406	1.7531	2.1315	2.6025	2.9467	15
16	1.3368	1.7459	2.1199	2.5835	2.9208	16
17	1.3334	1.7396	2.1098	2.5669	2.8982	17
18	1.3304	1.7341	2.1009	2.5524	2.8784	18
19	1.3277	1.7291	2.0930	2.5395	2.8609	19
20	1.3253	1.7247	2.0860	2.5280	2.8453	20
21	1.3232	1.7207	2.0796	2.5176	2.8314	21
22	1.3212	1.7171	2.0739	2.5083	2.8188	22
23	1.3195	1.7139	2.0687	2.4999	2.8073	23
24	1.3178	1.7109	2.0639	2.4922	2.7970	24
25	1.3163	1.7081	2.0595	2.4851	2.7874	25
26	1.3150	1.7056	2.0555	2.4786	2.7787	26
27	1.3137	1.7033	2.0518	2.4727	2.7707	27

自由度	右尾面積					自由度
	0.100	0.050	0.025	0.010	0.005	
28	1.3125	1.7011	2.0484	2.4671	2.7633	28
29	1.3114	1.6991	2.0452	2.4620	2.7564	29
30	1.3104	1.6973	2.0423	2.4573	2.7500	30
31	1.3095	1.6955	2.0395	2.4528	2.7440	31
32	1.3086	1.6939	2.0369	2.4487	2.7385	32
33	1.3077	1.6924	2.0345	2.4448	2.7333	33
34	1.3070	1.6909	2.0322	2.4411	2.7284	34
35	1.3062	1.6896	2.0301	2.4377	2.7238	35
36	1.3055	1.6883	2.0281	2.4345	2.7195	36
37	1.3049	1.6871	2.0262	2.4314	2.7154	37
38	1.3042	1.6860	2.0244	2.4286	2.7116	38
39	1.3036	1.6849	2.0227	2.4258	2.7079	39
40	1.3031	1.6839	2.0211	2.4233	2.7045	40
42	1.3020	1.6820	2.0181	2.4185	2.6981	42
44	1.3011	1.6802	2.0154	2.4141	2.6923	44
46	1.3002	1.6787	2.0129	2.4102	2.6870	46
48	1.2994	1.6772	2.0106	2.4066	2.6822	48
50	1.2987	1.6759	2.0086	2.4033	2.6778	50
60	1.2958	1.6706	2.0003	2.3901	2.6603	60
80	1.2922	1.6641	1.9901	2.3739	2.6387	80
100	1.2901	1.6602	1.9840	2.3642	2.6259	100
120	1.2886	1.6576	1.9799	2.3578	2.6174	120
∞	1.2815	1.6448	1.9600	2.3264	2.5758	∞

附錄 A-7 F 分配臨界值表

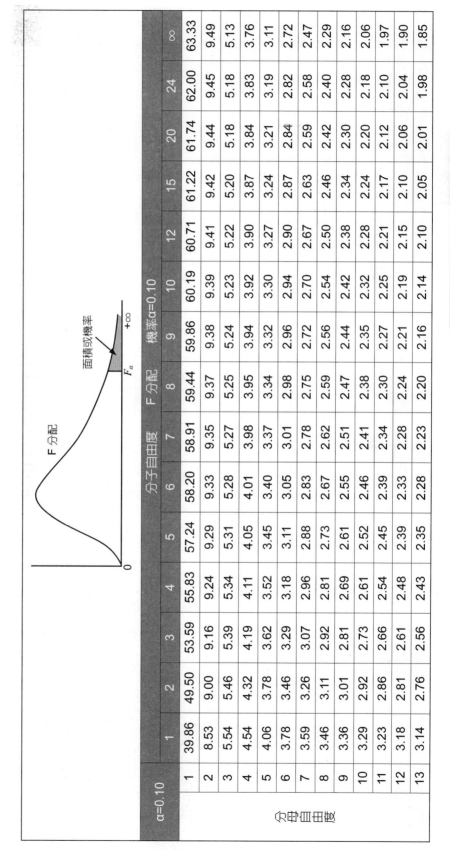

F 分配

面積或機率

F_α +∞

分子自由度　　F 分配　　機率或α=0.10

α=0.10	1	2	3	4	5	6	7	8	9	10	12	15	20	24	∞
1	39.86	49.50	53.59	55.83	57.24	58.20	58.91	59.44	59.86	60.19	60.71	61.22	61.74	62.00	63.33
2	8.53	9.00	9.16	9.24	9.29	9.33	9.35	9.37	9.38	9.39	9.41	9.42	9.44	9.45	9.49
3	5.54	5.46	5.39	5.34	5.31	5.28	5.27	5.25	5.24	5.23	5.22	5.20	5.18	5.18	5.13
4	4.54	4.32	4.19	4.11	4.05	4.01	3.98	3.95	3.94	3.92	3.90	3.87	3.84	3.83	3.76
5	4.06	3.78	3.62	3.52	3.45	3.40	3.37	3.34	3.32	3.30	3.27	3.24	3.21	3.19	3.11
6	3.78	3.46	3.29	3.18	3.11	3.05	3.01	2.98	2.96	2.94	2.90	2.87	2.84	2.82	2.72
7	3.59	3.26	3.07	2.96	2.88	2.83	2.78	2.75	2.72	2.70	2.67	2.63	2.59	2.58	2.47
8	3.46	3.11	2.92	2.81	2.73	2.67	2.62	2.59	2.56	2.54	2.50	2.46	2.42	2.40	2.29
9	3.36	3.01	2.81	2.69	2.61	2.55	2.51	2.47	2.44	2.42	2.38	2.34	2.30	2.28	2.16
10	3.29	2.92	2.73	2.61	2.52	2.46	2.41	2.38	2.35	2.32	2.28	2.24	2.20	2.18	2.06
11	3.23	2.86	2.66	2.54	2.45	2.39	2.34	2.30	2.27	2.25	2.21	2.17	2.12	2.10	1.97
12	3.18	2.81	2.61	2.48	2.39	2.33	2.28	2.24	2.21	2.19	2.15	2.10	2.06	2.04	1.90
13	3.14	2.76	2.56	2.43	2.35	2.28	2.23	2.20	2.16	2.14	2.10	2.05	2.01	1.98	1.85

分母自由度

統計學與 Excel

F分配　機率α=0.10

α=0.10	分子自由度														
分母自由度	1	2	3	4	5	6	7	8	9	10	12	15	20	24	∞
14	3.10	2.73	2.52	2.39	2.31	2.24	2.19	2.15	2.12	2.10	2.05	2.01	1.96	1.94	1.80
15	3.07	2.70	2.49	2.36	2.27	2.21	2.16	2.12	2.09	2.06	2.02	1.97	1.92	1.90	1.76
16	3.05	2.67	2.46	2.33	2.24	2.18	2.13	2.09	2.06	2.03	1.99	1.94	1.89	1.87	1.72
17	3.03	2.64	2.44	2.31	2.22	2.15	2.10	2.06	2.03	2.00	1.96	1.91	1.86	1.84	1.69
18	3.01	2.62	2.42	2.29	2.20	2.13	2.08	2.04	2.00	1.98	1.93	1.89	1.84	1.81	1.66
19	2.99	2.61	2.40	2.27	2.18	2.11	2.06	2.02	1.98	1.96	1.91	1.86	1.81	1.79	1.63
20	2.97	2.59	2.38	2.25	2.16	2.09	2.04	2.00	1.96	1.94	1.89	1.84	1.79	1.77	1.61
21	2.96	2.57	2.36	2.23	2.14	2.08	2.02	1.98	1.95	1.92	1.87	1.83	1.78	1.75	1.59
22	2.95	2.56	2.35	2.22	2.13	2.06	2.01	1.97	1.93	1.90	1.86	1.81	1.76	1.73	1.57
23	2.94	2.55	2.34	2.21	2.11	2.05	1.99	1.95	1.92	1.89	1.84	1.80	1.74	1.72	1.55
24	2.93	2.54	2.33	2.19	2.10	2.04	1.98	1.94	1.91	1.88	1.83	1.78	1.73	1.70	1.53
25	2.92	2.53	2.32	2.18	2.09	2.02	1.97	1.93	1.89	1.87	1.82	1.77	1.72	1.69	1.52
26	2.91	2.52	2.31	2.17	2.08	2.01	1.96	1.92	1.88	1.86	1.81	1.76	1.71	1.68	1.50
27	2.90	2.51	2.30	2.17	2.07	2.00	1.95	1.91	1.87	1.85	1.80	1.75	1.70	1.67	1.49
28	2.89	2.50	2.29	2.16	2.06	2.00	1.94	1.90	1.87	1.84	1.79	1.74	1.69	1.66	1.48
29	2.89	2.50	2.28	2.15	2.06	1.99	1.93	1.89	1.86	1.83	1.78	1.73	1.68	1.65	1.47
30	2.88	2.49	2.28	2.14	2.05	1.98	1.93	1.88	1.85	1.82	1.77	1.72	1.67	1.64	1.46
∞	2.71	2.30	2.08	1.94	1.85	1.77	1.72	1.67	1.63	1.60	1.55	1.49	1.42	1.38	1.00

F 分配　機率 α=0.05

α=0.05	分子自由度														
分母自由度	1	2	3	4	5	6	7	8	9	10	12	15	20	24	∞
1	161.45	199.50	215.71	224.58	230.16	233.99	236.77	238.88	240.54	241.88	243.90	245.95	248.02	249.05	254.31
2	18.51	19.00	19.16	19.25	19.30	19.33	19.35	19.37	19.38	19.40	19.41	19.43	19.45	19.45	19.50
3	10.13	9.55	9.28	9.12	9.01	8.94	8.89	8.85	8.81	8.79	8.74	8.70	8.66	8.64	8.53
4	7.71	6.94	6.59	6.39	6.26	6.16	6.09	6.04	6.00	5.96	5.91	5.86	5.80	5.77	5.63
5	6.61	5.79	5.41	5.19	5.05	4.95	4.88	4.82	4.77	4.74	4.68	4.62	4.56	4.53	4.37
6	5.99	5.14	4.76	4.53	4.39	4.28	4.21	4.15	4.10	4.06	4.00	3.94	3.87	3.84	3.67
7	5.59	4.74	4.35	4.12	3.97	3.87	3.79	3.73	3.68	3.64	3.57	3.51	3.44	3.41	3.23
8	5.32	4.46	4.07	3.84	3.69	3.58	3.50	3.44	3.39	3.35	3.28	3.22	3.15	3.12	2.93
9	5.12	4.26	3.86	3.63	3.48	3.37	3.29	3.23	3.18	3.14	3.07	3.01	2.94	2.90	2.71
10	4.96	4.10	3.71	3.48	3.33	3.22	3.14	3.07	3.02	2.98	2.91	2.85	2.77	2.74	2.54
11	4.84	3.98	3.59	3.36	3.20	3.09	3.01	2.95	2.90	2.85	2.79	2.72	2.65	2.61	2.40
12	4.75	3.89	3.49	3.26	3.11	3.00	2.91	2.85	2.80	2.75	2.69	2.62	2.54	2.51	2.30
13	4.67	3.81	3.41	3.18	3.03	2.92	2.83	2.77	2.71	2.67	2.60	2.53	2.46	2.42	2.21
14	4.60	3.74	3.34	3.11	2.96	2.85	2.76	2.70	2.65	2.60	2.53	2.46	2.39	2.35	2.13
15	4.54	3.68	3.29	3.06	2.90	2.79	2.71	2.64	2.59	2.54	2.48	2.40	2.33	2.29	2.07
16	4.49	3.63	3.24	3.01	2.85	2.74	2.66	2.59	2.54	2.49	2.42	2.35	2.28	2.24	2.01
17	4.45	3.59	3.20	2.96	2.81	2.70	2.61	2.55	2.49	2.45	2.38	2.31	2.23	2.19	1.96
18	4.41	3.55	3.16	2.93	2.77	2.66	2.58	2.51	2.46	2.41	2.34	2.27	2.19	2.15	1.92
19	4.38	3.52	3.13	2.90	2.74	2.63	2.54	2.48	2.42	2.38	2.31	2.23	2.16	2.11	1.88
20	4.35	3.49	3.10	2.87	2.71	2.60	2.51	2.45	2.39	2.35	2.28	2.20	2.12	2.08	1.84
21	4.32	3.47	3.07	2.84	2.68	2.57	2.49	2.42	2.37	2.32	2.25	2.18	2.10	2.05	1.81
22	4.30	3.44	3.05	2.82	2.66	2.55	2.46	2.40	2.34	2.30	2.23	2.15	2.07	2.03	1.78
23	4.28	3.42	3.03	2.80	2.64	2.53	2.44	2.37	2.32	2.27	2.20	2.13	2.05	2.01	1.76
24	4.26	3.40	3.01	2.78	2.62	2.51	2.42	2.36	2.30	2.25	2.18	2.11	2.03	1.98	1.73
25	4.24	3.39	2.99	2.76	2.60	2.49	2.40	2.34	2.28	2.24	2.16	2.09	2.01	1.96	1.71
26	4.23	3.37	2.98	2.74	2.59	2.47	2.39	2.32	2.27	2.22	2.15	2.07	1.99	1.95	1.69
27	4.21	3.35	2.96	2.73	2.57	2.46	2.37	2.31	2.25	2.20	2.13	2.06	1.97	1.93	1.67
28	4.20	3.34	2.95	2.71	2.56	2.45	2.36	2.29	2.24	2.19	2.12	2.04	1.96	1.91	1.65
29	4.18	3.33	2.93	2.70	2.55	2.43	2.35	2.28	2.22	2.18	2.10	2.03	1.94	1.90	1.64
30	4.17	3.32	2.92	2.69	2.53	2.42	2.33	2.27	2.21	2.16	2.09	2.01	1.93	1.89	1.62
∞	3.84	3.00	2.60	2.37	2.21	2.10	2.01	1.94	1.88	1.83	1.75	1.67	1.57	1.52	1.00

統計學與 Excel

298

F 分配機率

α=0.025 分母自由度	分子自由度 α=0.025														
	1	2	3	4	5	6	7	8	9	10	12	15	20	24	∞
1	647.79	799.48	864.15	899.60	921.83	937.11	948.20	956.64	963.28	968.63	976.72	984.87	993.08	997.27	1018.26
2	38.51	39.00	39.17	39.25	39.30	39.33	39.36	39.37	39.39	39.40	39.41	39.43	39.45	39.46	39.50
3	17.44	16.04	15.44	15.10	14.88	14.73	14.62	14.54	14.47	14.42	14.34	14.25	14.17	14.12	13.90
4	12.22	10.65	9.98	9.60	9.36	9.20	9.07	8.98	8.90	8.84	8.75	8.66	8.56	8.51	8.26
5	10.01	8.43	7.76	7.39	7.15	6.98	6.85	6.76	6.68	6.62	6.52	6.43	6.33	6.28	6.02
6	8.81	7.26	6.60	6.23	5.99	5.82	5.70	5.60	5.52	5.46	5.37	5.27	5.17	5.12	4.85
7	8.07	6.54	5.89	5.52	5.29	5.12	4.99	4.90	4.82	4.76	4.67	4.57	4.47	4.41	4.14
8	7.57	6.06	5.42	5.05	4.82	4.65	4.53	4.43	4.36	4.30	4.20	4.10	4.00	3.95	3.67
9	7.21	5.71	5.08	4.72	4.48	4.32	4.20	4.10	4.03	3.96	3.87	3.77	3.67	3.61	3.33
10	6.94	5.46	4.83	4.47	4.24	4.07	3.95	3.85	3.78	3.72	3.62	3.52	3.42	3.37	3.08
11	6.72	5.26	4.63	4.28	4.04	3.88	3.76	3.66	3.59	3.53	3.43	3.33	3.23	3.17	2.88
12	6.55	5.10	4.47	4.12	3.89	3.73	3.61	3.51	3.44	3.37	3.28	3.18	3.07	3.02	2.73
13	6.41	4.97	4.35	4.00	3.77	3.60	3.48	3.39	3.31	3.25	3.15	3.05	2.95	2.89	2.60
14	6.30	4.86	4.24	3.89	3.66	3.50	3.38	3.29	3.21	3.15	3.05	2.95	2.84	2.79	2.49
15	6.20	4.77	4.15	3.80	3.58	3.41	3.29	3.20	3.12	3.06	2.96	2.86	2.76	2.70	2.40
16	6.12	4.69	4.08	3.73	3.50	3.34	3.22	3.12	3.05	2.99	2.89	2.79	2.68	2.63	2.32
17	6.04	4.62	4.01	3.66	3.44	3.28	3.16	3.06	2.98	2.92	2.82	2.72	2.62	2.56	2.25
18	5.98	4.56	3.95	3.61	3.38	3.22	3.10	3.01	2.93	2.87	2.77	2.67	2.56	2.50	2.19
19	5.92	4.51	3.90	3.56	3.33	3.17	3.05	2.96	2.88	2.82	2.72	2.62	2.51	2.45	2.13
20	5.87	4.46	3.86	3.51	3.29	3.13	3.01	2.91	2.84	2.77	2.68	2.57	2.46	2.41	2.09
21	5.83	4.42	3.82	3.48	3.25	3.09	2.97	2.87	2.80	2.73	2.64	2.53	2.42	2.37	2.04
22	5.79	4.38	3.78	3.44	3.22	3.05	2.93	2.84	2.76	2.70	2.60	2.50	2.39	2.33	2.00
23	5.75	4.35	3.75	3.41	3.18	3.02	2.90	2.81	2.73	2.67	2.57	2.47	2.36	2.30	1.97
24	5.72	4.32	3.72	3.38	3.15	2.99	2.87	2.78	2.70	2.64	2.54	2.44	2.33	2.27	1.94
25	5.69	4.29	3.69	3.35	3.13	2.97	2.85	2.75	2.68	2.61	2.51	2.41	2.30	2.24	1.91
26	5.66	4.27	3.67	3.33	3.10	2.94	2.82	2.73	2.65	2.59	2.49	2.39	2.28	2.22	1.88
27	5.63	4.24	3.65	3.31	3.08	2.92	2.80	2.71	2.63	2.57	2.47	2.36	2.25	2.19	1.85
28	5.61	4.22	3.63	3.29	3.06	2.90	2.78	2.69	2.61	2.55	2.45	2.34	2.23	2.17	1.83
29	5.59	4.20	3.61	3.27	3.04	2.88	2.76	2.67	2.59	2.53	2.43	2.32	2.21	2.15	1.81
30	5.57	4.18	3.59	3.25	3.03	2.87	2.75	2.65	2.57	2.51	2.41	2.31	2.20	2.14	1.79
∞	5.02	3.69	3.12	2.79	2.57	2.41	2.29	2.19	2.11	2.05	1.94	1.83	1.71	1.64	1.00

F 分配機率　α=0.01

α=0.01	分子自由度														
分母自由度	1	2	3	4	5	6	7	8	9	10	12	15	20	24	∞
1	4052.18	4999.34	5403.53	5624.26	5763.96	5858.95	5928.33	5980.95	6022.40	6055.93	6106.68	6156.97	6208.66	6234.27	6365.59
2	98.50	99.00	99.16	99.25	99.30	99.33	99.36	99.38	99.39	99.40	99.42	99.43	99.45	99.46	99.50
3	34.12	30.82	29.46	28.71	28.24	27.91	27.67	27.49	27.34	27.23	27.05	26.87	26.69	26.60	26.13
4	21.20	18.00	16.69	15.98	15.52	15.21	14.98	14.80	14.66	14.55	14.37	14.20	14.02	13.93	13.46
5	16.26	13.27	12.06	11.39	10.97	10.67	10.46	10.29	10.16	10.05	9.89	9.72	9.55	9.47	9.02
6	13.75	10.92	9.78	9.15	8.75	8.47	8.26	8.10	7.98	7.87	7.72	7.56	7.40	7.31	6.88
7	12.25	9.55	8.45	7.85	7.46	7.19	6.99	6.84	6.72	6.62	6.47	6.31	6.16	6.07	5.65
8	11.26	8.65	7.59	7.01	6.63	6.37	6.18	6.03	5.91	5.81	5.67	5.52	5.36	5.28	4.86
9	10.56	8.02	6.99	6.42	6.06	5.80	5.61	5.47	5.35	5.26	5.11	4.96	4.81	4.73	4.31
10	10.04	7.56	6.55	5.99	5.64	5.39	5.20	5.06	4.94	4.85	4.71	4.56	4.41	4.33	3.91
11	9.65	7.21	6.22	5.67	5.32	5.07	4.89	4.74	4.63	4.54	4.40	4.25	4.10	4.02	3.60
12	9.33	6.93	5.95	5.41	5.06	4.82	4.64	4.50	4.39	4.30	4.16	4.01	3.86	3.78	3.36
13	9.07	6.70	5.74	5.21	4.86	4.62	4.44	4.30	4.19	4.10	3.96	3.82	3.66	3.59	3.17
14	8.86	6.51	5.56	5.04	4.69	4.46	4.28	4.14	4.03	3.94	3.80	3.66	3.51	3.43	3.00
15	8.68	6.36	5.42	4.89	4.56	4.32	4.14	4.00	3.89	3.80	3.67	3.52	3.37	3.29	2.87
16	8.53	6.23	5.29	4.77	4.44	4.20	4.03	3.89	3.78	3.69	3.55	3.41	3.26	3.18	2.75
17	8.40	6.11	5.19	4.67	4.34	4.10	3.93	3.79	3.68	3.59	3.46	3.31	3.16	3.08	2.65
18	8.29	6.01	5.09	4.58	4.25	4.01	3.84	3.71	3.60	3.51	3.37	3.23	3.08	3.00	2.57
19	8.18	5.93	5.01	4.50	4.17	3.94	3.77	3.63	3.52	3.43	3.30	3.15	3.00	2.92	2.49
20	8.10	5.85	4.94	4.43	4.10	3.87	3.70	3.56	3.46	3.37	3.23	3.09	2.94	2.86	2.42
21	8.02	5.78	4.87	4.37	4.04	3.81	3.64	3.51	3.40	3.31	3.17	3.03	2.88	2.80	2.36
22	7.95	5.72	4.82	4.31	3.99	3.76	3.59	3.45	3.35	3.26	3.12	2.98	2.83	2.75	2.31
23	7.88	5.66	4.76	4.26	3.94	3.71	3.54	3.41	3.30	3.21	3.07	2.93	2.78	2.70	2.26
24	7.82	5.61	4.72	4.22	3.90	3.67	3.50	3.36	3.26	3.17	3.03	2.89	2.74	2.66	2.21
25	7.77	5.57	4.68	4.18	3.85	3.63	3.46	3.32	3.22	3.13	2.99	2.85	2.70	2.62	2.17
26	7.72	5.53	4.64	4.14	3.82	3.59	3.42	3.29	3.18	3.09	2.96	2.81	2.66	2.58	2.13
27	7.68	5.49	4.60	4.11	3.78	3.56	3.39	3.26	3.15	3.06	2.93	2.78	2.63	2.55	2.10
28	7.64	5.45	4.57	4.07	3.75	3.53	3.36	3.23	3.12	3.03	2.90	2.75	2.60	2.52	2.06
29	7.60	5.42	4.54	4.04	3.73	3.50	3.33	3.20	3.09	3.00	2.87	2.73	2.57	2.49	2.03
30	7.56	5.39	4.51	4.02	3.70	3.47	3.30	3.17	3.07	2.98	2.84	2.70	2.55	2.47	2.01
∞	6.63	4.61	3.78	3.32	3.02	2.80	2.64	2.51	2.41	2.32	2.18	2.04	1.88	1.79	1.00

統計學與 Excel

F 分配 機率 α=0.005

α=0.005	1	2	3	4	5	6	7	8	9	10	12	15	20	24	∞
1	16212.46	19997.36	21614.13	22500.75	23055.82	23439.53	23715.20	23923.81	24091.45	24221.84	24426.73	24631.62	24836.51	24937.09	25466.08
2	198.50	199.00	199.16	199.25	199.30	199.33	199.36	199.38	199.39	199.40	199.42	199.43	199.45	199.46	199.51
3	55.55	49.80	47.47	46.20	45.39	44.84	44.43	44.13	43.88	43.68	43.39	43.08	42.78	42.62	41.83
4	31.33	26.28	24.26	23.15	22.46	21.98	21.62	21.35	21.14	20.97	20.70	20.44	20.17	20.03	19.32
5	22.78	18.31	16.53	15.56	14.94	14.51	14.20	13.96	13.77	13.62	13.38	13.15	12.90	12.78	12.14
6	18.63	14.54	12.92	12.03	11.46	11.07	10.79	10.57	10.39	10.25	10.03	9.81	9.59	9.47	8.88
7	16.24	12.40	10.88	10.05	9.52	9.16	8.89	8.68	8.51	8.38	8.18	7.97	7.75	7.64	7.08
8	14.69	11.04	9.60	8.81	8.30	7.95	7.69	7.50	7.34	7.21	7.01	6.81	6.61	6.50	5.95
9	13.61	10.11	8.72	7.96	7.47	7.13	6.88	6.69	6.54	6.42	6.23	6.03	5.83	5.73	5.19
10	12.83	9.43	8.08	7.34	6.87	6.54	6.30	6.12	5.97	5.85	5.66	5.47	5.27	5.17	4.64
11	12.23	8.91	7.60	6.88	6.42	6.10	5.86	5.68	5.54	5.42	5.24	5.05	4.86	4.76	4.23
12	11.75	8.51	7.23	6.52	6.07	5.76	5.52	5.35	5.20	5.09	4.91	4.72	4.53	4.43	3.90
13	11.37	8.19	6.93	6.23	5.79	5.48	5.25	5.08	4.94	4.82	4.64	4.46	4.27	4.17	3.65
14	11.06	7.92	6.68	6.00	5.56	5.26	5.03	4.86	4.72	4.60	4.43	4.25	4.06	3.96	3.44
15	10.80	7.70	6.48	5.80	5.37	5.07	4.85	4.67	4.54	4.42	4.25	4.07	3.88	3.79	3.26
16	10.58	7.51	6.30	5.64	5.21	4.91	4.69	4.52	4.38	4.27	4.10	3.92	3.73	3.64	3.11
17	10.38	7.35	6.16	5.50	5.07	4.78	4.56	4.39	4.25	4.14	3.97	3.79	3.61	3.51	2.98
18	10.22	7.21	6.03	5.37	4.96	4.66	4.44	4.28	4.14	4.03	3.86	3.68	3.50	3.40	2.87
19	10.07	7.09	5.92	5.27	4.85	4.56	4.34	4.18	4.04	3.93	3.76	3.59	3.40	3.31	2.78
20	9.94	6.99	5.82	5.17	4.76	4.47	4.26	4.09	3.96	3.85	3.68	3.50	3.32	3.22	2.69
21	9.83	6.89	5.73	5.09	4.68	4.39	4.18	4.01	3.88	3.77	3.60	3.43	3.24	3.15	2.61
22	9.73	6.81	5.65	5.02	4.61	4.32	4.11	3.94	3.81	3.70	3.54	3.36	3.18	3.08	2.55
23	9.63	6.73	5.58	4.95	4.54	4.26	4.05	3.88	3.75	3.64	3.47	3.30	3.12	3.02	2.48
24	9.55	6.66	5.52	4.89	4.49	4.20	3.99	3.83	3.69	3.59	3.42	3.25	3.06	2.97	2.43
25	9.48	6.60	5.46	4.84	4.43	4.15	3.94	3.78	3.64	3.54	3.37	3.20	3.01	2.92	2.38
26	9.41	6.54	5.41	4.79	4.38	4.10	3.89	3.73	3.60	3.49	3.33	3.15	2.97	2.87	2.33
27	9.34	6.49	5.36	4.74	4.34	4.06	3.85	3.69	3.56	3.45	3.28	3.11	2.93	2.83	2.29
28	9.28	6.44	5.32	4.70	4.30	4.02	3.81	3.65	3.52	3.41	3.25	3.07	2.89	2.79	2.25
29	9.23	6.40	5.28	4.66	4.26	3.98	3.77	3.61	3.48	3.38	3.21	3.04	2.86	2.76	2.21
30	9.18	6.35	5.24	4.62	4.23	3.95	3.74	3.58	3.45	3.34	3.18	3.01	2.82	2.73	2.18
∞	7.88	5.30	4.28	3.72	3.35	3.09	2.90	2.74	2.62	2.52	2.36	2.19	2.00	1.90	1.00

分子自由度

分母自由度

附錄 A-8 卡方分配臨界值表

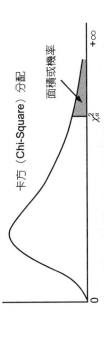

卡方 (Chi-Square) 分配

面積或機率

χ_α^2

自由度	0.995	0.990	0.975	0.950	0.900	0.100	0.050	0.025	0.010	0.005	自由度
1	0.0000393	0.0001571	0.0009821	0.0039322	0.0157907	2.7055406	3.8414553	5.0239026	6.6348913	7.8793998	1
2	0.0100247	0.0201004	0.0506357	0.1025862	0.2107208	4.6051761	5.9914764	7.3777791	9.2103510	10.5965296	2
3	0.0717235	0.1148316	0.2157949	0.3518460	0.5843755	6.2513945	7.8147247	9.3484040	11.3448821	12.8380732	3
4	0.2069836	0.2971068	0.4844190	0.7107241	1.0636243	7.7794340	9.4877285	11.1432620	13.2766986	14.8601658	4
5	0.4117508	0.5542969	0.8312089	1.1454773	1.6103091	9.2363491	11.0704826	12.8324920	15.0863174	16.7496485	5
6	0.6757334	0.8720833	1.2373419	1.6353805	2.2041303	10.6446375	12.5915774	14.4493550	16.8118718	18.5475126	6
7	0.9892509	1.2390317	1.6898640	2.1673492	2.8331052	12.0170314	14.0671273	16.0127737	18.4753241	20.2777379	7
8	1.3444027	1.6465062	2.1797247	2.7326326	3.4895374	13.3615619	15.5073125	17.5345446	20.0901592	21.9548610	8
9	1.7349114	2.0878894	2.7003887	3.3251151	4.1681557	14.6836632	16.9189602	19.0227776	21.6660476	23.5892748	9
10	2.1558454	2.5581988	3.2469635	3.9402953	4.8651783	15.9871747	18.3070290	20.4832007	23.2092872	25.1880549	10
11	2.6032019	3.0534957	3.8157424	4.5748090	5.5777883	17.2750067	19.6751531	21.9200227	24.7250219	26.7568638	11
12	3.0737850	3.5705513	4.4037775	5.2260277	6.3037959	18.5493402	21.0260554	23.3366602	26.2169637	28.2996599	12
13	3.5650420	4.1068996	5.0087376	5.8918606	7.0414997	19.8119327	22.3620266	24.7355809	27.6881845	29.8193179	13
14	4.0746588	4.6604155	5.6287238	6.5706316	7.7895377	21.0641406	23.6847823	26.1189349	29.1411633	31.3194251	14

統計學與 Excel

自由度	0.995	0.990	0.975	0.950	0.900	右尾面積 0.100	0.050	0.025	0.010	0.005	自由度
15	4.6008741	5.2293559	6.2621229	7.2609348	8.5467531	22.3071206	24.9957967	27.4883647	30.5779507	32.8014907	15
16	5.1421643	5.8121968	6.9076641	7.9616386	9.3122353	23.5418215	26.2962209	28.8453246	31.9998609	34.2670534	16
17	5.6972737	6.4077420	7.5641786	8.6717536	10.0851830	24.7690282	27.5871003	30.1909826	33.4087170	35.7183777	17
18	6.2647659	7.0149034	8.2307372	9.3904479	10.8649369	25.9894184	28.8693210	31.5264102	34.8052374	37.1563856	18
19	6.8439233	7.6326976	8.9065144	10.1170062	11.6509120	27.2035648	30.1435051	32.8523370	36.1907747	38.5821224	19
20	7.4338114	8.2603684	9.5907725	10.8507994	12.4426014	28.4119699	31.4104204	34.1695814	37.5662715	39.9968558	20
21	8.0336021	8.8971724	10.2829066	11.5913160	13.2395955	29.6150859	32.6705580	35.4788557	38.9322325	41.4009426	21
22	8.6426806	9.5424944	10.9823302	12.3380095	14.0414896	30.8132853	33.9244598	36.7806781	40.2894485	42.7956641	22
23	9.2603831	10.1956888	11.6885343	13.0905050	14.8479543	32.0068902	35.1724602	38.0756095	41.6383344	44.1813851	23
24	9.8861987	10.8563494	12.401458	13.8484222	15.6586793	33.1962351	36.4150265	39.3640601	42.9797813	45.5583626	24
25	10.5196471	11.5239511	13.1197074	14.6113957	16.4734055	34.3815833	37.6524894	40.6464978	44.3140141	46.9279660	25
26	11.1602178	12.1981769	13.8438811	15.3791626	17.2918796	35.5631637	38.8851296	41.9231379	45.6416362	48.2897774	26
27	11.8076550	12.8784685	14.5733732	16.1513946	18.1138885	36.7412276	40.1132656	43.1945211	46.9628372	49.6450354	27
28	12.4612811	13.5646661	15.3078543	16.9278763	18.9392353	37.9159074	41.3371517	44.4607905	48.2781662	50.9935588	28
29	13.1210666	14.2564062	16.0470506	17.7083814	19.7677396	39.0874753	42.5569475	45.7222795	49.5878290	52.3354953	29
30	13.7866817	14.9534644	16.7907558	18.4926672	20.5992447	40.2560170	43.7729539	46.9792176	50.8921806	53.6718680	30
31	14.4577359	15.6554669	17.5387160	19.2805630	21.4335652	41.4217454	44.9853373	48.2319223	52.1913544	55.0024820	31
32	15.1340182	16.3622034	18.2907907	20.0719129	22.2705906	42.5847300	46.1942409	49.4804351	53.4856583	56.3279923	32
33	15.8151796	17.0734802	19.0466629	20.8665187	23.1101881	43.7451753	47.399893	50.7250991	54.7754470	57.6483095	33
34	16.5012991	17.7891043	19.8062372	21.6642761	23.9522469	44.9031636	48.6023563	51.9660216	56.0608521	58.9637086	34
35	17.1917287	18.5088696	20.5693799	22.4650095	24.7966478	46.0587720	49.8018323	53.2033081	57.3419879	60.2745917	35
36	17.8867503	19.2326276	21.3358727	23.3286200	25.6432917	47.2121673	50.9984821	54.4372576	58.6191506	61.5810738	36
37	18.5858845	19.9602677	22.1056160	24.0749442	26.4920866	48.3633921	52.1922914	55.6679835	59.8925632	62.8831718	37
38	19.2888188	20.6914104	22.8784887	24.8838869	27.3429569	49.5125799	53.3835091	56.8954941	61.1620201	64.1812293	38
39	19.9958261	21.4261387	23.6543003	25.6953845	28.1957912	50.6597808	54.5722435	58.1200541	62.4280869	65.4753199	39

右尾面積

自由度	0.995	0.990	0.975	0.950	0.900	0.100	0.050	0.025	0.010	0.005	自由度
40	20.7065768	22.1642012	24.4330579	26.5092955	29.0505160	51.8050436	55.7584874	59.3416787	63.6907705	66.7660470	40
41	21.4207505	22.9055588	25.2145178	27.3255622	29.9070840	52.9485042	56.9424015	60.5605529	64.9499802	68.0526253	41
42	22.1383810	23.6501414	25.9986567	28.1440499	30.7654203	54.0901887	58.1240263	61.7767200	66.2062939	69.3360371	42
43	22.8595681	24.3975687	26.7853694	28.9647079	31.6254553	55.2301808	59.3035216	62.9903144	67.4592908	70.6157306	43
44	23.5836204	25.1480117	27.5745428	29.7874979	32.4871336	56.3685243	60.4808973	64.2014145	68.7096433	71.8923417	44
45	24.3109820	25.9012003	28.3661772	30.6122588	33.3503776	57.5052910	61.6562188	65.4101309	69.9569009	73.1660357	45
46	25.0413006	26.6571860	29.1600244	31.4389973	34.2151687	58.6405269	62.8296057	66.6164684	71.2014978	74.4367066	46
47	25.7745002	27.4158207	29.9561600	32.2676121	35.0814209	59.7742855	64.0011270	67.8206411	72.4431655	75.7038507	47
48	26.5106735	28.1769725	30.7544988	33.0980660	35.9491383	60.9066062	65.1707617	69.0225690	73.6825628	76.9689229	48
49	27.2493695	28.9405947	31.5549304	33.9302944	36.8182314	62.0375266	66.3386544	70.2223634	74.9193941	78.2305522	49
50	27.9908247	29.7067253	32.3573845	34.7642365	37.6886371	63.1671135	67.5048050	71.4201935	76.1538020	79.4898394	50
51	28.7347386	30.4750107	33.1617952	35.5998563	38.5603738	64.2953861	68.6693155	72.6160337	77.3860068	80.7464507	51
52	29.4810772	31.2456863	33.9681325	36.4370815	39.4333750	65.4224190	69.8321609	73.8099160	78.6156322	82.0006222	52
53	30.2300184	32.0185478	34.7763032	37.2758915	40.3076093	66.5481843	70.9934264	75.0019049	79.8433634	83.2525129	53
54	30.9811231	32.7934300	35.5863320	38.1161964	41.1830389	67.6727700	72.1532087	76.1920632	81.0687828	84.5017628	54
55	31.7348945	33.5705164	36.3981131	38.9580514	42.0596196	68.7962069	73.3114789	77.3804356	82.2919767	85.7490581	55
60	35.5343972	37.4847956	40.4817067	43.1879660	46.458849	74.3969989	79.0819542	83.2977057	88.3794305	91.9518058	60
65	39.3832265	41.4435539	44.6029699	47.4495717	50.8829348	79.9729895	84.8206402	89.1771627	94.4219958	98.1049158	65
70	43.2753050	45.4417001	48.7575357	51.7392634	55.3289447	85.5270360	90.5312616	95.0231486	100.4250514	104.2147689	70
75	47.2061440	49.4751216	52.9419187	56.0540545	59.7945570	91.0614535	96.2166630	100.8392944	106.3928507	110.2854269	75
80	51.1719331	53.5399831	57.1531519	60.3914589	64.2778421	96.5781955	101.8794718	106.6285424	112.3287914	116.3209277	80
85	55.1695015	57.6339090	61.3887683	64.7493670	68.7771471	102.0789354	107.5217331	112.3933169	118.2355679	122.3244136	85
90	59.1963270	61.7540186	65.6465922	69.1260183	73.2910794	107.5650104	113.1452337	118.1359084	124.1161954	128.2986759	90
95	63.2495125	65.8982568	69.9248572	73.5198157	77.8184421	113.0376702	118.7515731	123.8579820	129.9725313	134.2465580	95
100	67.3275332	70.0649951	74.2218818	77.9294423	82.3581269	118.4980018	124.3421013	129.5612518	135.8068909	140.1697142	100

職場專門店書系

圖解山田流的生
產革新

薪水算什麼？機
會才重要！

圖解經濟學：最
重要概念

培養你的職場超
能力

主管不傳的經理
人必修課

打造 No.1 大商場

超強房地產行銷
術

圖解式成功撰寫
行銷企劃案

優質秘書養成術

面試學

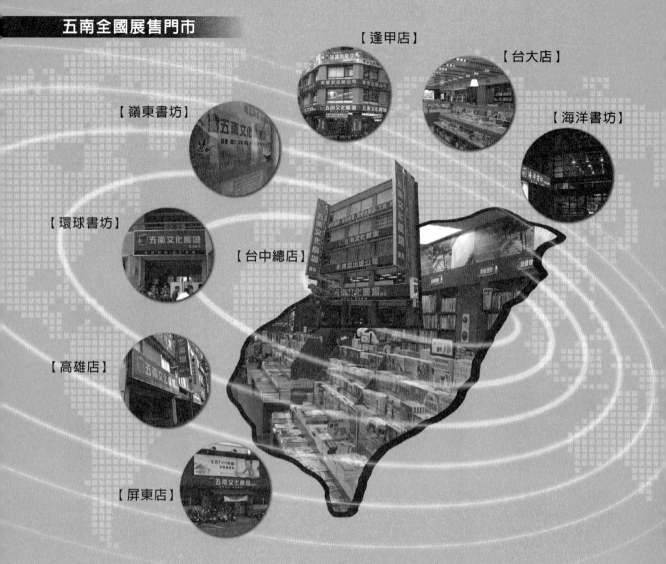

五南圖解財經商管系列

※ 最有系統的圖解財經工具書。
※ 一單元一概念，精簡扼要傳授財經必備知識。
※ 超越傳統書藉，結合實務精華理論，提升就業競爭力，與時俱進。
※ 內容完整，架構清晰，圖文並茂‧容易理解‧快速吸收。

圖解財務報表分析
／馬嘉應

圖解會計學
／趙敏希、
馬嘉應教授審定

圖解經濟學
／伍忠賢

圖解貨幣銀行學
／伍忠賢

圖解國貿實務
／李淑茹

圖解財務管理
／戴國良

圖解行銷學
／戴國良

圖解管理學
／戴國良

圖解企業管理 (MBA學)
／戴國良

圖解領導學
／戴國良

圖解品牌行銷與管理
／朱延智

圖解人力資源管理
／戴國良

圖解物流管理
／張福榮

圖解策略管理
／戴國良

圖解網路行銷
／榮泰生

圖解企劃案撰寫
／戴國良

圖解顧客滿意經營學
／戴國良

圖解企業危機管理
／朱延智

圖解作業研究
／趙元和、趙英宏、
趙敏希

國家圖書館出版品預行編目資料

統計學與 EXCEL ／趙元和著.一初版.一臺北
市：五南, 2014.06
　　面；　公分.
I S B N　978-957-11-7619-2（平裝）
1.統計學 2.統計套裝軟體 3.EXCEL(電腦程式)
512.4　　　　　　　　　　　　103007599

1H86

統計學與EXCLE（附光碟）

作　　者 － 趙元和
發 行 人 － 楊榮川
總 編 輯 － 王翠華
主　　編 － 侯家嵐
責任編輯 － 侯家嵐
文字校對 － 陳欣欣
封面設計 － 盧盈良
出 版 者 － 五南圖書出版股份有限公司
地　　址：106 台北市大安區和平東路二段 339 號 4 樓
電　　話：(02)2705-5066　傳　　真：(02)2706-6100
網　　址：http://www.wunan.com.tw
電子郵件：wunan@wunan.com.tw
劃撥帳號：01068953
戶　　名：五南圖書出版股份有限公司

法律顧問　林勝安律師事務所　林勝安律師

出版日期　2014 年 6 月初版一刷
　　　　　2016 年 9 月初版二刷
定　　價　新臺幣 400 元